경영학자와 경제학자가 함께 쓴

창조경제 이야기

저자
김용민 · 박기성

經文社

머리말

화창한 어느 봄날 서울의 한 중학교 복도에 두 학생이 엎드려 팔씨름을 하고 있었다. 반장회의를 마치고 나오면서 키 작은 학생이 본인이 이길 줄 알고 키 큰 학생에게 도전한 것이다. 키 큰 학생은 키 작은 학생의 가당치 않은 도전을 받고 어이없어 했으나, 이를 피했다가는 여러 반장들 앞에서 낭패를 볼 수 있다는 생각에 도전을 받아들였다. 결과는 어찌되었을까? 키 큰 학생이 금방 이겼다. 그런데, 키 큰 학생은 이기고도 기분이 찜찜한 반면, 키 작은 학생은 지고도 의기양양해 했다. 이 작은 사건으로 어린 두 학생이 평생의 인연을 이어갈 줄 누가 알았으랴? 두 학생의 우정은 이제 40년 이상 지속되고 있다.

중학교를 졸업하고 난 뒤 서로 다른 고등학교에 진학했지만 독서클럽, 여행, 공부 등을 함께 하면서 청소년기를 보냈다. 운명의 장난인가, 대학 1학년 때는 사회계열 아홉 개 반 중에서 하필이면 같은 반이 되어 다시 만나게 되었다. 2학년이 되어 경영학과로 진학한 김 교수는 삶의 의미를 찾겠다고 휴학을 했고 1년 뒤 기독교인이 되어 복학했다. 박 교수는 김 교수의 전도로 4학년 여름방학 때 신앙을 갖게 되었다.

대학 졸업 후 박 교수가 미국 유학을 가기 위해서 입학지원서의 타자를 김 교수에게 부탁할 때 김 교수는 10일간 금식기도 중이었음에도 불구하고 흔쾌히 도와주었다. 그 덕분일까? 박 교수는 시카고대학교(University of Chicago) 경제학과의 박사과정에 입학하여 무사히 학위를 마칠 수 있었다. 박 교수가 귀국 후 한국노동연구원에 연구위원으로 취직한 다음 미국 캘리포니아주에 소재한 2년제 대학(community colleges) 몇 군데를 방문할 때에도 남가주대학교(University of Southern California)의 박사과정에 있었던 김 교수가 만사를 제치고 도와주어 연구를 잘 마무리할 수 있었다. 김 교수는 박 교수가 한국노동연구원장을 사직하고 매우 어려운 시기를 보낼 때에도 함께 있어 주었다. 김 교수의 성품은 항상 다른 사람의 형편을 사려 깊게 헤아리고 돕는 것이라, 이번만큼은 당연히 김 교수가 이 책의 제1저자가 되어야 한다.

지금 생각해 보면 두 연구자의 공동연구는 우연하게 시작되었다. 김 교수가 USC에서 경영조직으로 박사학위를 취득하고 국민대학교에서 재직하기 시작한 지 얼마 안 된 1996년의 어느 봄날로 기억된다. 둘은 여느 때처럼 만나 이런저런 얘기를 하다가 대화가 각자의 연구주제로 옮아가게 되었고, 누가 먼저 제안했는지 정확히 기억은 안 나지만 공동연구를 해 보는 게 어떠냐는 제안에 서로 동의하게 되었다. 서로 흔쾌하게 동의했는지, 둘 중에 하나가 마지못해 동의했는지에 대한 기억도 없다.

기업에는 별 관심이 없는 자유시장주의자인 경제학자와 시장보다는 기업의 블랙박스에 관심이 있는 경영학자의 어색한 학문적 동거가 시작된 지 올해로 벌써 17년째가 된다.

두 연구자의 첫 번째 공동연구 주제는 기업의 사업환경의 불확실성과 종업원의 다기능 숙련화(multiskilling), 그리고 기업성과의 관계에 대한 것이었다. 불행인지 다행인지 당시의 연구결과가 매우 고무적이었다. 처음 시작할 때 결과를 반신반의했던 경제학자와 경영학자의 공동 작업이 지속가능성(sustainability)을 갖게 된 순간이었다.

지금도 서로에게 질문해 본다. 만약에 첫 번째 공동연구의 결과가 기대만큼 나오지 않았다면, 과연 두 번째 공동연구를 시작할 수 있었을까? 우리는 공동연구를 진행하면서 학문적 배경과 훈련과정이 크게 다르고 개인적인 주관이 뚜렷한 두 연구자가 상호 토론을 통해서 공동의 연구주제를 설정하고, 서로가 수용할 수 있는 방법론을 설계하며, 연구결과와 함의를 이끌어 내는 과정이 지적으로 매우 자극되고, 흥미롭다는 사실을 깨닫게 되었다.

최근 들어 두 연구자는 지난 17년간의 작업을 한 데 모은 다음 보완하여 저서로 간행하기로 어렵사리 의견을 모았다. 쑥스러움과 게으름 때문에 과연 책을 낼 수 있을까를 걱정하면서... 허나, 다시 세월이 흘러간 훗날 뒤돌아 볼 때 이 판단이 후회없는 것으로 남아있기를 소망한다.

이 책의 핵심주제는 창조경제의 인적자본에 관한 것이다. 창조경제가 발전하기 위해서는 개인과 기업의 자유와 선택이 최대한 허용되어야 하고, 개인과 기업이 가지고 있는 창의성이 마음껏 발휘되어야 한다. 어느 국가나 기업이든 발상의 전환과 혁신적 노력을 통해서 가치있는 제품과 서비스를 만들어 사회에 공헌하고 종국적으로 국가경제와 사회의 발전을 주도하게 된다. 그러나 우리가 보고 있는 현실은 어떠한가?

두 연구자는 지난 80년대 민주화 이후 수십 년간 새로운 대통령이 선출될 때마다 국민들은 혹시나 하는 기대에 부풀었다가 곧 역시나 하고 실망하는 현상이 반복됨을 목격하였다. 왜 이런 일이 되풀이될까? 사람들이 정부에 대해서는 환상을, 시장에 대해서는 오해를 가지고 있기 때문이다. 정부가 무엇이든 다 할 수 있고 또 잘 할 수 있다는 환상과 시장에만 맡기면 서민에게 고통을 안겨주고, 결국 부자들만 좋아진다는 오해이다. 이 환상과 오해를 한권의 책이 불식시킬 수는 없지만 조금이나마 도움이 되었으면 하는 바람이 있다. 기본적으로 정부의 정책은 유권자의 지지를 얻기 위해 한 쪽의 자원을 빼서 다른 쪽으로 옮기는 것이고 이 과정에서 개인 선택의 범위가 축소되고 자원의 비효율적 배분이 일어난다. 정부와 정치권의 자유재량적 정책을 억제하여 각 개인들의 선택 범위를 축소하지 않도록 하는 것이 현실적으로 최선일 것이다.

예를 들어 보자. 대형마트의 영업규제가 누구에게 도움이 되고 누구에게 손해가 되는가? 물론 골목 소형마트의 매출이 늘 수 있다. 그러나 이에 비례해서 대형마트의 일자리가 줄어들 것이다. 한국경제신문(2013. 2. 15)에 의하면 대형마트 영업규제 10개월 동안 보안·주차·청소 등 대형마트 일자리 6,600개가 사라졌다고 한다. 그리고 소비자들은 소형마트에서 비싼 가격에 상품을 구입하고 원하는 시간에 구입하지 못하는 불편을 겪는 등 소비자 잉여가 줄어들 것이다. 소비자들이 이런 비용을 감수하더라도 골목상권을 살리기 원한다면 국회가 "유통산업발전법"을 개정하여 대형마트를 규제하지 않아도 그런 소비자들이 골목 소형마트에서 상품을 사주면 된다. 경쟁에서 밀린 골목 소형마트가 문을 닫아 그 가구의 소득이 생계비에 미달하면 그 부족분만큼을 정부가 보조해 주어야 한다. 정부의 역할 중 하나는 세금을 거두어 누구에게나 사회안전망(social safety net)을 제공하는 것이다.

두 번째 사례는 제과업에 대한 정부의 규제 움직임이다. 최근에 "동반성장위원회"는 동네빵집을 살리겠다고 프랜차이즈형 및 인스토어(백화점, 대형마트, 호텔)형 제과점의 확장 및 진입자제를 권고하였다. 말이 권고이지 실질적으로는 정부의 강제이다. 이외에도 학습참고서 판매 등 15개 업종을 중소기업 적합업종으로 지정하였다. 여기에 동조하는 많은 국민들은 동네 빵집과 서점 등에 가서 구입하면 된다. 굳이 정부가 나서서 경쟁을 제한할 이유가 없다. 경쟁으로 문을 닫는 골목 점포의 주인은 사회안전망으로 보듬어주어야 하는데 우리나라 사회안전망은 불완전하다고 주장할 수 있다. 사회안전망이 불완전하다면 완전하게 하는데 모든 복지예산을 투입해야 한다. 2013년 정부의 직접적인 복지·보건·노동 예산만 99.3조원에 달한다. 소득이 생계비에 미달하는 국민이 1천만명이라면 1인당 993만원씩, 4인 가구라면 3,972만원씩 지원할 수 있는 예산이다. 지금이라도 모든 복지 사업을 통합하고 현금으로 지원한다면 4인 가족 250만 가구 하나당 3,972만원을 지급할 수 있다.

우리는 위의 두 사례에서 우리나라가 예종(隷從)에의 길(road to serfdom, Hayek 1944)로 들어서고 있다는 섬뜩한 느낌을 받는다. 많은 국민들의 지지로 이러한 규제가 정당화되고 입법화되었다는 것은 앞으로도 이와 유사한 규제들이 무수히 만들어져 개인의 선택을 제한할 것이기 때문이다. 이렇게 되면 창의성(creativity)과 독창성(originality)은 말살될 것이고 경제는 성장하지 않고 퇴보할 것이다.

많은 사람들이 미국 사회를 시장만능사회로 간주한다. 그러나 우리는 미국 사회를 지탱하는 두 축은 시장(market)과 자발성(voluntarism)이라고 생각한다. 빌 게이츠(William H. Gates)와 워런 버핏(Warren E. Buffett)과 같은 부호들이 큰 재산을 사회에 기부하는 것을 비롯해서 지체장애 학생의 학업과 생활을 도와주는 봉사 등 수 많은 자발적인 봉사가 이루어진다. 자발성을 고양하기 위해 학교에서의 교육과 세제 등 여러 제도적 장치가 필요할 것이다. 그리고 자발성을 발휘하기 위해서는 개인의 선택의 자유(free to choose, Friedman and Friedman 1980)가 주어져야 한다. 골목 슈퍼나 빵집, 서점 등이 문을 닫아 골목상권이 위축되는 것이 안쓰러운 국민은 골목 점포에 가서 상품을 사는 자발성을 발휘하면 된다. 그렇지 않은 국민은 아무 제약 없이 대형마트를 이용할 수 있어야 한다.

정부의 역할은 모든 국민에게 사회안전망을 제공하면서 국민 개개인의 선택의 폭을 넓히는 것이다. 정부가 사사건건 개입하여 자원배분을 왜곡하는 일은 지양되어야 한다. 개인과 기업에게 자유와 선택을 마음껏 할 수 있도록 허용하는 것이 창조경제의 핵심이고 이 책의 핵심이다.

여기에 실린 글들은 그동안 오랜 친구이자 학문적 동료인 김 교수와 박 교수가 공동으로 작업한 것들을 토대로 재구성한 것들이다. 창조와 관련해서는 새로운 아이디어들을 과감하게 소개함으로써 지적 자극을 학계에 주고자 하였다. 나머지 글들도 꽤 도발적인 글들로 학계의 논쟁을 기대해 본다.

저자들의 고교시절 국어 교과서에서 사상을 "일관된 생활 태도의 밑받침이 될 수 있는 통일된 생각"으로 정의한 것으로 기억한다. 우리는 학문에 있어서의 사상을 "일관된 학문 태도의 밑받침이 될 수 있는 통일된 생각"으로 정의하고 싶다. 이런 의미에서 저자들의 학문적 사상의 중심에는 공정한 게임의 룰에 따라 개인의 자유로운 선택으로 경쟁하는 자유시장주의가 자리잡고 있다고 할 수 있다.

이 저서에 포함된 우리들의 논문들은 시장경제의 작동원리와 경제학에서는 블랙박스로 치부하는 기업의 내부 프로세스를 동시에 분석하는 독특한 시각과 방법론을 제시하고, 적용했다는 점이 학계에 새로운 자극을 줄 수 있으리라 기대한다. 우리들의 연구결과와 해석에 대한 엄정한 비판은 물론 독자의 자유이자 권리이다. 그러나 어쩌랴! 독자들의 비판을 마음 한 구석에 새겨 두겠지만 결국은 두 사람 중 한 사람이 "이제는 그만!"이라고 할 때까지 우리의 연구는 지속될 것이다.

우리는 학문을 할 수 있도록 인도하시고 여건을 허락해 주신 하나님께 감사한다. 사람이 아무리 간절히 원해도 하나님께서 허락하시지 않으면 아무 것도 가능하지 않다는 것을 두 연구자는 평생을 통해 뼈 속 깊이 체험하였다. 지금부터는 두 연구자가 감사해야 할 사람의 명단이 달라짐을 독자는 양해해 주시기 바란다.

먼저, 김 교수가 연구할 수 있도록 인내하고 지원해 준 아내 정혜영과 딸 현진, 그리고 아들 현우에게 고맙다고 말하고 싶다. 구순의 나이에도 불구하고 자식들을 항상 걱정하고, 용기를 주시는 아버님께 감사드린다. 대학시절에 돌아가셨지만 기쁜 일이 있거나 어려운 일이 닥칠 때마다 그리운 마음이 생기는 어머님께도 무한한 존경과 감사를 드린다. 박사과정에 있던 김 교수를 학문적으로 성장할 수 있도록 이끌어준 USC의 Sydney Finkelstein(현재 Dartmouth 대학에 재직), Nandini Rajagopalan, Julia Lieberskind(현재 은퇴) 교수에게도 감사한다. 항상 쾌활함과 날카로운 유머를 섞어 뇌에 신선한 자극을 주는 국민대학교 경영대학의 교수님들께도 감사의 말을 전한다.

박 교수는 공부에만 전념할 수 있도록 해주신 부모님께 감사한다. 경제학을 어떻게 하는지를 가르쳐 주신 University of Chicago의 Robert E. Lucas, Jr., Gary S. Becker, 고 Sherwin Rosen 교수, 한국노동연구원에서 연구할 수 있게 해주신 고 배무기 교수, 한국에서 연구를 어떻게 해야 하는지를 가르쳐 주신 박덕제 교수, 기도로 후원해 주신 역촌성결교회 성도들께 감사한다. 각 논문들에 유익한 논평을 주신 편집위원장들과 익명의 심사자들 그리고 조우현, 이원덕, 윤대희, 남성일, 김용학, 오세열, 김태기, 류재우, 송병호, 신동균, 김주섭, 이종훈, 이주호, 전우택, 김대일, 유경준, 남재량, 이인재, 채창균, 오호영 교수께 감사한다. 어려운 시기에 도움을 주신 장상수, 이정일 박사께 감사한다. 이 책에 실린 내용들을 들어준 성신여자대학교 학생 및 졸업생들에게 감사한다. 마지막으로 항상 성원해준 아내 김영주와 두 아들 수덕, 수영에게 감사한다.

2013년 4월

국민대학교 경영학부 김용민
성신여자대학교 경제학과 박기성

목 차

PART I

창조경제시대의 인적자본

제1장 이 책의 시놉시스

창조는 예술가나 학자들의 전유물로 생각될 수 있으나 어느 시대, 어느 사회에서도 독창성과 창조성은 강조되어 왔다. 전쟁에서 승리하기 위해 새로운 전략과 많은 무기들이 개발되었듯이 물건을 만들어 팔거나 서비스를 제공하는 기업은 남의 것을 모방만 해서는 생존할 수 없다. 조금이라도 다른 기업과 차별화되어야 생존할 수 있으므로 기업은 제품의 독창성(originality)과 창조성(creativity)을 강조한다. 이것은 대학 구성원들이 대부분의 시간을 본인 연구가 독창적이고 창조적이라는 것을 보이는데 사용하는 것과 매우 유사하다(Lucas 1988). 이런 의미에서 대부분의 경제활동은 창조적이라고 할 수 있다.

이 책은 지난 17년간 창조경제에 대한 저자들의 연구논문을 모아 편집한 것이다. 이 책은 크게 네 파트로 구분된다. 파트 I은 창조경제의 인적자본에 관한 논문을 모았다. 우리는 창조경제의 핵심을 인적자본으로 규정하고 기업과 도시 및 국가의 혁신을 주도하는 인재의 유형과 역할, 그리고 인재 육성에 대한 다양한 논의를 담았다. 파트 II는 인적자본과 경제성장의 관계에 관한 논문을 모았다. 다기능 숙련화(multiskilling), 유연한 노사관계, 그리고 기업과 인재를 매개하는 勞融産業(노융산업)의 발달이 21세기 지식창조시대의 성장을 이끈다고 보았다. 파트 III은 고용형태 및 인적속성과 임금격차에 관한 논문을 모았다. 창조경제 시대에 출신지역, 고용형태, 그리고 신장과 외모가 인적자본의 가치에 어떤 영향을 주는지를 이론적으로 논의하고 실증적으로 분석하였다. 파트 IV는 기업 엘리트의 학연과 지연 등 사회적 연결망에 관한 논문을 모았다. 창조경제시대에는 경제주체 간의 연결망도 중요한 역할을 하며, 시장(market)과 연결망(network)이 배타적인 개념이 아니라 상호 보완적인 개념이라는 것을 이해해야 한다. 우리는 자본주의의 핵심주체인 기업의 최상층부에 학연과 지연이 얼마나 광범위하게 형성되어 있는지를 관찰하고, 이러한 현상이 왜 발생하는지에 대해 분석하였다. 또한 정권 교체에 따른 기업 엘리트의 신분변화를 고찰하였다. 우리는 이 책의 핵심내용을 아래와 같이 논리적으로 구성하여 설명하고자 한다.

많은 사람들이 중국 음식점에 가서 자장면을 먹을까 짬뽕을 먹을까 망설인 경험이 있을 것이다. 본인의 수요에 대한 정보 부족(limited information)이나 인지적 한계 또는 결정에 사용되는 시간 등의 비용 때문에 어느 쪽이 좋은지 판단을 못할 수 있다(제한된 합리성, bounded rationality, Simon 1957). 이럴 때 자장면과 짬뽕을 반반씩 먹을 수 있다면 이 망설임 또는 優柔不斷(우유부단)의 문제가 어느 정도 완화될 수 있을 것이다. 실제로 일부 음식점에서는 짬·자면을 제공한다.

어떤 사람은 자장면과 짬뽕을 반반씩 먹기를 원할 수 있다. 자장면 한 그릇을 먹으면 효용이 8 증가하고 짬뽕 한 그릇을 먹으면 효용이 8 증가한다고 하자. 한계효용체감의 법칙(law of decreasing marginal utility) 때문에 자장면 반 그릇을 먹으면 효용이 5 증가하고 짬뽕 반 그릇을 먹으면 효용이 5 증가하므로[1] 자장면과 짬뽕을 반 그릇씩 먹으면 효용이 10으로 증가한다. 한 그릇만을

---

1) 한계효용체감의 법칙 때문에 효용이 4를 초과하고 8 미만인 어떤 수만큼 증가하는데 설명의 편의상 5로 하였다.

먹어야 되는 상황에서 자장면과 짬뽕을 반반씩 먹는 경우가 효용이 더 증가한다. 한계효용체감의 법칙이 적용되면 여러 소비나 활동을 조금씩 하는 것이 효용을 높이나 이렇게 하지 않는 것은 그에 수반되는 거래비용(transaction costs)이 엄청나기 때문이다. 최근 정보기술(information technology) 등 과학·기술의 발전은 融複合化(convergence)에 수반되는 거래비용을 크게 낮추어 융복합화된 상품과 서비스의 공급을 원활하게 하고 있다.

融複合化에 대한 수요 급증의 또 다른 원인은 시간의 가치가 상승하여 즉시적인(instantaneously) 수요 충족을 원한다는 것이다. 여가를 즐기면서 업무를 보기를 원하고 식사 때에는 주위의 맛집을 즉시적으로 찾아가기를 원한다. 여가와 업무 또는 다양한 정보가 연결되어야 이러한 수요를 충족시킬 수 있다. 이러한 연결은 또 다른 연결의 기회를 제공하여 경제를 성장시킨다. 경제가 성장되면 시간의 가치가 더욱 상승하여 소비자들의 수요가 더욱 융복합화된다. 이러한 순환 과정(circular process)을 통해 融複合化가 지속되면서 경제가 성장한다.

이 책의 핵심 주제는 융복합화로 대표되는 최근의 창조경제시대에서 인적자본의 역할이 무엇인지를 밝히는 것이다. 이를 위해 창조의 본질을 규명하고 인적자본의 다양한 역할들을 살펴본다. 인적자본의 축적 과정에 대한 새로운 견해에 입각해서 지속적 경제성장(sustained growth)을 위한 노사관계 및 인적자본 산업의 발전을 제시한다. 창조경제시대에 출신지역 간 임금격차는 어떤 의미를 가지며, 최고경영자의 지연과 학연을 어떻게 설명해야 할지를 논의한다. 아울러 외모와 신장에 따른 임금격차 중 어느 정도가 인적자본을 반영하고 어느 정도가 차별(discrimination)에 기인하는지를 분석한다.

인간의 생산능력도 기계·설비와 같이 투자에 의해 증대되는 자본이라는 점을 강조하면서 기존 자본과 구별하기 위해 인간의 생산능력을 인적자본(human capital)이라고 하며 기존 자본은 실물자본(physical capital)이라고 한다. 교육, 훈련, 건강에 대한 투자, 이민 등 이주, 노동시장에 대한 정보 습득(배무기

2002) 등은 생산능력 내지 수입을 증대시키는 것으로 인적자본 투자에 해당한다.

직장을 구하는 자는 생활비 등을 고려하여 본인에게 가장 좋은 임금 및 근로조건을 제시하는 직장을 찾아 이주(migration)할 수 있으므로 이주(migration)가 인적자본 투자의 대상이다. 직장 탐색은 해외까지도 그 범위가 확대될 수 있으므로 이민(emigration)도 인적자본 투자의 대상이다.

미국의 노예라고 하면 흑인을 떠올리지만 백인 종(servant)도 있었다. 미주가 신대륙이었던 1700년대 영국 등 유럽에서는 새로운 기회를 얻기 위해 신대륙에 가고자 하는 많은 하층민이 있었지만 스스로 여비를 마련하기 어려웠다. 그들이 미래의 노동을 담보로 여비를 빌려 신대륙으로 이주할 수 있었던 제도가 계약종제도(indentured servitude)이다. 그들은 배의 선장(또는 그 대리인)이 7-8주가 걸리는 신대륙까지 데려다 주고 먹여주면 신대륙에 도착해서 일정 기간 동안 종으로 일할 것이라는 내용의 계약을 맺었다. 이 기간은 일을 해서 받을 수 있는 임금이 여비(transportation cost), 식비(food cost) 등 이민에 들어간 모든 경비와 그 이자(interest)를 충당할 수 있도록 설정되었다. 신대륙에 도착해서 선장이 이 계약서를 노동을 필요로 하는 대농장주(plantation owner) 등에게 팔면 이들은 계약 기간 동안 주인이 시키는 일을 종으로서 해야 했다. 이 기간 동안 이들은 결혼을 할 수 없는 등 많은 제약이 있었다. 계약 기간이 끝나면 이들은 자유인이 되어 신대륙에서의 새로운 기회를 누릴 수 있었다. Galenson(1977)에 의하면 이 계약종시장이 경쟁적(competitive)이었다고 한다. 보통 계약 기간은 2-10년이었는데 글을 읽을 수 있거나 경력이 있는 자와 같이 생산성이 높은 자는 상대적으로 계약 기간이 짧았다. 이것은 생산성이 높은 자는 잠재적 임금이 높아 짧은 기간만 일해도 이민에 드는 모든 경비와 이자를 충당할 수 있었기 때문이다. 또한 서인도제도(West Indies)가 미주 본토(mainland America)에 비해 기후 등 건강 조건이 나빴고, 계약 종료 후의 기회도 열악했기 때문에 서인도제도에 가는 사람은 미주 본토에 가는 자보다 계약 기간이 짧았다. 이것은 보상 임

금격차(compensating wage differentials) 또는 균등화 임금격차(equalizing wage differentials)로 설명할 수 있다. 서인도제도가 미주 본토에 비해 근로조건이 열악하기 때문에 잠재적 임금이 높았고, 따라서 짧은 기간만 일해도 이민의 모든 경비와 이자를 충당할 수 있었다.

전통적인 인적자본 이론은 인간을 기계, 생산설비와 같이 투자를 통해 생산능력이 증대되는 대상으로 보고 있으므로 실물자본 축적 모형과 인적자본 축적 모형 간에 차이가 없다. 그러나 인간은 본질적으로 사회적(social) 관계를 가진다. 인간의 지식, 기술, 기능 등 인적자본은 인간과 인간 사이에서 또는 집단 내에서 서로 가르쳐 주고 배우는 상호작용(interaction)을 통해 창출되고 전수된다. 이것이 실물자본 축적과 인적자본 축적을 결정적으로 구별짓는다(Lucas 1988). 기계와 기계, 설비와 설비 간에는 상호작용이 있을 수 없으나 사람과 사람 사이 또는 집단 내에서 서로 가르쳐 주고 배우는 집단 활동(group activities)이 가능하다. 이런 의미에서 인적자본 축적은 사회적 활동(social activity) 또는 집단 활동이며 이 점에서 인적자본 축적과 실물자본 축적이 구별된다. 그러므로 인적자본 축적 이론은 실물자본 축적 이론과 달라야 한다. Lucas는 최초로 이 점을 지적했지만 그의 논문(1988)에서는 전통적인 인적자본 모형을 그대로 사용하고 있다.

Lucas(1988)가 강조하는 상호작용 또는 집단 활동으로서의 인적자본 축적은 전자 의사소통(electronic communication)으로는 한계가 있으며 면대면 의사소통(face-to-face communication)을 통해서 효율적으로 이루어질 수 있다. Polanyi (1958)을 인용하여 Inoki(1990)는 암묵지(tacit knowledge)와 명시지(explicit knowledge)를 구별한다. 핵심적인 지식이나 기술 등은 암묵지이기 때문에 직접 보고 배우는 과정을 거쳐 전수된다고 주장한다. 모든 지식이나 기술 등이 책이나 인터넷과 같은 매체에 저장되어 있다면 책 등 인쇄물을 읽거나 화상회의(teleconference), 사이버 캠퍼스(cyber campus) 등 전자 의사소통을 통해 지식이나 기술을 습득할 수 있고 면담, 업무상 출장(business trips)이나 유학 등과 같은 면대면 의사소통(face-to-face communication)이 필요 없을 것이다. 그러나 Gasper and Glaeser(1998)는 전자 의사소통과 면대면 의사소통은 서로 보완관계(complementary)라고 주장한다. 이에 대한 증거로 그들이 제시하는 것은 다음과 같다. 첫째, 1876년 전화의 발명은 통신 혁명이라고 할 수 있는데 그 특허권이 폐지된 1894년 이후 전화의 사용이 보편화되었지만 미국의 도시화(urbanization)에 거의 영향을 주지 않았다. 둘째, 국가의 도시화가 높을수록 국가의 전화사용도가 높다. 셋째, 대도시의 전화사용도가 다른 지역에 비해 낮지 않다. 넷째, 1970년대부터 1990년대 사이 미국에서 업무상 출장이 크게 증가했다. 다섯째, 대부분의 전화 통화는 공간적으로 가까운 사람들 간에 이루어진다. 1970년대 중반 미국에서 전체 통화의 40% 이상이 반경 2마일 이내에서 이루어졌고, 75% 이상이 반경 6마일 이내에서 이루어졌다(Moyer 1977). Wheaton (1996)도 부동산의 중요성이 인터넷 등 정보통신기술의 발전에 따라 급속히 감소한다는 것은 틀린 가설이라고 주장한다. 그는 공간적 사무실이 정보통신기술이 발전하더라도 여전히 필요하며 직장에서 면대면 상호작용(face-to-face interaction)이 긴요하다는 것을 매우 설득력 있게 주장한다.

Lucas(1988)의 사회적 활동으로서의 인적자본 축적은 면대면 의사소통을 통한 새로운 인적자본 축적 이론이라고 할 수 있다. Becker(1964), Ben-Porath (1967) 등 기존의 인적자본 축적이론은 실물자본(physical capital) 축적에 적용되는 동태적 최적화(dynamic optimization) 이론을 그대로 인적자본 축적에 적용한 것이다. Lucas(1988)는 인간과 인간 사이 또는 집단 내에서 서로 가르쳐 주고 배우는 상호작용(interaction)을 통해 인적자본이 축적된다고 강조한다.

인적자본 축적에 있어서 상호작용을 구체화한 최초의 이론적 모형은 Park(1997)이다. 생산 현장에서 근로자들은 일하면서 서로 가르쳐 주고 배운다. 특히 선배근로자(seniors)는 후배근로자(juniors)에게 기술, 지식, 기능뿐만 아니라 일하는 방식, 인간관계 형성, 노하우 등 다양한 것들을 가르친다. 생산 현장이라는 학교에서 선배근로자는 선생이며 후배근로자는 학생이라고 할 수 있다.

물이 높은 곳에서 낮은 곳으로 흐르듯이 인적자본도 높은 사람에게서 낮은 사람으로 흘러간다. 즉, 인적자본이 높거나 기술(technology)을 가지고 있는 사람에게서 그렇지 않은 사람에게로 상호작용을 통해 그 인적자본이나 기술이 퍼져나간다. 이것을 溢出效果(일출효과)(spillovers)라고 한다. 최근 Lucas(2009)와 Lucas and Moll(2011)은 개인이 지금까지 만난 사람들 중에서 가장 인적자본이 높은 사람의 인적자본을 획득하게 되는 모형까지 제시하였다.

지속적 경제성장(sustained economic growth)은 근로자 1인당 생산성의 지속적 증가에 의해 가능하다. 1인당 실물자본이 증가하면 생산성이 증가하나 한계생산성 체감의 법칙이 작용하여 어느 수준 이상 증가할 수 없다. 한계생산성 체감의 법칙을 뛰어넘는 것이 인적자본 축적에 있어서의 사회적 활동(social activity), 즉 집단 상호작용(group interaction)이다(Lucas 1988). 사람과 사람 사이 또는 집단 내에서 서로 가르쳐 주고 배우는 상호작용을 통해 인적자본이 축적되며 이로 인해 규모수익 불변 내지 체증(constant or increasing returns to scale)이 가능하다. 그러므로 지속적 경제성장을 위해서는 인적자본 축적을 위한 상호작용을 촉진하는 것이 필요하다.

융복합화(convergence)로 대표되는 현대는 창조경제시대라고 할 수 있다. 기업은 기존 제품을 모방하는 것으로는 소비자의 관심을 끌 수 없으며 창의적인 제품으로 승부해야 한다. 제2장 "창조경제시대의 인적자본, 왜 중요한가?"에서는 먼저 기존의 인적자본 이론과 1980년대 중반 이후의 인적자본 이론을 대비하여 인적자본의 역할을 살펴본다. 모방과 창조가 구별되듯이 인적자본을 모방적 인적자본과 창조적 인적자본으로 구별하여 경제성장에 대한 기여를 분석한다. 창조 또는 혁신을 연결이라는 관점에서 파악하면 창조 또는 혁신의 유형을 경험적인 것과 개념적인 것으로 나누어 볼 수 있으며 이에 따라 기업 및 인재의 유형도 구별할 수 있고 이들의 지식창조 및 혁신에서의 역할을 규명할 수 있다.

창조를 어떻게 정의해야 하는가? 창조와 모방은 어떻게 다른가? Levitt and

Donohue(2001)는 미국의 임신중절(abortion)의 합법화와 범죄율 하락이 연결되어 있다는 논문을 발표하여 경제학계의 큰 주목을 받았다. 1970년대 중반부터 임신중절이 합법화되면서 많은 미혼모가 낙태를 할 수 있었고, 이에 따라 잠재적 범죄자가 솎아졌다(weeded out)는 것을 실증적으로 보여주었다. 임신중절 합법화와 범죄율 하락이라는 별로 관계가 없어 보이는 멀리 떨어져 있는 두 현상(또는 지식)을 연결함으로써 새로운 지식을 창출했다고 할 수 있다. 새로운 지식, 혁신 또는 창조는 이와 같이 서로 다른 지식, 사상, 현상의 과감한 연결이 아닐까? 그렇다면 누가 어떤 환경에서 이런 연결을 잘할 수 있는 것일까? 이런 연결을 잘할 수 있는 개인과 조직의 특성은 무엇인가? 이것이 제2장의 핵심 주제이다.

제3장 "인적자본이 창조도시의 경쟁력을 결정한다"에서는 창조도시의 본질을 인재에서 찾는다. 창조도시는 Charles Landry가 제시한 개념으로 다른 도시와 차별화된 문화예술적 정체성을 가지고 창조적으로 혁신하는 도시를 의미한다. 그는 런던, 뉴욕, 암스테르담 같이 과거에 번창했던 도시뿐 아니라, 바로셀로나, 시드니, 헬싱키, 뱅갈로, 아베다바드 등과 같이 현재 번영을 구가하고 있는 도시들이 거시적 환경의 변화 속에서도 경제·사회적으로 커다란 발전을 이룬 이유는 그 도시가 문화예술적 정체성을 확립하여 창의적 혁신을 거듭했기 때문이라고 주장한다(Landry and Bianchini 1995). 결국 창조도시는 창조적 인재들이 창의성을 발휘할 수 있는 환경을 갖춘 도시이며, 도시의 문화자원은 도시에 사는 사람들의 창의성 또는 창의적 재능(creative skills)을 통해 구체화된다고 갈파한다.

창조도시 개념을 전 세계적으로 확산시키는데 크게 기여한 토론토대학 마틴발전연구소(Martin Prosperity Institute)의 Florida 교수는 창조도시를 기술(Technology), 인재(Talent), 관용(Tolerance)이라는 3가지 요소로 구분하는 3T모형을 제시한다. 과학기술이 발달한 도시, 창조적 인재가 몰리는 도시, 그리고 문화적 다양성을 포용하는 도시가 창조적 혁신을 거듭하면서 발전한다고 주장한다.

그러나 Florida의 열렬한 추종자들의 소망과는 달리 제법 거센 비판자들도 있다. 대표적인 비판자 중 하나인 Glaeser(2005)는 도시 성장의 원인을 도시의 창조성이나 다양성, 그리고 문화적 특성에서 찾는 Florida의 이론을 점잖게 반박하고, 인적자본 이론에 입각하여 도시의 성장을 도시에 거주하는 고학력 근로자에서 찾는다. 인적자본으로 국가의 경제성장을 예측하는 것과 동일한 논리를 가지고 도시나 대도시(metropolitan) 지역에서의 인구 및 생산성의 성장을 예측한다. 그는 Florida가 제시한 창조계급비율, 일인당 특허인용건수, 동성애자 지수, 보헤미안 지수보다 교육수준으로 대표되는 인적자본이 도시의 성장을 보다 효과적으로 설명함을 실증연구를 통해서 보여준다.

우리는 창조적 인재와 교육수준이 높은 인재가 모두 도시의 성장을 설명할 수 있다고 본다. 다만, 전제 조건이 있다. Lucas(1988)가 지적한 바와 같이, 도시에 거주하는 인재들 간의 활발한 상호작용이 전제되어야 한다고 본다. 아무리 한 도시에 교육수준이 높은 인재가 많이 거주한다 하더라도 인재들 간에 이질적인 생각과 아이디어를 활발하게 주고받아 지식이 생성되고 확산되지 않는다면 새로운 혁신은 일어나지 않을 것이다. 한 도시의 기업과 산업의 성장도 마찬가지 논리로 설명할 수 있다. 특정 산업이나 특정 기업에서 서로 유사한 지식과 경험을 가진 동질적인 인재가 일하는 것보다는, 서로 다른 지식과 배경을 가진 이질적인 인재들이 서로 갈등하고 부딪히면서 아이디어를 주고받는 것이 새로운 혁신을 촉진할 수 있는 것이다. 그리고 상호작용을 촉진하는 도시 인프라를 가지고 있는 도시가 혁신을 통해서 성장할 수 있다고 주장하고 이를 측정할 수 있는 대안을 제시한다.

제4장 “다기능 숙련화(multiskilling)가 노동생산성의 향상을 가져올까?”에서는 기업을 둘러싼 불확실한 외부적 환경, 다양한 제품의 생산과 변경에 따른 내부적 불확실성, 직원 간 상호작용과 관련된 인적자원 관리관행 등이 생산현장에서의 학습과 어떠한 관련이 있는지를 규명하여 위의 블랙박스의 일부를 들여다

보고자 한다.

근로자의 인적자본 축적은 기업의 노동생산성 향상으로 나타난다. 생산현장에서의 인적자본 축적을 숙련형성(skill formation)이라고 할 수 있다. 다능화와 관련하여 숙련형성의 유형은 직렬적인가 아니면 병렬적인가? 직렬적 유형은 [단순/견습근로자 ➜ 단능근로자 ➜ 다능근로자]의 직렬적 순서로 숙련이 형성되는 것이고, 병렬적 유형은 [단순/견습근로자 ➜ 단능근로자]와 [단순/견습근로자 ➜ 다능근로자]의 두 순서가 있는 것이다. 제4장에서는 근로자의 숙련형성에 영향을 주는 요인들을 실증적으로 찾아보고, 형성된 숙련이 생산성 향상에 기여하고 있는 것을 확인한다. 먼저 숙련형성의 유형은 병렬적이 아니고 직렬적이다. 제품수요의 급변성과 비정상적인 상황발생이라는 외부적·내부적 불확실성이 클수록 다능화가 활발하게 이루어지고 있으며, 선배·동료근로자와의 상호학습, 근로자의 의사결정 참여, 직무순환 등의 인적자원 관리관행들도 다능화를 촉진한다. 이러한 발견들로부터 생산현장에서의 숙련형성은 다능화로 대표될 수 있다고 판단된다. 기업의 노동생산성 성장률을 기업의 성장률이라고 하면, 불확실성과 인적자원 관리관행들은 다능화를 통해서 기업의 성장에 영향을 준다. 구체적으로 기업의 다능화비율이 0.1만큼 올라감에 따라 노동생산성 성장률이 0.019만큼 증가한다. 이 추정을 받아들이면 기업은 다능화 비율을 제고하여 노동생산성의 성장을 촉진할 수 있다. 이것은 또한 다능화가 인적자원 관리관행들에 영향을 받아 형성되는 인적자본 축적의 한 결과라는 주장에 대한 근거가 될 수 있다.

1960년대 초 이후 한국경제가 빠른 속도로 성장하는 동안 노동조합이나 일부 학자들이 주장하는 것처럼 임금이 노동생산성에 못 미쳤는가? 임금이 노동생산성을 하회하였다면 경제성장의 과실이 온전하게 근로자에게 지불되지 않았다는 것이 되고 우리나라 노동시장이 경쟁적이지 않았다는 것을 의미한다.

제5장 "노사관계의 유연성이 경제성장을 이끈다"는 우리나라의 노사관계와 경제성장의 관계를 다루면서 이에 답한다. 구체적으로 1963년부터 2000년대 초

까지 우리나라의 임금, 노동생산성, 근로소득분배율을 노사관계 변화와 관련지어 살펴본다. 임금률과 노동의 한계생산성을 추정·비교한다. 1987년부터 1997년까지 기간 동안에는 임금률이 노동의 한계생산성을 초과하였으나, 그 외의 기간 동안에는 임금률과 노동의 한계생산성이 일치하였음을 보인다. 이에 따라 1987년부터 1997년까지의 기간 동안에는 근로소득분배율이 경쟁균형(competitive equilibrium)의 근로소득분배율보다 컸다. 임금률과 노동의 한계생산성이 일치하는 경쟁균형과 임금률이 노동의 한계생산성을 초과하는 교섭균형(bargaining equilibrium)의 비교를 통해 노사관계가 경제성장에 미치는 효과를 이론적으로 분석한다. 교섭균형의 경제성장률이 경쟁균형의 경제성장률보다 낮으며, 교섭균형들 중에서는 근로소득분배율이 클수록 경제성장률이 낮음을 보인다. 실제로 1963년부터 1988년까지 기간 동안 우리나라 비주택부문의 취업자 1인당 실질소득 증가율은 6.7%이나, 1988년부터 1997년까지 기간 동안은 이 증가율이 5.0%이다.

최근 Kim and Park(2012)은 Park(2007)의 모형을 불변대체탄력성 생산함수(constant elasticity of substitution (CES) production function)로 확장하였다. 그리고 1980년 이후 OECD 국가들에서 근로소득분배율이 높을수록 경제성장률이 낮은 것과 근로소득분배율은 경제성장률에 영향을 주지만 경제성장률은 근로소득분배율에 영향을 주지 않는 것을 확인하였다.

제6장 "노융산업의 발달이 인적자본의 수준을 향상시킨다"에서는 노동시장 중개기관(labor market intermediaries)의 역할을 이론적으로 분석하고 정책적 함의를 도출한다. 생산의 2대 요소는 노동과 자본이다. 자본은 공급자와 수요자를 중개하는 은행, 증권회사 등 금융기관이 있고 金融産業(금융산업)이 잘 발달되어 있다. 노동(인적자본)은 자본보다 정보의 비대칭(asymmetric information) 문제가 더 심각하나 수요자(기업)와 공급자(근로자)를 중개하는 노동시장 중개기관(labor market intermediary)이 매우 적고, 인적자본(human capital)에 대해서는 산업 또는 시장이라는 개념조차 정립되어 있지 않다. 인적자본을 실물자본(physical capital)과 유사하게 취급하여 勞融産業(人的資本産業)으로 발전시키는 것이 매우 필요하다. 금융기관을 중심으로 실물자본의 공급자와 수요자를 총칭하여 金融産業이라고 하듯이, 알선, 파견, 용역, 등 노동중개기관을 중심으로 노동의 공급자와 수요자를 총칭하여 노융산업(인적자본산업)이라고 명명한다. 이 산업이 발전하면 일하고자 하는 모든 국민에게 적절한 일자리를 제공하여 경제성장을 견인할 것이며 지금 다니고 있는 직장에만 집착하는 것을 완화하여 노사관계의 안정에 기여할 것이다. 또한 성장동력산업으로 아시아 및 선진국에 진출하여 선점할 가능성도 있다.

이 산업에는 취업알선, 정보제공, 상담, 준비, 교육훈련, 헤드헌팅, 인력파견, 용역, 전직지원, 기업의 인사관리 대행 등이 포함될 것이다. 미국에는 인사업무를 대행하는 전문고용업체(PEO: professsional employer organization)가 700여개 존재하며, 인력리스(employee leasing) 회사, 임시적 인력지원(temporary help service) 회사 등이 다수 존재한다. 금융산업은 한국이 미국의 1/13 규모인데 비해 고용서비스산업은 1/61 규모에 지나지 않아 노융산업이 발전할 가능성은 매우 높다.

최근 우리나라의 고용률은 60% 수준에 고착되어 증가하지 않고 있으며 특히 청년층(15-29세) 고용률은 오히려 하락하고 있다. 고용 없는 성장(jobless growth)의 최대의 피해자는 청년층이다. 그 원인 중의 하나는 우리나라 노동시장의 경직성 때문이다. 노동관련법과 노동조합으로 과보호되고 있는 정규직과 그렇지 않은 비정규직의 양극화로 청년들이 가고자 하는 일자리가 줄어들고 있다. 그러나 노동시장과 노사관계의 선진화는 정치권의 좌측 이동으로 당분간 요원할 것 같다. 이러한 상황에서 노동시장이 제 역할을 하기 위한 돌파구로 노융산업의 육성을 적극적으로 고려해야 한다.

정부는 공공 고용안정기관의 확대를 통해 매개기능을 강화하고 있으나 노융산업의 발전과 시장의 확대를 가져오지 못할 뿐만 아니라 효율적 인적자원의 배분을 촉진시키는 역할을 하지 못하고 있다. 최근까지 정부는 민간 勞融企業(노융기업)을 장려하는 역할보다는 그 부작용만을 우려하여 규제하는 기능에 치우쳐 관련 산업의 발전이 제약되어 왔다. 금융산업이 20세기 자본주의 발전을 주도해 왔다면 21세기에는 노융산업(인적자본산업)이 발전을 주도하고 경제성장을 견인할 것이다. 즉 21세기는 인적자본주의(human capitalism) 시대가 될 것이다.

"국민의 정부" 기간 동안 출신지역간 임금격차에 변화가 있었는가? 정권이 호남에 기반을 두었다고 노동시장에서 호남출신의 약진이 있었다면 이것을 어떻게 해석하여야 하는가? 노동시장에 차별이 존재한다고 해석할 수 있는가? 제7장 "출신지역에 따라 임금이 달라질까?"에서는 이에 답하기 위해 1998년과 2002년 한국노동패널(KLIPS) 자료를 사용하여 "국민의 정부" 집권 기간 동안 출신지역 간 임금격차의 변화를 보여준다. 1998년 임금이 가장 낮았던 호남출신이 2002년에는 서울/경기출신 다음으로 임금이 높다. 관찰되지 않는 생산성 차이(unobserved productivity difference)를 제거한 후 호남출신의 임금은 서울/경기출신의 임금과 통계적으로 유의하게 다르지 않다. 구체적으로 도구변수 추정치를 근거로 계산하면 영남과 충청/강원출신의 상대적 임금은 각각 0.5% 포인트와 2.2% 포인트 더 낮아졌으나 호남출신의 상대적 임금은 7.3% 포인트 상승하여 서울/경기출신의 임금과 통계적으로 유의한 차이가 없게 되었다. 즉, 2002년 최소자승(ordinary least squares) 추정에 의한 호남출신의 상대적 저임금은 관찰되지 않는 생산성 차이에 기인한다.

이 기간 동안 호남출신이 승진을 많이 하였고 고임금 직장으로 많이 이동했거나 열심히 일해 상대적 임금 상승이 이루어졌다고 생각할 수 있다. 이 배경에는 "국민의 정부"가 추구했던 지역차별 해소정책 내지 호남우대정책이 영향을 주었을 것으로 추측되나, 시장적인 요인과 정책적인 요인을 엄밀하게 분리하여 추정하는 것은 추후 과제로 남겨둔다.

2007년 7월 1일부터 "기간제 및 단시간근로자 보호 등에 관한 법률"(이하 "비정규직보호법")이 시행되었다. 이 법의 주된 내용은 2년을 초과하여 기간제

근로자로 사용하는 경우에 그 기간제근로자는 기간의 정함이 없는 근로계약을 체결한 근로자로 보는 것(제4조2항)과 비정규근로자에 대한 차별적 처우의 금지(제8조)이다. 이 법이 시행됨에 따라 일부 대기업은 일부 기간제근로자를 무기계약근로자로 전환하고 있지만, 대부분의 기업은 기간제근로자를 정리하거나 용역근로자로 전환하고 있다. 이랜드의 경우도 이러한 과정에서 기간제근로자들이 반발하여 불법으로 매장을 점거하여 농성하면서 전원 정규근로자로 전환해 줄 것을 요구한 것이다. 그러나 현실적으로 기업들이 모든 비정규근로자를 정규근로자로 전환해 줄 수는 없기 때문에 이 법은 도입 취지와 달리 최근까지 비정규직의 해고를 촉진하는 "비정규직해고법"이 되고 있다.

기업들이 이렇게 대응하는 것은 상대적으로 낮은 임금을 지급하고 있는 비정규근로자에게 하루아침에 정규근로자가 받는 임금을 지급할 수 없고 정규근로자와 같은 정도로 고용 보장을 해줄 수 없기 때문이다. 이 법이 적용되어 비정규근로자가 정규근로자와 같은 임금을 받게 된다면 비정규근로자의 임금이 얼마나 상승할 것인가? 비정규근로자의 임금 상승은 기업에게 그대로 부담이 될 것이다.

노동조합은 비정규근로자의 권익 보호를 부르짖고 있으나 과연 비정규근로자의 임금인상에 도움을 주고 있는가? 대기업의 노동조합과 사용자는 비정규근로자와 관련하여 같은 이해관계를 가지고 있지는 않은가? 이러한 질문들에 답하기 위해 제8장 "정규-비정규근로자 사이의 임금격차, 무엇이 문제인가?"에서는 정규근로자와 비정규근로자 간의 임금격차를 추정한다. 인적자본 변수 등 어떠한 것도 통제하기 전에 비정규근로자의 시간당 임금은 정규근로자에 비해 37–51% 낮은 것으로 관찰된다. 그러나 이 격차의 전부를 정규-비정규근로자의 임금격차라고 할 수 없다. 정규-비정규근로자 간에는 교육, 근속 등 인적자본의 차이가 있고, 고용된 사업체의 특성이 다를 수 있다. 이것들을 통제하기 위해 사업체 고정효과 모형으로 임금함수를 추정하면 남성의 경우 비정규근로자의 임금은 정규근로자에 비해 11.1–12.6% 낮으며, 여자의 경우는 15.7–17.9% 낮다. 노조가 있는 사업체 또는 대규모 사업체에서는 이 임금격차가 20%를 훨씬 상회하며 특히 300인 이상이면서 노조가 있는 사업체의 경우는 이 임금격차가 30% 안팎으로 크게 늘어난다. “비정규직보호법”에 의거하여 사용자들에게 정규근로자에 준하는 임금을 비정규근로자에게 주어 이 임금격차를 해소하라고 하면 남성 여성 각각 연 12조 4,482억 원과 9조 2,694억 원, 총 21조 7,176억 원의 추가 재원이 필요하다(2005년「사업체근로실태조사」기준). 만약 이 임금격차가 경쟁적 노동시장(competitive labor market)의 결과로서 사용자와 근로자 이외에게는 관찰되지 않는 생산성의 차이(unobserved heterogeneity)를 반영한다면, 이 임금격차의 인위적 해소는 생산성을 초과하는 임금을 초래한다. 노동위원회에서 차별적 처우를 판별할 때 이 점을 고려해야 한다. 노동조합이 있는 사업체가 노동조합이 없는 사업체보다 비정규근로자의 임금을 더 낮추어 비용절감을 시도할 것이라는 가설은 제8장의 분석에서 지지된다. “참여정부”는 출범 초부터 “비정규근로자 보호”를 중요한 정치 슬로건으로 주장해 왔다. 299인 이하이면서 노조가 있는 사업체의 남성 근로자를 제외하고는 모든 분석집단에서 2003년에 비해 2005년에 정규-비정규근로자 간의 임금격차가 확대되었다. 이 장의 분석결과는 “참여정부”의 이 같은 슬로건이 단순히 구호에 그쳤음을 보여준다.

옛날 사람들은 사람을 판단할 때 身言書判(신언서판)의 원칙을 가지고 있었다. 현대에도 사람들은 외모에 크나큰 관심을 가지고 있으며 성형수술을 하는 등 외모의 치장에 큰 비용을 지불하고 있다. 이런 관심과 치장을 정당화할 만큼 외모와 신장이 노동시장에서 평가를 받고 있는가? 외모와 신장이 노동시장에서 평가를 받고 있다면 그것이 생산성을 반영하는 것인지 그렇지 않고 개인의 선호 내지 차별을 반영하는 것인지를 판단할 필요가 있다. 제9장 “잘생기고 키 큰 사람이 정말 돈을 많이 버나?”에서는 외모와 신장 그리고 소득 정보를 모두 가지고 있는 결혼정보회사의 자료를 사용하여 임금함수를 추정하고 외모와 신장의 임금 프리미엄이 존재함을 확인한다. 외모와 신장이 임금에 미치는 효과가 인적자본 효과인지 차별인지를 알아보기 위한 모형을 제시한다. 이 모형에 따라 추정한 결과 외모의 최소자승 추정치의 상당 부분은 인적자본 효과에 기인하지만 신장의 경우는 거의 모두 차별에 기인한다고 볼 수 있다. 남성의 경우 외모의 최소자승 추정치 0.050 중 0.018(36.0%)이 인적자본 효과에 기인하고, 여성의 경우는 0.052 중 0.009(17.3%)가 인적자본 효과에 기인한다고 볼 수 있다. 외모의 인적자본 효과는 여성보다 남성이 더 큰 반면, 외모에 의한 차별 효과는 남성보다 여성이 더 크다고 할 수 있다. 남성의 신장의 최소자승 추정치 0.0026은 도구변수(instrumental variable) 추정에서도 그대로 유지되고, 여성도 0.0038이 유지되어 거의 모두 차별효과에 기인한다고 볼 수 있다. 그러므로 외모와 신장이 노동시장에서 프리미엄을 가지고 있고, 외모 프리미엄의 일부는 생산성을 반영하는 것이나 신장 프리미엄은 개인의 선호 내지 차별에 기인하는 것이다.

제10장 "한국 대기업 최고경영자의 연고주의, 어느 정도로 강한가?"에서는 우리나라 사회에서 광범위하게 형성되어 있는 학연 및 지연이 기업체 임원, 특히 최고경영자의 선임에 어떤 영향을 주는지를 규명한다. 학연, 지연, 혈연이 얽혀져 있는 우리나라를 외국학계에서는 연고 자본주의(crony capitalism)라고까지 혹평하고, 심지어는 1997년 말 우리나라를 덮친 금융위기가 연고 자본주의 때문에 발생했다고 지적하기도 한다(예: Wei and Wu 2001, Moon 2000).

이 장에서는 자본주의 핵심주체인 기업에서 특히 기업주와 전문경영자 간의 학연과 지연의 실태를 알아보고 학연과 지연에 영향을 주는 요인들을 찾아본다. 분석한 한국기업의 임원자료는 한국상장회사협의회에서 발간한 「상장회사경영인명록」(1997-2000)이다.

우리들의 첫 번째 가설은 "경쟁의 정도가 낮을수록 또는 독점적 지대가 클수록 기업주와 동향 또는 동문출신 전문경영자를 고용할 가능성이 높다"는 것이다. 우리의 예상대로 경쟁의 정도가 낮은 산업 또는 기업일수록 기업주와 전문경영자 사이에 동향 및 동문관계가 존재함을 확인하였고, 동향보다는 고교동문이 상대적으로 더 뚜렷하게 나타났다.

두 번째 가설은 "태만의 가능성이 높거나 태만으로 인한 손해가 큰 기업일수록 기업주와 동향 또는 동문출신 전문경영자를 고용할 가능성이 높다"는 것이다. 역시 우리의 예상대로 태만의 가능성이 높거나 재무적 상황이 나쁜 기업에서 기업주와 전문경영자 사이에 동향 및 동문관계가 존재함을 확인하였고, 이 연고주의는 동향보다 고교동문 출신의 기업주-전문경영자의 경우가 상대적으로 더 뚜렷하였다.

우리들의 세 번째 가설은 "국민의 정부 출범 이후 호남출신 최고경영자가 늘어날 것이다"라는 것이다. 호남정권인 김대중 정권이 1998년에 들어섰기 때문에 1998년 이후 기업체 임원 중 정권과 지역연고가 있는 호남출신이 증가할 것으로 예상했다. 우리의 예상대로 호남지역 출신임원은 그 구성비가 1997년도의 7.7%에서 2000년에 9.2%로 크게 증가하였다. 역시 예상대로 정부의 영향력이 크거나 규제가 심한 산업 내지 경우에 호남출신 최고경영자의 진출이 두드러지게 관찰된다.

우리는 연고주의를 줄이기 위해서는 경쟁 촉진적 정책과 독점적 지대를 줄이는 정책과 정부의 각종 규제를 완화 내지 철폐하는 정책을 펴야 한다고 주장한다.

제11장 "정권이 교체되면 기업체 임원의 지위가 변화하나?"에서는 정권교체에 따라 기업 엘리트 집단에 어떠한 신분상의 변화가 있는지를 임원들의 출신지역별 분포와 승진율 차이를 가지고 분석하였다. 이 장의 분석결과는 크게 두 가지로 요약된다. 첫째, 국민의 정부가 들어선 후 호남출신 임원이 영남출신임원보다 전체 임원에서 차지하는 비중이 크게 증가하였다. 둘째, 호남출신 임원이 영남출신 임원보다 승진율이 더 높았다. 호남출신 임원의 신분상승 비율이 30.3%로 영남출신 임원의 신분상승 비율 25.6%에 비하여 4.7% 포인트 더 높은 수치이다.

노벨경제학상 수상자인 Becker(1957)는 상대적으로 독점이 심한 산업에서 흑인의 고용이 저조하고, 경쟁이 심한 산업에서 흑인의 고용이 활발함을 밝힌 바 있다. Becker는 이 결과를 놓고 제품시장에서의 경쟁이 치열할수록 고용 차별이 줄어든다고 해석한 바 있다. 그러나 우리나라의 경우 "시장의 정치화(politicalization of markets)" 현상이 유지되어 왔고, 정치화된 시장에서 경쟁하기 위해서는 사회구조 속에 자리매김한 연결망(embedded social networks)이 효력을 발휘하는 것으로 볼 수 있다. 기업 입장에서는 정치권력과의 유대를 가진 임원의 확보가 당면한 과업환경(critical task environments)의 성공적 관리에 매우 중요하기 때문에, 정권의 교체에 따라 정권과 연결된 기업엘리트들이 신분상의 이익을 누리게 되는 것이다. 물론 정부가 규제를 완화하여 시장경쟁이 가속화되고, 시장과 정치의 분리가 일어난다면 이러한 현상은 줄어들 것으로 예상된다.

제 2 장 창조경제시대의 인적자본, 왜 중요한가?[2)]

I. 서론

애플의 아이폰이 출시되자 곧바로 시대의 대명사가 되었다. 삼성을 비롯한 세계의 유수한 기업이 이것을 좇아가거나 능가하려고 노력하게 되었다. 시대의 아이콘을 발명하는 회사 또는 개인은 어떤 특징을 가지고 있는가? 특출한 인재만이 이것을 할 수 있는 것인가? 우리나라 기업은 이런 창의적 제품을 독자적으로 내놓을 수 없는가? 이러한 질문들에 답하기 위해 인적자본, 창조 등에 대해 알아보고 이로부터 함의를 도출한다.

최근 IBM이 1,500명의 미국 CEO들을 대상으로 실시한 의견조사에서 미래 경영자에게 요구되는 제일 중요한 리더십 역량이 창의성이라고 응답하였다

2) 박기성 · 김용민(2010)과 박기성(2011)을 수정 · 보완한 것이다.

(Bronson and Merryman 2010). 창조 또는 혁신을 위해서는 그것을 수행할 인재가 필요하며 그들의 활동을 용인 내지 촉진하는 기업 문화가 필요하다. 그렇다면 어떠한 인재가 창조 또는 혁신을 담당하는가? 이러한 인재는 기업에서 육성할 수 있는가? 어떠한 기업 문화가 창조 또는 혁신을 위해서 필요한가? 이러한 질문들에 대해 창조경제시대의 인적자원관리 차원에서 답하고자 한다.

창조 또는 혁신이 활발했던 시기와 지역을 살펴보는 것은 연구의 출발점이 될 수 있다. 20세기 이후 미국에서 가장 활발하게 창조 또는 혁신이 일어나고 있다. 그 원인은 무엇일까? 창의적 인재가 현재 미국에 많다는 것인데 어떻게 미국은 이런 창의적 인재를 많이 보유하게 되었는가? 인재를 중시하고 창의력을 촉진하는 미국의 교육 제도 등 사회 제도로부터 함의를 도출할 수 있을 것이다.

IT가 발전하면서 스마트워크 등 재택근무, 사이버교육, 텔레컨퍼런스 등 면대면(face-to-face) 의사소통을 전자매체가 대체할 것이라고 많은 사람들이 전망하고 있다. 그러나 전자 의사소통을 하는 대부분의 사람들이 공간적으로 가까운 데 있는 사람들이며, 업무상 출장은 IT가 발달함에도 여전히 증가일로에 있다. IT가 발전했는데 선진국으로 유학은 왜 가는가? 또한 여전히 대도시는 팽창하고 있다. 인적자본의 형성, 그리고 창조와 혁신과 관련하여 면대면 의사소통 내지 상호작용(interaction)이 어떤 역할을 하는지를 알아볼 필요가 있다. 기업 내에서의 의사소통 내지 상호작용과 기업 외부와의 그것은 어떻게 구별되고 어떤 역할을 하는지도 알아볼 필요가 있다.

창의적 인재의 육성은 가능한가? 기업에서 창의적 인재를 키울 수 있는가? 창의적 인재를 확보하는 가장 손쉬운 방법은 창의적 인재를 발견하여 외부에서 조달하는 것이다. 외부영입은 곧 창의적 인재가 사회에서 육성되어야 함을 의미한다. 그렇다면 교육 등 사회제도 전반이 어떻게 형성되어 있어야 창의적 인재를 키울 수 있는가? 우리나라가 창의적 인재를 키울 수 있는 충분한 교육, 사회, 문화, 경제 인프라를 가지고 있는가에 대해서는 부정적인 의견이 우세하다고 본다.

Levitt and Donohue(2001)는 미국의 임신중절(abortion) 합법화와 범죄율 하락이 연결되어 있다는 논문을 발표하여 경제학계의 큰 주목을 받았다. 1970년대 중반부터 임신중절이 합법화되면서 많은 미혼모가 낙태를 할 수 있었고 이에 따라 잠재적 범죄자가 솎아졌다(weeded out)는 것을 실증적으로 보여주었다. 임신중절 합법화와 범죄율 하락이라는 별로 관계가 없어 보이는 멀리 떨어져 있는 두 현상(또는 지식)을 연결함으로써 새로운 지식을 창출했다고 할 수 있다. 새로운 지식, 혁신 또는 창조는 이와 같이 서로 다른 지식, 사상, 현상의 과감한 연결이 아닐까? 그렇다면 누가 어떤 환경에서 이런 연결을 잘할 수 있는 것일까? 이것이 이 장의 핵심 주제일 수 있다.

많은 사람들이 중국 음식점에 가서 자장면을 먹을까 짬뽕을 먹을까 망설인 경험이 있다. 본인 수요에 대한 정보 부족(limited information)이나 인지적 한계 또는 결정에 사용되는 시간 등의 비용 때문에 어느 쪽이 좋은지 판단을 못할 수 있다(제한된 합리성, bounded rationality, Simon 1957). 이럴 때 자장면과 짬뽕을 반반씩 먹을 수 있다면 이 망설임 또는 優柔不斷(우유부단)의 문제가 어느 정도 완화될 수 있을 것이다. 실제로 일부 음식점에서는 짬·자면을 제공한다. 최근에 融複合化(융복합화)에 대한 수요가 급증하는 데는 이러한 배경을 생각할 수 있다.

어떤 사람은 자장면과 짬뽕을 반반씩 먹기를 원할 수 있다. 자장면 한 그릇을 먹으면 효용이 8 증가하고 짬뽕 한 그릇을 먹으면 효용이 8 증가한다고 하자. 한계효용체감의 법칙(law of decreasing marginal utility) 때문에 자장면 반 그릇을 먹으면 효용이 5 증가하고 짬뽕 반 그릇을 먹으면 효용이 5 증가하므로[3] 자장면과 짬뽕을 반 그릇씩 먹으면 효용이 10 증가한다. 한 그릇만을 먹어야 되는 상황에서 자장면과 짬뽕을 반반씩 먹는 경우가 효용이 더 증가한다. 한계효용체감의 법칙이 적용되면 여러 소비나 활동을 조금씩 하는 것이 효용을 높

---

3) 한계효용체감의 법칙 때문에 효용이 4를 초과하고 8 미만인 어떤 수만큼 증가하는데 설명의 편의상 5로 하였다.

이나 이렇게 하지 않는 것은 그에 수반되는 거래비용(transaction costs)이 엄청나기 때문이다. 최근의 融複合化는 이 거래비용을 낮추어 여러 소비나 활동을 조금씩 하는 것을 가능케 함으로 소비자의 효용을 증대시킨다.

融複合化에 대한 수요 급증의 또 다른 원인은 시간의 가치가 상승하여 즉시적인(instantaneously) 수요 충족을 원한다는 것이다. 여가를 즐기면서 업무를 보기를 원하고 식사 때에는 주위의 맛집을 즉시적으로 찾아가기를 원한다. 여가와 업무 또는 다양한 정보가 연결되어야 이러한 수요를 충족시킬 수 있다. 이러한 연결은 또 다른 연결의 기회를 제공하여 경제를 성장시킨다. 경제가 성장되면 시간의 가치가 더욱 상승하여 소비자들의 수요가 더욱 融複合化된다. 이러한 순환 과정(circular process)을 통해 融複合化가 지속되면서 경제가 성장한다.

본 장에서는 融複合化로 대표되는 최근의 혁신 또는 창조를 연결이라는 관점에서 파악하고 분석한다. 본 장의 구성은 다음과 같다. 다음 절에서는 전통적 인적자본 이론과 새로운 인적자본 이론을 통해 인적자본의 역할을 알아본다. Ⅲ절에서는 모방과 창조와 관련된 인적자본과 창조의 유형을 나누어 본다. 이것을 바탕으로 Ⅳ절에서는 혁신, 기업, 인재의 유형을 나누어 알아본다. Ⅴ절에서는 창조경제시대의 인적자원관리를 인재의 유형에 따라 어떻게 할 것인지를 알아본다. Ⅵ절에서는 쟁점과 논의를 정리한다.

Ⅱ. 인적자본의 개념과 역할

1. 이시적 대체(intertemporal substitution)와 인적자본

생산은 원재료에 자본과 노동이라는 두 생산요소를 결합하여 재화나 용역을 창출하는 과정이다. 생산물을 부가가치 생산물로 측정하면 원재료는 빠지기 때문에 자본과 노동을 생산요소라고 한다. 자본이란 기계, 설비 등과 같이 생산과정에 투입되는 재화를 의미한다. 자본은 투자에 의해서 그 가치가 올라가지만 감가상각(depreciation)이나 쓸모없게됨(obsolescence)에 의해 그 가치가 내려간다. 다양한 기계, 설비 등의 자본을 어떻게 측정하여 합하는가? 각 기계, 설비 등의 가치로 측정하여 합한다. 자본이 투자에 의해 그 가치가 증가하듯이 노동도 교육·훈련 등에 의해 그 가치가 증가할 수 있다. 생산현장에서는 이것에 대한 인식이 확산되어 있었으나 학계에서 이론화된 것은 1950년대 말 60년대 초 Schultz(1961)와 Becker(1962) 등에 의해서이다.

투자란 현재 소비할 수 있는 것 중의 일부를 미래의 생산을 위해 남겨두는 것이다. 그러므로 오늘의 소비와 내일의 소비가 어떠한 관계가 있느냐가 이 투자 결정에 영향을 준다. 소비할 양이 정해져 있을 때 오늘의 소비가 늘면 내일의 소비가 줄고 오늘의 소비가 줄면 내일의 소비가 는다. 오늘의 소비와 내일의 소비는 이시적 대체(intertemporal substitution)관계에 있다고 한다. 이시적 대체탄력성(elasticity of intertemporal substitution)은 효용함수의 형태에 따라 달라지지만 할인요소(discount factor)나 할인율(discount rate)의 영향을 받지 않는다.[4)] 오늘의 소비가 줄면 오늘의 투자가 늘어 내일의 자본이 커져 내일의 생산능력이 향상된다. 오늘의 소비와 투자의 결정은 내일의 소비와 연관되어 결정되므로 동태적 최적화(dynamic optimization)가 이루어져야 한다. 즉 오늘과 내일이라는 시간에 따라(over time) 최적화가 되어야 한다.

Becker(1962)와 Schultz(1961) 등은 투자에 의해 기계·설비 등 생산능력이 향상되듯이 인간도 교육·훈련 등에 의해 생산능력이 증대되므로 자본의 투자결정을 설명하는 이론을 그대로 가지고 와서 인간의 교육·훈련 등에 대한 의사결정을 설명하였다. 소비와 투자를 결정하는 동태적 최적화 이론을 교육·훈련 등의 결정에 적용하여 인간의 생산능력의 향상을 설명하였다.

4) 효용함수가 불변상대위험기피(constant relative risk aversion) 형태를 가지면 이시적 대체 탄력성은 불변상대위험기피도의 역수이다.

인간의 생산능력도 기계·설비와 같이 투자에 의해 증대되는 자본이라는 점을 고려하면서 기존 자본과 구별하기 위해 인간의 생산능력을 인적자본(human capital)이라고 하며 기존 자본은 실물자본(physical capital)이라고 한다.

구체적으로 생산에 인적자본만 사용되는 경제를 고려해 보자. 경제주체(economic agent)는 다음과 같이 효용함수를 생산함수라는 제약 하에서 극대화한다.

$$\max_{c_t \geq 0} \sum_{t=0}^{\infty} \beta^t \ln c_t .$$

$$s.\ t.\ \ c_t + h_{t+1} \leq \gamma h_t^{\alpha} .$$

c_t, h_t는 t기의 소비와 인적자본이다. 소비할 수 있는 재화가 인적자본 투자에 투입되어 다음기의 인적자본을 형성한다. β는 할인요소(discount factor)이고 α와 γ는 생산함수의 생산성과 관련된 모수들이다. β와 α는 0과 1 사이이다. 이것은 Solow(1956)의 실물자본 모형에서 실물자본을 인적자본으로 대체한 것으로 실물자본 이론을 그대로 인적자본에 적용할 수 있음을 보여준다.

이 모형으로부터 다음기(t+1)의 인적자본(h_{t+1})은 당기(t)의 인적자본(h_t)과 다음과 같은 관계를 갖게 된다.

$$h_{t+1} = \alpha\beta\gamma h_t^{\alpha} .$$

이 경제는 정상상태(stationary-state)를 가지며 그 정상상태로 수렴한다(converge). 정상상태의 인적자본($\overline{h}$)은 $(\alpha\beta\gamma)^{\frac{1}{1-\alpha}}$이다. 할인요소($\beta$)가 크면 미래의 소비를 높이 평가하는 것이므로 인적자본 투자가 많아져 정상상태 인적자본이 커진다. 기술수준을 반영하는 모수인 γ가 커도 정상상태 인적자본이 커진다. 인적자본의 생산량에 대한 탄력성인 α가 커도 정상상태 인적자본이 커진다.

2. 전통적인 인적자본 이론

인간을 투자의 대상으로 인식한 인적자본 이론은 기존의 실물자본 이론을 그대로 가지고 와서 교육, 훈련 등의 인적자본 투자를 설명하였다. 실물자본에 대한 투자는 그 투자로 인한 순수입(수입-비용)의 현재가치(present value of net revenue)를 극대화하는 가운데 결정된다. 마찬가지로 인적자본에 대한 투자도 그 투자로 인한 순수입의 현재가치(present value of net earnings)를 극대화하는 가운데 결정된다.

인적자본 이론은 시간배분(time allocation) 모형과 실행에 의한 학습(learning by doing, learning by experience) 모형으로 대별된다. 시간배분 모형은 생산에 투입할 시간 또는 물질(time or material)을 교육, 훈련 등에 투입하여 인적자본을 축적하는 모형이다(대표적인 모형은 Ben-Porath 1967). 실물자본의 축적도 현재 소비할 수 있는 재화와 용역을 미래의 생산을 위해 투자의 형태로 남겨두는 것이다. 그러므로 생산된 재화와 용역은 소비, 실물자본 투자, 인적자본 투자에 사용된다. 실행에 의한 학습 모형에서는 일하면서 인적자본이 축적되는 것이다(최초의 모형은 Arrow 1962). 일한 경험이 많을수록 인적자본이 커진다(Rosen 1972).

(1) 시간배분 모형

소비할 수 있는 재화가 인적자본 투자에 투입될 수 있듯이 생산에 투입될 수 있는 시간이 인적자본 투자에 투입될 수 있다. Lucas(1988)에 의하면 인적자본 축적은 다음의 식으로 표현된다.

$$\dot{h}(t) = h(t)\delta[1 - u(t)].$$

$\dot{h}$는 h의 시간에 대한 도함수를 의미한다. $u(t)$는 t시점에서 생산에 투입되는 시간이고 $[1-u(t)]$는 인적자본 축적에 투입되는 시간이다. 각 시점에서 주어진 총시간은 1로 정규화되어 있고 δ는 양수이다. 이것은 전형적인 시간배분(time allocation) 모형이다. 시간과 더불어 재화도 소비나 생산 대신에 인적자본 투자에 투입될 수 있다.

(2) 실행에 의한 학습 모형

시간이 생산 아니면 인적자본 투자에 배타적으로 투입되는 것과 달리 일을 하면서 동시에 인적자본이 축적될 수 있다. 일을 하면서 경험이 쌓여 인적자본이 커질 수 있다. 생산과 인적자본 투자가 상호 배타적인 것이 아니라 둘이 동시에 일어날 수 있다. 그 구체적 모형은 다음과 같다(Lucas 1988).

$$\dot{h}_i(t) = h_i(t)\delta_i u_i(t).$$

i는 i재화 또는 산업을 의미한다. i재화 생산에 사용되는 시간($u_i(t)$)이 바로 인적자본 투자에 투입되는 시간으로 일하면서 동시에 인적자본이 축적된다.

3. 인적자본 투자의 종류

건강이 가장 중요한 인적자본이다. 건강해야 일할 수 있으며 건강해야 높은 생산성을 발휘할 수 있다. 건강을 위해 운동 등 시간과 노력을 투입하는 것은 위의 시간배분 모형으로 이해할 수 있다. 일을 계속해야 건강을 유지할 수 있거나 운동이 곧 일인 운동선수의 경우에는 실행에 의한 학습 모형으로 이해할 수 있다.

노동시장에 대한 정보도 인적자본 투자의 대상이다. 직장을 탐색하는 자에게는 본인에게 가장 좋은 임금 및 근로조건을 제공하는 직장에 고용되는 것이 최선이다. 이에 대한 정보는 시간과 노력, 금전적 비용을 들여 획득하고자 하는 인적자본 투자의 대상이다.

직장을 구하는 자는 본인에게 생활비 등을 고려하여 가장 좋은 임금 및 근로조건을 제시하는 직장을 찾아 이주(migration)할 수 있으므로 이주(migration)도 인적자본 투자의 대상이다. 직장 탐색은 해외까지도 그 범위가 확대될 수 있으므로 이민(emigration)도 인적자본 투자의 대상이다.

미국의 노예라고 하면 흑인을 떠올리지만 백인 종(servant)도 있었다. 미주가 신대륙이었던 1700년대 영국 등 유럽에서는 새로운 기회를 얻기 위해 신대륙에 가고자 하는 많은 하층민이 있었지만 스스로 여비를 마련하기 어려웠다. 그들이 미래의 노동을 담보로 여비를 빌려 신대륙으로 이주할 수 있었던 제도가 계약종제도(indentured servitude)이다. 그들은 배의 선장(또는 그 대리인)이 7-8주가 걸리는 신대륙까지 데려다 주고 먹여주면 신대륙에 도착해서 일정 기간 동안 종으로 일할 것이라는 내용의 계약을 맺었다. 이 기간은 일을 해서 받을 수 있는 임금이 여비(transportation cost), 식비(food cost) 등 이민에 들어간 모든 경비와 그 이자(interest)를 충당할 수 있도록 설정되었다. 신대륙에 도착해서 선장이 이 계약서를 노동을 필요로 하는 대농장주(plantation owner) 등에게 팔면 이들은 계약 기간 동안 주인이 시키는 일을 종으로서 해야 했다. 이 기간 동안 이들은 결혼을 할 수 없는 등 많은 제약이 있었다. 계약 기간이 끝나면 이들은 자유인이 되어 신대륙에서의 새로운 기회를 누릴 수 있었다. Galenson(1977)에 의하면 이 계약종시장이 경쟁적(competitive)이었다고 한다. 보통 계약 기간은 2-10년이었는데 글을 읽을 수 있거나 경력이 있는 자와 같이 생산성이 높은 자는 상대적으로 계약 기간이 짧았다. 이것은 생산성이 높은 자는 잠재적 임금이 높아 짧은 기간만 일해도 이민에 드는 모든 경비와 이자를 충당할 수 있었기 때문이다. 또한 서인도제도(West Indies)가 미주 본토(mainland America)에 비해 기후 등 건강 조건이 나빴고, 계약 종료 후의 기회도 열악했기 때문에 서인도제도에 가는 사람은 미주 본토에 가는 자보다 계약 기간이 짧았다. 이것은 보상 임금격차(compensating wage differentials) 또는 균등화 임금격차(equalizing wage differentials)로 설명될 수 있다. 서인도제도가 미주 본토에 비해 근로조건이 열악하기 때문에 잠재적 임금이 높았고 따라서 짧은 기간만 일해도 이민의 모든 경비와 이자를 충당할 수 있었다.

학교교육(schooling) 또는 현장훈련(on-the-job training)에 의해 축적되는 인적자본이 있다. 가장 대표적인 인적자본으로 노동시장에서의 학력 및 경력 또는 근속에 따른 임금격차를 설명한다. 직장에서 축적되는 인적자본은 경력, 근속, 직급 등에 의해 측정되지 않는 다른 측면이 있다.

최근에 박기성(2012)은 기존의 인적자본 변수들이 파악하지 못하는 측면을 측정해주는 새로운 개념들로 분석성, 포괄성, 유연성을 제시하고 있다. 분석성은 맡고 있는 일에 문제가 발생했을 때 문제의 원인을 아는 정도이고, 포괄성은 회사의 전체 업무를 이해하는 정도이며, 유연성은 본인의 일에 예외적인 상황이 발생하는 정도이다. 2005년과 2007년 인적자본기업패널조사(Human Capital Corporate Panel: HCCP) 자료를 사용한 박기성(2012)에 의하면 기업의 고정효과 또는 임의효과와 연령, 근속, 직위, 직급 등 전통적인 인적자본 변수들을 통제한 후 이 특성들은 통계적으로 유의하게 임금을 높인다. 구체적으로 분석성과 관련하여 맡고 있는 일에 문제가 발생할 때 문제의 원인을 거의 모르는 자보다 대부분 정확히 아는 자가 임금이 5.2% 높다. 포괄성과 관련하여 맡고 있는 팀(부서)의 업무만을 어느 정도 이해하고 있는 자보다 회사의 전반적인 업무를 이해하고 있는 자가 임금이 2.52% 높다. 유연성과 관련하여 일상적이고 반복적인 일을 하는 자보다 하나하나 새로운 일을 하는 자가 임금이 2.98% 높다. 포괄성과 유연성은 생산직에 비해 관리직에게 상대적으로 더 중요하고, 분석성은 관리직에 비해 생산직에게 상대적으로 더 중요하다.

4. 인적자본의 성격

삼성의 기업문화를 체득한 직원이 현대로 이직한다면 기존의 체득한 기업문화는 전혀 쓸모없게 된다. 이러한 인적자본을 기업특수적(firm-specific) 인적자본이라고 한다. 영어, 수학, 컴퓨터 관련 지식 등은 어느 기업에 가든지 사용될 수 있다. 이러한 인적자본을 일반적(general) 인적자본이라고 한다(Becker 1993). 일반적 인적자본 축적을 위한 훈련 비용은 누가 부담하는가? 먼저 기업이 부담한다고 하자. 근로자가 훈련을 다 받고 그 기업을 떠나 다른 기업에 가면 근로자는 일반적 인적자본에 대해 동일한 보상을 받지만 기업은 부담한 훈련 비용을 회수할 수 없다. 따라서 일반적 인적자본 축적을 위한 훈련 비용은 기업이 부담하지 않고 근로자가 부담한다. 근로자는 훈련 비용을 지불하고 축적된 일반적 인적자본에 대한 보상을 어느 기업에서든지 받는다. 기업특수적 인적자본 축적을 위한 훈련 비용은 누가 부담하는가? 먼저 기업이 부담한다고 하자. 훈련을 다 받은 후 근로자가 그 기업을 떠나 다른 기업에 가면 근로자는 기업특수적 인적자본에 대해 보상을 받지 않아도 전혀 손해가 없지만 기업은 훈련 비용을 회수하지 못하므로 기업이 그 비용을 부담하지 않는다. 근로자가 그 비용을 부담한다고 하자. 훈련을 다 받은 후 기업이 기업특수적 인적자본에 대해 보상을 하지 않으면 근로자는 훈련 비용을 회수하지 못하므로 근로자가 그 비용을 부담하지 않는다. 기업특수적 훈련에 대해서는 기업과 근로자 간에 교섭 상황(bargaining situation)이 될 수 있고 둘 간의 교섭력에 따라 그 비용을 부담하고 편익을 취하게 된다.

한 기업에 계속 근무하는 근로자와 다른 기업으로 이동한 근로자의 임금을 비교해 보자. 설명의 편의상 초기(0기)의 임금은 0원이라고 하자. 1기가 되어 그 기업에 계속 근무하는 근로자의 임금(y_s)과 이동한 근로자의 임금(y_m)은 다음과 같다.

$$y_s = G + S.$$

$$y_m = G.$$

여기서 G는 일반적 인적자본에 대한 보상이고 S는 기업특수적 인적자본에 대해 근로자가 갖게 되는 보상이다. 근속의 증가에 따른 임금상승을 근속효과(tenure effect)라고 하면 그것은 $y_s - y_m$이다. 경력의 증가에 따른 임금 상승을 경력효과(experience effect)라고 하면 그것은 y_m이다. 그러므로 경력효과는 일반적 인적자본의 축적률을 알려주며 근속효과는 기업특수적 인적자본 축적률을 알려준다.

<표 2-1>은 각국의 임금함수로부터 경력 및 기업근속 증가에 따른 임금상승률을 추정한 것이다. 경력이 1년 증가함에 따라 한국 근로자는 임금이 1.58%(16년 기준) 증가하며 일본 근로자는 0.71%, 대만 근로자는 1.10%, 미국 근로자는 0.73% 증가한다. 한국 근로자의 경력-임금 단면(experience-wage profile)이 가장 가파르다. 기업근속이 1년 증가함에 따라 한국 근로자는 임금이 3.66%(5년 기준) 증가하며 일본 근로자는 4.51%, 대만 근로자는 1.51%, 미국 근로자는 1.17% 증가한다. 일본 근로자의 근속-임금 단면(tenure-wage profile)이 가장 가파르며 한국 근로자가 대만 및 미국 근로자에 비해 매우 가파른 근속-임금 단면을 가지고 있다. 이것들은 우리가 알고 있는 통상적인 관행을 반영한다고 할 수 있다. 한국 기업은 입사한 근로자의 이전 경력을 상당히 인정해 주는데 비해 일본 기업은 거의 인정해 주지 않는다. 반면에 일본 기업은 근속증가에 따른 임금상승률이 한국 기업보다 높다.

한국은 다른 나라에 비해 경력효과가 크며, 일본과 한국은 근속효과가 크다. 경력이 증가함에 따라 일반적 인적자본이 축적되며 기업근속이 증가함에 따라 기업특수적 인적자본이 축적된다고 할 수 있다.(Willis 1986, p. 596). 일반적 인적자본 축적은 한국 근로자가 다른 세 나라 근로자들에 비해 활발하다. 기업

특수적 인적자본 축적은 한국 근로자가 일본 근로자에 비해서는 덜 활발하지만 대만이나 미국 근로자보다는 더 활발하다. 기업근속이 1년 증가하면 경력도 1년 증가하기 때문에 이 둘의 효과를 합하여 연공효과라고 할 수 있다. <표 2-1>로부터 경력 17년과 근속 9년에서 연공효과를 구하면 한국은 4.54%, 일본은 4.84%, 대만은 2.07%, 미국은 1.64%이다. 네 나라 중 연공효과는 일본과 한국이 비슷하며 대만과 미국에 비해 매우 높다. 일본과 한국을 연공서열형 임금체계라고 일컫는 이유가 여기에 있다고 할 수 있다.

〈표 2-1〉 경력 및 근속증가에 따른 임금상승률(남성 15-55세)

(단위 : %)

		한 국	일 본	대 만	미 국
경력	17년	1.39	0.65	0.87	0.63
	16년	1.58	0.71	1.10	0.73
근속	9년	3.15	4.19	1.20	1.01
	5년	3.66	4.51	1.51	1.17

주: 경력년수 = 연령 - 학교교육연수 - 6.

자료: 노동부. 직종별임금실태조사. 10% 표본. 1989년.
Japanese Employment Structure Survey 10% 표본.
Taiwanese Manpower Utilization Survey. 1989.
Panel Study of Income Dynamics. 1976-1981.

출처: 박기성(1995). 일본과 미국은 Mincer and Higuchi(1988).

근로자의 인적자본이 일반적일수록 기업 간 노동이동률(labor turnover rate)이 높고 기업특수적일수록 낮다. 일본의 이직률은 2% 이하로 가장 낮은 것은 일본 근로자의 인적자본이 상대적으로 기업특수적이기 때문이다.

인적자본 중에는 동일 산업 내에서는 유용하지만 그 산업을 벗어나서는 유용하지 않은 것도 있고, 동일 직종 내에서는 유용하지만 그 직종을 벗어나면 유용하지 않은 것도 있다. 전자를 산업특수적(industry-specific) 인적자본, 후자를 직종특수적(occupation-specific) 인적자본이라고 부른다.

기업특수적 인적자본의 예로 화장실을 위치, 소통의 방법, 근로자 각각의 업무 등을 들지만 그 중요성을 각인시킬 만큼 호소력이 있지 않고 궁색한 면이 있다. 최근에 Lazear(2009)는 기업특수적 인적자본을 새로운 시각에서 설명하고 있다. 모든 기술·지식들(skills)은 일반적(general)이고 각 기업은 이 기술·지식들의 결합(combinations)을 사용하는데 그 결합비율 즉 가중치(weights)가 기업마다 다르기 때문에 기업특수적 인적자본이 있는 것처럼 보이지만 본질은 기업특수적 가중치라고 주장한다. 이 이론에 의하면 가중치가 동일한 기업들이 많으면 이 기업들 간에 이동을[5] 해도 임금이 그대로 보존되므로 이 기업들에서 축적된 인적자본은 일반적으로 보인다. 반면에 어느 기업의 가중치가 다른 기업들과 매우 다르다면 그 기업에서 다른 기업으로 이동한 근로자의 임금이 크게 떨어질 것이므로 그 기업에서 축적된 인적자본은 기업특수적으로 보인다. 즉 시장의 두터움(thickness)의 정도에 따라 이직 시의 임금이 결정된다. 각 기술·지식, 예를 들어 영어, 컴퓨터, 회계 등은 일반적 인적자본이지만 기업마다 이것들을 사용하는 결합비율이 다르므로 이 인적자본의 축적을 위한 교육·훈련 비용의 일부를 기업이 지불한다.

---

5) 근로자가 어느 기업을 떠나 다른 기업으로 移動(이동)하는 것을 勞動異動(노동이동)(labor turnover)이라고 한다.

5. 인적자본 이론에 대한 비판

인적자본 이론에 의하면 교육이 생산성을 증대시켜 근로소득(labor earnings)을 높인다는 것이다. 이를 입증하기 위한 경험적 연구는 생산성을 직접 측정하기 매우 어렵기 때문에 교육이 근로소득을 향상한다는 가설을 검증하는데 집중되어 왔다(배무기 2002). 이론은 "교육 ➔ 생산성 증대 ➔ 근로소득 상승"이지만 경험적 연구는 "교육 ➔ 근로소득 상승"을 주로 검증해 왔다. 그러나 교육이 생산성을 전혀 높이지 않아도 학력이 높은 사람이 높은 임금을 받을 수 있다. Spence(1973)에 의하면 기업은 유능한 근로자를 선별하는데 학력을 사용하고 근로자는 자신이 유능하다는 것을 알리는 수단으로 학력을 사용한다. 대학에 진학할 수 있는 길로와 서원이라는 두 사람이 있는데 그들의 능력이 각각 10과 5라고 하자(표 2-2 참조). 서원보다 상대적으로 능력이 뛰어난 길로는 대학에 쉽게 진학하고 대학 공부도 쉽게 해서 졸업할 수 있다. 대학의 진학을 위한 비용부터 졸업까지 발생하는 모든 금전적(pecuniary), 비금전적(non-pecuniary) 비용은 길로가 서원보다 작을 것이다. <표 2-2>에서는 그 비용이 길로는 4이고, 서원은 6이다. 노동시장에서 대졸자와 고졸자 간의 임금격차가 5라고 하자. 길로가 대학 졸업을 선택하면 1만큼 이득이 생기므로 대학 졸업을 선택한다. 그러나 서원은 대학 졸업을 선택하면 1만큼 손해를 보므로 대학에 진학하지 않고 노동시장에 나간다. 길로는 대졸자가 되고 서원은 고졸자가 되기로 결정한다. 기업이 이들을 고용하여 일을 시켜보면 길로가 서원보다 5만큼 생산성이 높은 것을 알게 되고 이에 따라 길로에게 서원보다 5만큼 임금을 더 주게 된다. 그러므로 이 상태는 균형(equilibrium)이다.[6] 대졸자와 고졸자 간의 임금격차는 이들 간의 생산성 격차이다. 이 생산성격차는 대학 교육을 받아 생산성이 증대되어 생긴 것이 아니고 대학 교육과 무관한 능력격차이다. 이와 같이 기업은 대학 졸업이라는 학력을 유능한 근로자를 선별하는데 사용하고 근로자는 자신이 유능하다는 것을

6) 균형(equilibrium)은 외부적인 충격이 없는 한 그대로 유지되는 상태이다.

알리는 수단으로 사용한다. 이것을 전자의 입장에서는 선별 가설(screening hypothesis)이라고 하고 후자의 입장에서는 노동시장 신호 가설(job-market signaling hypothesis)이라고 한다.

〈표 2-2〉 노동시장 신호 가설의 한 예

	(1) 능력	(2) 대학 수학 비용	(3) 대졸-고졸 임금격차	(4) (3) - (2)	(5) 학력 선택
길로	10	4	5	1	대졸
서원	5	6	5	-1	고졸

이 이론이 교육과 근로소득의 양의 관계를 다 설명한다면 대학을 4년 다닐 필요가 없고 입학과 동시에 졸업을 해도 학력의 선별 기능 또는 노동시장 신호 기능을 다할 수 있다. 현실은 인적자본 이론이 대부분을 설명하고 이 이론이 부분적으로 설명할 것이다.

6. 새로운 인적자본 이론

전통적인 인적자본 이론은 인간을 기계, 생산설비와 같이 투자를 통해 생산능력이 증대되는 대상으로 보고 있다. 이런 점에서 볼 때 실물자본 축적 모형과 인적자본 축적 모형 간에 차이가 없다. 그러나 인간은 본질적으로 사회적(social)이다. 인간의 지식, 기술, 기능 등 인적자본은 인간과 인간 사이에서 상호작용(interaction)을 통해 창출되고 전수된다. 이것이 실물자본 축적과 인적자본 축적을 결정적으로 구별짓는다(Lucas 1988). 그러므로 인적자본 축적 이론은 실물자본 축적 이론과 달라야 한다. Lucas는 최초로 이 점을 지적했지만 그의 논문(1988)에서는 전통적인 인적자본 모형(시간배분 모형과 실행에 의한 학습 모형)

을 그대로 사용하고 있다.

인적자본 축적에 있어서 상호작용을 구체화한 최초의 이론적 모형은 Park(1997)이다. 생산 현장에서 근로자들은 일하면서 서로 가르쳐 주고 배운다. 특히 선배근로자(seniors)는 후배근로자(juniors)에게 기술, 지식, 기능뿐만 아니라 일하는 방식, 인간관계 형성, 노하우 등 다양한 것들을 가르친다. 생산 현장이라는 학교에서 선배근로자는 선생이며 후배근로자는 학생이라고 할 수 있다.

Park(1997)은 현장훈련(on-the-job training), 현장학습(on-the-job learning), 그리고 실행에 의한 학습(learning by doing)을 상호작용이라는 관점에서 구별한다. 현장훈련에는 생산에 사용될 시간 또는 재화가 투입되지만, 현장학습에는 근로자 간의 상호작용이 필수적이다. 실행에 의한 학습은 혼자서도 가능하지만 현장학습은 반드시 집단 활동(group activity)이 필수적이다.

물이 높은 곳에서 낮은 곳으로 흐르듯이 인적자본도 높은 사람에게서 낮은 사람으로 흘러간다.[7] 즉, 인적자본이 높거나 기술(technology)을 가지고 있는 사람에게서 그렇지 않은 사람에게로 상호작용을 통해 그 인적자본이나 기술이 퍼져나간다. 이것을 溢出效果(일출효과)(spillovers)라고 한다. 최근 Lucas(2009)와 Lucas and Moll(2011)은 개인이 지금까지 만난 사람들 중에서 가장 인적자본이 높은 사람의 인적자본을 가지게 되는 모형까지 제시하였다.

7) 어느 때는 B가 A에게서 배우고 어느 때는 A가 B 또는 C에게서 힌트를 얻을 것이다. 사회적 활동(social activity)을 통해 인적자본이 축적되는 집단 내에서는 선생과 학생의 구별 없이 서로 가르쳐 주고 배울 것이다(Lucas 1988). 그러나 하나하나의 개별 사항에 대해서 누가 누구에게 도움을 주는지를 알 수 있을 것이다.

7. 인적자본과 경제성장

지속적 경제성장(sustained economic growth)은 근로자 1인당 생산성의 지속적 증가에 의해 가능하다. 1인당 실물자본이 증가하면 생산성이 증가하나 한계생산성 체감의 법칙이 작용하여 어느 수준 이상 증가할 수 없다. 한계생산성 체감의 법칙을 뛰어넘는 것이 인적자본 축적에 있어서의 사회적 활동(social activity), 즉 집단 상호작용(group interaction)이다(Lucas 1988). 사람과 사람 사이 또는 집단 내에서 서로 가르쳐 주고 배우는 상호작용을 통해 인적자본이 축적되며 이로 인해 규모수익 불변 내지 체증(constant or increasing returns to scale)이 가능하다. 그러므로 지속적 경제성장을 위해서는 인적자본 축적을 위한 상호작용을 촉진하는 것이 필요하다.

일출효과에 대한 대부분의 문헌에서는 노동력이 많거나 노동력 증가율이 높을수록 일출효과 때문에 경제성장률이 높다.[8] Backus, Kehoe, and Kehoe (1992)에 관련되는 모형들과 그 함의들이 잘 정리되어 있다.[9] 그러나 이들은 노동력이 많거나 노동력 증가율이 높을수록 경제성장률이 높다는 가설을 지지하는 증거를 찾지 못하였다. 오히려 노동력이 많거나 노동력 증가율이 높을수록 경제성장률이 낮다고 보고하고 있다. 그러나 Park(1997)에 기초해서 만들어진 박기성(2001)의 모형에 의하면 노동력 증가율이 높을수록 선배-후배 근로자 비율(선생-학생 비율, teacher-student ratio)이 낮아 인적자본 축적률이 낮고 경제성장률이 낮다.

---

8) 예외가 Romer(1990, 1994), 박기성(2001) 등이다.

9) Grossman and Helpman(1994), Jones(2005)도 언급하고 있다.

Ⅲ. 모방적 인적자본과 창조적 인적자본

1. 모형

인적자본 축적에 있어서 상호작용을 통해 인적자본이 溢出(spillovers)된다는 것은 쉽게 생각할 수 있다. 이러한 인적자본 축적은 모방적(imitative)일 가능성이 높다. 모방(imitation)과 창조(creation)를 구별하기는 어렵다. 우리는 항상 자신 또는 다른 사람의 성공에 기초해서 건설하려고 하므로 대부분 모방이다. 때때로 문제의 독특함(uniqueness) 내지 어려움(difficulty)이 새로운 시도를 요구하며 창조하지 않을 수 없도록 강요한다(Lucas 2008). Kortum(1997)에 근거하면 새로운 생각은 어떤 분포로부터의 무작위 뽑기이다(new ideas are random draws from some distribution). 좋은 뽑기는 창조 그리고 나쁜 뽑기는 모방이라고 할 수 있으나 그 과정은 결과와 달리 유사하게 보인다(Lucas 2008).

이러한 시각과 달리 창조와 모방을 본질적으로 구별하는 시각이 있다. 박기성(2002)에 의하면 Olsson(2000)은 기존지식의 볼록결합(convex combination)과 패러다임 쉬프트(paradigm shifts)에 의해 새로운 지식이 창조되지만 연구개발(R&D)이 규모수익체감(diminishing returns to scale)되는 것을 방지하는 것은 오직 패러다임 쉬프트이다. 패러다임 쉬프트에 의해서 비볼록성(nonconvexities)이 생기고 이 비볼록성을 볼록결합으로 메꾸는 과정에서 새로운 지식이 창출된다. 패러다임 쉬프트가 없다면 비볼록성이 생성되지 않아 볼록결합으로 새로운 지식이 창출될 여지가 없게 된다. 그러므로 패러다임 쉬프트가 장기적인 지식창출의 근원이다.

창조성은 생산성과 구분되는 개념이다. Saint-Paul(2001)은 창조성(creativity)이 다른 사람들이 복제될 수 있는 아이디어들을 창출하는 능력(the ability to produce ideas that may be duplicated over a network)이고, 이 아이디어들은 같

은 집단 내의 근로자들의 생산성을 향상시킨다는 점에서 溢出效果(일출효과)(spillovers)를 가진다고 주장한다. 그는 생산성(productivity)과 창조성(creativity)을 명확하게 구별하고 있다.

박기성(2002)은 모방적 인적자본과 창조적 인적자본을 구별하여 각각의 축적 과정을 제시하고 이에 따른 경제성장 모형을 제시하였다. 박기성(2002)과 Park(2008)은 Lucas(1972), Barro(1977), 그리고 Lee and Zilberfarb(1993)가 수행한 세 가지 연구의 창조성을 비교하고 있다. Lucas는 예상(expectations)이 통화의 중립성에 영향을 줄 수 있다는 것을 이론적으로 보였고, Barro는 예상하지 못한 통화(unanticipated money)가 실업에 영향을 준다는 것을 미국 통계자료를 사용하여 보여주었고 Lee and Zilberfarb는 예상하지 못한 통화가 생산, 실업, 물가에 영향을 준다는 것을 한국 통계자료를 사용하여 보여주었다. Barro의 연구는 Lucas의 매우 창의적인 연구에 근거하고 있으며 Lee and Zilberfarb의 연구는 앞의 두 연구에 근거하고 있다. 창조성이라는 관점에서 보면 Lucas > Barro > Lee and Zilberfarb의 순이라고 할 수 있으며 창조적 인적자본은 모방적 인적자본의 축적을 위해서도 필수적이다. 이 비교에서 우리는 창조성은 다른 학자들에 의해 복제될 수 있는 아이디어들을 창출하는 능력이고, 이 아이디어들은 동일 학계 학자들의 생산성을 향상시킨다는 점에서 일출효과를 가진다는 것을 알 수 있다. 이것은 Saint-Paul(2001)의 주장을 지지한다. 그러므로 박기성(2002)은 모방적 인적자본의 축적이 다음의 함수에 따라 이루어진다고 가정한다.

$$H_t = AH_t^{1-\rho}(\overline{K} + K_t)^{\rho} h_t.$$

여기서 H_t와 K_t는 각각 t기의 모방적 그리고 창조적 인적자본이고 h_t는 모방적 인적자본 축적에 투입되는 시간이다. 창조적 인적자본 축적이 없더라도 타고난 창조성 $\overline{K}$이 있어 모방적 인적자본 축적이 가능하다. A는 양수이며 ρ는 0과 1 사이이다.

창조적 인적자본은 창조적 인적자본에 의해서만 축적이 가능하다. Olsson (2000)의 표현에 의하면 존재하는 지식 중 창조적 지식만이 창조적 인적자본을 축적하는데 사용된다. 그러므로 박기성(2002)은 창조적 인적자본 축적이 다음의 함수에 따라 이루어진다고 가정한다.

$$K_{t+1} = B(\overline{K} + K_t)k_t.$$

여기서 k_t는 t기에 창조적 인적자본에 투입되는 시간이다. B는 양수이다. 박기성(2002)에 의하면 이 모형 경제는 세 균제상태(steady-states)와 이에 따른 세 국면(phases)을 가진다.

첫 번째 균제상태는 창조적 인적자본 축적에 시간이 전혀 투입되지 않는 것이고 두 번째 균제상태는 창조적 인적자본 축적에 시간이 투입되나 창조적 인적자본이 변하지 않는 것이다. 세 번째 균제상태는 점근적(asymptotic)인 것으로 창조적 인적자본이 축적되면서 지속적 경제성장을 한다.

첫 번째 균제상태는 안정적(stable)이다. 모수들의 현실적인 값들(plausible values of parameters)에 대해 두 번째 균제상태는 불안정적(unstable)이고 세 번째 균제상태는 안정적이다. 그러므로 첫 번째와 두 번째 사이에 경제가 놓이게 되면 첫 번째 균제상태로 가며, 두 번째와 세 번째 균제상태에 처하게 되면 세 번째 균제상태로 간다. 세 번째 균제상태를 넘어 있으면 세 번째 균제상태로 온다. 그러므로 두 번째 균제상태가 문턱 균제상태(threshold steady-state)로 후진국은 지속적 경제성장을 위해 이것을 뛰어넘는 것이 관건이다.

Park(2008)에 의하면 한국은 1960년대 초 무역 장벽(barriers to international trade)을 낮춤으로써 세계경제에 문호를 개방하였다(Parente and Prescott 2000,

p. 4). 이 시기에 한국은 중화학공업 제품을 수입해서 자본재로 사용하여 경공업 제품을 대량으로 수출하는데 성공하였다. Chuang(1998)은 수입품과 수출품이 개발도상국에게 학습의 기회를 제공하므로 무역으로 인한 학습(trade-induced learning)은 무역 상대방의 선택에 좌우된다고 주장한다. 이 시기에 한국은 해외로부터의 기술이전(technology transfer)이 매우 활발하였다. 수입된 자본재의 가동을 돕기 위해 많은 외국 기술자들이 한국에 왔다. 또한 미국, 일본 등 선진국으로부터 학위를 마치거나 경험을 쌓은 많은 한국인들이 귀국하여 연구소, 기업, 대학 등에 포진하게 되었다. [그림 2-1]은 1960년대 초부터 1970년대 중반까지 한국과 몇몇 개발도상국의 해외 유학생수를 보여준다. 1962년 한국은 인구 십만 명 당 19.85명이었는데 비해 아르헨티나, 브라질, 멕시코, 필리핀, 태국은 각각 3.69, 1.28, 3.77, 5.82명이었다.[10)] Park(2008)에 의하면 이것은 모수 B가 증가한 것이고 이에 따라 문턱 균제상태가 낮아져 첫 번째 국면에서 두 번째 국면으로 문턱 균제상태를 뛰어넘게 되었고, 경제는 이륙하여 지속적 경제성장을 하는 세 번째 균제상태로 나아가게 되었다고 할 수 있다.

10) 고려대 김진영 교수의 자료 사용에 대해 감사한다.

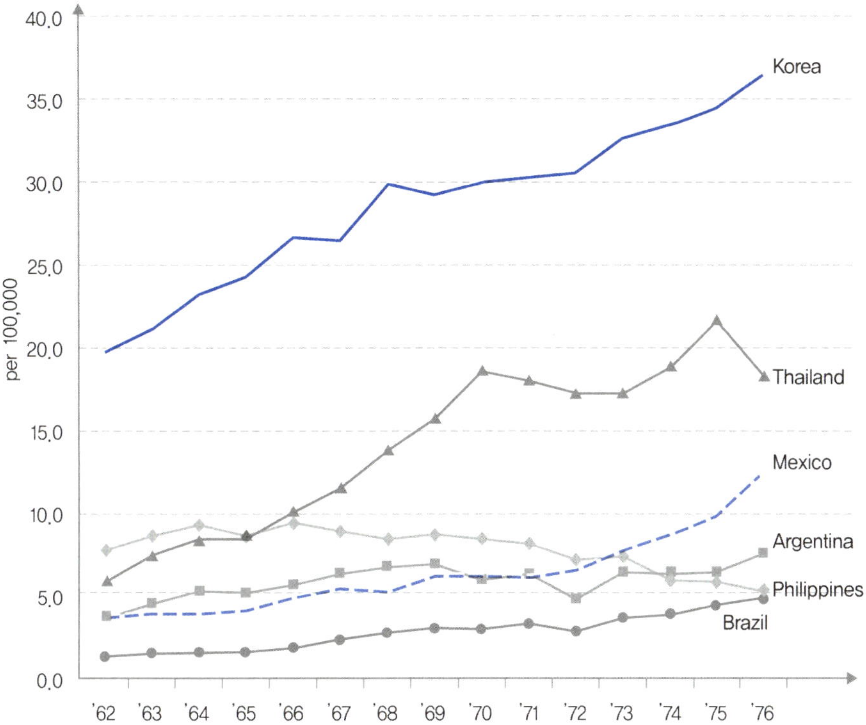

[그림 2-1] 인구 십만 명당 OECD 국가 유학생 수

출처: UNESCO(1972, 1976, 1982). Park(2008)에서 재인용.

Florida(2007)는 인재(talent), 기술(technology), 관용(tolerance)의 3T에 근거한 경제성장 담론을 제시하면서 창조적 자본(creative capital)이 경제성장을 야기한다고 주장한다. 그는 3T에 대한 지수와 이들을 종합한 창조성 지수(global creativity index)를 45개국에 대해 추정하였다. <표 2-3>에 따르면 한국의 창조성 지수는 0.465로 16위이다. 1위는 스웨덴으로 0.808이며 미국은 4위로 0.666이다.

인재 지수는 한국이 0.371로 24위로 상대적으로 낮다. 1위는 핀란드로 0.728이다. 인재 지수를 구성하는 것은 창조계급(creative class) 지수, 인적자본(human capital) 지수, 과학인재(scientific talent) 지수이다.

창조적 계급 지수는 과학자(scientists), 엔지니어(engineers), 예술가(artists), 문화창작가(cultural creatives), 경영자(managers), 전문직종사자(professionals)가 노동력(workforce)에서 차지하는 비율이다. 한국의 창조적 계급 지수는 8.80% (경제활동인구 중 창조적 계급의 백분율)으로 39개국 중 38위이다. 창조적 계급 지수가 가장 높은 국가는 아일랜드로 33.47%인데 수치상으로 한국의 4배에 이른다. 이 지수들에 의하면 한국의 문제는 창조적 계급이 매우 적다는 것이다. 그러나 한국의 창조계급 인구의 연간 성장률은 3.75%로 조사된 39개국 중 아일랜드(7.64%) 다음으로 높아 앞으로 창조계급이 빠르게 증가할 것으로 전망된다.

인적자본 지수는 전체 인구에서 학사학위 소지자가 차지하는 비율이다. 한국의 인적자본 지수는 17.47로 10위이다. 1위는 미국으로 28.34이다. 한국과 비슷한 비율을 보이고 있는 국가는 오스트리아(19.24), 일본(19.2), 영국(18.0) 등이다.

과학적 인재 지수는 인구 백만 명 당 연구자(researchers)의 수이다. 한국의 과학적 인재 지수는 2,880으로 13위이다. 1위는 핀란드로 7,110이고 미국은 4,099로 5위이다.

창조적 계급 지수는 아일랜드(33.47), 벨기에(30.41), 오스트리아(30.14), 네덜란드(29.54), 영국(25.70) 등이 높은데 이들의 경제성장이 높다는 주장은 설득력이 다소 떨어진다. 이 나라들은 모두 제조업이 취약한 나라들이라 국가적으로 문화산업을 육성할 수밖에 없는 측면이 있고, 이미 과거의 축적된 경제성장으로 여유가 생겨 문화, 예술에 종사하는 사람들이 많을 수 있다. 즉, 창조지수와 경제성장간의 역 인과관계(reverse causation)의 문제가 있는 것이다. 창조적 계급의 비율이 높더라도 이들이 가지고 있는 인적자본과 지식이 제조업이나 서비스업 등 산업현장과 결합하여 고부가가치를 창출하지 못하면 경제성장에 긍정적인 영향을 주지 못할 수도 있다.

현재로서는 우리나라에서 창조경제시대를 견인할 수 있는 창조적 계급이 적은 것이 문제로 지적될 수 있으나, 창조적 계급을 무작정 늘리는 것만이 해결책이 될 수는 없고 이들을 산업현장에서 활용하는 대책이 같이 마련되어야 할 것이다.

박기성(2002)과 Park(2008)의 중요한 함의는 인적자본량(human capital stock)이 아니라 창조적 인적자본에 대한 투자(human capital investment)가 경제성장의 세 국면을 결정하고 이에 따라 경제성장률을 결정한다는 것이다. 이것은 기존의 이론적 모형과 매우 다른 함의이다. 오늘 얼마큼의 인적자본이 있느냐가 아니라 얼마큼을 창조적 인적자본에 투자하느냐가 내일의 경제성장을 결정한다는 것은 오늘 어떤 정책을 펴서 창조적 인적자본에 대한 투자를 늘리느냐가 관건이 된다.

Ehrlich(2007)는 모방적 인적자본과 창조적 인적자본을 구별하지 않았지만 박기성(2002)과 유사한 모형으로부터 교육수준(stock)이 아니라 교육에 대한 투자(investment)가 경제성장률을 결정한다는 것을 보였다. 그는 1인당 GDP에서 미국이 영국을 앞서기 시작한 20세기 초에 15－64세 인구 중 고등교육(higher education or tertiary enrollment)의 평균년수가 0.20년으로 영국의 0.08년을 훨씬 앞서고 있었음을 지적하고 있다.[11)] 우리는 이것을 창조적 인적자본의 중요성으로 인식할 수 있다.

미국이 19세기 말까지 뒤쳐졌던 미국이 20세기 초에 영국을 능가할 수 있었던 것은 고등교육으로 대표되는 창조적 인적자본에 대한 투자가 19세기 후반에 활발하게 이루어졌기 때문으로 해석할 수 있다. 그는 이것이 가능했던 이유로 1862년과 1890년의 모릴 토지양여법(Morrill Land-Grant Acts) 등에 의해서 토지양여 대학들(Land-Grant colleges and universities)이 설립되어 많은 사람들이 대학 교육을 받을 수 있었기 때문이라고 지적한다.[12)]

---

11) Maddison(1991)을 인용하고 있다.

12) 모릴 토지양여법은 연방정부의 토지를 각주에 30,000에이커(120km^2)씩 양여하여 그 토지에 대학을 설립하거나 토지를 매각한 자금으로 대학을 설립하도록 한 법이다. 이 법에 의해 아이오와주립대학(Iowa State University)을 시초로 70개의 대학이 설립되었다(출처: http://en.wikipedia.org/wiki/Morrill_Land-Grant_Acts).

〈표 2-3〉 주요 국가의 창조성 지수

국가별 순위	국가	창조성 지수	인재(Talent)				기술(Technology)			관용(Tolerance)		
			인재지수	창조적 계급	인적자본	과학인재	기술지수	연구개발 지수	혁신지수 (특허)	관용지수	가치지수	자기표현 지수
1	스웨덴	0.808	0.642	22.93	16.94	5,186	0.819	4.27	195.97	0.964	1.60	2.22
2	일본	0.766	0.702	—	19.20	5,321	0.785	3.09	261.53	0.811	1.84	0.68
3	핀란드	0.684	0.728	24.66	14.80	7,110	0.626	3.40	141.09	0.698	0.80	1.04
4	미국	0.666	0.601	23.55	28.34	4,099	0.827	2.82	307.06	0.571	-0.53	1.64
5	스위스	0.637	0.541	22.05	15.83	3,592	0.625	2.64	196.38	0.744	0.77	1.45
6	덴마크	0.613	0.597	21.29	21.50	3,476	0.385	2.09	89.38	0.858	1.11	1.96
7	아이슬란드	0.612	0.658	24.12	18.85	—	0.463	3.04	67.38	0.717	0.37	1.72
8	네델란드	0.611	0.643	29.54	20.87	2,572	0.366	2.02	83.05	0.824	0.81	2.05
9	노르웨이	0.595	0.686	18.77	27.60	4,377	0.279	1.62	58.94	0.819	1.26	1.46
10	독일	0.577	0.468	20.09	13.48	3,153	0.511	2.50	136.77	0.753	1.13	1.08
11	캐나다	0.548	0.603	24.96	20.38	2,978	0.400	1.85	116.02	0.641	-0.18	1.78
12	오스트리아	0.528	0.672	30.14	19.24	3,439	0.246	1.53	45.13	0.665	-0.20	2.00
13	벨기에	0.526	0.571	30.41	12.70	2,953	0.338	1.96	69.80	0.670	0.48	1.20
14	이스라엘	0.525	0.371	20.48	—	1,563	0.670	3.62	152.45	0.533	0.25	0.37
15	영국	0.517	0.567	25.70	18.00	2,666	0.327	1.90	67.43	0.657	0.26	1.37
16	한국	0.465	0.371	8.80	17.47	2,880	0.465	2.96	74.73	0.560	1.08	-0.43
17	프랑스	0.462	0.378	—	11.87	2,718	0.364	2.20	68.27	0.643	0.49	0.97
23	스페인	0.365	0.449	19.81	16.89	1,948	0.115	0.96	6.54	0.532	0.09	0.56
25	러시아	0.339	0.521	21.10	—	3,494	0.112	1.00	1.62	0.385	1.08	-1.86
26	이태리	0.335	0.252	13.59	10.05	1,128	0.162	1.04	29.49	0.591	0.18	0.93
36	중국	0.230	0.031	—	1.43	584	0.109	1.00	0.15	0.550	1.16	-0.61
41	인도	0.177	0.085	—	6.00	157	0.137	1.23	0.17	0.309	-0.53	-0.50
42	멕시코	0.164	0.150	5.28	13.29	225	0.043	0.43	0.81	0.299	-1.47	0.58
43	브라질	0.159	0.128	—	7.67	323	0.083	0.77	0.64	0.266	-1.27	0.06

출처: Florida(2007), pp. 275-277.

2. 경험적 창조와 개념적 창조

Galenson(2004, 2006a, 2006b, 2007, 2009, 2010)은 세잔(Paul Cézanne, 1839-1906)과 피카소(Pablo Picasso, 1881-1973)를 비교하면서 창조성은 두 가지 종류가 있다고 주장한다. 하나는 경험적 창조(experimental creation)이고 다른 하나는 개념적 창조(conceptual creation)이다. 세잔은 평생 동안 끊임없이 새로운 시도로 노력하여 말년에 경지에 도달한 경험적 창조자이고, 피카소는 젊은 시절에 미술사의 새로운 장르인 입체파(cubism)를 단번에 개척한 개념적 창조자이다.

Galenson(2006a)의 추정에 의하면 세잔의 작품값은 [그림 2-2]에서와 같이 연령이 높아질수록 올라가 67세에 최고점에 달한다. 이 추정은 작품의 크기, 매매 시점, 다른 사람의 도움(work's support) 등을 통제하고 이루어진 것이다.

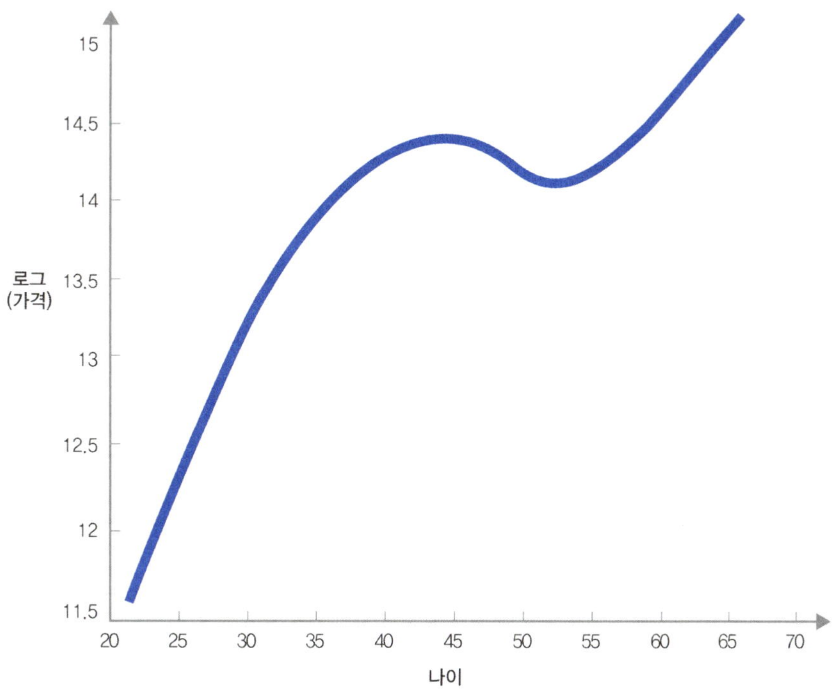

[그림 2-2] 세잔의 연령-작품가 단면

출처: Galenson(2006a), p. 91.

세잔의 창조작업에 입각한 작품의 점진적 진화과정은 [그림 2-3]에서 [그림 2-7]의 생빅투와르산 연작에서 엿볼 수 있다. 세잔은 생빅투와르산을 대상으로 자신의 세계관을 끊임없는 실험을 통해 화폭에 담아 완성하려고 노력하였다. 세잔은 1885년에 처음 산에 올라가 생을 마감하는 1906년까지 20여년 동안 무려 60편 이상의 생빅투와르산 연작을 남겼다. 초기에는 산을 사실적으로 표현했으나, 점차 사물을 삼각형(원뿔), 사각형(원통), 원(구) 등으로 기하학적으로 표현하는 동시에 색채로 원근법을 구사하였다. 따뜻한 느낌을 주는 노란색이나 붉은색은 가깝게, 차가운 느낌의 파란색은 멀게 인식하는 인간의 인지 특성에 착안하여 이를 화폭에 담아 끊임없는 실험을 통해 구현한 것이다. 세잔은 앙리 마티스(Henri Matisse, 1869-1954)와 함께 입체파의 탄생에 큰 영향을 준 화가로 꼽힌다.

[그림 2-3] 빅투와르산(1885)

출처: http://free-paintings.gatag.net/images

[그림 2-4] 빅투와르산(1887)

출처: http://free-paintings.gatag.net/images

[그림 2-5] 빅투와르 산길(1902)

출처: http://www.sightswithin.com/Paul.Cezanne/Road_Before_the_Mountains.jpg

[그림 2-6] 빅투와르산(1906)

출처: http://www.wikipaintings.org/en/paul-cezanne/mont-sainte-victoire-8

[그림 2-7] 빅투와르산(1906)

출처: http://www.wikipaintings.org/en/paul-cezanne/mont-sainte-victoire#215703

반면에 피카소의 연령-작품가 단면(age-price profile)은 [그림 2-8]에서와 같이 26세가 최고점(peak)이다. 피카소의 최고가 작품은 20세기 최대의 걸작으로 평가되는 [그림 2-9]의 "아비뇽의 처녀들(Les Demoiselles d'Avignon)"로 피카소가 약관 26세가 되던 해인 1907년에 제작되었다. 피카소의 개념적 창조에 입각한 대표적 작품은 "아비뇽의 처녀들" 외에 [그림 2-10]의 "세 명의 음악가(Three Musicians)"와 중년 이후의 걸작인 [그림 2-11]의 "게르니카(Guernica)" 등이 있다.[13)]

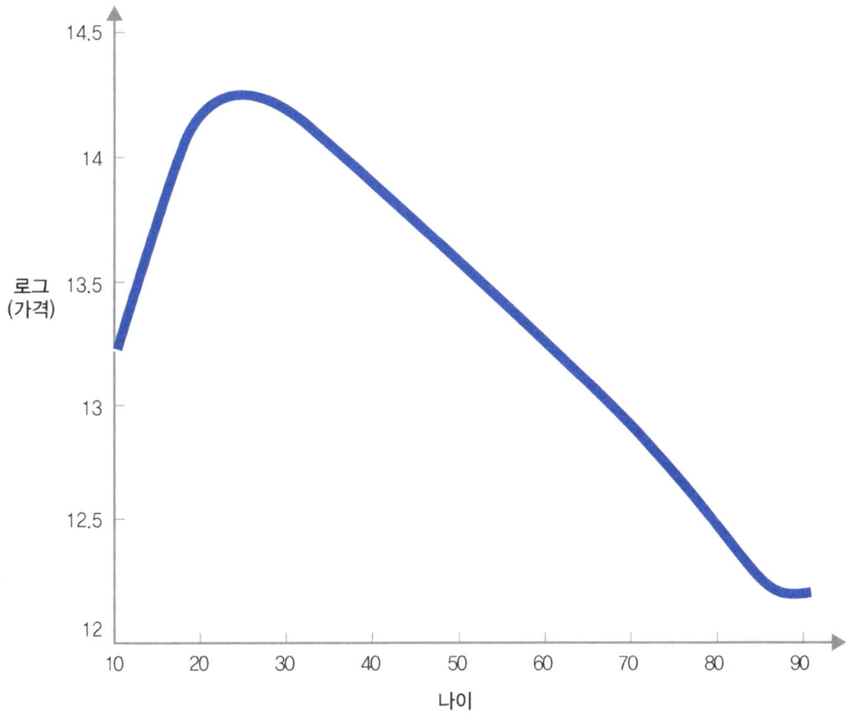

[그림 2-8] 피카소의 연령-작품가 단면

출처: Galenson(2006a), p. 91.

---

13) 예술작품의 가격은 시장에서 평가받는 그 작품의 창조적 가치에 의해 결정된다. 예컨대 피카소의 '아비뇽의 처녀들'이 세계적으로 가장 가격이 높은 회화작품 중의 하나인데 그 이유는 이 작품이 입체파(cubism) 장르를 개척한 창조적 가치를 시장에서 인정받았기 때문이다.

[그림 2-9] 아비뇽의 처녀, 피카소(1907)

출처: http://coursecontent.westhillscollege.com/Art%20Images/CD_05/DU2500/details/MP21002P.htm

[그림 2-10] 세 명의 음악가, 피카소(1921)

출처: http://www.pablopicasso.org/three-musicians.jsp

[그림 2-11] 게르니카, 피카소(1937)

출처: http://www.vebidoo.de/inspiration+peak

<표 2-4>는 세잔과 피카소 작품이 연령대별로 영어로 기술된 미술 교과서에 실린 횟수를 비교하고 있다. 세잔의 경우는 나이가 들수록 빈도가 올라가 60대에 완성된 작품의 빈도가 가장 높다. 반면에 파카소의 경우는 20대에 완성된 작품의 빈도가 가장 높으며 나이가 들수록 빈도가 낮아진다.

〈표 2-4〉 세잔과 피카소 작품이 연령대별로 미술 교과서에 나오는 횟수

연령대	세잔		피카소	
	횟수	%	횟수	%
10 – 19	0	0	3	1
20 – 29	3	2	127	38
30 – 39	21	16	85	25
40 – 49	30	22	64	19
50 – 59	33	24	46	14
60 – 67	49	36		
60 – 69			5	2
70 – 79			3	1
80 – 89			0	
90 – 92			0	0
Total	136	100	333	100

출처: Galenson(2006a), p. 92에서 재인용.

<표 2-5>는 현대 화가들(modern artists)의 최고가 작품의 제작 연도를 보여준다. 경험적 화가들은 한 명을 제외하고 모두 40대 이후에 최고가 작품을 제작했으나, 개념적 화가들은 모두 20대나 30대에 최고가 작품을 완성했다.

〈표 2-5〉 현대 화가 최고가 작품 제작 연령

경험적 창조			개념적 창조		
화가	출생년도	최고가 연령	화가	출생년도	최고가 연령
Johann Jongkind	1819	43	Vincent van Gogh	1853	36
Eugene Boudin	1825	44	Georges Seurat	1859	29
Camille Pissarro	1830	45	Henri de Toulouse-Lautrec	1864	26
Edgar Degas	1834	46	Andre Derain	1880	24
Pierre Bonnard	1867	77	Georges Braque	1882	28
John Marin	1870	54	Juan Gris	1887	28
Georgia O'Keeffe	1887	48	Roy Lichtenstein	1923	35
Joan Miro	1893	46	Robert Rauschenberg	1925	31
Mark Rothko	1903	54	Cy Twombly	1928	24
Willem de Kooning	1904	43	Andy Warhol	1928	33
Barnett Newman	1905	40	Jasper Johns	1930	27
Franz Kline	1910	51	Frank Stella	1936	24
Jackson Pollock	1912	38	David Hockney	1937	30

출처: Galenson(2001) p. 27. Galenson(2006a), p. 93에서 재인용.

Galenson(2006b)에 의하면 경험적 창조자는 끊임없는 시행착오(trial and error)를 하면서 지혜(wisdom)와 판단력(judgement)이 쌓이게 되고 마침내 최고의 작품을 만들게 된다. 자기가 만든 작품에 대해 잠정적이고 더 고칠 것이 있다고 생각하는 등 완전하다고 생각하지 않으며(uncertainty) 계속 정진해 나아간다. 그리하여 나이 든 숙련자(old masters)가 된다. 완전함과 확신이 결여된 작품의 특성, 즉 불확실성 때문에 반대자(detractors)는 그의 작품이 결정적이지 않고 결말이 나지 않은(indecisive and unresolved) 것이라고 비판하지만, 반면 지지자(admirers)는 그의 작품에서 미묘함과 현실성(subtlety and realism)을 본다.

이에 반해 개념적 창조자는 경험에 의존하지 않고 새로운 개념 또는 이론에 근거해서 감정이나 생각(emotions or ideas)을 표현하며 기존 개념이나 이론을 부정하거나 뛰어넘는다. 작품을 만들기 전부터 확신에 차 있으며(certainty) 무엇을 어떻게 해야 할지 다 알고 작품 제작에 임한다(Galenson 2006a). 개념적 창조자는 흑백의 선명한 세계에 사는 반면에 경험적 창조자는 회색의 영역에 머문다(Galenson 2006b). 경험적 창조는 경험과 지혜의 축적을 위해 긴 시간을 필요로 해 나이가 든 후 개화하지만 개념적 창조는 어느 나이에도 일어날 수 있다. 그러므로 개념적 창조자는 젊은 천재(young geniuses)로 불려진다. 개념적 창조자는 일대 도약(quantum jump)을 야기하며 대부분의 동업자들이 그의 새로운 생각에 적대적일 것이라고 예상하지만 그럼에도 불구하고 확신을 가지고 나아간다. 경험적 창조자는 찾고 구하며(seek) 개념적 창조자는 발견한다(find). 개념적 창조자의 반대자는 그의 작품이 순진하고 단순하다(naive and simplistic)고 혹평하지만 지지자는 바로 그 단순성과 일반성(its simplicity and generality)에 강력한 호소력이 있다고 생각한다(Galenson 2006b).

Galenson(2004)에 따라 소설가 중에서는 도스토에프스키(Fyodor Dostoevsky)가 경험적 창조자이며 1925년 29세에 The Great Gatsby를 쓴 피츠제럴드(F. Scott Fitzgerald)가 개념적 창조자이다. 건축가 중에서는 라이트(Frank Lloyd Wright)가 경험적 창조자이며, 1982년 21세에 Vietnam Veterans Memorial을 설계한 린(Maya Lin)이 개념적 창조자이다. 영화감독 중에서는 6번의 오스카(Oscar)상을 수상한 포드(John Ford)가 경험적 창조자이며 25세에 Citizen Kane을 감독한 웰스(Orson Welles)가 개념적 창조자이다.

3. 논의의 함의

지금까지의 논의를 요약하면, 경제성장을 위해서는 인적자본 축적이 필수적이다. 인적자본에는 모방적 인적자본과 창조적 인적자본이 있으며 창조적 인적자본은 경험적인 것과 개념적인 것으로 구별될 수 있다. 논리적으로 새로운 지식의 창출이라는 면에서는 개인과 기업의 구별이 없으며 위의 창조의 유형화를 기업에도 적용할 수 있다.

기업도 모방적 기업, 점진적 혁신 기업, 패러다임 혁신 기업의 세 유형으로 구별해 볼 수 있다. 모방적 기업은 시장의 선도자(leader) 또는 선진기업을 따라가는 추종자(follower)라고 볼 수 있다. 점진적 혁신 기업은 경험적 창조자에 해당하는 개념으로 경험을 통해 생산성을 향상시키면서 새로운 제품을 개발해 나가는 기업으로 볼 수 있다. 패러다임 혁신 기업은 파격적으로 새로운 개념의 제품을 시장에 내놓아 산업의 구도와 게임의 룰을 일거에 바꾸는 기업이라고 할 수 있다. Gladwell(2007)은 Apple과 Dell을 비교하고 있다. Apple은 Macintosh, iPod, iPhone, iPad 등 한 획을 긋는 새로운 개념(bold new ideas)의 제품을 연달아 내놓는 피카소와 같은 패러다임 혁신 기업이고, Dell은 새로운 기술을 완성시켜 더 싸고, 좋고, 믿을 수 있게 하여 쉽게 구입하게 하는 세잔과 같은 점진적 혁신 기업이라고 할 수 있다.

Gladwell은 일본과 미국의 자동차 회사도 이런 맥락에서 비교한다. 미국의 자동차 3사는 60년대 고출력 자동차(muscle car), 80년대 미니밴, 90년대 SUV (sports utility vehicle) 등 자동차를 운전하는 의미를 크게 바꾼 제품을 시장에 내놓았다. 이런 의미에서 피카소와 같은 개념적 창조자이다. 반면에 일본 자동차 회사는 이미 오래전(1910년)에 나온 개념인 하이브리드 엔진을 오랜 시간 동안 많은 노력을 들여 개발하여 시장에 내놓았다. 이런 의미에 세잔과 같은 경험적 창조자이다.

우리는 세 유형의 기업이 모두 필요하다. 창조 기업만 있다면 그 기업의 독과점성에 의해 소비자들이 높은 가격을 지불해야 한다. 모방적 기업이 있어 경쟁이 촉진됨으로써 소비자 잉여(consumer surplus)가 증대된다. 우리는 Apple이 필요한 만큼이나 Dell도 필요하며, 미국 자동차 3사에 못지않게 일본 자동차 회사들이 세계경제에 기여한다. 그러나 현대 사회는 세잔과 같이 창조를 위해 긴 시간을 요하는 경험적 창조를 기다려 주지 않고 피카소와 같이 초기 작품이 큰 반향을 일으키는 것을 선호한다(Gladwell 2007). 그는 또 Fleetwood Mac와 The

Eagles 밴드를 비교하고 있다. Fleetwood Mac는 1967년 만들어져 14번의 앨범이 실패하고 15번째 앨범인 Fleetwood Mac과 16번째 앨범인 Rumours가 히트했다. 그러므로 세잔과 같은 경험적 창조 밴드라고 할 수 있다. 반면에 The Eagles는 첫 앨범이 나온 후 4년이 되는 1976년 Hotel California로 최정점에 올랐다. 그러므로 피카소와 같은 개념적 창조 밴드라고 할 수 있다.

Ⅳ. 혁신, 기업, 인재의 유형

1. 주요 국가의 혁신

인류의 역사는 창조의 역사라고 해도 과언이 아니다. 인류는 창조를 통해 지구상의 다른 생명체와 구별된다. <표 2-6>, <표 2-7>, <표 2-8>은 세계사에서 인류문명의 창조를 이끌어 온 대표적 국가인 인도, 중국, 미국의 연대별 주요 발명들을 보여준다.

4대 문명의 발상지인 인도는 기원전부터 수학의 개념을 발전시킨다. <표 2-6>에서와 같이 인도는 대수, 미적분, 방정식, 수열, 삼각함수 등 수학의 기초적인 개념을 발견하고 이를 건축, 도시계획, 과학 등에 적용하여 인류문명에 크게 기여한다. 기원후 16세기에서 20세기에 가장 많은 과학과 산업계의 발명이 이루어졌는데, 이 기간 동안 영국의 식민지 통치를 경험한다. 당시 선진국인 영국으로부터의 지식 전수(knowledge transfer)가 기반이 되어 활발한 창조 활동이 있었다고 추측할 수 있다.

중국은 상형문자, 활자 인쇄술, 화약, 포, 나침반, 선박의 키, 십진법, 화약과 포, 나침반 등 서양과는 비교도 안 되는 창조적 발명이 잇달았으나, <표 2-7>에서 볼 수 있듯이 꾸준하던 창조 활동이 16세기 이후 침체되었다. 이 기간 동안 명(明)과 청(淸)으로 이어지는 정치적 혼란기임에 주목할 필요가 있다. 인류문명에 크게 기여한 창조적 발명이 연이었던 중국에서 산업혁명이 일어나지 않은 이유는 사회에 대한 통제욕구가 인간의 호기심을 끝내 억제했기 때문이라고 해석한다(Thurow 2005).

미국은 19세기 후반 이후 창조 활동이 활발함을 알 수 있다. <표 2-8>에서 볼 수 있듯이, 18세기 전반에 4건에 불과했던 주요 발명은 19세기 후반 이후 본격적으로 활발해져서 20세기 후반 180건을 상회하는 괄목할 만한 창조적 성과를 이룩한다. 미국은 세계 최초로 특허법을 제정한 국가로 발명을 통한 기술혁신을 획기적으로 촉진하게 된다. 조지 워싱턴 대통령은 세계 최초로 1790년 특허법을 제정하여 미국 내에서 이전까지 사용되거나 알려지지 않았던 유용한 창작물, 제조물, 엔진, 기계, 도구에 대한 특허를 인정하였다(Wikipedia 2010).[14)]

그렇다면 미국이 전 세계 창조 활동의 대부분을 차지하는 이유는 어디에 있을까? 전문가들은 미국이 자본주의와 민주주의의 발달, 그리고 경쟁적 환경에서 창업을 장려하는 사회·문화적 제도와 관행이 혁신을 촉진해 왔다고 분석한다. Thurow(2005)는 창업가의 "창조적 파괴" 행위는 자본주의의 핵심이며, "창업가를 대체할 사회적 기구는 없다"'고 주장하였다. 자유로운 창업과 경쟁을 통한 기업의 도태는 기득권을 보장해 주지 않고 혁신적인 창업가를 성공시키며, 이는 다시 창업을 촉진하는 경제의 선순환 고리를 만든다는 것이다. 그는 미국보다 교육수준, 저축률, 투자율이 더 높고 과학에 대한 이해도가 비슷한 유럽이 아직도 아무런 대표적인 21세기 두뇌산업을 만들지 못한 이유가 여기에 있다고 보았다. 질서를 중시하고 통제가 심한 사회에서 창업과 혁신이 활발할 수 없다는 것이다. 자본주의와 민주주의가 그 어느 나라보다도 발달한 미국은 세계적으로 혁신의 선두주자가 될 수 있는 유리한 사회적·문화적 토양을 갖추었다고 볼 수 있다.

14) 사뮤엘 홉킨스(Samuel Hopkins)는 1790년 7월 탄산칼륨 제조법으로 미국 특허를 신청하여 인가받은 최초의 미국인이다.

〈표 2-6〉 인도의 연대별 주요 발명(BC 20세기~AD 20세기)

연대구분	발명 내용	발명건수
기원전 21C 이전	팔찌, 활비비(송곳종류), 치과(의학), 주사위, 독, 염색, 용광로, 쟁기, 개인소유의 욕실과 화장실, 저수지, 오물수거처리시스템, 수영장, 도시계획, 무명(면직물), 상아	15
기원전 20C~16C	단추, 닭싸움, 물담뱃대	3
기원전 15C~11C	철(鐵), 자, 대수(大數)	3
기원전 10C~6C	조면기, 향시계, 카바디(인도스포츠), 계단식 우물, 등자(말안장 양쪽에 달린), 소수 체계, 디오판토스의 방정식, 부정 방정식, 펠 방정식, 피타고라스정리, 협심증, 백내장, 혈액순환, 당뇨병, 고혈압, 나병(한센병), 비만, 석조, 아연, 원자설, 언어학, 우주	22
기원전 5C~1C	고대 장기, 도가니 강(鋼), 제방(둑), 병원, 먹물, 사리탑, 오븐, 풍력장치, 인도제 강철(일명 다마스커스 강철), 다이아몬드 원석, 이항 계수, 피보나치 수열, 파스칼삼각형, 수의학, 형식언어와 형식문법	15
기원후 1C~5C	철기둥, 미분방정식, 부식, 삼각함수	4
기원후 6C~10C	루도(주사위놀이의 일종), 극할당, 대수의 축약, 성형외과, 접종과 우두접종, 모슬린(속이 거의 비치는 고운 면직물), 기도복(prayer flags), 힌두-아랍 수사체계	8
기원후 11C~15C	옥양목, 캐시미어 털, 도함수와 미분, 롤의 정리, 파이(원주율), 무한급수, 테일러급수, 미적분학 교과서, 계측학, 라이프니츠 공식	10
기원후 16C~20C	친츠(면직물), 조립주택, 매끄러운 천구, 팰럼포르(면직물), 이진법, 인디언 클럽(병모양의 곤봉), 로케트포(항공우주공학), 마(삼베), 제1수은의 아질산염, 라디오, 무선전신용 검파기, 바수의 정리, 내장 레슈마니아증, 바바분산(물리용어), 보스-아인슈타인 통계, 찬드라섹커의 한계(천문학), 우주선 샤워, 방연석, 마할라노비스 거리, 분자생물물리학, 라마찬드란 도표(의학용어), 라만효과, 라이차우두리 방정식, 바트나가르-그로스-크룩 측정기, BCH 오류감지코드, 파티살람 모형, 심퓨터, 윌슨-바푸 효과, 바트나가르-마투르 자기간섭균형, 산란光, Crescograph(식물성장측정기), (해상의)석유유출, 광섬유, 뱀과 사다리 게임, AKS 프라이멀리티 실험기, 범용직렬버스(USB), 남색염료	37

출처: http://en.wikipedia.org/wiki/List_of_Indian_inventions_and_discoveries

〈표 2-7〉 중국의 연대별 주요 발명(BC 20세기~AD 20세기)

연대구분	발명 내용	발명건수
기원전 21C 이전	목재관(棺), 단검, 관, 북, 발효음료, 래커, 수수·조 농사, 국수, 노, 쟁기날, 쌀, 소금, 유골함, 차(茶), 바둑	15
기원전 20C~16C	종(鍾), 포크, 콩, 고금, 창(무기)	5
기원전 15C~11C	비단, 증기선, 칠현금(악기), 철제쟁기	4
기원전 10C~6C	주전자 항아리, 용광로, 주철, 석궁, 전통가옥의 처마, 투석기(무기), 선율이 있는 종, 파이프오르간(대나무)	8
기원전 5C~1C	종이, Crank handle, 침술요법, 혼천의, 체인구동, 화학탄(후추가루 사용), 젓가락, 청동에 부식방지를 위한 크롬 사용, 운하, 장기, 축구(중국고대), 용선로(기상학), 비타민결핍증, 당뇨병 치료법, 직기, 연철제조, 마구(멍에, 가죽끈), 먹물, 정크(배), 대량파종기, 천연가스연료, 주철로 만든 강철, 갑상샘 호르몬과 갑상선종, 수중부양작업	24
기원후 1C~5C	광택제, 자동개폐문, 인형극장, 배의 방향키, 말안장 양쪽에 달린 등자, 기계 해머, 청자, 육박(六博, 6개의 막대기로 주사위와 같은 놀이기구), 지진계, 외바퀴 손수레, 말굴레, 활동요지경, 기계극장, (수학)음수, 지남차, 낚싯대, 격벽분할 (선박침몰 방지용), 성냥	19
기원후 6C~10C	목판인쇄, 가동활자, 선철과 연철의 합성(Co-fusion), 화약, 아치교, 삼채(三彩)자기, 일방 투명경, 회전팬, 와인서버, 제본술, 짐벌, 카드놀이, 화장지, 화염방사기, 추환(捶丸, 골프), 과거제도, 화창(火槍, 銃의 일종), 예방접종, 수운, 핀홀 카메라, 도자기, 고고학	22
기원후 11C~15C	무인항공기, 제도용 컴퍼스, 은행권지폐, 코우크스 연료, 도미노, 내분비학, 폭죽, 레스토랑 메뉴, 높은 도수의 맥주, Flare, 법의 곤충학, 폭탄, 탈진기(시계부품), 손대포(권총), 측량기의 외발받침대, 다단로켓, 두부, 벨트구동, 칫솔, 포탄폭발, 지뢰, 기뢰, 마작, 로켓 미사일, 풍구, 측판, 입체지도, 강철로프를 사용한 현수교, 풀무	30
기원후 16C~20C	가스 실린더, 제분소, 말라리아 예방, 잡종교배 쌀, 옥으로 제작한 수의, 풍력발전기, 시추공	7

출처: http://en.wikipedia.org/wiki/List_of_Chinese_inventions

〈표 2-8〉 미국의 연대별 주요 발명(17세기~20세기)

연대구분	대표적 발명 내용	발명 건수
18세기 전반 (1700-1749)	(잠수용)물갈퀴, 프랭클린 난로, 팔분의(八分儀, 방향계), 통신판매제도 등	4
18세기 후반 (1750-1799)	피뢰침, 인공요도, 회전의자, 자동제분기, 크래커 등	12
19세기 전반 (1800-1849)	자체추진의 상륙용 장갑차, 착탈가능 칼라(의복), 콤바인, 회전식 연발권총, 다목적 증발기, 야구 등	37
19세기 후반 (1850-1899)	전구, (무선)전보, 전화, 라디오, 도난경보기, 에스컬레이터, 진공청소기, 활대기뢰, 오토바이, 미식축구, 금전등록기, 급유기, 트랙터 등	119
20세기 전반 (1900-1949)	대량생산라인, 에어컨, 비행기, 자동변속장치, 전기교통신호등, 불도저 액체연료로켓, 휴대폰, 비디오게임, 트랜지스터 등	163
20세기 후반 (1950-1999)	신용카드, 카보트, 산업로봇, 집적회로(IC), 웨어러블(착용식)컴퓨터, 달착륙선, 우주왕복선, 개인용컴퓨터, 비디오게임콘솔, 디지털카메라, 인터넷 등	182

출처: http://en.wikipedia.org/wiki/US_invention

2. 혁신의 유형

경제학자인 Olsson은 다음과 같이 지식의 창조, 또는 혁신을 설명한다. 지식 집합(knowledge set, body of knowledge)은 [그림 2-12]의 A와 같은 비볼록 집합(nonconvex set)으로 볼 수 있다(Olsson 2000, 2005).[15] 여기서 지식 집합의 灣만(bay, $d_3c_3d_4$)에 맞닿아 있는 가장자리의 두 점을 연결하는 선(convex combination)을 새로운 지식의 창출 또는 혁신으로 볼 수 있다.[16] 새로운 지식 또는 혁신은 기

15) 지식에는 여러 종류가 있으므로 지식 집합은 n차원 공간의 부분 집합으로 보는 것이 타당하나 일반성을 잃지 않고(without loss of generality) 2차원 공간의 부분 집합으로 본다.

16) Olsson(2000, 2005)은 두 점을 연결하는 선의 한 점을 새로운 지식으로 보았으나, 우리는 두 점을 연결하는 선을 새로운 지식으로 간주한다.

존 지식간의 연결성에 의해서 이루어진다고 할 수 있다. 새로운 혁신은 무에서 유를 자생적으로 창조하는 방식이 아니라 기존의 기술이나 지식의 바탕에서 서로 다른 지식을 연결하고 결합하는 방식으로 진행된다(Comin, Easterly, and Gong 2010). Hargadon(2003)은 역사상 가장 위대한 혁신은 대부분 지식의 재조합에서 시작되었다고 지적한다. 예컨대 20세기 전 세계 자동차공업을 획기적으로 발전시킨 헨리 포드의 혁명적인 조립라인 생산방식은 그가 시카고의 한 육류 포장회사에서 보았던 돼지 도축과정과 하인즈(Heinz) 같은 식품 통조림회사의 자동화된 생산 공정에서 영감을 얻어 탄생한 것이다. 이런 식으로 새로운 지식이 창출되거나 혁신이 이루어지면 이것을 근거로 새로운 선을 연결할 수 있다.

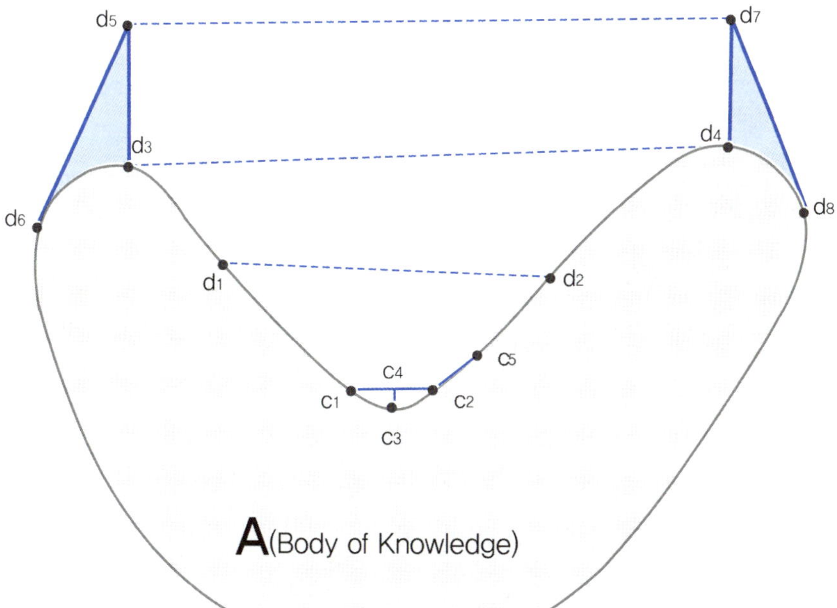

[그림 2-12] 지식집합과 혁신

출처: Olsson(2000, p. 260)의 Figure 1과 Olsson(2005, p. 41)의 Figure 1에 근거하여 본장의 이론에 맞게 재구성.

예를 들어 [그림 2-12]에서 c_1와 c_2가 연결되면 이 선의 한 점(c_4)과 지식 집합의 만에 면하는 한 점(c_3)을 연결할 수 있다. 이 연결도 새로운 지식의 창출 또는 혁신으로 볼 수 있다. 이런 식으로 해서 $c_1c_2c_3$가 메워지면 지식 집합이 그 부분만큼 증대된다고 할 수 있다. c_1과 c_2가 연결됨으로써 공간 $c_1c_2c_3$에 있는 점들은 쉽게 연결될 수 있다. 이 공간을 c_1와 c_2의 연결로 인해 생긴 새로운 지식 또는 혁신의 기회 집합(opportunity set)이라고 할 수 있다. c_1와 c_2의 연결의 기여 정도는 이 기회 집합의 면적($c_1c_2c_3$)으로 볼 수 있다.[17] 선분 c_1c_2상의 한 점 c_4와 c_3가 연결되는 혁신은 두 공간을 만들지만 면적이 작은 공간을 기회 집합으로 제공한다.

d_1과 d_2를 연결하는 새로운 지식의 창출 또는 혁신은 $d_1d_2c_3$의 공간을 만들므로 상대적으로 쉽게 후속 지식의 창출 또는 혁신을 통해 그 공간을 메울 수 있다. 이 공간의 면적이 크므로 큰 기여를 하는 것으로 볼 수 있다. d_3와 d_4의 연결도 $d_3d_1c_3d_2d_4$의 공간이 생기므로 큰 기여로 볼 수 있다.

일정 기간(예를 들어 100년) 동안 수많은 새로운 지식의 창출 또는 혁신이 일어날 것이다. 이것들로 인한 기회 집합의 면적은 한 분포를 이룰 것이다(예를 들면 지수분포). 상위 1%에 드는 새로운 지식의 창출 또는 혁신을 패러다임 혁신(paradigm innovation), 나머지를 점진적 혁신(incremental innovation)이라고 구별할 수 있다. 예를 들어 [그림 2-12]에서는 c_1과 c_2의 연결에 의한 혁신은 점진적 혁신이며, d_1과 d_2의 연결에 의한 혁신은 패러다임 혁신이다.

만(bay)은 c_1과 c_2 연결 후 c_2와 c_5의 연결 등 점진적 혁신의 연속으로 메워질 수도 있고 d_1과 d_2의 연결과 같이 한두 번의 패러다임 혁신에 의해 빠르게 메워질 수도 있다. 점진적 혁신은 인접한 짧은 거리의 두 점을 연결하는 것이므로 연안 어업(costal fishery)으로 비유할 수 있고 패러다임 혁신은 매우 먼 거리의 두 점을 연결하는 것이므로 원양 어업(deep-sea fishery)으로 비유할 수 있다.

---

17) Olsson(2005)과 같이 집합의 크기(size)를 엄밀하게 정의할 수 있으나 여기에서는 2차원 공간의 면적으로 서술한다.

세잔은 평생 작품 활동을 통해 지혜와 판단력이 쌓여 노숙한 대가(old master)가 되었다(Galenson 2006b). 그의 60여 개의 "빅투와르산(Mont Sainte Victoire)" 연작 작품 중 67세인 1906년에 완성된 "빅투와르산"은 그가 제작한 최고의 걸작품으로 평가된다. [그림 2-12]에서는 c_1과 c_2의 연결, c_2와 c_5의 연결 등으로 대표되는 점진적 혁신을 지속적으로 수행하여 만(bay)을 메운 경우로 볼 수 있다. 이에 비해 피카소는 1907년 약관 26세에 "아비뇽의 처녀들(Les Demoiselles d'Avignon)"을 발표함으로써 입체파(cubism)라는 새로운 영역을 열었다. [그림 2-12]에서 d_1과 d_2의 연결과 같은 급진적 혁신을 한 젊은 천재(young genius)라고 할 수 있다(Galenson 2006b). 질량 이론과 에너지 이론을 연결한 Einstein의 상대성 원리와 하드웨어, 소프트웨어, 뮤직 컨텐트를 연결한 Apple의 iPhone 등도 패러다임 혁신의 사례라고 할 수 있다.

점진적 혁신이든 패러다임 혁신이든 대부분의 혁신은 기존 지식 집합의 만(bay)에 맞닿아 있는 가장자리의 두 점의 연결이다. 그러나 1928년 알렉산더 플레밍(Alexander Fleming)의 페니실린(penicillin) 원리의 우연한 발견(accidental, unintentional discovery, Olsson 2005)은 위와 같은 연결로 볼 수 없다. 우연에 의해 이루어지는 발견을 "뜻밖의 발견(serendipity)"이라고도 한다. 이러한 발견은 [그림 2-12]의 d_5와 같이 기존 지식 집합 밖에 위치하는 점과 기존 지식(d_3)과의 연결로 볼 수 있다. 곰팡이가 박테리아를 죽인다는 것은 플레밍과 같은 과학자의 눈에 의해서만 발견될 수 있다는 점에서 기존 지식 밖에 위치하는 점과 기존 지식과의 연결로 볼 수 있다. 그러나 그 자체로는 공간을 만들지 않는다. 이 선과 기존 지식 집합 내의 한 점(예를 들어 d_6)을 연결하는 혁신에 의해 새로운 기회 집합이 만들어진다. 이러한 혁신의 예는 1940년 플로리(Howard Walter Florey)와 체인(Ernst Boris Chain)에 의한 페니실린의 제약 등일 것이다.[18] 이

18) 플레밍(Alexander Fleming), 플로리(Howard Walter Florey), 체인(Ernst Boris Chain) 등 세 과학자는 페니실린 제조에 기여한 지대한 공로로 1945년에 드디어 노벨상을 공동으로 수상한다.

연결로 $d_3d_5d_6$의 면적만큼 기회 집합이 생겼을 뿐만 아니라 기존 만(bay)을 확대하여 향후 패러다임 혁신의 가능성을 높인다.

국가나 기업은 A라는 지식 집합의 한 부분 집합을 소유하고 있을 것이다. 즉 A는 세계 지식 집합(global knowledge set)이다. A에는 있지만 한 국가나 기업이 소유하지 않은 지식을 그 국가나 기업은 사 오거나 모방하거나 할 것이다. 특허료(licensing fee)를 지불하고 이용하거나 그 지식을 가지고 있는 인재를 확보하거나 자체 개발하여 그 지식을 소유할 것이다.

한 국가나 기업이 얼마나 빨리 성장하느냐는 점진적 또는 패러다임 혁신을 통해 기존 만(bay)이 얼마나 빨리 메워지느냐와 새로운 발견과 기존 지식의 결합을 통해 만(bay)이 얼마나 빨리 확대되느냐에 달려 있을 것이다.

3. 기업의 유형

위의 논의로부터 기업도 세 유형으로 분류할 수 있다. 모방적 기업, 점진적 혁신 기업, 그리고 패러다임 혁신 기업이다. 이 유형에 따라 기업을 경영하는 방식에 큰 차이가 있을 수 있다. <표 2-9>는 세 가지 유형으로 분류된 기업의 조직 특성을, <표 2-10>은 기업의 문화 특성을 비교하여 정리한 것이다.

〈표 2-9〉 창조경제시대의 기업유형에 따른 조직 특성

구분		모방 기업	점진적 혁신 기업	패러다임 혁신 기업
조직 특성	경쟁 우위의 원천	- 모방을 통한 경쟁력 확보	- 점진적 혁신을 통한 경쟁우위 확보	- 패러다임 혁신을 통한 지속적 경쟁우위 확보
	지배구조	- 수직적 위계 (Vertical Hierarchy)	- 수직적 위계와 수평적 위계의 결합 (Vertical and Horizontal Hierarchy)	- 수평적 위계(Horizontal Hierarchy), 애드호크러시 (Adhocracy)
	조직의 유효성	- 효율성	- 점진적 혁신	- 급진적 혁신
	경영전략	- 모방전략 (Follower)	- 점진적 혁신전략 (Innovator)	- 급진적 혁신전략 (Radical Innovator)
	조직구조	- 집권화(Centralization)에 의한 신속성과 효율성 추구	- 집권화(Centralization)와 분권화(Decentralization)의 균형	- 분권화(Decentralization)에 입각한 현장에의 의사결정권 위임
	조직운영 방식	- 위계조직 신속하고 일사분란한 조직운영	- 위계조직을 기본으로 필요에 따라 cross-functional 활동	- 이질적이고 다양한 인재, 부서·조직 간의 협력
	커뮤니케이션 방식	- 하향적(Top-Down) 방식	- 하향적(Top-Down)과 수평적이 공존하는 커뮤니케이션	- Bottom-Up & Lateral - 조직과 부서의 벽을 뛰어넘는 자유로운 의사소통
	회사사례	- 70, 80년대 대부분의 한국기업	- 삼성, 토요다, Dell	- 애플, 구글, 픽사

〈표 2-10〉 창조경제시대의 기업유형에 따른 기업문화 특성

구분		모방 기업	점진적 혁신 기업	패러다임 혁신 기업
마인드 세트 (Mind-set)	기업문화	- 위계(Hierarchy) 문화	- 위계와 컬트의 혼합문화	- 컬트(Cult-like) 문화
	열정의 유형	- 조직에 대한 충성과 열정	- 지속적 개선에 대한 열정	- 무한한 상상력과 창의성
	학습방식	- 기존 지식에 대한 탐구와 적용 (Emulation) - 이미 알려진 해법을 찾기 위한 시행착오 (Doing for Knowing)	- 시행착오를 통한 실험적 탐색 (Experimentation) - 기존 지식의 확장 (Expansion)	- 기존 패러다임의 비판을 통한 새로운 패러다임의 발견 (Exploration) - 미지의 세계와 새로운 가능성(현상 타파)에 대한 과감한 도전을 통한 학습
	시간적 관점	- 단기적 관점	- 중장기적 관점	- 장기적 관점
	위험에 대한 태도	- 보수적, 위험회피	- 어느 정도의 위험 감수와 실패에 대한 관용	- 높은 위험감수와 실패에 대한 관용
	사고방식	- 선형적 사고 (논리 중시)	- 선형적 사고와 비선형적 사고의 결합 (논리와 직관의 결합)	- 비선형적 사고 (직관 중시)
	문화의 Keyword	- 효율적(efficient), 집단적(collective), 기회주의적(opportunistic), 근면한 (hardworking)	- 진취적(proactive), 민첩한(agile), 주도적(initiative), 끈질긴(relentless)	- 예지력이 있는 (visionary), 독창적(original), 자유분방한(free-spirited), 기발한(ingenious), 편집증적(paranoid), 열정적(passionate), 창의적(creative)
	리더십	- 지시적(directive)	- 지시적(directive) + 카리스마(charismatic)	- 변혁적(transformational) - 비전제시(visionary)

4. 인재의 유형

앞에서 기업의 유형을 모방적 기업, 점진적 혁신기업, 그리고 패러다임 혁신기업 등 세 가지로 구분하였다. 그런데 창의성을 촉진할 수 있는 조직운영방식과 기업문화가 조성되어 있으면 세상을 선도해 가는 패러다임 혁신기업이 될 수 있을까? 그렇지 않다. 이들 요소는 필요조건은 될 수 있지만, 충분조건이 될 수는 없다. 패러다임 혁신기업이 되기 위해서 갖추어야 할 가장 중요한 요소는 창의적 인재이다. 창의적 인재가 없다면 제아무리 창의성을 촉진하는 조직이라 하더라도 세상을 바꾸는 창의적 기술과 제품 그리고 사업모델은 나올 수 없다. 우리는 인재를 기업의 유형과 연계하여 <표 2-11>에서와 같이 i형 인재, λ형 인재, Θ형 인재로 구분하고 이들의 지식창조 및 혁신에서의 역할을 설명한다.

우리는 지식을 두 개의 층(two layers)으로 나눌 수 있다고 생각한다. 하나는 통로 지식(channel knowledge)이고 다른 하나는 전문 지식 또는 고유 지식(special knowledge)이다. 사람들은 통로 지식(c)을 통해 전문 지식(k)들을 연결한다.

(1) i형 인재

모방적 기업에 필요한 인재 유형은 i형 인재이다. 기존 지식을 습득하고 기존 제품을 모방하기 위해서는 성실성(persistence), 실패에도 불구하고 지속적으로 발휘되는 불굴의 노력, 한 분야를 깊이 파고 들어가는 전문성 등이 요구된다. 앞서 나간 경쟁자를 따라 붙는(catching up) 입장에 있기 때문에 이러한 유형의 인재가 필요하다. 물론 i형 인재 중 일부는 지식의 프론티어에 도달한 경우도 있을 수 있다. 지금까지 우리나라 교육은 이러한 유형의 인재를 양산해 왔다. 그러나 선진경제로 이행해 갈수록 모방적 역량보다는 창의적 역량이 더욱 강조되는 시대가 되었고, 모방적 역량만을 가진 기업이나 국가는 경쟁에 뒤처지게 되었다.

(2) λ형 인재

점진적 혁신 기업에 필요한 인재 유형은 λ형 인재이다. 한 분야 이상의 전문 지식과 인접 분야에 대한 통로 지식을 보유한 자이다. 다시 말해서 λ형 인재는 한 두 분야에 전문성을 가지고 있으면서 인접한 유사 분야들에 대해 상당 정도 이해하고 있는 자라고 볼 수 있다. λ형 인재는 인접한 분야의 전문 지식을 연결하여 새로운 지식을 창조하는 유형이다. 기업 내에서는 두 가지 또는 그 이상의 분야를 접목하여 지식을 창출함으로써 기여하는 인재가 있다.

기술과 영업에 대한 전문성을 동시에 가진 세일즈 엔지니어(sales engineer), 인접한 기능과 전문성을 연결하여 가치를 창조하는 제품 매니저, 브랜드 매니저, 프로젝트 매니저 등이 λ형 인재의 예로 들 수 있다. 학계에서도 이런 유형의 인재를 드물지 않게 발견할 수 있다.

경제학자인 로버트 배로(Robert Barro)는 합리적 기대가설 및 자생적 경제성장이론과 계량경제학을 연결하여 경제학 발전에 기여한 λ형 인재의 예이다. 이외에도 자기의 전문영역에 인접한 영역의 지식을 접목하여 자신의 전문지식을 지속적으로 개선하여 새로운 지식을 만들어가는 많은 학자가 이에 속한다. 미술 분야에서도 인접한 지식이나 기법을 접목하여 지속적으로 그림을 개선해가는 화가가 있을 수 있다. 세잔(Cézanne)은 인상파의 점묘화 기법, 원통, 원추, 공이라는 입체요소, 그리고 색채를 연결하여 원근감과 입체감을 살리는 독창적인 작품을 그려내는 데 성공한 λ형 인재의 사례이다.

물론 기업 내부에서는 i형 인재도 고도의 전문성을 발휘하여 지속적 혁신에 공헌한다. 따라서 기업의 경우에는 i형 인재와 λ형 인재가 지속적 혁신을 창조하는 데 모두 필요하다. 그러나 환경의 불확실성이 커질수록, 소비자의 기호와 선호가 자주 바뀔수록, 기술의 변화속도가 빠를수록, i형 인재보다는 기업의 내부역량을 환경변화에 신속하고도 효과적인 방법으로 정렬시킬 수 있는 λ형 인재의 중요성이 더 커지고 있다.

〈표 2-11〉 인재의 유형

구분	i형 인재	λ 형 인재	θ형 인재
지식의 깊이와 폭	-깊이: 중간~매우 깊음 -폭: 좁음	-깊이: 깊음~매우 깊음 -폭: 넓음	-깊이: 깊음~매우 깊음 -폭: 매우 넓음
융합능력	-적거나 없음	-중간~높음	-높음~매우 높음
교육배경 및 교육방식	-정규교육(고교, 대학 등) -전통적 주입식 반복 교육	-정규교육 또는 비정규교육	-정규교육을 받았더라도 중도에 자퇴하거나 독자적인 방식으로 창조역량 배양
역량의 특성	-한 분야의 전문지식 보유(일부 인재는 지식의 프론티어에 도달)	-한 분야 이상의 전문 지식과 인접 분야에 대한 통로 지식 보유	-한 분야 이상의 전문 지식, 상이한 여러 분야의 통로 지식과 사회변화 전반에 관한 식견 보유
역량요소	-성실성(persistence), 분석적 사고(analytical thinking), 전문성(expert knowledge)	-전문성(expert knowledge), 분석적 사고와 통합적 사고(analytic/integrative thinking), 팀워크 (teamwork), 의사소통(communication)	-전문성(expert knowledge), 유연성/개방성(flexibility), 자유분방(free sprit), 의사소통(communication), 상상력(imagination), 통합적 사고(integrative thinking), 창의력(creativity), 창업가 정신(entrepreneurship)
창조적 연결의 방식	-별로 없음	-인접 지식의 연결 · 점묘화 기법, 입체 요소, 색채의 연결(세잔) · 제조와 유통의 연결 (마이클 델) · 경제학 이론과 계량 경제학의 연결(로버트 배로)	-원거리 지식의 연결 · 2차원과 3차원의 연결 (피카소) · H/W, S/W, 문화의 연결 (스티브 잡스) · 사회학과 경제학의 연결 (게리 베커) · 질량이론과 에너지이론의 연결 (아인슈타인)
대표적 성취시점	-연령 및 경험과 더불어 생산성 향상	-연령 및 경험과 더불어 창조성 향상	-젊은 시절에 파격적으로 창조적인 이론, 작품, 아이디어 창출
대표적 인재	-대부분의 직장인, 학자, 예술가	-세잔, 마이클 델, 로버트 배로	-피카소, 스티브 잡스, 게리 베커, 아인슈타인

(3) θ형 인재

패러다임 혁신 기업에 필요한 인재는 Θ형 인재이다. 한 분야 이상의 전문지식과 상이한 여러 분야의 통로지식 및 전반적인 사회변화에 관한 식견을 보유한 자이다. 여러 분야에 걸친 전문성이나 통로지식을 보유한 인재는 상당히 떨어져 있는 분야를 연결하여 새로운 지식이나 제품을 창조할 수 있다. 유연하고 개방적인 사고를 하며 자유분방한 자이다. 뛰어난 의사소통능력, 상상력을 가지고 통합적 사고를 통해 창의력을 발휘한다.

그렇다면 과연 Θ형 인재는 구체적으로 어떤 인재인가? 이 질문에 답하기 위하여 지금은 고인이 되었지만 지구상에서 가장 창의성이 뛰어난 기업가로 손꼽혀 왔던 스티브 잡스(Steve Jobs)를 예로 들어보자. 스티브는 1955년 2월 24일에 캘리포니아주 샌프란시스코에서 태어났다. 친부는 나중에 시리아의 정치학 교수가 된 시리아인 압둘파타 잔달리(Abdulfattah Jandali), 친모는 조안 쉬블(Joanne Schieble)이었으나 당시 대학원생이고 미혼이었기 때문에 아이를 키울 수 없었고, 결국 그는 생후 일주일 후에 잡스 부부(Paul and Clara Jobs)에게 입양되었다. 그의 어린 시절은 결코 평범하지 않았다. 스티브는 전자제품을 분해하고 조립한답시고 전자제품을 망가뜨리는 말썽꾸러기 소년이었지만 양부모인 폴(Paul)과 클라라(Clara)는 말리지 않았을 뿐 아니라 아이의 호기심을 충족시키기 위해서 그대로 내버려두었던 것이다. 가뜩이나 반항적 기질이 강했던 Steve는 고교시절 자신이 입양되었다는 사실을 알게 된 이후에는 더욱이 성격이 강해졌으며, 뭔가를 반드시 이루어내야겠다는 집념이 커져서 컴퓨터에 심취하게 된다. 고교시절에는 팰로 앨토(Palo Alto)에 있는 휴렛패커드(Hewlett Packard)사가 운영하는 방과후 강좌(After School Lecture)에 자주 참여하여 IT와 컴퓨터에 대한 갈증을 해소하려고 하였다.[19] 이것이 인연이 되어 여름방학 때 HP의 인턴사

19) 스티브 잡스는 쿠퍼티노(Cupertino) 중학교를 거쳐 홈스테드(Homestead) 고등학교에 진학한다. 두 학교는 모두 캘리포니아주 쿠퍼티노시에 소재한다.

원으로 일하게 되고 여기서 컴퓨터와 전자공학의 천재적 재능을 가진 5살 연상의 고교선배 스티브 워즈니악(Steve Wozniak)을 만나게 된다. 물론 스티브가 같은 대학으로 진학한 다음 둘 사이의 관계는 본격적으로 절친한 우정관계로 발전한다. 고교 졸업 후 스티브는 오레곤주 포트랜드시에 위치한 인문학(Liberal Arts) 위주의 명문사립대학인 리드 대학(Reed College)에 진학하게 된다. 사실 당시에는 스티브 워즈니악에 비하면 전자공학이나 컴퓨터에 대한 그의 지식은 대단한 것은 아니었다.

컴퓨터에 대한 열정과는 별도로 스티브는 영혼의 갈증을 해소하지 못하여 환각제와 신비주의에 빠진 히피 대학생이 된다. 대학 1학기를 다니다가 중퇴한 후 컴퓨터 게임업체인 아타리(Atari)에 취직했지만, 곧 퇴사하고 자신의 창고에서 스티브 워즈니악과 함께 애플사를 공동 창업하게 된다. 애플사를 창업한 다음 첫 직원으로 고용한 리드대학 친구인 대니얼 카키(Daniel Kottke)와 함께 가시지 않는 영혼의 목마름을 풀기 위해 인도를 여행하게 되고 히말라야의 선불교 신봉자가 되어 삭발을 한 채 미국으로 돌아온다[20].

그는 애플사에서 매킨토시 컴퓨터를 만들어 IBM에 도전했고, 조지 루카스(George Lucas)로부터 인수한 픽사(Pixar)에서는 최초의 3차원(3D) 애니메이션인 토이스토리를 제작했으며, 넥스트(Next)를 창업하여 실패를 맛보았으며, 그 후 다시 애플의 CEO로 돌아와 아이맥, 아이튠, 아이팟, 아이폰에 이어 2009년에는 컴퓨터의 지평을 바꿀 태블릿 PC '아이패드'를 출시하였다. 번득이는 아이디어의 연속이고 새로운 패러다임을 여는 혁신의 연속이 아닐 수 없다.

그는 정규 교육이라는 틀 속에 안주하는 것을 거부하고 넘치는 에너지로 다양한 경험을 거듭하였다. 때로는 뛰어난 직관에 의존한 몽상가(dreamer)이기

---

20) 스티브의 히피적 복장은 그가 먼 장래에 애플사의 CEO로 복귀한 뒤에도 계속되며, 신제품 발표회견에서도 철저하게 계산된 캐주얼한 옷차림으로 대중에게 친근하게 다가가는 것으로 유명하다. 스티브는 또한 사전에 치밀하게 준비된 발표내용과 진행방식으로 설득력 있게 대중과 소통하는 뛰어난 능력을 가지고 있다.

도 했고, 때로는 잔머리 굴리기와 치밀한 계산에 입각한 협상가(negotiator)이기도 했다. 감성과 이성의 조화, 현실과 이상의 균형, 인문학과 기술에 대한 해박한 지식, 불가능한 것에 대한 과감한 도전의식은 편집증과 고집불통의 성격적 결함에도 불구하고 그를 최고의 창의적 기업가로 손꼽히게 된 이유가 된다.[21)]

그렇다면 스티브 잡스는 Θ형 인재인가? 우리는 패러다임 혁신 기업에 필요한 인재는 Θ형 인재로 규정하고, "멀리 떨어져 있는 지식, 또는 서로 관련이 없어 보이는 지식들을 유기적으로 연결하여 새로운 지식을 다량으로 생성할 수 있는 기회집합을 만들 수 있는 인재"로 정의하였다. Θ형 인재는 (1) 인문학, 문화, 기술에 대한 해박하고도 깊이있는 이해를 가지고 있으며, (2) 통찰력과 통합적 사고능력을 가지고 미래 트랜드를 읽을 수 있으며, (3) 이를 바탕으로 멀리 떨어져 있는 지식, 또는 관련이 없어 보이는 이질적인 지식이나 아이디어를 연결할 수 있는 인재를 의미한다.

이런 관점에서 스티브 잡스는 Θ형 인재로 볼 수 있다. 그는 (1) IT와 컴퓨터에 대한 전문적인 지식과 인문학적 소양을 바탕으로 문화에 대한 깊이 있는 이해를 동시에 가지고 있었다. 또한 그는 (2) 감성과 이성의 조화, 현실과 이상의 균형에 입각한 통찰력과 통합적 사고능력을 바탕으로 미래의 트렌드를 정확하게 읽을 수 있었다. 마지막으로 (3) 그동안 그 누구도 연결하려고 시도하지 않았던 또는 못했던 하드웨어와 소프트웨어, 그리고 콘텐츠(iTunes)를 유기적으로 연결하고, 사용자 인터페이스를 획기적으로 강화한 멋진 디자인의 아이팟을 출시함으로써 음악애호가들의 새로운 문화아이콘으로 자리잡게 만들었다. 소비자의 감성과 편의성을 중시한 디자인과 UI(User Interface), 그리고 mp3를 단순히

---

21) 주위 사람들에 의하면 그의 성격적, 행동적 특징은 일중독자, 열정적으로 다른 사람을 감화하여 동기부여하고, 끝없이 현실에 도전하며, 기술에 대한 열정을 가지고, 과도하다 싶을 정도로 세심한 것까지 챙기는 관리자이자, 동시에 오만하고 참을성이 없지만, 때로는 수도승 같은 침착함을 가지고 있는 것으로 묘사된다(http://www.theapplemuseum.com/index.php?id=49, 2010).

음악을 듣는 기계가 아니라 21세기의 주도적인 대중의 문화코드로 자리 잡게 한 미래에 대한 통찰력과 통합적 사고가 아니면 iPod는 탄생할 수 없었을 것이다.[22] IBM에 대항하는 개인용 PC인 매킨토시를 개발했을 때에도 인문학적 또는 예술적 상상력을 기술에 접목한 사례를 보여준다. 빌 게이츠가 IBM을 위해 프로그램 명령어로 작동되는 O/S를 개발한 데 반하여 스티브 잡스는 사용자가 그래픽을 자유롭게 이용할 수 있는 GUI를 채택하였고, 명령어를 상징하는 아이콘을 마우스로 작동하며, 서체 또한 그래픽으로 개발한 획기적인 PC를 출시하여 전 세계 소비자의 큰 호응을 얻게 되었다.[23]

5. 인재의 유형과 창조

앞에서 우리는 지식을 두 층(two layers)으로 나눌 수 있다고 주장하였다. 하나는 통로 지식(channel knowledge)이고 다른 하나는 전문 지식 또는 고유 지식(special knowledge)이다. 사람들은 통로 지식(c)을 통해 다른 사람들이 가지고 있는 전문 지식(k)을 연결한다. [그림 2-13]에서와 같이 i형 인재는 한 종류의 통로 지식과 전문 지식을 가지고 있다. λ형 인재는 인접한 두세 종류의 통로 지식과 그 중 하나 이상의 전문 지식을 가지고 있어 인접한 전문 지식을 연결할 수 있다([그림 2-14]). Θ형 인재는 상호 배타적인 통로 지식을 가진 다수의 λ형 인재의 통로 지식을 포함한 여러 통로 지식을 가지고 있어 멀리 떨어져 있는 전문 지식을 연결할 수 있다([그림 2-15]).

---

22) iPod가 출시된 이후 삼성전자, 마이크로소프트, 아마존, GE 등 전 세계의 수많은 대기업이 애플을 따라 뮤직 플레이어 시장에 진출하였다.

23) 매킨토시 컴퓨터의 서체는 스티브 잡스가 리드대학 재학시절 수강했던 인문학 강좌에서 영향을 받은 것이라고 한다.

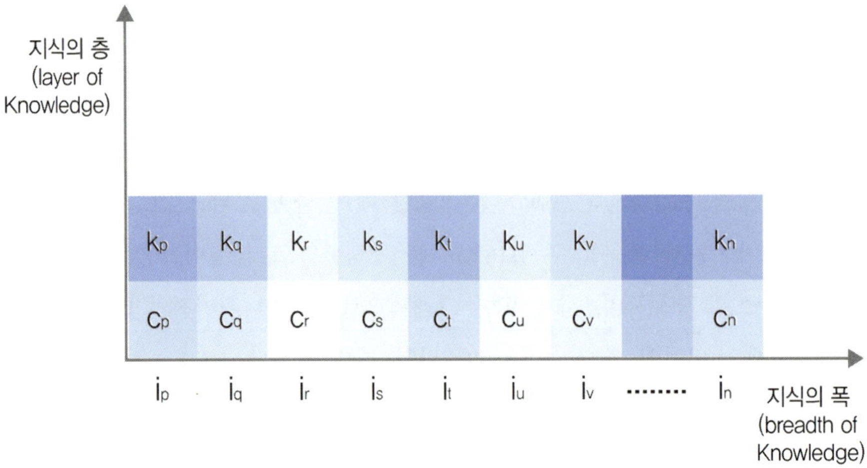

[그림 2-13] i형 인재의 지식집합

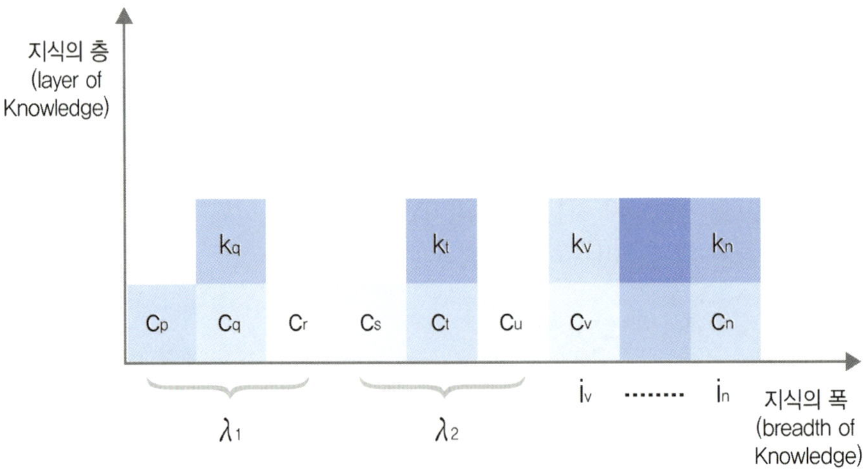

[그림 2-14] λ형 인재의 지식집합

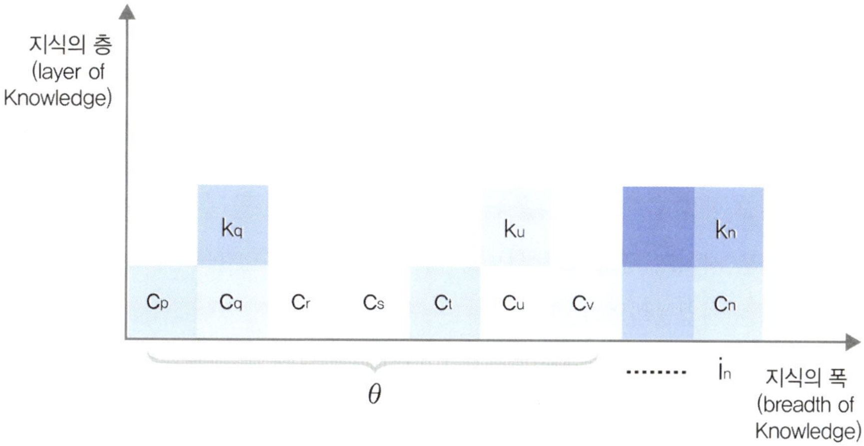

[그림 2-15] θ형 인재의 지식집합

위의 그림을 알기 쉽게 설명하면 다음과 같다. 예컨대 3개의 통로 지식 c_p, c_q, c_r과 1개의 전문 지식 k_q를 가지고 있는 λ형 인재는 통로지식 c_p와 전문지식 k_p를 가지고 있는 i형 인재 i_p와는 통로지식 c_p를 통해 소통하고, 통로 지식 c_r와 전문지식 k_r을 가지고 있는 i형 인재 i_r과는 통로지식 c_r을 통해 소통한다. λ형 인재는 이 두 i형 인재를 통로 지식을 통해 소통하여 i_p의 전문지식 k_p와 i_r의 전문지식 k_r을 연결하여 새로운 지식을 창조한다.

새로운 지식의 창조성을 G라고 할 때 이 창조성의 정도는 아래의 함수 형태로 표현될 수 있다.

$$G = A^{\gamma}|r-p|^{\alpha}\omega^{\beta} \quad .$$

여기서 $|r-p|$ 는 연결되는 지식의 거리(distance)이고 ω는 연결되는 전문지식 종류의 개수로 표현되는 지식의 다양성(diversity)이다. 세 종류의 전문 지식이 연결되므로 ω는 3이다. A는 상호작용, 리더십 등 기업문화를 나타낸다.

α와 β는 1보다 크고 A와 γ는 양수이다.

i형 인재들만 있으면 통로 지식을 통한 연결이 이루어지지 않아 새로운 지식 또는 창조가 일어나지 않는다. 그러나 매우 활발한 상호작용이 가능한 기업문화가 있다면 지금(t) 기의 i형 인재들 중 일부가 인접한 i형 인재들로부터 인접한 통로 지식을 습득하여 다음(t+1) 기에 λ형 인재가 될 수 있고 이들을 통해 인접한 전문 지식이 연결되어 새로운 지식이 창출될 수 있을 것이다. 이 때 중요한 요소는 기업문화이다. 기업문화는 구성원들 사이에 공유되는 일련의 가치관, 신념, 태도와 가정(assumptions)을 의미한다. 우리는 기업문화가 구성원간 상호작용을 촉진하여 새로운 지식과 아이디어를 창출하고 인재를 양성하는 촉매 역할을 하는 것으로 이해한다. 구성원의 자유로운 활동과 구성원간의 활발한 상호작용을 촉진하는 기업문화는 i형 인재들 중 일부를 λ형 인재로 바꿀 수 있다. 또 지금(t) 기에 내부적으로 λ형 인재가 존재하여 i형 인재의 상호작용에 적극적으로 참여한다면 i형 인재의 λ형 인재로의 변환 가능성은 높아질 것이다. 이 변환 가능성을 확률($\Pr(i \to \lambda)$)로 표현하면 다음과 같다.

$$\Pr(i \to \lambda) \begin{cases} = \dfrac{1}{1+e^{-B_1 A^{\delta} - B_2(\lambda/i)^{\rho} - B_3 A^{\delta}(\lambda/i)^{\rho}}} & \text{if } A \geq A_1 \ . \\ = 0 \quad otherwise \ . \end{cases} \tag{1}$$

여기서 B_1, B_2, B_3는 양수이다. A_1은 기업문화의 임계치(critical value)이다. 기업문화가 A_1 이상의 값이 되어야 지금(t) 기의 i형 인재들 중 일부가 다음(t+1) 기에 λ형 인재가 될 수 있다. 지금(t) 기에 이미 λ형 인재가 존재하는 경우에는 i형 인재에 비해 λ형 인재가 많을수록 이 변환의 가능성이 높을 것이다.[24)]

24) i형 인재들 중 뛰어난 인재들이 λ형 인재가 된다. 사회적으로도 i형 인재들 중 일정 비율 이하만 λ형 인재가 되는 것이 바람직하다.

λ/i비율은 직접적으로 이 변환 가능성을 높이거나 ($B_2(\lambda/i)^\rho$), 기업문화와 함께 이 변환 가능성을 높인다($B_3A^\delta(\lambda/i)^\rho$). A_1는 매우 큰 값으로 매우 활발한 수준의 상호작용이 보장되어야만 i형 인재들 중 일부가 λ형 인재가 될 수 있다. 이것을 비용 측면에서 보면 많은 비용을 수반하여 일반적인 기업은 포기할 것이다.

Θ형 인재가 활동하는 기업의 창조성은 다음과 같이 설명될 수 있다. 예컨대 7개의 통로지식 c_p, c_q, c_r, c_s, c_t, c_u, c_v을 가진 Θ형 인재와 각각의 통로 지식과 전문 지식을 가진 i형 인재들, 그리고 이중 일부의 통로지식과 전문지식을 가진 λ형 인재들이 서로 상호작용하여 기대되는 창조성은 다음과 같이 표현될 수 있다.

$$G = A^\gamma |v-p|^\alpha (7)^\beta \quad . \tag{2}$$

$|v-p|$ 는 연결되는 지식의 거리이고 일곱 종류의 지식이 연결되므로 7은 연결되는 지식의 다양성을 나타낸다. 만약 c_p, c_q, c_r의 통로 지식과 k_p의 전문지식을 가진 λ형 인재와 통로지식 c_v 및 전문지식 k_v를 가진 i형 인재 i_v, 그리고 7개의 통로지식 c_p, c_q, c_r, c_s, c_t, c_u, c_v와 전문지식 k_q, k_u를 가진 Θ형 인재가 있으면 이들 간의 상호작용을 통해 창출되는 새로운 지식은 다음과 같이 표현될 수 있다.

$$G = A^\gamma |v-p|^\alpha (4)^\beta \quad . \tag{3}$$

연결되는 지식의 거리는 위의 식 (2)와 같지만 연결되는 전문 지식의 종류는 네 가지이므로 지식의 다양성은 4로 표현된다.

Θ형 인재 없이 c_p, c_q, c_r의 통로 지식과 k_p의 전문 지식을 가진 λ형 인재와 c_s, c_t, c_u의 통로 지식을 가진 λ형 인재 그리고 v의 통로 지식 c_v 및 전문 지식 k_v를 가진 i형 인재가 있을 때 새로운 지식이 창출될 수 있을까? k_v와 k_p의 전문 지식의 연결과 같이 상당히 멀리 떨어져 있는 지식을 연결하는데 상호작용만으

로는 매우 힘들 것이며 Θ형 인재가 있어야 가능할 것이다. 그러나 자기가 하고 싶은 일이나 활동을 자유스럽게 하면서 매우 활발하게 상호작용을 할 수 있다면 가능할 수도 있다. 기업에서 이런 효과를 기대하는 것은 무리이지만 이 변환 가능성을 확률($\Pr(\lambda \rightarrow \theta)$)로 표현하면 다음과 같다.

$$\Pr(\lambda \rightarrow \theta) \begin{cases} = \dfrac{1}{1+e^{-B_4 A^{\eta} - B_5(\theta/\lambda)^{\mu} - B_6 A^{\eta}(\theta/\lambda)^{\mu}}} & \text{if } A \geq A_2 . \\ = 0 \quad otherwise . \end{cases} \tag{4}$$

여기서 B_1, B_2, B_3는 양수이다. A_2는 기업문화의 임계치이며, 식 (1)의 A_1보다 훨씬 큰 값이다. 그 이유는 Θ형 인재가 육성되기 위해서는 λ형 인재가 육성되는 기업문화보다 훨씬 많은 자유와 활발한 상호작용이 요구되기 때문이다. 식 (4)에서 기업문화가 A_2 이상의 값이 되어야 지금(t) 기의 λ형 인재들 중 일부가 다음(t+1) 기에 Θ형 인재가 될 수 있다. 또한 지금(t) 기에 이미 Θ형 인재가 존재하는 경우에는 λ형 인재에 비해 Θ형 인재가 많을수록 이 변환의 가능성이 높을 것이다. θ/λ비율은 직접적으로 이 변환 가능성을 높이거나 ($B_5(\theta/\lambda)^{\mu}$), 일정 수준 이상의 기업문화가 존재한다면 이 변환 가능성을 더욱 높인다($B_6 A^{\eta}(\theta/\lambda)^{\mu}$).

A_2는 매우 높은 값으로 거의 무제한의 자유로운 활동과 상호작용이 보장되어야만 λ형 인재들 중 일부가 Θ형 인재가 될 수 있다. 이것을 비용 측면에서 보면 극도로 높은 비용을 수반하여 일반적인 기업에서는 불가능하다.

세 가지 인재의 유형과 역할을 아이디어 발생 건수 차원에서 볼 수도 있다. 연결 하나에서 아이디어 하나가 나온다고 하자. [그림 2-16]은 세 경우를 제시하고 있다. (a)는 특정 분야에 전문화된 i형 인재 7명이 있는 경우이다. 서로 간에 연결할 수 없기 때문에 아이디어 발생은 없고 창조는 일어나지 않는다. (b)는 특정 분야에 전문성을 가지고 인접분야를 이해하는 λ형 인재 2명과 i형 인재 7명이 있는 경우이다. λ형 인재 각각은 인접분야의 전문지식을 가진 3명의 i형 인재와 연결될 수 있다. 1명의 λ형 인재와 3명의 i형 인재가 연결되면 7개의 연결이 생길 수 있고 이 세트가 2개이므로 아이디어 발생 건수는 14건[$(2^3$-1)X2]이고 인접한 전문지식을 연결하여 점진적 창조가 가능하다. (c)는 상이한 여러 분야에 대한 전문성과 이해를 가지고 있는 Θ형 인재 1명, λ형 인재 2명, i형 인재 7명이 있는 경우이다. 이 Θ형 인재는 모두와 연결될 수 있으므로 아이디어 발생 건수는 511건[2^9-1]이고 멀리 떨어져 있는 i형 또는 λ형 인재들의 전문지식을 연결하여 패러다임 창조가 가능하다.

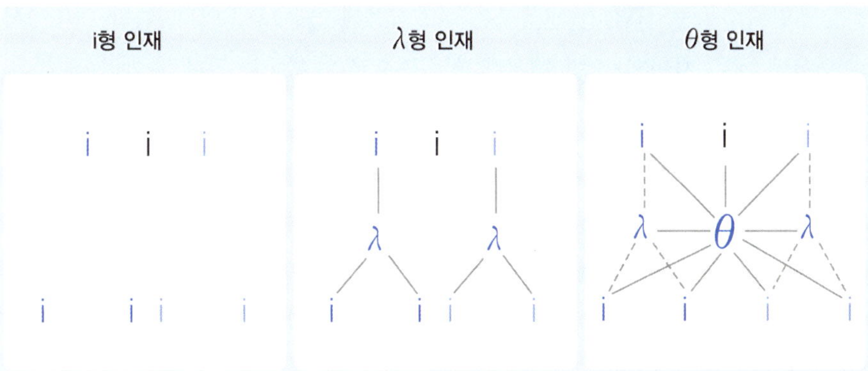

(a)	(b)	(c)
-특정 분야에 전문화된 i형 인재 7명은 서로 간에 연결성이 존재하지 않음	-특정 분야에 전문성을 가지고 인접분야를 이해하는 λ형 인재 2명이 인접한 i형 인재 6명의 전문 지식을 연결할 수 있음	-상이한 여러 분야에 대한 전문성과 이해를 가지고 있는 θ형 인재는 i형 인재 7명과 λ형 인재 2명을 모두 연결할 수 있음
-아이디어의 발생은 없고 창조는 일어나지 않음	-아이디어의 발생 건수는 (2^3-1)x2 (※ 3명의 i형 인재와 2명의 λ형 인재)이고 인접한 전문 지식을 연결하여 점진적 창조	-아이디어의 발생 건수는 (2^9-1) (※ 7명의 i형 인재와 2명의 λ형 인재로 총 9명임)이고 멀리 떨어져 있는 i형 또는 λ형 인재들의 전문 지식을 연결하여 패러다임 창조

[그림 2-16] 인재의 세 가지 유형과 역할

6. 메디치 효과(Medici Effect)

Johansson(2006)에 의하면 15세기 이탈리아 피렌체의 금융 가문인 메디치 가문은 여러 분야의 학자 및 예술가를 후원하여 뛰어난 과학자, 철학자, 조각가, 화가, 시인 등이 피렌체로 모여 서로 소통하면서 상호작용을 통해 학문과 예술을 발전시킬 수 있었다. 이와 같이 다양한 분야의 사람들이 모여 상호작용을 통해 창조와 혁신이 일어나는 것을 메디치 효과(Medici Effect)라고 한다. 우리의 모형에 의하면 메디치 효과가 가능하려면 두 가지 조건이 충족되어야 한다. 첫 번째 조건은 개인에게 부여되는 자유로운 활동이다. 메디치가가 후원했던 피렌체의 학자와 예술가들은 상당한 정도의 예술 및 학문의 자유를 누렸다. 이윤을 추구하는 기업에서는 개인에 대한 이러한 자유 부여가 불가능하다. 두 번째 조건은 개인 간, 또는 집단 간 발생하는 상호작용의 높은 강도이다. 기업 내부에서는 부서와 계층 사이의 장벽 때문에 현실적으로 개인 간, 집단 간의 높은 수준의 상호작용은 쉽지 않다.

우리의 모형으로 메디치 효과를 해석하면 다음과 같다. i형 인재들이 피렌체에 모여 학문과 예술의 자유를 누리면서 활발한 상호작용을 통해 시간이 지남에 따라 i형 인재의 일부가 λ형 인재가 되었다(식 (1)). 이렇게 형성된 λ형 인재가 점진적 혁신을 주도하였고, 이들이 i형 인재들과의 상호작용을 통해 i형 인재의 일부가 λ형 인재로 전환하는 데 도움을 주었다(식 (1)의 $B_2(\lambda/i)^\rho$과 $B_3A^\delta(\lambda/i)^\rho$). 그리고 λ형 인재들이 더 큰 자유를 누리면서 서로 간에 매우 활발한 상호작용을 통해 시간이 지남에 따라 λ형 인재의 일부가 Θ형 인재가 되었다(식 (4)). 이렇게 형성된 Θ형 인재가 패러다임 혁신을 주도하였고, 새롭게 형성된 λ형 인재들의 일부가 Θ형 인재가 되는데 도움을 주었다(식 (4)의 $B_5(\theta/\lambda)^\mu$와 $B_6A^\eta(\theta/\lambda)^\mu$). 메디치 가문의 후원을 얻은 대표적인 Θ형 인재로는 갈릴레오 갈릴레이(Galileo Galilei, 1564-1642), 레오나르도 다빈치(Leonardo di ser Piero da

Vinci, 1452 - 1519), 미켈란젤로(Michelangelo di Lodovico Buonarroti Simoni, 1475 - 1564) 등이 있다.

7. 인재의 육성

그렇다면 i형 인재, λ형 인재, Θ형 인재는 어떻게 육성되는가? 일반적으로 i형 인재는 학교와 같은 정규 교육과정에서 육성된다. λ형 인재 역시 최근의 학문의 융합추세에 따른 융합분야의 등장으로 교육과정에서 육성이 가능하다. 기업 내에서도 활발한 상호작용을 통하여 i형 인재가 λ형 인재로 성장할 수 있다고 본다. λ형 인재 없이 i형 인재만 있는 경우도 Ⅲ절의 이론적 모형에 근거하여 구성원 간 상호작용이 매우 활발하다면 i형 인재의 일부가 λ형 인재가 될 수 있다. 더군다나 기업 내부에 λ형 인재가 있다면 i형 인재는 활발한 상호작용을 통하여 λ형 인재로부터 배워 λ형 인재가 될 수 있다. 마지막으로 λ형 인재가 Θ형 인재로 성장할 수 있는가? Θ형 인재는 특이 인재로 정규 교육과정에서 양성하기 어렵다. 아인슈타인, 피카소, 스티브 잡스 등 Θ형 인재로 분류되는 사람들은 모두 정규 교육과정보다는 각자 독창적인 방식으로 Θ형 인재로 성장하였다. 기업 내부에서는 어떤가? 먼저, 기업 내에 Θ형 인재가 있다면 λ형 인재가 활발한 상호작용을 통해 Θ형 인재로부터 배워 Θ형 인재가 될 수 있다. 그러나 기업 내부에 Θ형 인재가 없다면 상호작용이 매우 활발하더라도 λ형 인재가 Θ형 인재가 되기는 매우 어렵다.

8. 문제 해결의 유형

기업이 어떤 문제에 직면했을 때 일반적으로는 문제를 구성요소(components)로 분해(decompose)해서 구성요소별로 해결책을 찾아보고 종합한다. 이런 방식을 분석적 접근(analytical approach)이라고 할 수 있다. 이런 접근이 가능하려면 문제가 분해가능(decomposable)해야 한다(Nickerson and Zenger 2004). 점진적 혁신 특히 패러다임 혁신의 경우에는 분석적 접근보다 통합적 접근(integrated approach)이 더 효과적이다. 통합적 접근은 성공 시에는 큰 수익이 생기지만 실패 시에는 일반적인 기업은 문을 닫아야 하는 위험이 수반된다.

통합적 접근을 위해서는 통합적 사고를 할 수 있는 Θ형 인재가 필요하며 기업문화도 이를 수용하거나 촉진하는(accomodate or promote) 것이어야 한다. 이의 한 예로 컨센서스에 근거한 위계(consensus-based hierarchy, Nickerson and Zenger 2004)를 들 수 있다. 분석적 접근이냐 통합적 접근이냐의 선택과 관련하여 다음과 같이 정리할 수 있다.

기업은 매 기마다 새로운 문제에 직면한다. ξ는 분석적 접근을 통한 해결책으로부터 얻게 되는 순수익(net return)이다. ξ는 확률변수(random variable)로 $F(\xi,\ r)$의 분포를 가진다. 낮은 r은 높은 r을 1차 통계적 지배한다(A lower r first-degree stochastically dominates higher r. Hadar and Russell 1969). t기에 분석적 접근을 하면 확실하게 ξ를 얻지만 t+1기의 분포 F의 r이 증가한다. 반면에 t기에 통합적 접근을 하면 p라는 확률로 ξ보다 훨씬 큰 μ를 얻고 t+1기의 분포 F의 r이 크게 감소한다. 통합적 접근을 해서 실패하면 기업은 문을 닫아야 한다. t기에 기업은 분석적 접근을 할 것인가 아니면 통합적 접근을 할 것인가를 선택해야 한다.

$$v(\xi) = Max\left[\xi + \beta\int v(\xi')dF(\xi', r),\ p(\theta, A)\left\{\mu(\theta, A) + \beta\int v(\xi')dF(\xi', r')\right\}\right].$$

여기서 함수 v는 관련된 가치 함수(value function)이고 β는 할인요소(discount factor)이다. 통합적 접근시 성공할 확률 p는 Θ형 인재가 많을수록 높아지며 기업문화 A가 영향을 준다. 통합적 접근이 성공했을 때 얻는 순수익 μ도 Θ형 인재가 많을수록 커지며 기업문화 A가 영향을 준다.

이 문제의 해는 임계치 ξ^*가 존재하는 경우 그 값보다 크면 분석적 접근을 하며 그 값보다 작으면 통합적 접근을 시도하는 것이다. p와 μ가 낮아 r이 증가하더라도 임계치가 ξ의 영역(support) 내에 존재하지 않을 수가 있다. 이 경우에는 항상 분석적 접근만을 한다. p나 μ가 어느 정도 크면 처음에는 분석적 접근을 하다가 r이 증가함에 따라 Max 안의 왼쪽 적분값이 작아져 오른쪽의 값이 왼쪽 값보다 커지면 통합적 접근을 할 수 있다.

이와 같이 통합적 접근에 근거한 패러다임 혁신을 위해서는 Θ형 인재와 그에 맞는 기업문화의 형성과 인재경영방식이 필수적이다.

V. 창조경제시대의 조직 및 인적자원 관리

1. 창조경제시대의 조직운영

21세기는 정보화 및 세계화의 급속한 진전으로 기술의 변화속도가 빠르며, 소비자의 수요나 선호가 다양화·변동화되어 경영환경의 불확실성이 증폭되는 시대이다. 새로운 환경에 대한 기업의 대응이 과거의 경영방식을 답습하거나, 분석적·선형적 예측에 입각하면 기업의 존립기반이 위태로워질 수 있다.

창조경제시대를 맞이하여 조직 내의 개인이나 집단의 창의성을 극대화하기 위해서는 서로 상이한 배경과 지식을 가진 개인이나 집단이 자유롭게 소통하고 상호작용할 수 있는 여건을 조성해야 한다. 이를 위해서는 아이디어나 지식의 교류를 촉진할 수 있는 신뢰(trust)가 구축되어 있을 뿐 아니라, 인적 구성의 다양성, 창의적 인재의 확보와 육성, 활발한 소통과 상호작용, 창의성을 촉진할 수 있는 리더십 등의 기업문화가 전제되어야 한다. 이 같은 전제조건의 충족은 점진적 혁신기업의 창조성을 높이고, 궁극적으로는 Θ형 인재를 양성하여 패러다임 혁신기업으로의 변화를 모색할 수 있게 된다. 그리고 패러다임 혁신기업에게는 θ형 인재가 성과를 낼 수 있는 조직문화 및 조직운영의 방식을 제시한다.

(1) 신뢰의 구축

조직 경제학에서는 조직 내부에서 신뢰가 형성되면 거래비용(transaction cost)이 감소하고 그 결과 구성원 간 기회주의(opportunism)나 사리사욕(self interest with guile)이 작동될 소지가 줄어들어, 의사소통과 상호작용이 활발해지고, 상호협조와 조정(mutual adjustments)을 통해 문제해결의 가능성이 높아진다고 본다(Gulati 1998, Uzzi 1993, Williamson 1990). 신뢰는 위계조직뿐 아니라, 네트워크 조직이나 전략적 제휴의 성과를 제고할 수 있는 가장 중요한 요인으로 인식되기도 한다(Powell 1990).

신뢰는 제도에 대한 신뢰와 관계에 대한 신뢰로 구분될 수 있다(김용학 2003). 제도에 대한 신뢰는 공적 성격을 띠며 경영관행과 인사관리의 공정성(equity)이 핵심이다. 관계에 대한 신뢰는 사적 성격을 띠며 상대의 능력과 의도에 대한 신뢰로 나뉠 수 있다. 상호작용을 하는 상대방이 어떤 과업이나 일을 잘 수행할 수 있는 역량이 있는지와 상대방의 의도가 불순하지 않은지에 대한 믿음을 의미한다. 사적 신뢰가 낮은 조직일수록 개인들은 학연, 지연, 사적인 인맥과 같은 연줄망에 의존하게 되는데 이런 조직일수록 신뢰의 회복을 위해서는 제도의 공정성을 증진시키는 다양한 노력을 경주해야 한다.

(2) 다양성의 확보와 촉진

기업 내에서 새로운 지식을 창출하고 문제에 대한 새로운 해법을 찾는 것은 획일적인 조직문화, 동질적인 구성원, 일상적인 방식의 문제에 대한 접근을 가지고는 어렵다. 특히 집단 구성원이 동질성이 높을 경우에 문제에 대한 파격적인 해법의 도출 및 성공 가능성이 더욱 낮아진다. 패러다임 혁신기업의 구성원이 동질적이어서는 안 된다. 사업환경의 불확실성이 높고, 문제의 분해가능성(decomposability)이 낮을수록 동질적 집단이 내놓는 해법은 부분최적화(local optima)에 머물 가능성이 높아진다(Nickerson and Zenger 2004).

실제로 다양성이 창의적 문제해결을 촉진하고 문제해결의 질을 높인다는 연구결과는 상당히 축적되어 있다(cf. Goncalo and Staw 2006). 그러나 현실적으로 우리나라에서는 기업 구성원의 성(gender), 인종, 언어 등의 다양성(diversity)을 기업의 사회적 책임이라는 관점에서 이해하고 접근하는 경우가 많은데, 최근 들어 세계적 우량기업들이 다양성이 기업성과에 미치는 전략적 효과에 눈을 뜨고 이를 전략적으로 접근하려는 경향이 늘어나고 있다. IBM, HP, 지멘스 등은 글로벌 인재, 문화와 다양성을 전담하는 조직을 부사장급으로 설치하고 다양성의 확보와 관리를 위하여 노력하고 있음을 주목해야 한다(Edvinson and Bartlett 2002).

점진적 혁신기업이 현재 보유하고 있는 정도의 구성원의 다양성을 가지고는 패러다임 혁신기업으로 진화하는 것을 기대하기 어렵다. 과연 우리 기업들이 얼마나 구성원의 다양성을 수용할 만한 자세가 갖추어져 있는지, 또 얼마나 다양한 구성원의 자유로운 의사표현을 허용하는지를 자문해 본다. Florida(2007)는 국가 창의성지수의 3대 요소인 관용(tolerance)지수에 자기표현을 얼마나 자유롭게 할 수 있는지를 나타내는 자기표현(self expression)지수를 포함시키고 있다. 좀 더 과감한 다양성 확보와 다양성으로부터 다양한 아이디어의 표현을 촉진하는 문화적 개방성 강화노력이 필요하다.

(3) 소통

기업 내부에서 발생하는 정보교환의 80%는 面對面(면대면)(face-to-face) 소통에 의해 이루어진다고 한다(Von Krogh, Ichijo, and Nonaka 2000). 반면, 문서나 컴퓨터에 저장되어 있는 형태로 이루어지는 정보교환은 고작 20%에 불과한 것이다.

예를 들면 어떤 직원이 회사에서 최근에 구입한 비디오 플레이어를 작동하기 위하여 매뉴얼을 읽는데 1시간이 걸린다면, 이를 읽기보다는 이미 이를 작동한 경험이 있는 동료로부터 5분에 걸쳐 설명을 듣는 것이 보다 효과적인 것이다. 이만큼 면대면 소통은 기업 구성원의 학습과 생산성 향상을 위해서 중요한 역할을 한다.

일반적으로 지식은 明示知명시지(explicit knowledge)와 暗默知암묵지(tacit knowledge)로 구분되고, 명시지보다는 암묵지가 기업의 경쟁력 형성에 더 중요한 역할을 한다는 것이 학계의 정설이다. 현대기업의 지속적인 경쟁우위가 경쟁자가 모방하기 어려운 무형자산에 근거한다면 이는 암묵지의 성격이 강함을 의미하는데, 이럴 경우 문서나 정보시스템을 활용한 학습보다는 구성원 간의 면대면 소통이 훨씬 효과적인 학습방법이 될 것이다.

(4) 활발한 상호작용

인간의 지식, 기술, 기능 등 인적자본은 인간과 인간 사이에서 상호작용(interaction)을 통해 창출되고 전수된다. 이것이 실물자본 축적과 인적자본 축적을 결정적으로 구별짓는다(Lucas 1988). 생산 현장에서 근로자들은 일하면서 서로 가르쳐 주고 배운다. 특히 선배근로자(seniors)는 후배근로자(juniors)에게 기술, 지식, 기능뿐만 아니라 일하는 방식, 인간관계 형성, 노하우 등 다양한 것들을 가르친다. 생산 현장이라는 학교에서 선배근로자는 선생이며 후배근로자는 학생이라고 할 수 있다(Park 1997).

현장훈련(on-the-job training), 현장학습(on-the-job learning), 그리고 실행에 의 한 학습(learning by doing)을 상호작용이라는 관점에서 구별한다. 현장훈련에는 생산에 사용될 시간 또는 재화가 투입되지만, 현장학습에는 근로자 간의 상호작용이 필수적이다. 실행에 의한 학습은 혼자서도 가능하지만 현장학습은 반드시 집단 활동(group activity)이 필수적이다. 그러나 이 세 가지 훈련방식에도 상호작용을 강화할 수 있는 창의적 방법을 고민해야 한다. 창의적 인적자본(creative human capital) 역시 상호작용을 통해 형성되기 때문이다. '보다 더' 창의적인 인적자본의 창의성은 상호작용을 통하여 '보다 덜' 창의적인 인적자본에게 전수되어 이들의 창의성을 증대시킨다.

상호작용을 촉진하여 창의성을 발현하기 위해서는 다음과 같은 프로그램 도입을 고려할 필요가 있다. 먼저, 사내에서 패러다임 혁신을 가능하게 하는 창의적 사업 아이디어를 제안하도록 한다. 제안서를 검토하는 위원회는 직급이 높은 사람으로 구성하기보다는 직급에 관계없이 전사적으로, 또는 사업부별로 창의성이 높은 인재, 미래사회에 대한 예지력이 있는 인재(visionary)로 구성하는 것이 바람직하다. 이 위원회에서 제안서의 혁신성과 파격성이 인정되어 채택되면 이 아이디어에 다른 사내 구성원이 참여의사를 밝히고 참여인원이 결정되도록 하고, 참여인력에 한해서 3M이나 구글처럼 15%나 20% 룰을 적용하여 자율적 연구시간을 부여하고 이 가용시간 범위 내에서 참여한 구성원들 간에 자유롭게 소통하고 상호작용하여 사업 아이디어를 구체화할 수 있도록 하는 프로그램의 도입을 전향적으로 고려할 필요가 있다.

상호작용의 촉진은 기업 내부에 국한되는 것이 아니다. 과거에는 혁신을 위해 필요한 모든 인력을 기업이 보유하는 폐쇄적 혁신(closed innovation)이었으나, 외부의 창의적인 인재와 내부의 인재와의 상호작용을 촉진하는 것도 창의성을 발현하는 한 방법일 수 있다. 과거에는 대학의 연구가 직접 제품화하는 것이 어려운 순수한 연구에 집중되었으나 최근에는 산학협력 등으로 기업과 대학이 밀접하게 연결되었고, 대기업과 중소기업 또는 개인 연구자 간에도 협력이 활성화되고 있다. 기업 내부와 외부의 연결을 통한 혁신인 오픈이노베이션(open innovation)이 최근에 활성화되고 있다. 이 경우 지적 재산권 또는 특허권에 관한 분쟁이 있을 수 있으므로 확실하고 명확한 계약이 필요하다.

(5) 리더십

창의적 인재와 창조적 조직으로 변화하기 위해서는 구성원에게 자율성을 부여해야 한다고 주장하는 경우가 많지만, 이는 오히려 현실적이지 않다. 무조건적인 자율성은 오히려 성과를 저하시킬 수도 있다. 리더가 Θ형 인재인 경우에는 자기 휘하의 조직이나 팀을 관리할 수 있는 능력이 필요할 것이고, 위계조직(hierarchy)의 리더 휘하에 Θ형 인재가 일하는 경우에는 Θ형 인재가 재능을 펼칠 수 있도록 지원을 아끼지 말아야 할 것이다. 위계조직이라 하더라도 조직단위의 장이 변혁적 리더십을 발휘하거나 전통적인 방식보다는 다소 파격적인 행동을 보여주는 것이 개인과 집단의 창의성을 발현시키는 데 유리하다(Gumusluoglu and Ilsev 2009, Jaussi and Dionne 2003).

(6) 노사관계

애플과 같은 세계적 기업이 노사관계의 불안으로 인해 문제가 야기된 적은 거의 없다. 창조경제시대에는 구성원 간의 상호 신뢰와 원활한 의사소통 및 활발한 상호작용이 절대적으로 필요하므로 노사관계가 안정적이어야 한다. 새로운 지식이나 제품은 연결을 통해 창출되므로 노사관계가 불안정한 상황에서는 연결이 불가능하여 새로운 지식이나 제품이 나올 수 없다. 새로운 지식이나 제품을 창출해 내야 하는 과업에 당면한 구성원들은 하나의 목표를 추구하므로 노사가 따로 없고 한 목적의 집단이 된다. 이들은 노동조합에 대한 필요성을 못 느끼거나 있다 하더라도 당면한 목표 추구에 도움을 주는 쪽으로 노동조합이 작동하도록 할 것이다.

우리나라의 현재 노사관계는 노동조합과 사용자라는 이분법에 의해 정보, 아이디어 등 자유로운 소통이 제한을 받고 있다. 서로 신뢰하면서 자유롭게 의사소통이 이루어져야 상호작용이 활성화될 수 있다. 지금과 같은 이분법적 사고하에서는 활발한 상호작용을 통한 기존 지식의 연결을 기대하기 어려우며 따라서 노사관계가 새로운 지식의 창출에 걸림돌이 되고 있다.

그러나 창조경제시대에도 노동조합의 순기능이 있을 수 있다. 구성원 간의 상호 신뢰 구축, 원활한 의사소통, 활발한 상호작용을 촉진하도록 노동조합이 조합원들을 설득하고 독려할 수 있다.

2. 창조경제시대의 인적자원관리 방식

창조경제시대의 인적자원관리 방식은 기업의 유형에 따라 다르다. 우리는 기업의 유형을 혁신의 정도와 방식에 따라 모방기업, 점진적 혁신기업, 패러다임 혁신기업으로 분류하였다. 각 유형에 따른 인적자원관리 방식이 <표 2-12>에 요약되어 있으며 이를 좀 더 구체적으로 설명하면 다음과 같다.

(1) 인재의 유형별 역할

기업유형별 인재유형은 전 장에서 설명하였듯이 모방기업에서는 i형 인재, 점진적 혁신기업에서는 λ형 인재, 그리고 패러다임 혁신기업에서는 Θ형 인재로 구분하였다. i형 인재는 이미 존재하는 지식 집합(knowledge set)에서 기존 지식을 학습하는 지식 습득자(knowledge acquirer), λ형 인재는 i형 인재의 통로지식을 발판으로 다양한 인접한 전문지식을 연결함으로써 기존 지식을 확장하는 지식 확장자(knowledge expander), 그리고 Θ형 인재는 i형 인재와 λ형 인재가 가지고 있는 통로지식을 발판으로 서로 거리가 먼 여러 지식을 연결하여 새로운 지식을 창조하는 지식 창조자(knowledge creator)로 볼 수 있다.

(2) HRM의 가치모형

기업의 인적자원관리 방식은 인적자원의 가치를 어디에 두느냐에 따라 달라진다. 모방기업은 인적자원의 가치를 연공(seniority)에 따라 증가하는 것으로 간주한다. 기존의 지식이나 선진기업의 생산방식, 제품이나 서비스를 모방하기 위해서는 기존 직원의 전문지식과 스킬을 향상시키고 선진기업을 따라 잡는데(catch up) 필요한 업무에 어느 정도 경험 있는 인적자원을 배치하는 것이 요구되기 때문이다. 시차가 있긴 하지만 우리나라나 일본의 기업들이 지난 수십 년간 인적자원의 가치를 연공에 둔 것이 서구의 선진기업을 따라가는 데 효과를 보았다고 볼 수 있다.

점진적 혁신기업은 인적자원의 가치가 직무(job)에 근거하는 것으로 본다. 전문지식을 가진 i형 인재에 대한 명확한 역량요소와 평가기준을 도출하여 이에 근거하여 보상을 결정한다. 점진적 혁신기업의 인접지식의 연결에 따른 지식의 확장을 위해서는 지식 연결을 전담하는 직무가 생겨나고 이에 대한 역량정의 및 평가기준에 입각하여 인재를 양성하고 관리한다. 세일즈엔지니어, 제품 매니저, 브랜드 매니저, 프로젝트 매니저 등이 이에 해당하는 직무이다. 패러다임 혁신기업은 인적자원의 가치를 직무(job)보다는 역할(role)에 더 큰 비중을 둔다.

패러다임 혁신기업에서는 구체적으로 정의된 직무보다는 파격적 혁신을 이끌 수 있는 공식·비공식 팀이나 태스크포스의 활동이 활발해지며 누가 어떤 역할을 하는가에 근거하여, 예컨대 전문지식의 통합, 문제해결 등의 역할에 근거하여 업무가 진행된다. 팀장, 팀원이라 하더라도 전문지식을 제공하는 역할인지, 아니면 전문지식을 연결하여 혁신적 아이디어나 제품, 사내의 문제를 해결하는지의 역할이 중요하게 인식된다.

(3) 통제방식

모방기업의 통제방식은 행동 및 과정(behavior or process) 통제 위주이다. 선진기업이 가지고 있는 기술과 지식을 따라잡기 위해서는 선진기업으로부터 이를 전수받거나 자체적으로 학습을 위한 일사불란한 노력을 경주해야 한다. 학습 성과를 얻기 위한 집단적 과정이 중시될 수 있기 때문에 구성원 개인 또는 집단의 행동과 과정을 통제하는 것이 효율적이다.

〈표 2-12〉 창조경제시대의 기업유형에 따른 인적자원관리 방식

구분	모방 기업	점진적 혁신 기업	패러다임 혁신 기업
인재유형	-지식 습득자 (Knowledge Learner)	-지식 확장자 (Knowledge Expander)	-지식 창조자 (Knowledge Creator)
	-i형 인재 (기존 지식의 신속한 습득)	-λ형 인재 (i형 인재의 연결 역할)	-Θ형 인재 (i형 인재와 λ형 인재의 연결 역할)
	-경영자의 역할: 모방을 위한 효율적 조직경영	-경영자의 역할: λ형 인재와 i형 인재의 통합관리	-경영자의 역할: 특출난 인재(Θ형)에 대한 인내와 지원
인재상 역량요소	-성실성(persistence), 분석적 사고 (analytical thinking), 전문성(expert knowledge)	-성실성(persistence), 전문성(expert knowledge), 분석적 사고와 통합적 사고 (analytic/integrative thinking), 팀워크(teamwork), 의사소통 (communication)	-전문성(expert knowledge), 유연성/개방성(flexibility), 자유분방(free sprit), 의사소통(communication), 상상력(imagination), 통합적 사고 (integrative thinking), 창의력(creativity), 창업가 정신(entrepreneurship),
심리적 계약	-조직인(organization man)	-금전적 보상과 비금전적 보상	-재능발휘와 비금전적 보상 (cult-like community)
HRM의 가치모형	-연공주의(Seniority-based HRM)	-직무주의(Job-based HRM)	-역할주의(Role-based HRM for Teams & Projects)
통제방식 (Control Mechanism)	-행동 및 과정 통제 (Behavior and Process Control)	-결과에 의한 통제 (Outcome Control)	-가치관 및 문화 통제 (Value and Culture Control)
모집/선발	-PO(Person-Organization) Fit	-PJ(Person-Job) Fit -λ형 인재의 유인체계	-PT(Person-Team) Fit -창의성과 연결능력에 기반한 핵심인재(Θ형 인재)의 유인체계 -Θ형 인재의 과감한 영입
교육/훈련	-전문성 제고(skill building)	-전문성 심화 -팀웍 역량 제고	-개인 맞춤형 교육 -창의성 개발 -Θ형 인재의 리더십 강화
성과평가	-생산성 및 원가절감 정도	-점진적 혁신성과(신기술, 신공정, 신제품, 프로세스 혁신 등)에 의한 평가	-파격적 결과 또는 혁신 성과 -실패에 대한 관용, 인정
보상	-집단성과에 연동된 보상 -내부 공정성(internal equity)	-팀 및 집단성과에 따른 보상 -내부 공정성과 외부 경쟁력	-뛰어난 개인 및 팀 성과에 대한 파격적 보상 -비금전적 보상
인재유형의 사례	-대부분의 직장인, 학자, 예술가	-세잔(화가), 마이클 델(델), 로버트 배로(경제학자), 기술영업전문가(sales engineer), 제품 매니저, 브랜드 매니저, 프로젝트 메니저 등	-피카소(화가), 스티브 잡스 (Apple), 게리 베커(경제학자), 아인슈타인(물리학자)

점진적 혁신기업은 혁신성과와 결과(outcome control)에 의하여 조직을 통제한다. 혁신의 과정도 중요하지만 궁극적으로 시장에서 기존제품과 차별화될 수 있는 경쟁력 있는 제품이나 서비스를 생산해야 하므로 혁신성과를 가지고 조직을 통제하게 된다.

반면 패러다임 혁신기업은 구성원에게 최대한의 자율성을 부여하는 대신 문화나 가치관(culture and values)에 의해 통제한다. 기존의 제품이나 서비스의 경쟁구도를 근본적으로 바꿀 수 있는 급진적인 혁신을 이루기 위해서는 구성원들의 매우 다양한 지식과 역량을 창의적으로 연결해야 하는데, 이 과정에서 구성원에 대한 최대한의 자율성 보장과 강력한 문화와 가치관을 공유하는 구성원들의 자발적 참여가 창의적 문제해결을 가능하게 할 수 있기 때문이다.

(4) 모집 및 선발

창의적 인재는 어떤 인재인가? 기업 경영자들이 기회만 있으면 21세기 창조경영시대에 창의성이 중요하고 창의적 인재가 중요하다고 강조하고 있지만 막상 창의적 인재를 구성하는 역량요소가 무엇인지 식별하여 이에 근거한 인재관리를 하는 경우는 많지 않다. 지금처럼 신입사원의 창의성을 인재상의 한 요소로 설정하여 충원과정에 반영하는 정도의 노력으로는 패러다임 혁신기업으로 발돋움하기 어렵다. 기업의 창조능력을 조직의 핵심역량(core competences)의 하나로 설정하고, 창의적 인재를 핵심인재로 정의하며, 역량요소를 정립하여 이에 입각해서 확보하고 육성할 수 있는 새로운 발상의 전환이 필요하다.

기업유형별 인재상은 다음과 같다. 먼저 모방기업에서는 성실성(persistence), 분석적 사고(analytical thinking), 전문성(expert knowledge)을 중시하고 부수적으로 팀워크 능력도 필요하다. 점진적 혁신기업은 성실성(persistence), 전문성(expert knowledge), 분석적 사고(analytic thinking) 외에 통합적 사고(integrative thinking), 팀워크(teamwork), 의사소통(communication) 역량이 추가적으로 요구된다. 점진적 혁신은 인접한 지식과 기술 간의 활발한 소통이 필수적이기 때문이다. 패러다임 혁신기업은 전문성(expert knowledge), 의사소통(communication), 통합적 사고(integrative thinking) 역량 외에 자유분방(free sprit), 유연성 · 개방성(flexibility · openness), 상상력(imagination), 창의성(creativity), 창업가 정신(entrepreneurship) 등이 추가적으로 요구된다. 기존의 틀을 깨는 급진적 혁신에는 창의성과 관련된 역량들이 필요하기 때문이다.

모방기업의 인력선발은 사람과 조직의 적합성(person-organization fit)에 입각하여 이루어진다. 선진기업의 기술과 지식을 따라잡기 위해서는 일사불란한 조직운영이 필요하기 때문이다. 모방기업에서는 직무 적합성이 최우선으로 고려되기 어려운데 그 이유는 구성원의 전문성이 충분히 발달해 있지 않기 때문이다. 점진적 혁신기업은 사람과 직무의 적합성(person-job fit)을 가지고 인력을 선발한다. 전문적 능력을 가진 개인을 확보하여 이들이 가지고 있는 근거리 지식을 연결함으로써 점진적 혁신이 가능해지는 것이다. 반면 패러다임 혁신기업은 창의성과 연결능력을 보유한 Θ형 인재를 과감하게 선발하며, 직무 적합성 이외에 팀과의 적합성(person-team fit)을 중시하여 선발한다. 먼 거리의 지식을 서로 연결하기 위해서는 다양한 지식과 경험을 가진 사람들을 필요에 따라 팀을 구성해야 하기 때문에 조직 전체보다는 팀과의 적합성이 중요해진다.

(5) 육성 및 관리

기업유형별 인재육성방식은 어떤 모습을 가지고 있을까? 먼저 모방기업의 인재양성은 전문성 제고에 초점을 맞춘다. 선진기업을 따라잡기 위해서는 지식집합 내부에 있는 전문적 지식이 필요하기 때문이다. 점진적 혁신기업은 인접지식의 연결을 위하여 직무순환(job rotation)과 인접 분야의 전문가들과 일하는 경험을 쌓게 함으로써 λ형 인재의 양성과 창의적 혁신역량을 축적한다. 패러다임 혁신기업에서는 기업 내부에서의 Θ형 인재의 양성이 매우 어려운 과제이므로 외부로부터 영입하며, 영입된 Θ형 인재, 또는 Θ형 잠재력을 가진 인재의 리더십 역량을 강화하는 교육 및 훈련을 실시한다. 만약 패러다임 혁신기업에서 Θ형 인재를 내부적으로 육성해야 한다면 Θ형 인재가 멘토가 되어 λ형 인재 중에서 자질이 있는 자를 Θ형 인재로 커갈 수 있도록 도와주는 방식이 있을 것이다.

일반적으로 창의적 인재는 위계조직에 잘 적응하지 못하는 것으로 알려져 있다. 스티브 잡스나 빌 게이츠와 같은 창의적 인재가 우리나라 대기업에 영입되어도 성공을 장담하기 어렵다고 보는 것과 같은 이치이다. 그렇다면 위계조직에서 창의적 인재를 성공적으로 관리하는 방법은 없는 것일까? 우선 Θ형 인재를 영입하는데 성공한다 해도 이들에게 자율권과 충분한 지원을 제공하지 못하면 소기의 성과를 거두지 못할 공산이 크다. <표 2-12>에 제시된 바와 같이 Θ형 인재를 중심으로 한 자율적 팀의 구성과 내재적 동기부여를 제공하고, 성과가 나타날 경우에 파격적인 보상으로 대응한다면 효과가 있을 것으로 기대된다. 물론 단기적으로 대응하기 보다는 성과가 나타날 때까지 장기적으로 인내심을 가지고 기다리는 것도 필요할 것이다.

(6) 성과평가 및 보상

모방기업의 성과평가는 생산성과 원가절감에 초점을 맞추어 설계되어 있다. 결과보다는 내부적 과정(internal processes)의 효율성, 인적자본의 전문성에 근거한 성과평가가 주요 내용이다. 점진적 혁신기업은 점진적 혁신의 성과, 즉 기존 기술, 기존 공정, 기존 제품, 기존 프로세스의 개선 성과를 평가한다. 근거리 지식을 부단히 연결하여 새로운 제품과 서비스를 내놓아야 하기 때문에 개선 성과의 정확한 평가와 측정은 중요하다. 패러다임 혁신기업은 기존의 방식을 뒤엎는 혁신성과에 근거하여 평가한다. 일반적으로 파격적인 혁신은 높은 실패가능성을 수반하기 때문에 결과만을 강조하는 평가는 구성원들로 하여금 위험회피(risk avoidance)를 선호하게 만들어 혁신 의욕을 감퇴시키는 문제가 발생한다. 어느 정도까지의 실패를 용인(tolerate)하고 오히려 자극하는 평가가 되어야 한다.

모방기업의 보상방식은 내부 공정성에 초점을 맞춘다. 선진기업을 따라잡는 학습이 활발하게 일어나기 위해서는 전사적인 노력이 필요하며, 구성원에 대한 공정한 평가와 보상이 학습을 위한 전사적인 협력을 가능하게 할 수 있기 때문이다. 점진적 혁신기업에서는 혁신을 이루어낸 팀 또는 집단의 혁신 성과와 연동된 적절한 보상이 주어진다. 패러다임 혁신기업에서는 혁신 성과와 연계된 파격적 보상이 제공된다. Θ형 인재가 혁신을 달성한 주체가 되는데, Θ형 인재와 Θ형 인재를 중심으로 λ형 인재와 i형 인재로 구성된 팀에게 파격적 보상이 주어진다. 패러다임 혁신기업은 금전적 보상 외에도 비금전적 보상도 고려할 수 있다. 사내에서의 인정, 자긍심, 과감한 혁신으로 사회를 선도한다는 책임감 고취 등이 효과적인 보상방식이 될 수 있다.

3. 기업 내 상호작용을 촉진하는 기업문화와 기업성과와의 관계

구성원 간 의사소통과 활발한 상호작용이 창의성을 촉진하는 요소라고 볼 때, 실제로 이들 요소가 기업성과에 어떤 영향을 주는지를 알아보기 위하여 회귀분석을 실시하였다. 분석에 사용된 자료는 한국직업능력개발원이 2005년에 조사한 인적자본기업패널(HCCP: human capital coporate panel) 1차년도 설문자료이다.[25] 설문조사에 참여한 응답자는 모두 13,077명이고, 각 항목별로 기업별 평균을 구하여 분석에 사용하였다. 물론 우리나라에는 패러다임 혁신기업은 없기 때문에, HCCP에는 다수의 모방기업과 점진적 혁신기업들이 포함되어 있다

25) 인적자본기업패널은 국내 450개 기업의 인사관리부서와 종업원을 대상으로 각 기업의 인력구조와 인적자본 특성, 그리고 채용, 평가, 보상 등 인적자원개발 및 인적자원관리관행에 대하여 2년에 한 번씩 설문조사하여 구성한 패널자료이다.

고 봐야 한다.

<표 2-13>은 분석에 사용된 변수 간의 상관계수를 나타낸다. <표 2-14>와 <표 2-15>는 기업성과를 나타내는 투하자산수익률(ROIC: return on invested capital)과 인당영업이익을 종속변수로, 그리고 인적자원지수(HRI)와 상호작용을 촉진하는 기업문화요인을 독립변수로 설정한 회귀분석결과이다. 각 변수의 측정 방식은 다음과 같다.

먼저, 인적자원지수는 채용, 인적자원개발, 평가보상, 인사부서역량, 인적자본 등 5개 영역, 45개 항목으로 구성되어 있고, 특정 기업의 인적자원개발 및 관리관행의 발달 정도를 측정하는 지수이다(김용민 2005). 신뢰는 "구성원 상호 간 신뢰관계가 돈독하게 구축되어 있는가"를 1개 항목(5점 척도)으로, 인재중시의 리더십은 "경영진이 우수 인재를 우대하는가"를 역시 1개 항목(5점 척도)으로, 커뮤니케이션은 ① 부서 간의 커뮤니케이션, ② 팀 내부의 커뮤니케이션, ③ 상급자에게 자유로운 의견 제시, ④ 경영진 또는 정보 시스템을 통한 경영현황 전달 등 4개 항목(5점 척도)으로, 상호작용 활동의 참여 정도는 ① 선배로부터의 학습, ② 동료·후배와의 상호학습, ③ 멘토링·코칭, ④ OJT, ⑤ TFT 활동, ⑥ QC 활동, ⑦ 지식 마일리지 프로그램, ⑧ 직무순환, ⑨ 6-시그마 활동에 대한 참여 여부(총 9개 항목)를 합산하여 측정하였다. 마지막으로 상호작용을 촉진하는 기업문화는 신뢰, 인재중시의 리더십, 커뮤니케이션, 상호작용 활동의 참여 정도 등 4개 변수의 평균으로 측정하였다.

<표 2-14>는 인적자원관리관행의 발달 정도를 나타내는 인적자원지수(HRI)와 신뢰, 인재중시의 리더십, 커뮤니케이션, 그리고 상호작용 등 "상호작용을 촉진하는 기업문화" 4개 요인을 독립변수로, 그리고 투하자산수익률을 종속변수로 설정한 회귀분석결과를 보여준다.

〈표 2-13〉 변수 간의 상관계수

변 수	N	평균	표준편차	종속변수		통제변수			독립변수				
				1	2	3	4	5	6	7	8	9	10
1. 투하자산수익률	439	5.57	9.38										
2. 인당영업이익(백만원)	435	22.45	55.68	.47									
3. 금융업(D)	450	0.07	0.26	-.11	.11								
4. 비금융서비스업(D)	450	0.26	0.44	.18	-.07	-.16							
5. 종업원 수(자연로그값)	450	6.09	1.07	-.002	.21	.21	-.08						
6. 인적자원지수(HRI)	450	43.23	8.69	.13	.26	.25	.10	.51					
7. 신뢰	450	3.33	0.31	.16	.14	.06	.14	.20	.22				
8. 인재중시의 리더십	450	3.28	0.45	.25	.19	.13	.10	.26	.52	.56			
9. 커뮤니케이션	450	3.27	0.34	.13	.20	.12	.06	.28	.53	.61	.73		
10. 상호작용	450	3.71	1.02	.15	.16	.08	.09	.11	.40	.22	.41	.36	
11. 상호작용을 촉진하는 기업문화	450	3.40	0.41	.21	.22	.12	.12	.23	.54	.60	.78	.74	.84

주: $r > 0.154$일 경우 $p = 0.001$, $r > 0.124$일 경우 $p = 0.01$, $r > 0.095$일 경우 $p = 0.05$.
자료: 한국직업능력개발원. 인적자본기업패널. 2005년.

업종과 규모를 통제한 상태에서 인적자원지수(HRI: Human Resource Index)는 종속변수인 투하자산수익률에 유의하게 긍정적인 영향을 준다($p<0.01$). 또한 신뢰($p<0.01$), 인재중시의 리더십($p<0.001$), 커뮤니케이션($p<0.01$), 그리고 상호작용($p<0.01$)도 각각 투하자산수익률에 유의하게 긍정적인 영향을 준다. 상호작용을 촉진하는 기업문화 요소인 이들 4개 변수의 평균을 독립변수로 설정하면 투하자산수익률에 매우 유의한 긍정적인 영향을 준다($p<0.0001$). 그러나 인적자원지수(HRI)와 상호작용을 촉진하는 4개 요인의 평균을 동시에 독립변수로 포함시킨 회귀분석에서는 인적자원지수는 유의하지 않고(p=n.s.), 상호작용을 촉진하는 기업문화만 투하자산수익률에 유의하게 긍정적인 영향을 주는 것으로 나타난다($p<0.001$).

<표 2-15>는 영업이익을 종업원 수로 나눈 인당영업이익을 종속변수로 설정하고, 독립변수는 <표 2-14>에서와 같이 동일한 변수를 사용한 회귀분석결과이다. 업종과 규모를 통제한 상태에서 인적자원지수(HRI: human resource index)는 인당영업이익에 긍정적인 영향을 준다($p<0.0001$). 또한 신뢰($p<0.05$), 인재중시의 리더십($p<0.01$), 커뮤니케이션($p<0.01$), 그리고 상호작용($p<0.01$)도 각각 인당영업이익에 긍정적인 영향을 준다. 상호작용을 촉진하는 기업문화 요소라고 볼 수 있는 이들 4개 변수의 평균을 독립변수로 설정하면 인당영업이익에 매우 유의하게 긍정적인 영향을 주는 것으로 나타난다($p<0.0001$).

인적자원지수(HRI)와 상호작용을 촉진하는 4개 요인의 평균을 동시에 독립변수로 포함한 회귀분석에서는 인적자원지수($p<0.01$)와 상호작용을 촉진하는 기업문화($p<0.01$)가 모두 인당영업이익에 유의하게 긍정적인 영향을 주는 것으로 나타난다.

〈표 2-14〉 기업성과에 대한 회귀분석(종속 변수=투하자산수익률)

변수	(1)	(2)	(3)	(4)	(5)	(6)	(7)
절 편	-0.32 (2.81)	-10.03 (5.08)	-10.54 (3.58)	-6.27 (4.45)	-0.82 (2.91)	-10.69 (4.00)	-10.11 (4.04)
통제변수							
금융업(D)	-4.44** (1.80)	-3.44* (1.76)	-4.23** (1.73)	-3.61** (1.77)	-3.60** (1.77)	-4.00** (1.75)	-4.38** (1.78)
비금융서비스업(D)	3.02*** (1.05)	3.19*** (1.04)	2.94*** (1.01)	3.45*** (1.03)	3.43*** (1.03)	3.02*** (1.02)	2.84*** (1.03)
종업원 수(로그값)	-0.47 (0.48)	0.03 (0.43)	-0.27 (0.42)	-0.03 (0.44)	0.16 (0.42)	-0.15 (0.42)	-0.39 (0.48)
독립변수							
인적자원지수(HRI)	0.19*** (0.06)						0.08 (0.07)
신뢰(Trust)		4.47*** (1.48)					
인재중시 리더십			5.29*** (0.98)				
커뮤니케이션				3.49*** (1.34)			
상호작용(Interaction)					1.30*** (0.44)		
상호작용을 촉진하는 기업문화						4.91*** (1.09)	4.21*** (1.26)
결정계수(R^2)	0.063	0.061	0.102	0.056	0.060	0.084	0.086
수정 결정계수(Adj. R^2)	0.054	0.052	0.093	0.047	0.052	0.075	0.076
N	439	439	439	439	439	439	439

* p<0.1, ** p<0.05, *** p<0.01, 괄호 안의 수치는 표준오차.

자료: 한국직업능력개발원. 인적자본기업패널. 2005년.

〈표 2-15〉 기업성과에 대한 회귀분석(종속변수=인당영업이익)

(단위: 백만 원)

변수	(1)	(2)	(5)	(3)	(4)	(6)	(7)
절 편	-63.01*** (16.51)	-99.83*** (30.19)	-85.20*** (21.75)	-105.45*** (26.27)	-60.32*** (17.27)	-108.88*** (23.95)	-100.34*** (24.05)
통제변수							
금융업(D)	3.82 (10.72)	11.60 (10.64)	9.00 (10.65)	9.93 (10.61)	10.54 (10.62)	8.75 (10.57)	4.07 (10.67)
비금융서비스업(D)	-12.08* (6.19)	-8.98 (6.20)	-9.44 (6.16)	-8.67 (6.12)	-8.24 (6.12)	-10.26* (6.12)	-12.76** (6.17)
종업원 수(로그값)	3.98* (2.86)	8.63*** (2.55)	7.84*** (2.57)	7.53*** (2.59)	9.06*** (2.50)	7.52*** (2.54)	4.27 (2.85)
독립변수							
인적자원지수(HRI)	1.47*** (0.36)						1.03** (0.42)
신뢰(Trust)		21.27** (8.82)					
인재중시 리더십			18.74*** (6.01)				
커뮤니케이션				25.47*** (7.96)			
상호작용 (Interaction)					7.76*** (2.63)		
상호작용을 촉진하는 기업문화						25.70*** (6.62)	16.20** (7.62)
결정계수(R^2)	0.085	0.062	0.070	0.071	0.068	0.081	0.094
수정 결정계수(Adj. R^2)	0.076	0.053	0.061	0.063	0.060	0.073	0.084
N	435	435	435	435	435	435	435

* $p<0.1$, ** $p<0.05$, *** $p<0.01$, 괄호 안의 수치는 표준오차.

자료: 한국직업능력개발원. 인적자본기업패널조사. 2005년.

우리나라의 모방적 기업과 점진적 혁신기업을 대상으로 한 분석결과를 요약하면, (1) 인적자원지수(HRI)와 상호작용을 촉진하는 기업문화요소들은 모두 단독으로 회귀식에 포함되면 투하자산수익률(ROIC)과 인당영업이익에 모두 유의한 긍정적인 영향을 준다. 그러나 인적자원지수와 상호작용을 촉진하는 기업문화를 동시에 회귀식에 포함시키면 (2) 인적자원지수는 투하자산수익률(ROIC)에 대한 영향이 유의하지 않고, 인당영업이익에 대해서만 유의하게 긍정적인 영향을 주는 것으로 나타난다. 반면, (3) 상호작용을 촉진하는 기업문화의 경우에는 투하자산수익률(ROIC)과 인당영업이익에 모두 유의하게 긍정적인 영향을 준다. 두 회귀식의 분석결과만을 놓고 보면, 한 기업의 인적자원개발 및 관리관행의 발달정도보다는 상호작용을 촉진하는 기업문화가 기업성과에 일관되게 긍정적인 영향을 주는 것으로 판단할 수 있다.

Ⅳ. 쟁점과 논의

창조경제시대에 성공적인 기업운영을 하는 것은 매우 어렵다. 여태까지 혁신을 거듭하여 성공적인 경영을 해온 기업이라 하더라도 과거의 성공의 덫에 빠져 활동적 관성(active inertia)이 조직 내부에 만연해 있을 때에는 더욱 그러하다. 불확실성이 높은 사업 환경에서는 언제 어디서 기업의 존재를 위태롭게 할 수 있는 위험이 다가올지 모르기 때문에 과거의 성공방식에 안주하다가는 큰 화를 자초할 수 있다.

그렇다면 점진적 혁신기업이 패러다임 혁신기업으로 변화해야 하는 것일까? 점진적 혁신기업에게 패러다임 혁신을 하라고 요구하는 것은 평생을 부단히 노력하여 환갑을 넘겨서야 자신의 미술세계를 구축한 세잔(Cézanne)에게 20대의 젊은 시절에 입체파의 작품을 내놓아 세상을 놀라게 한 피카소(Picasso)가

되라고 요구하는 것과 같다.[26)]

이에 대한 답은 세 가지로 나누어질 수 있다. 첫 번째 대답은 어차피 세잔은 세잔이고, 피카소는 피카소이기 때문에 각자 자기 방식대로 자신의 장점을 살려 살라고 권하는 것이다. 점진적 혁신기업이 부단히 노력하고 연마하면 언젠가는 말년의 세잔처럼 경지에 이를 수 있는 것이다. 그런데 이 방식의 문제는 지금과 같이 격변하는 세상이 세잔이 환갑을 넘길 때까지 기다려주지 않는다는 것이다. 어느 순간에 패러다임 혁신기업이 나타나 새로운 사업모델과 새로운 경쟁의 룰로 경쟁할 것을 강요하기 때문에 지속적 혁신기업은 생존의 근거를 잃어버리고 도태될 수 있는 위험이 있다.

두 번째 대답은 세잔 기업이 피카소와 같은 인재를 고용하라고 권하는 것이다. 세잔 기업이 피카소와 같은 인재를 고용하는 것은 두 가지 방법이 있다. 한 가지는 세잔 기업이 그동안 잘해왔던 핵심역량인 점진적 개선에 집중하는 대신, Θ형 인재를 고용하여 분사(spin-off)한 다음에 패러다임 혁신기업이 새로운 토양에서 새로운 문화와 경영방식으로 성장하도록 하는 방법이다. 물론 필요한 인재와 자원은 점진적 혁신기업에서 차출될 수 있고, 분사한 패러다임 혁신기업이 피카소와 같이 성공하게 되면 그 열매를 공유하여 점진적 혁신기업의 성장을 도모할 수 있게 된다. 다른 한 가지는 세잔 기업 내부에 피카소와 같은 인재를 직접 들여놓는 방법이다. 점진적 혁신기업에 Θ형 인재를 채용하여 마음껏 자신의 재능을 펼쳐 보이라고 기회를 주는 것이다. 그러나 이 방식은 점진적 혁신기업의 문화와 경영방식을 패러다임 혁신기업의 그것으로 바꾸어야 하는 매우 어려운 과제가 있다. 기업문화가 바뀌지 않는 한, 급진적 혁신을 추구하는 Θ형 인재는 기존 조직의 경영방식과 문화에 적응하지 못할 뿐 아니라, 같은 이유로 점진적 혁신에 익숙해져 있는 경영자와 조직 구성원들은 Θ형 인재의 창의적인 행

26) 본 장에서 인용한 피카소(Θ형 인재)와 세잔(λ형 인재)은 인재 유형의 예이므로 기업 유형의 예는 패러다임 혁신기업을 피카소 기업으로, 점진적 혁신기업을 세잔 기업으로 칭한다.

동을 받아들이지 못하여 파격적 혁신이 실패할 가능성이 있다.

세 번째 대답은 세잔 기업에게 피카소 기업이 되라고 권하는 것이다. 이는 점진적 혁신기업이 Θ형 인재를 외부로부터 영입하지 않고 내부적으로 육성하거나(제1방식), Θ형 인재 없이 i인재와 λ형 인재만을 활용하여 패러다임 혁신기업으로 탈바꿈하는 방식(제2방식)이 고려될 수 있다. 본 장에서는 점진적 혁신기업에서 λ형 인재 일부를 Θ형 인재로 전환하는 제1방식이 높은 비용을 수반하지만 가능하다고 보았으나, λ형 인재의 자율성을 보장하고 매우 활발한 구성원 간 상호작용을 촉진하는 강력한 조직문화의 구축을 선행조건으로 제시하였다. 그러나 여기에서는 점진적 혁신기업이 Θ형 인재 없이 i인재와 λ형 인재만을 활용하여 패러다임 혁신을 주도하는 기업으로 변화하는 제2방식은 현실적으로 가능하지 않다고 보아 논의에서 제외하였다.

여태까지의 논의는 다음과 같은 질문을 던지게 한다. 세잔기업에서 피카소와 같은 인재를 외부로부터 영입하는 방식과 기업 내부에서 피카소와 같은 인재를 양성하는 방식이 과연 성공할 수 있을까? 세잔기업에서 피카소를 영입하면 피카소가 기존 조직의 문화에 적응하지 못하고, 기업 내부에서 피카소를 양성하기 위해서는 조직문화의 변화가 어려워서 파격적 혁신이 실패할 가능성이 높다고 보았다. 두 방식 모두 조직문화의 전면적인 변화를 전제하기 때문이다.

이 문제를 해결하기 위해서는 양손잡이 조직(ambidextrous organization)의 도입을 고려해 볼 수 있다. 기업 문화를 전면적으로 고치기보다는 기업 내부의 일부 조직에게 파격적 혁신을 도모하는 역할을 맡기고 여기에서 Θ형 인재를 영입하거나 양성하는 방식이 좀 더 수월하다고 보는 것이다. 일상적 혁신을 수행하는 조직과는 별도로 파격적인 혁신을 수행하는 조직을 기업 내부에 신설하여 급진적인 창의적 사고와 행동을 보호하고 촉진할 수 있다. 통상 일상적 혁신을 수행하는 조직은 변동성을 줄이고 일관성을 유지하려는 속성이 있으며, 원가절감과 이익추구라는 멘털리티가 강한 조직의 관성을 가지고 있다. 반면 급진적 혁신을 추구하는 조직은 일관성보다는 변동성을 추구하고, 파격적인 돌파구를 과감하게 마련함으로써 혁신과 성장을 추구하려는 속성을 가지고 있다(O'Reilley and Tushman 2004). 전통적 조직이론은 이 두 조직은 한 테두리 안에서 병존하기 어렵다고 본다. 그러나 O'Reilly and Tushman(2004)은 대립적인 관계에 있는 두 조직을 공존시키는 방법이 있다고 주장한다. 점진적 혁신을 추구하는 조직과는 별도의 새로운 조직을 두어 업무 추진방식과 조직구조, 그리고 고유문화를 가질 수 있도록 자율권을 부여한다면 급진적 혁신이 가능해진다고 보았다. 전제조건이 있기는 하다. 이 두 조직을 함께 아우르는 경영자의 역할이 매우 중요하다고 보았다. 단순하고도 명확한 혁신 비전을 제시하고, 급진적 변화를 추구하는 집단과 점진적 개선을 중시하는 집단 간의 갈등을 조정하고 균형을 잡을 수 있는 고도의 경영 감각을 발휘해야 한다.

제 3 장 인적자본이 창조도시의 경쟁력을 결정한다[27]

I. 들어가며

창조도시를 이해하기 위해서는 먼저 도시가 무엇인지를 이해해야 한다. 都市(도시)는 인간의 정치 · 경제 · 사회적인 활동 무대가 되는 장소이며, 인구 집중으로 인해 비교적 인구 및 인구 밀도가 높은 지역을 말한다. 원래 都市(도시)는 왕궁 소재지인 정치 및 행정 중심지로서의 都邑(도읍)과 경제 및 상업 중심지로서의 市場(시장)으로서의 역할을 함께 지니고 성립하였으며, 따라서 근대 이전의 도시는 이 두 가지 기능을 중심으로 발달하였다(네이버백과사전 2011, ko.wikipedia.org, 2011).

인류 최초의 도시는 기원전 3,500년경 티그리스 · 유프라테스와 나일강 유역에서 나타났다고 알려져 있으며, 고대사회의 도시는 城壁(성벽)으로 둘러싸여진 인

---

27) 김용민 · 박기성(2012)의 원고 일부를 수정 · 보완하였다.

구가 밀집된 지역이었지만, 규모가 그리 크지는 않았다. 학자들의 추산에 의하면 아테네가 4만에서 14만, 예루살렘이 3만, 그리고 카르타고가 30만을 넘지 않았다고 한다(www.wikipedia.org, 2011). 근대 이후의 도시는 산업혁명과 더불어 제조업 및 상품경제의 발달로 인한 자본주의적 도시가 비약적으로 성장하게 되었다. 도시인구는 19세기 이후 급격히 팽창해서 전 세계적으로 100만 이상의 인구를 가진 도시가 500개가 넘고(ko.wikipedia.org, 2011), 세계 인구의 50% 이상이 도시에 거주한다(www.charleslandry.com, 2011). 특히 선진국의 도시화 비율은 이미 75%를 넘어섰으며(Landry 2006), 우리나라의 경우에도 도시화가 급속하게 진행되어 2025년에 도시화비율이 95%에 달할 것으로 예상되고 있다(국토연구원 2009).

도시 지역에서의 제조업과 상업의 발달은 고용기회를 증대시키고, 고용기회의 증대는 농촌에서 도시에로의 인력 移入(이입)을 가져온다. 농촌위주의 자급적인 경제가 도시에서의 상품경제로 이행함에 따라 공장입지, 원재료 및 완제품의 집적 및 유통, 상거래를 촉진하는 생산·유통시설이 발달하게 된다. 또한 도시민을 위한 생활 물자의 공급 및 휴식·위락·후생·문화·교통 인프라 등이 정비되면서 시가지가 형성된다. 도시를 농촌(또는 촌락)과 구별하는 기준으로 인구수·인구밀도·산업별 인구 구성 등을 들 수 있다.

인구수의 면에서 보면 도시는 촌락에 비하여 큰 인구집단을 이루는데, 도시인구의 기준은 덴마크나 아이슬란드에서는 250~300명 이상, 프랑스나 독일에서는 2,000명 이상, 미국은 2,500명 이상, 우리나라나 일본에서는 5만 명 이상으로 정하는 등 기준이 나라에 따라 크게 다르다.

우리나라 지방자치법에 규정된 시로서의 승격 조건을 좀 더 구체적으로 설명하면 다음과 같다. 시가지를 구성하는 지역 안에 거주하는 인구의 비율이 전체 인구의 60% 이상이며 상업·공업 기타 도시적 산업에 종사하는 가구의 비율이 전체 가구의 60% 이상으로 인구가 5만 명 이상인 경우 시로 승격할 수 있다. 또한 위의 조건에 못 미치지만 다음의 3가지 조건 즉 1) 인구 5만 이상의 도시

형태를 갖춘 지역이 있는 군, 2) 인구 2만 이상의 도시 형태를 갖춘 2개 이상의 지역의 인구가 5만 이상이며, 군 전체의 인구가 15만 이상인 군, 3) 국가의 정책으로 인하여 도시가 형성되고, 도의 출장소가 설치된 지역으로서 그 지역의 인구가 3만 이상이고, 인구 15만 이상의 도농복합형태의 시의 일부인 지역은 시로 승격할 수 있다(지방자치법 제7조).

II. 창조도시에 대한 기존 연구

1. Charles Landry의 문화도시

창조도시는 1980년대 Charles Landry가 제시한 개념으로, 현재 창조도시는 전 세계적으로 확산되고 있다. 영국에서는 맨체스터, 브리스톨, 플리머스뿐 아니라 런던 등 20개 도시, 캐나다에서는 토론토, 밴쿠버, 오타와시, 미국에서는 신시내티, 탬파베이, 뉴잉글랜드시, 호주에서는 브리스본, 오크랜드시가 창조도시를 주창하고 나섰다. 일본의 오사카에서는 한발 더 나아가 2003년 창조도시대학원을 개설하였고, 2005년 전 세계 창조도시연합회인 창조도시연맹(Creative Cities Network)이 결성되기에 이르렀다(Landry 2006). 우리나라의 성남시도 2010년 창조도시를 선언하였다.

그렇다면 창조도시(creative city)는 무엇인가? 창조도시는 Charles Landry가 1980년 후반에 도시의 새로운 계획 패러다임을 반영한 개념으로 전 세계적으로 통용되기 시작하였다. 그는 Franco Bianchini와 공동 저술한 “창조도시: 도시 혁신을 위한 도구(The Creative City: A Toolkit for Urban Innovators, 1995)”에서 도시의 특성을 문화예술적 요소에서 찾는다. 역사와 전통에 기반을 둔 그 도시만의 문화예술적 정체성이 다른 도시와 차별화되는 특성이며 도시발전의 원동력이라는 것이다(Landry and Bianchini 1995). 그에 의하면 창조도시는 다른 도시와 차별화된 문화예술적 정체성을 가지고 창조적으로 혁신하는 도시를 의미한다. 그는 런던, 뉴욕, 암스테르담같이 과거에 번창했던 도시뿐 아니라, 바르셀로나, 빌바오, 캔버라, 시드니, 헬싱키, 뱅갈로, 아베다바드, 더블린, 취리히 등과 같이 현재 번영을 구가하고 있는 도시들이 거시적 환경의 변화 속에서도 경제·사회적으로 커다란 발전을 이룬 이유는 그 도시가 문화예술적 정체성을 확립하여 창의적 혁신을 거듭했기 때문이며, 발전하지 못한 도시들은 변화에 수동적으로 대응했기 때문이라고 주장한다(Landry and Bianchini 1995).

도시의 창의성은 문화라는 자원을 활용하는 방법이며, 이를 통해 모든 도시가 자신만의 독특한 정체성을 갖게 된다는 것이다. 문화자원(cultural resources)은 도시의 빌딩과 같은 사물뿐 아니라 상징, 활동, 지역 특산물, 제품이나 서비스의 제작방식뿐 아니라 건축물, 도시조경이나 랜드마크, 집단 또는 공공 생활의 지역적 전통, 축제, 의식 등을 둘러싼 역사적, 산업적, 예술적 유산을 모두 포함하는 광의의 개념이다(Landry 2006). 또한 개인이나 동호인들의 취미나 문화활동 역시 개인적으로는 자신의 즐거움을 위해서 존재하지만, 동시에 새로운 제품이나 서비스의 생산에 활용된다는 점에서 중요한 문화자원이 될 수 있다. 언어, 요리, 여가, 의복(패션)과 관련된 활동도 그 지역의 특성을 보여주는 간과할 수 없는 중요한 문화적, 지적 활동이며, 공연예술, 시각예술, 창조산업도 문화자원에 속한다.[28] 철강, 석탄, 석유 같은 천연자원이 제조업의 원재료로 투입되는 것과 같이, 문화자원은 도시발전의 원재료로 볼 수 있다.

도시의 창의성은 문화자원을 활용하고 성장시키는 역할을 하며, 창의적인 도시는 문화자원의 창의적 활용을 통해 경제적 효과를 얻게 되고 그에 따라 도시가 성장, 발전하게 된다(Landry 2006). 도시계획의 핵심적 과제는 도시의 문화

28) 광고, 건축, 미술, 공예, 디자인, 패션, TV, 라디오, 영화 및 비디오, 인터엑티브 레저 소프트웨어, 음악, 공연예술, 출판, 소프트웨어 산업 등이 창조산업으로 분류되고 이들 산업이 21세기 산업을 주도한다고 하지만, 창조도시나 창조산업의 핵심은 결국 인재라고 주장한다(Landry 2006).

자원을 적절하게 인식하고 관리하며, 이를 활용하는 것이다. 그렇다면 창조도시의 본질은 무엇인가? Landry는 창조도시의 본질을 인재에서 찾는다. 결국 창조도시는 창조적 인재들이 창의성을 발휘할 수 있는 환경을 갖춘 도시이며, 도시의 문화자원은 도시에 사는 사람들의 창의성, 스킬(skills), 재능을 통해 구체화된다고 갈파한다.

Landry는 지금까지 논의한 문화자원과 인재, 그리고 도시 인프라 등을 고려하여 도시 창의성을 측정하는 지표를 제시하였다. 그는 <표 3-1>과 같이 (1) 정치 및 공공 프레임워크, (2) 독특성, 다양성, 활력과 표현성, (3) 개방성, 관용, 신뢰와 접근성, (4) 창업가 정신, 탐험과 혁신, (5) 전략적 리더십, 민첩성과 비전, (6) 인재개발과 학습환경, (7) 의사소통, 연결성과 네트워킹, (8) 장소와 장소 만들기, (9) 거주성과 삶의 질, (10) 전문성과 효과성 등 10 개의 요소로 구분하여 10점 만점의 척도로 측정할 수 있는 지수를 개발하였다(Landry and Hyams, 2011). Landry는 현재 www.charleslandry.com을 개설하여 빌바오(Bilbao), 퍼스(Perth), 캔버라(Canbera), 프라이부르크(Freiburg), 겐트(Ghent), 오울루(Oulu) 등 8개 도시를 대상으로 창조도시지수(creative city index)를 온라인 설문으로 측정하는 프로젝트를 진행하고 있다.

〈표 3-1〉 Landry의 도시 창의성 측정지표

도시 창의성 요소	설문 항목
(1) 정치적 · 공적 프레임워크 (Political and public framework)	창조적 도시는 목적, 윤리의식과 성취 욕구를 결합시키는 정치적 · 공적인 프레임워크를 가지고 있다.
(2) 독특성, 다양성, 활력과 표현성 (Distinctiveness, diversity, vitality and expression)	창조적 도시는 유서 깊은 문화유산에 근거하면서도 과거로 회귀하지 않는 활력이 넘치는 독특한 도시이다.
(3) 개방성, 관용, 신뢰와 접근성 (Openness, tolerance, trust and accessibility)	창조적 도시는 개방적이고 환대하는 분위기가 있어 그 결과 다양한 배경을 가진 많은 사람들이 편안하게 느끼며 생활한다.

도시 창의성 요소	설문 항목
(4) 창업가 정신, 탐험과 혁신 (Entrepreneurship, exploration and innovation)	창조적 도시에서는 기업가들이 매우 안락하게 느끼며 새로운 아이디어를 신속하게 실현한다.
(5) 전략적 리더십, 민첩성과 비전 (Strategic leadership, agility and vision)	창조적 도시는 다양한 계층의 리더를 많이 가지고 있다. 각 분야에 역동적이고 미래를 내다보는 수준 높은 리더들이 도시에 적합한 강력한 비전을 제시한다.
(6) 인재개발과 학습지형 (Talent development and learning landscape)	창조적 도시는 학습과 지식을 가치있게 여긴다. 많은 인재가 육성되고 다양한 학습 대안이 주어진다.
(7) 의사소통, 연결과 네트워킹 (Communication, connectivity and networking)	창조적 도시는 내부-외부적으로건, 물리적-가상적으로건 매우 잘 연결되어 있다.
(8) 장소와 장소 만들기 (Place and placemaking)	창조적 도시에서는 하드한 요소와 소프트한 요소가 서로를 격려하며 조화롭게 섞여 있다. 사람들은 창조적 도시의 명성에 이끌려 오게 되는데, 일단 온 다음에는 계속 머무르고 싶게 된다.
(9) 거주성과 삶의 질 (Liveability and well-being)	창조적 도시에서는 뛰어난 삶의 질을 누릴 수 있다. 일상생활과 직장에서 사람들은 행복감을 느낀다.
(10) 전문성과 효과성 (Professional -ism and effectiveness)	창조적 도시에서는 많은 일이 성사된다. 이런 저런 일이 생기고 또 효과적으로 성취된다.

출처: http://www.charleslandry.com/index.php?l=creativecityindex(2011)

2. 제인 제이콥스의 창조도시

제인 제이콥스(Jane Jacobs)는 기자 출신의 도시학자이다. 도시설계학이나 인문지리학 분야의 박사학위를 가지고 있지는 않지만, 건축가인 남편과 함께 수십 년간 도시문제를 연구하여 왔으며, 명쾌하고 독창적인 저술활동으로 도시 연구에 커다란 영향을 주었다. 1950년대 건축학 분야의 학술지인 "건축포럼(Architectural Forum)"의 부편집장으로 10여 년간 역임하고, 1961년 "미국 대도시의 발전과 쇠퇴(The death and life of great American cities)"의 저술을 통해 일약 세계적 명성을 얻게 되었다.

그녀는 이 책에서 미국 도시의 탄생과 쇠퇴를 관찰하면서 기존의 도시 계획 및 대형 도심 재개발 계획의 논리에 반기를 든다. 기존의 도시계획가들은 대규모 투자를 통해 멋진 기념비적 건물을 세우고, 예술적 관점에서 주요 조망 축을 설정하며, 도로와 블록을 넓히고, 오래된 건물을 없애고 현대적인 건물로 대체하는 소위 기능주의적 도시계획을 추진해 왔는데 이는 도시의 문제를 해결하기는커녕 범죄와 사회적 절망을 증폭시키는 실수를 반복하게 된다고 비판한다. 그녀는 도시설계에서 거리, 공원, 동네, 자치구, 경제 등 모든 요소가 통합된 소위 생명체로서의 유기체적 속성을 고려하고 공간과 인간행태를 종합적으로 이해하는 통합적 관점이 필요함을 역설한다.

특히 도시설계자의 상의하달식의(top-down) 관점이 아니라, 시민들이 자발적인 의지에 의해서 찾아오고, 즐기면서, 자유롭게 상호작용을 할 수 있는 도시와 거리를 형성하는, 시민들의 눈높이에 맞춘 하의상달식의(bottom-up) 관점이 필요함을 강조한다. 성공적인 도시조성을 위한 주요 기준은 통일성과 일관성, 보행자와 자동차의 상충 최소화, 비, 바람, 소음 등 도시환경의 악조건으로부터의 보호, 보행자나 운전자들을 위한 알기 쉬운 방향성 제시, 토지용도 간의 융화, 그리고 사람들이 쉬고, 만나고, 서로 볼 수 있는 공간의 이용성, 유쾌함과 안전감의 조성 등으로 보았다. 도시 설계자의 기능적 합리성에 입각한 하드웨어의 설계가 아니라 시민들의 눈높이와 감성에 초점을 맞추어 시민의 삶의 질을 높이고 시민들이 쾌적하고 안전하게 상호작용할 수 있는 소프트웨어의 설계가 필요하다는 것이다.

Jacobs의 논거는 이 책의 2부인 "도시의 다양성을 위한 조건"에서 극명하게 드러난다. 계획에 의하여 자로 잰 듯이 설계된 인위적인 느낌을 주는 거리보다는, 작지만 각양각생의 아기자기한 갤러리, 식당, 상점, 옷가게, 작은 주점 등 인간적 감성과 재미를 주는 거리가 다양한 사람들이 넘실거리는 활력이 넘치는 거리가 도시의 장점으로 작용한다고 본다.

Jacobs는 도시의 다양성을 다음과 같이 4가지로 설명한다.

첫째, 도시의 지역은 단일 용도가 아니라 두 가지 이상의 용도를 가져야만 한다. 생활, 직장, 쇼핑, 식사 등의 복합용도를 충족시킬 수 있는 공간과 시설을 가진 거리에는 많은 종류의 사람들이 다른 시간대에 서로 다른 스케줄을 가지고 오고 갈 수 있기 때문이다.

둘째, 도시 거리의 블록은 짧게 나누어 설계해야만 행인(주민)들의 동선이 짧아지고, 모퉁이가 빈번하게 나타나 서로를 자주 만날 수 있다. 블록의 길이가 길면 행인(주민)들의 동선이 한 방향으로 길어져서 행인(주민)들로 하여금 애초부터 다른 지구로 가는 것을 단념해 버리게 만든다. 이런 지역에서는 행인(주민)이 다니는 공간이 한정되고, 주민 간에 다른 블록과의 접촉 기회도 없어서 자연히 이웃 간 소통도 적어진다. 짧은 블록 동선은 가로-세로를 여러 개로 분절시켜 많은 모퉁이를 가지도록 하고, 동서남북 어느 방향으로부터의 접근을 용이하게 만든다. 분절된 거리는 이웃 간 소통과 활력이 넘치는 거리를 만들고 나아가 이웃 간의 감시도 강화되어 범죄를 예방하는 효과가 있다.

셋째, 도시의 지구(district)는 도시계획자들이 주장하는 대로 현대적이고 기능적인 측면만을 극대화해서는 안 된다. 도시의 지구는 오래된 건물과 최신 건물이 적절한 비율로 섞여 있어야 한다. 오래된 건물이 많을수록 좋은 이유는 새로운 건물을 짓는데 소요되는 과다한 비용을 절약할 수 있다는 경제적 이유 때문이다. 새로운 건물이 들어오게 되면 그 목적에 부합되는 부대시설들이 들어서고, 이에 따라 기존 건물의 용도가 변경되면, 건물 가격이나 임대료가 폭등하여 기존 주민을 쫓아내는 문제가 발생한다. 따라서 기존의 오래된 건물의 용도를 적절하게 변경하여 재생하는 지혜가 필요한 것이다. 오래된 창고가 예술가의 갤러리나 스튜디오로, 양조장이 극장으로, 정육점이 레스토랑으로, 마구간이 가정

집으로 변화하게 되는 도시공간의 재생 사례는 다양하게 들 수 있다.

넷째, 도시 지역의 밀도(density)를 적절하게 유지하는 것이 필요하다. 그녀는 기존의 도시계획자들은 고밀도(high density)와 인구과잉(overcrowding)을 혼동하고 있다고 지적한다. 인구과잉이란 한 거주지 내에 소재하는 방 1개당 평균 1.5명 이상이 거주하는 것을 의미하는데, 기존의 이론은 도시 지역의 고밀도가 인구과잉을 유발하고, 인구과잉은 결과적으로 주거환경의 악화와 범죄를 초래한다고 본다. 그러나 Jacobs는 도시의 고밀도 지역보다는 오히려 저밀도 지역이 인구과잉을 유발한다고 주장한다. 도심지역의 슬럼을 없애기 위해서 새로운 주거지나 건물을 건축하면 밀도가 낮아져 오히려 슬럼화가 가속화될 수 있다고 경고한다.

뉴욕시의 그리니치빌리지(Greenwich Village)는 중앙집권적인 도시계획이 아니라 자생적으로 형성된 성공적인 도시재생 사례이다. 뉴욕시 14가 남쪽에서 휴스턴가 사이에, 허드슨강 부두에서 5가 사이에 걸쳐 있는 그리니치빌리지는 미국에서도 드물게 파리의 뒷골목과 같이 거리의 폭이 좁고, 나이트클럽 등이 즐비하여 산책, 휴식, 쇼핑, 식사 등을 즐기기에 좋으며, 아방가르드 풍의 작품을 전시하는 미술관들이 들어서고, 거리 예술이 발달하면서 도시가 재생, 회복된 사례이다. 또 하나의 뉴욕市 도시재생 성공사례는 소호(SOHO)지역이다. 소호(SOHO)는 "South of Houston and quo"의 약어이며 휴스턴가 남쪽에서 캐널가 사이의 브로드웨이 서쪽 지역에 위치해 있다. 이 지역은 19세기 산업생산 중심지였으나 대공황 이후 쇠퇴를 거듭하여 빈 창고와 사무실로 가득 찬 황량한 거리로 변하였으나, 예술가들이 넓은 창고와 사무실을 싼 값에 임대하여 스튜디오와 갤러리로 용도를 변경하고 이 지역으로 대거 이주하면서 새로운 활기를 띄게 된다. 이후 소호 지역에는 화랑뿐만 아니라 골동품, 민속공예품, 도자기, 가구, 패션, 보석 등을 파는 다양한 상점들과 레스토랑, 바(술집), 카페 등으로 가득 차게 된다.

[그림 3-1] 뉴욕시 SOHO거리 풍경

Jacobs는 “도시의 다양성을 위한 조건”에서 밝혔듯이 도시 성장에 가장 중요한 요인이 주민들 상호간에 긴밀한 인간적 유대관계를 강화하는 공동의 공간 확보라고 보았다. 사람 사는 냄새가 나는 동네, 유기적 공동체로 구성된 도시는 이웃 간 관심과 감시를 높여 범죄를 예방할 뿐 아니라, 주민 상호 간 상호작용을 원활하게 함으로써 창조적 아이디어의 생성을 촉진하는 도시로서의 경쟁력을 갖게 된다. 제이콥스는 이 책의 서문에서 “어느 시대, 어느 사회든 번영하고 찬란한 문화를 가꾸어낸 곳은 창조적이고 활력에 넘치며 살만한 도시가 그 중심에 있었다는 공통점을 가지고 있다. 반면, 침체되고 기울어가는 도시와 경제는 예외 없이 사회 갈등을 동반해 왔다. 이는 결코 우연이 아니다”고 주장한다.

제이콥스의 이러한 관점은 훗날 노벨경제학상 수상자인 시카고대학의 Robert Lucas 교수에게 큰 영향을 주게 된다. Lucas는 Jacobs의 이 저서가 인적자본의 외부적 효과에 대해 관심을 갖고 그것을 믿을 수 있도록 만든 책이라고 고백하였다. 도시의 핵심은 창조적 인재와 전문가들이 모임으로써 형성된 인적자본의 외부효과(externalities)라고 볼 수 있다는 것이다. Lucas는 우수한 인재가 매우 비싼 물가와 임대료에도 불구하고 도시에 몰리는 이유는 그 비싼 물가와 임대료를 지불하고도 얻을 수 있는 이익이 더 많기 때문이라고 보았다. 도시에 거주함으로써 얻게 되는 가장 큰 이익은 우수한 인재가 모여서 형성된 외부효과 때문이라고 본 것이다.

제이콥스는 1969년에 "도시의 경제(The Economy of Cities)"를 저술하여 도시가 발전하기 위해 갖추어야 할 다양성을 다루었는데, 이 저서 역시 기존의 도시계획에 관한 관습적 사고에 도전하는 새로운 시각을 제공하였다. 1984년에는 "도시와 국가의 부(Cities and the Wealth of Nations)"를 저술하여 국가의 부가 도시에서 유래함을 주장하여 현대의 국가경제에서 도시의 중요성을 부각시켰다.

3. Richard Florida의 창조도시

Charles Landry와 Jane Jacobs가 초창기 창조도시의 개념을 정립했다고 한다면, Richard Florida는 창조도시의 개념과 실천방법을 전 세계적으로 확산시키는 데 공헌하였다. Florida는 카네기멜론대학에서 토론토대학으로 옮겨 현재 마틴발전연구소(Martin Prosperity Institute)의 소장으로 창조도시 연구를 이끌고 있다.

먼저, Florida는 창의성(creativity)을 "새로운 형태, 새로운 기법, 새로운 개념을 만들어내는 자기표현 행위"로 정의한다. 창의성은 거의 모든 영역에서 인류의 진보를 위해 없어서는 안 될 근본적인 요소이며, 극소수의 천재에게만 발견되는 것이 아니라 대부분의 사람들에게 내재된 속성으로 파악한다. 창의성은 또한 과정지향적이기 때문에 준비(문제/과제에 대한 연구), 배양(문제/과제에 대한 숙고), 깨달음(과제에 대한 새로운 조합), 그리고 검증과 수정을 포함하는 과정에 의존한다. 서로 다른 형태의 창의성(예술, 과학기술, 경제)은 서로 연관되어 있을 뿐 아니라 유사한 과정을 밟아서 발현된다. 따라서 도시의 창의성은

"창의성을 가진 개인들이 모여 창의적 과정을 통해 새로운 아이디어와 생활방식, 제품과 서비스를 만들 수 있는 도시의 특성이나 능력"을 의미한다.

"창조계급의 부상(The Rise of the Creative Class, 2002a)", "도시와 창조계급(Cities and the Creative Class, 2005)" 등의 저술을 통해 Florida는 창조도시에 대한 이론과 측정방식을 보다 구체화시키기 위한 작업을 진행하였는데, 도시의 창의성을 이해하고 측정할 수 있는 기술(technology), 인재(talent), 관용(tolerance)의 3T 모델을 제시하였다. 3T 모형은 기업, 일자리, 또는 기술을 강조하는 기존의 도시경제 성장이론을 개선한 창조적 자본이론에 입각한 경제성장 모형이다. Florida는 3T 모형이 지역의 경제성장을 주도하는 충분조건이 아니라 필요조건이라고 주장한다. 창조적 자본이론의 요체는 지역의 경제성장은 다양성을 가진 장소, 그리고 새로운 아이디어에 관용적인 장소를 선호하는 창조적 인재에 의해 견인된다는 것이다.

3T 모형은 각각의 T를 측정할 수 있는 지수체계를 가지고 있다. 먼저, 기술(technology) 지수는 Miliken Institute의 Tech-Pole 지수와 혁신지수로, 인재(talent) 지수는 창조적 계급으로, 그리고 관용(tolerance) 지수는 게이(gay) 지수, 용광로(melting pot) 지수, 보헤미안(bohemian) 지수, 그리고 인종 통합(racial integration) 지수를 사용하였다.

기술 지수인 Tech-Pole 지수는 하이테크 산업의 집중도와 성장률 등 산업에 관한 다양한 변수들을 점수화하여 지역의 순위를 산정하여 계산하였으며, 혁신지수는 특허의 연평균 성장률로 측정하였다.

인재지수인 창조계급은 과학자, 엔지니어, 대학교수, 시인, 소설가, 엔터테이너, 배우, 디자이너, 건축가, 논픽션작가, 편집자, 싱크탱크 연구자, 평론가, 기타 여론 형성자로 구성되는 "超창조적 핵심계급(super creative core)"과 하이테크분야 종사자, 금융서비스, 법률가, 의사, 경영자로 구성되는 "창조적 전문가(creative professionals)"를 합한 비율로 측정하였다.

관용지수의 측정방식은 다음과 같다. 먼저, 게이 지수는 해당 지역의 전체

인구에서 짝이 있는 동성애자(coupled gay people)가 차지하는 비율로, 용광로 지수는 해당 지역의 이민자 비율로 측정하였다. 보헤미안 지수는 작가, 디자이너, 음악가·작곡가, 연기자·감독, 공예가·화가·조리가·아트 프린터, 사진작가, 무용가, 기타 예술가·행위예술가 등 예술과 문화와 관련된 직업에 종사하는 사람의 수에 대한 일종의 입지계수(전국 보헤미안 인구에 대한 지역 보헤미안 인구의 비중을 전국 인구당 지역 인구의 비중으로 나눈 값)이다.[29] 마지막으로 인종통합 지수는 비백인 비율로 측정하였다.

Florida는 3T에 입각한 지수를 가지고 미국 도시의 창의성 순위를 매겼다. 도시의 규모를 감안하여 100만 이상의 인구를 가진 도시, 50만-100만 사이의 도시, 그리고 25만-50만 사이의 도시로 구분하여 집단별로 순위를 매겼다. <표 3-2>는 이 중에서 100만 이상의 도시의 창의성 순위를 보여준다. 창의성이 가장 높은 도시는 샌프란시스코(캘리포니아), 오스틴(텍사스), 샌디에이고(캘리포니아), 보스톤(매사추세츠), 채플힐(노스캐롤라이나)의 순이고, 가장 낮은 도시는 루이빌(캔터키), 버팔로(뉴욕), 라스베이거스(네바다), 노폭(버지니아), 멤피스(테네시)로 나타난다.

---

29) 원래 보헤미안은 주류 자본주의의 반문화(counterculture)적 성향을 가진 집단이었는데 Florida는 다니엘 벨(Bell 1973)을 인용하면서 보헤미안 윤리가 최근 들어 오히려 자본주의의 주도적 가치관으로 주목받고 있다고 주장한다. 자본주의의 발달로 잉여소득이 생겨남에 따라 노동에 대한 윤리가 퇴색되고, 자유로운 라이프스타일과 문화를 추구하는 집단(보헤미안)이 생겨나게 되었다는 것이다. 보헤미안은 창조적이고 새로운 혁신적인 형태를 추구하는 성향이 강하며, 이들의 활동을 통해 새로운 형태가 상업화되면, 사회 전체에 새로운 가치를 만들어 주는 것이다. 보헤미안과 자본주의의 결합을 가장 잘 표현하는 개념으로는 보보스(bobos)가 있다(Brooks 2001). 겉으로 보기에는 서로 타협하기 어려운 기존의 전통(square)과 앞서 나가는 새로움(hip)을 결합할 수 있는 집단을 부르조아(bourgeois)와 보헤미안(bohemians)의 합성어로 이들이야말로 사업이나 과학기술과 같이 정형화된 직업에서 요구되는 역할을 수행하는 동시에 자신만의 개성과 창의성을 유지할 수 있는 집단이다.

〈표 3-2〉 미국 도시의 창의성 순위(인구 100만 이상)

순위	도시명	창의성 지수	창조 노동자	창조 노동자 순위	하이테크 순위	혁신 순위	다양성 순위
1	San Francisco	1,057	34.8	5	1	2	1
2	Austin	1,028	36.4	4	11	3	16
3	San Diego	1,015	32.1	15	12	7	3
3	Boston	1,015	38	3	2	6	22
5	Seattle	1,008	32.7	9	3	12	8
6	Chapel Hill	996	38.2	2	14	4	28
7	Houston	980	32.5	10	16	16	10
8	Washington	964	38.4	1	5	30	12
9	New York	962	32.3	12	13	24	14
10	Dallas	960	30.2	23	6	17	9
11	Minneapolis	960	33.9	7	21	5	29
40	Providence	77	27.6	41	44	34	33
41	Greensboro	697	27.3	44	33	35	35
42	New Orleans	668	27.5	42	45	48	13
43	Oklahoma City	668	29.4	29	41	43	39
44	Grand Rapids	639	24.3	48	43	23	38
45	Louisville	622	26.5	46	46	39	36
46	Buffalo	609	28.9	33	40	27	49
47	Las Vegas	561	18.5	49	42	47	5
48	Norfolk, VA	555	28.4	36	35	49	47
49	Memphis	530	24.8	47	48	42	41

출처: Florida(2002a), The Rise of the Creative Class. pp. 246-247.

Florida는 창조도시의 핵심이 창조계급(creative class)에 있다고 보았다. 그를 일약 세계적으로 유명한 학자로 만든 “창조계급의 부상(2002)”에서 “창조적인 인재는 단지 일자리가 있다고 해서 어떤 지역을 선택하지는 않는다. 창조적인 인재는 창조성이 높으면서 동시에 살기 좋은 지역을 선택한다. 고대 아테네와 로마, 메디치家가 있었던 피렌체, 엘리자베스여왕 시절의 런던, 그리니치빌리지와 샌프란시스코만 지역과 같이 특정 지역만이 창조성이 높으면서 살기 좋은 지역의 명성을 얻게 되어 창조적 인재들이 몰리게 된다”고 주장한다.

도시의 높은 기술 수준과 관용의 분위기는 창조적 인재를 유인하기 위한 조건이 되며, 창조적 인재는 다시 기술 개발과 혁신을 통해 도시의 발전에 기여한다고 본다. 특히 그는 창조적 인재를 대변할 수 있는 창조계급에 주목한다. Florida는 경제가 제조업 중심에서 인간의 상상력(imagination)과 재능(talent)에 근거한 창조 경제(creative economy)로 이행되고 있으며, 개인의 소비행위 역시 제품소비(consumption of goods)에서 경험소비(consumption of experiences)로 이행하고 있다고 진단하고, 창조경제를 이끄는 계층을 “창조계급(creative class)”이라고 명명하였다.

그가 말하는 창조계급은 과학자, 엔지니어, 대학교수, 시인, 소설가, 엔터테이너, 배우, 디자이너, 건축가, 논픽션 작가, 편집자, 싱크탱크 연구자, 평론가, 기타 여론 형성자로 구성되는 “超창조적 핵심계급(super creative core)”과 하이테크분야 종사자, 금융서비스, 법률가, 의사, 경영자로 구성되는 “창조적 전문가(creative professionals)”로 구분된다.[30] 예술적 창조성뿐 아니라, 과학적, 수리적, 언어적 창조성이 모두 도시의 창조적 발전에 기여함을 인식하고 있다.

그의 이론에서 창조계급은 전통적 규율과 집단적 규범에 저항하며 다양성

30) 최근 들어 Florida(2011)는 창조계급을 (1) 고위관리직, 법률가, 회계사 등 창조적 전문가(creative professionals)와 (2) 교육・훈련・도서관직, (3) 컴퓨터 및 공학자, (4) 의사・보건 관련직, (5) 예술・디자인・엔터테인먼트・미디어 종사자 등 5개 직업군으로 구분하였다.

과 개방성을 중시한다. 창조계급은 자신의 독특한 기질이나 취향을 받아줄 수 있는, 다시 말하면 다양성을 포용할 수 있는 도시를 선택하는 경향이 있다는 것이다. 이들의 근로 동기는 경제적 목적보다는 자기실현에 있으며, 개인보다는 집단을 이루어 활동하는 경향이 있다고 설명하고 있다. 창조계급은 고위관리직, 법률가, 회계사 등 창조적 전문가(49%)와 교육 · 훈련 · 도서관직(18%), 컴퓨터 및 공학자(14%), 의료 · 보건 전문가(14%), 예술 · 디자인 · 엔터테인먼트 · 미디어 종사자(5%) 등 5개 범주로 분류하기도 한다.[31)]

창조계급은 산업분류상으로 보았을 때, 서비스산업에 종사한다. 그렇다면 서비스산업 종사자는 모두 창조계급일까? Florida는 그렇지 않다고 본다. 서비스산업 종사자는 서비스 계급(service class)과 창조 계급(creative class)으로 구분된다고 본다. 서비스산업(3차산업)은 제품을 생산하지 않고 종업원과 고객의 만남에서 서비스가 생산되고 소비되는 특성을 갖는 무형(non-tangible)의 산업이다. 광고 산업과 같은 기업서비스 산업 역시 제품을 생산하는 것이 아니라 고객이 제품을 보고 이해하는 방식을 변화시키는 역할을 한다. 서비스산업 근로자는 생산자와 소비자 사이에 존재하는 정보격차를 줄임으로써 재화의 교환을 촉진한다.

서비스산업 근로자는 맥도날드의 현금출납원에서 자신의 사업을 운영하는 변호사에 이르기까지 다양한 형태의 직업을 포함한다. 현금출납원이나 변호사나 모두 서비스업이기는 하나, 서비스의 내용은 현격하게 다르다. 현금출납원이 정해진 절차에 따라 업무를 수행함으로써 급료를 지급받지만, 변호사는 고객의 문제를 해결함으로써 수임료를 지급받는다. 변호사는 현금출납원보다 높은 질의 서비스를 제공해서 소득이 높은 것이 아니라, 해당 지식을 획득하는 데 많은 시간과 노력이 요구되고, 고객이 높게 평가하는 지식을 보유하고 있기 때문에 높은 소득을 올리는 것이다. 이러한 구분은 변호사와 같이 창의적인 직업과 일상적 업무를 수행하는 직업과 차이를 설명한다.

---

31) 괄호 안의 숫자는 범주별 종사자 수를 표시한다.

서비스 계급은 창조계급에 비해 자율성이 낮고 일상적 업무를 수행하는 서비스산업에 종사하는 직업(식당 종업원, 건물관리인, 공원관리인, 비서, 점원 등)으로 구성되어 있다. 창조 계급은 전통적 규율과 집단적 규범에 저항하며 다양성과 개방성을 중시한다. 그들이 일하는 동기는 경제적 목적보다 자기실현에 있으며, 그룹을 지어 활동하는 경향이 있다고 설명하고 있다. <표 3-3>과 같이 Florida는 직업을 크게 농업 계급, 노동자 계급, 서비스 계급, 그리고 창조적 계급의 4가지로 분류하였다.

〈표 3-3〉 Florida의 직업 분류

<table>
<tr><th colspan="3">계급</th><th>직업군</th></tr>
<tr><td>1차 산업</td><td colspan="2">1. 농업 계급(agricultural class)</td><td>-농업, 어업, 임업</td></tr>
<tr><td>2차 산업</td><td colspan="2">2. 노동자 계급(working class)</td><td>-건축과 추출직
-설치, 보수, 수선직
-생산직
-운송과 원료 이송직</td></tr>
<tr><td rowspan="3">3차 산업</td><td colspan="2">3. 서비스 계급(service class)</td><td>-건강관리 보조직
-식품 준비와 식품 서비스 관련직
-건물과 정원 청소 및 관리직
-개인 보호와 서비스직
-저소득의 판매와 판매관련직
-사무실과 행정 보조직
-지역사회 및 사회복지직
-보호 서비스직</td></tr>
<tr><td rowspan="2">4. 창조 계급
(creative class)</td><td>핵심적
창조 전문가
(pure creative core)</td><td>-건축가와 수학 관련직
-건축과 공학자
-생명, 물리과학, 사회과학자
-교육, 훈련, 사서직
-미술, 디자인, 연예 오락, 스포츠, 미디어 관련직</td></tr>
<tr><td>창조 전문가
(creative professionals)</td><td>-관리직
-사업 및 재무관리직
-법률 관련직
-건강관리 개업의와 관련 전문직
-고소득의 판매와 판매관리직</td></tr>
</table>

출처: Florida(2002a), The Rise of the Creative Class, pp. 328-329.

<표 3-3>에서와 같이 직업을 농업 계급, 노동자 계급, 서비스 계급, 그리고 창조 계급의 4가지로 분류했을 때 미국 전역의 노동인구에서 차지하는 창조계급의 비율로 계산하고, 이를 색의 농도로 표시한 것이 [그림 3-2]와 같다. 뉴욕, 시카고, 댈러스, 샌프란시스코, 덴버 등의 대도시와 인근 지역이 창조계급의 비율이 높은 것으로 나타난다.

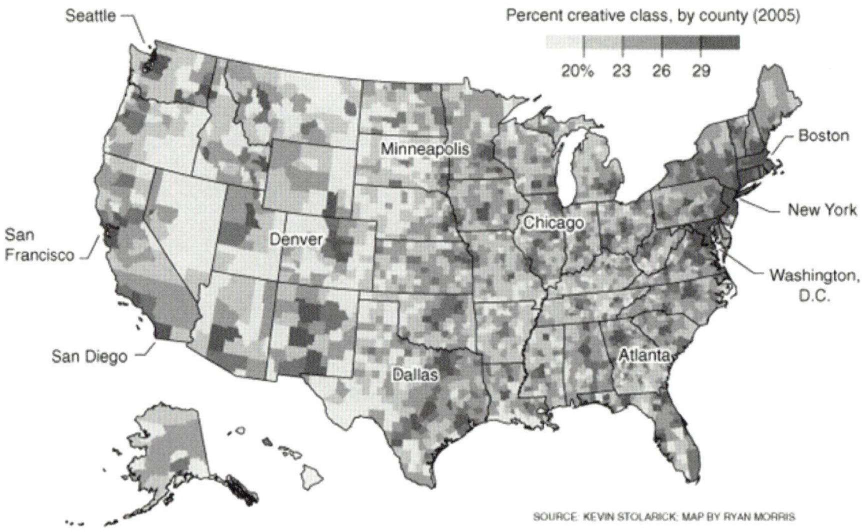

[그림 3-2] 미국의 지역별 창조계급비율의 분포

출처: www.whosyourcity.com(2008).

신성희(2006)는 Florida의 분석을 바탕으로 [그림 3-3]에서와 같이 창조성이 높은 도시를 표시하였다. 뉴욕, 보스턴, 워싱턴, 시애틀, 새크라멘토, 샌프란시스코, 로스앤젤레스, 샌디에이고 등 창조성이 높은 도시들은 주로 해안에 위치하고 있고, 시카고, 미니에폴리스, 애틀랜타 등의 도시는 강이나 호수변에 위치하고 있음에 주목하였다. 해안가, 하천변과 호수 주변 등의 입지는 사람들을 모이게 하는 유인효과가 있다. 이들 지역은 육지와 물이라는 독특한 지리, 환경・생태적, 인문적 특성을 가진 세 개의 공간 영역이 결합하는 곳이라는 점에서 공간적 다양성이 극대화된 장소이며 사람들을 유인하는 효과가 있다는 것이다(박수진 2006).

[그림 3-3] 미국에서 창의성이 높은 도시

출처: 신성희(2006). p. 95.

[그림 3-4]는 미국 내에서 1900년 이후의 창조계급의 증가추세를 보여준다. 1900년에 300만 미만이던 창조계급은 그로부터 100년 후인 2000년 4,000만 명을 넘어서고, 2020년 5,000만 명을 넘어설 것으로 예측된다. 전체 고용인구에서 차지하는 비율로 보았을 때, 1900년에 10% 수준에서, 2000년 30%를 넘어서고, 2020년에도 이 비율이 좀 더 증가할 것으로 예측된다. 반면, 노동자(제조업 근로자)가 차지하는 비율은 1900년 43%에서, 2000년 25%로 감소하였고, 2020년 20% 수준으로 좀 더 감소할 것으로 예측된다. 그만큼 창조계급이 국가 경제에서 차지하는 중요성이 커짐을 보여주는 것이다.

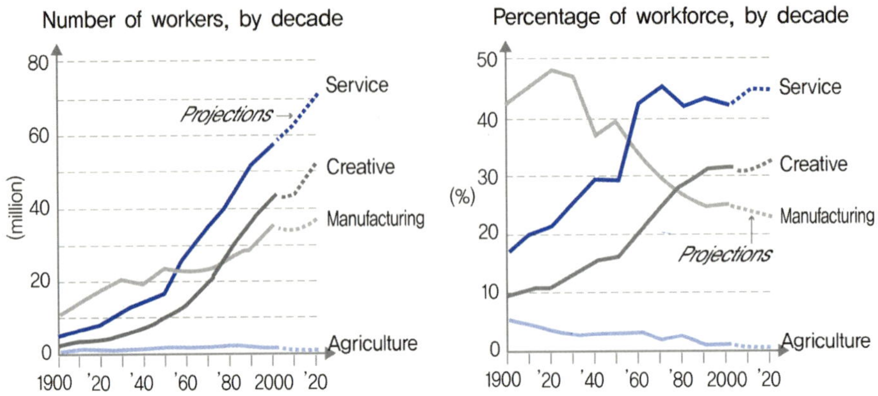

[그림 3-4] 미국 내 창조계급의 증가추세 및 예측(1900-2020)

출처: www.whosyourcity.com(2008)

4. 국내의 도시 창의성 지수 연구

최근 들어 국내에서도 창조도시, 또는 도시의 창조성에 대한 연구가 진행되고 있다. 먼저, 김영인(2009)과 김영인・여홍구(2009)는 도시 재생전략 수립을 위한 도시의 창조성 지수(Creativity Index)를 개발하여 서울을 포함한 7개 광역시를 평가하고, 향후 도시의 창조성을 관리하고 향상시킬 수 있는 도심재생 정책을 제안하고자 하였다.

이들 연구자는 창조성 지수를 도시 재창조를 위한 해당 지역의 노력을 평가하고 개선 분야를 파악하는데 사용하였다. 도시의 창조성에 영향을 미치는 요소를 산업부문과 창조성 세부영역의 2차원으로 구분하고, 산업부문을 도시의 산업(과학, 기술)과 문화(예술)의 두 부문으로, 세부영역을 (1) 창조적 인재와 (2) 창조적 기반(물리적 기반), 그리고 (3) 창조적 전략의 세 가지로 구분하였다.

이들은 선행연구에서 사용된 관련 지표에 대한 측정방식을 정리하고, 이에 근거하여 <표 3-4>와 같이 추가해야 할 지표를 제시하였다.

<표 3-4> 선행 연구에서 사용된 관련 지표의 변수

<table>
<tr><th rowspan="2">부문</th><th colspan="3">산업발전</th></tr>
<tr><th>창조적 기반</th><th>창조적 인력</th><th>창조적 전략</th></tr>
<tr><td>선행연구
추출변수</td><td>- 총 사업체 수
- 혁신수행 기업
벤처기업 수
- 하이테크업종 부가가치
점유율
- 공업단지규모
- 공단 입주업체 수
- 공단 가동율</td><td>- 총 취업자 수
- 과학기술 신규대졸자
비율
- 대졸 이상 인구
- 연구개발 인력
- 하이테크 제조업
서비스업 종사자
- 교수
- 의사
- 컴퓨터관련
연구개발인력</td><td>- GRDP대비 R&D
지출액
- 하이테크특허
- 특허 출원건수
- 신제품매출액
- GRDP대비
정보통신제품 생산액
- GRDP대비연구개발
투자비</td></tr>
<tr><td>주요
공통변수</td><td>- 총 사업체 수
- 벤처기업 수</td><td>- 총 취업자 수
- 고급인력비중
- 연구인력 수</td><td>- 연구개발 투자비
- 산업재산권 등록건수</td></tr>
<tr><td>추가변수</td><td>-</td><td>-</td><td>-</td></tr>
</table>

<table>
<tr><th rowspan="2">부문</th><th colspan="3">문화발전</th></tr>
<tr><th>창조적 기반</th><th>창조적 인력</th><th>창조적 전략</th></tr>
<tr><td>선행연구
추출변수</td><td>- 도서관 수
- 공연시설 수
- 여가시설 수
- 공연횟수
- 문화재현황
- 문화시설현황
- 문화프로그램
- 문화기반환경(어메니티)
- 향토문화축제</td><td>- 박물관 입장객 수
- 공연시설 근무자
- 영화관람객 수
- 문화행사참여도
- 문화산업현황
- 문화예술단체현황
- 문화행정인력
- 행사참여도
- 예술단운영</td><td>- 문화행사비 지출액
- 문화재관리 유지비
- 문화예술단체 지원비
지출액
- 재개정 조례 수
- 문화예술예산
- 문예진흥기금 지원액</td></tr>
<tr><td>주요
공통변수</td><td>- 문화기반 수
- 문화산업 사업체 수</td><td>- 문화산업 종사자 수
- 문화관 행정인력</td><td>- 문화예산</td></tr>
<tr><td>추가변수</td><td>- 대학교 수</td><td>- 예술고 학생 수</td><td>- 문화산업 매출액</td></tr>
</table>

출처: 김영인 · 여홍구(2009), p. 76.

<표 3-5>에서 산업부문의 발전지수는 지역의 산업발전 잠재력을 파악하기 위해 설정하였으며, 창조적 산업기반, 창조적 산업인력, 창조적 산업전략의 지표로 구분하였다. 보다 세부적으로 창조적 산업기반지표는 제조업 사업서비스업 사업체 수, 벤처기업 수, 제조업 사업서비스업 취업자 수로 파악하였으며, 창조적 산업인력은 제조업 사업서비스업 취업자 수, 총 취업자 대비 고급인력 비중, 총 취업자 대비 연구인력 수로, 창조적 산업전략은 연구원 1인당 연구개발 투자비와 산업재산권 등록건수로 파악하였다.

문화부문의 발전지수는 지역의 문화발전 잠재력을 파악하기 위해 설정하였으며, 창조적 문화기반, 창조적 문화인력, 창조적 문화전략의 지표로 구분하였다. 보다 세부적으로 창조적 문화기반지표는 공연장, 영화관, 미술관, 화랑, 시민회관, 복지회관, 청소년회관, 문화원, 국악원, 전수회관 등의 문화기반 수, 출판, 만화, 음악, 영화, 애니메이션, 캐릭터, 에듀테인먼트와 같은 문화산업 사업체 수 등 문화활동 및 발전을 위한 물리적인 기반과 관련된 지표이며, 대학캠퍼스 주변의 문화적 특성을 반영하기 위해 대학교수를 지표에 포함하였다. 창조적 문화인력지표는 문화산업 종사자 수, 문화관련 행정인력, 예술고 학생 수 등 문화의 인적기반과 관련된 지표들을 포함하며, 창조적 전략지표는 지자체 전체 예산 중 문화예산의 비중과 문화산업 매출액 등을 지표로 사용하였다.

〈표 3-5〉 도시 창조성 지수의 지표선정 및 세부영역별 세부지표

지수	부문	세부영역	세부지표	자료원
도시의 창조성 지수	산업 발전 지수	창조적 산업기반	만명당 제조업 사업서비스업 사업체 수	사업체기초통계조사(2007)
			만명당 벤처기업 수	벤처기업통계(2007)
		창조적 산업인력	만 명당 제조업 사업서비스업 취업자 수	사업체기초통계조사(2007)
			총 취업자 대비 고급인력 비중	경제활동인구조사(2007)
			총 취업자 대비 연구인력 수	과학기술연구개발활동조사(2007)
		창조적 산업전략	연구원 1인당 연구개발 투자비	과학기술연구개발활동조사(2007)
			만 명당 산업재산권 등록건수	지식재산통계연보(2007)

<table>
<tr><th>지수</th><th>부문</th><th>세부영역</th><th>세부지표</th><th>자료원</th></tr>
<tr><td rowspan="8">도시의 창조성 지수</td><td rowspan="8">문화 발전 지수</td><td rowspan="3">창조적 문화기반</td><td>만 명당 문화기반 수</td><td>지역별 통계연보(2007)</td></tr>
<tr><td>만 명당 문화산업사업체 수</td><td>문화산업통계(2007)</td></tr>
<tr><td>만 명당 대학교수</td><td>교육통계(2007)</td></tr>
<tr><td rowspan="3">창조적 문화인력</td><td>만 명당 문화산업 종사자 수</td><td>문화산업통계(2007)</td></tr>
<tr><td>만 명당 문화관련 행정인력</td><td>공연예술실태조사(2007)</td></tr>
<tr><td>만 명당 예술고 학생 수</td><td>교육통계(2007)</td></tr>
<tr><td rowspan="2">창조적 문화전략</td><td>1인당 문화예산액</td><td>공연예술실태조사(2007)</td></tr>
<tr><td>1인당 문화산업매출액</td><td>문화산업통계(2007)</td></tr>
</table>

출처: 김영인(2009), p. 77.

이들은 도시 창조성에 대한 설문조사를 실시하여 이를 분석적 위계과정(AHP: analytic hierarchical process) 기법을 사용하여 각 항목별 가중치를 설정하였으며, 서울특별시를 포함한 7개 광역시를 대상으로 창조성 지수를 분석하였다.

분석결과, 서울은 창조성 지수에서 타 도시에 비해 높았으며, 문화부문의 발전 잠재력이 산업부문의 발전 잠재력에 비해 높게 나타났다. 대전과 인천은 문화부문의 발전 잠재력이 상대적으로 취약하고, 광주와 부산은 문화부문의 발전 잠재력은 높은 반면 산업부문의 발전 잠재력이 취약하다고 분석하였다.

김홍주・박기풍(2010)은 Florida(2002a, 2005)의 3T 모형을 국내 시・군 단위에 적용하여 분석하였다. 인재(talent)는 창조계급으로, 기술(technology)은 특허로, 관용(tolerance)은 외국인 비율과 여성비율로 측정하여 분석한 결과, 창조적 계급이 풍부한 지역이 기술창출과 관용이 많은 것으로 나타났다(지수는 모두 2008년 기준으로 측정함). 특히, 관용 중에서도 외국인이 많은 지역과 창조적 계급 간의 상관관계가 높음을 밝혀내었다. [그림 3-5]는 창조계급, 기술, 관용 지수를 5 등급으로 구분한 전국 분포를 보여준다. 전체적으로 3T 지수가 높은 지역은 서울을 중심으로 한 수도권지역과 대전을 연결한 축과, 부산-포항-울산-광양

만과 대구를 연결한 축으로 크게 구분된다.

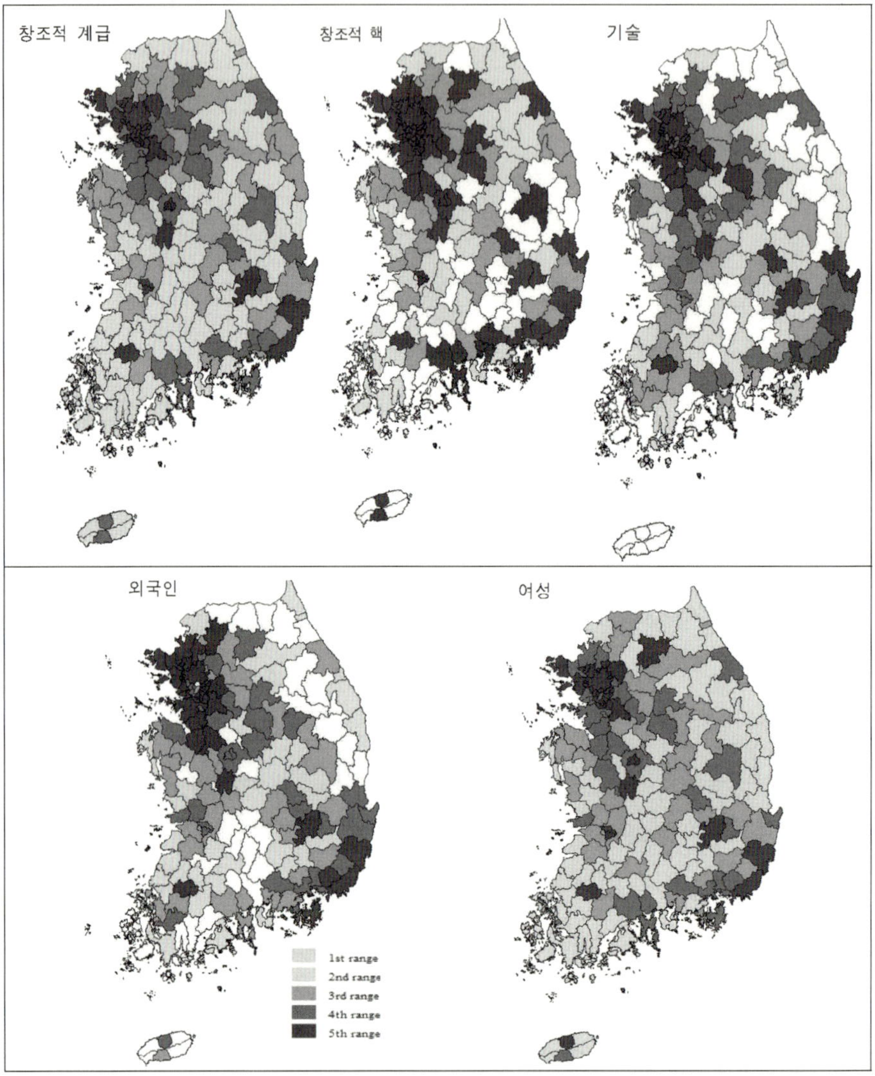

[그림 3-5] 창조계급, 기술, 관용 지수의 전국 분포도

출처: 김홍주 · 박기풍(2010), p. 256.

신성희(2006)는 플로리다의 3T 모형 중 인재(talent)에 초점을 맞추어 국내 도시들을 분석하였다. 특히 창조계급을 창조산업 종사자로 정의하고, 창조산업을 IT산업(연구개발인력, 프로그래머, 관리영업직)과 문화산업(만화)으로 국한하여 분석한 결과, 전국적으로 창조계급이 압도적으로 많은 도시는 단연 서울로 나타났고, 창조산업의 세부분류로 들어가면, 프로그래머는 대구, 만화는 대전이 높게 나타나 이들 도시가 창조도시로 부상하고 있음을 보여주었다. 물론 이 분석 결과는 시・도를 대상으로 했기 때문에 보다 세부적으로 시・군을 대상으로 분석한다면 다른 결과가 나올 수 있는 한계를 갖는다.

국내 연구 중에서 도시 창조성에 대한 가장 포괄적인 측정방식을 적용한 연구자는 김태경(2010)이다. 김태경은 Florida(2002a)의 3T 모형 중 창조적 인재(talent)와 관용(tolerance)을, 김영인(2009)의 산업부문과 세부영역(2 × 3 = 6개 영역) 지수 중 창조적 산업기반, 창조적 문화기반, 창조적 문화전략을, 그리고 신성희(2006)의 창조적 인재의 측정방식을 수정하여 경기도 31개 시・군을 대상으로 창조성 지수를 도출한 다음 이를 분석하였다. 수정된 측정방식은 <표 3-6>과 같다.

먼저, 김태경(2010)은 Florida(2002a)의 인재(talent)지수를 학사학위 이상이 아니라 석사학위 이상으로, 관용(tolerance)은 외국인 비율에다가 여성비율을 추가하여 측정하였다. 특허로 측정이 가능한 기술(technology)은 측정하지 않았다.

김영인(2009)의 창조적 산업기반은 십만 명당 벤처기업 수로, 창조적 문화기반은 십만 명당 문화기반시설 수와 천 명당 도서관 및 소관자료 수, 그리고 대학교 수, 창조적 문화전략은 문화관광예산액 비율 및 천 명당 문화관광예산액과 지역축제 수로 수정하여 측정하였다.

〈표 3-6〉 김태경(2010)의 도시창조성 측정변수 및 측정방식

연구자	변수	측정방식	수정된 측정방식
Florida (2002)	인재 (talent)	- 창조계급	- 석사학위 이상 소지자
	관용 (tolerance)	- 게이 비율, 외국인 비율	- 외국인, 여성 비율
	기술 (technology)	- Tech-Pole 지수, 혁신지수	- 해당 없음
김영인 (2010)	창조적 산업기반	- 만 명당 제조업 사업 서비스업 사업체수	- 해당 없음
		- 만 명당 벤처기업 수	- 십만 명당 벤처기업 수
	창조적 문화기반	- 만 명당 문화기반 수	- 십만 명당 문화기반시설 수
		- 만 명당 문화산업사업체 수	- 천 명당 도서관 및 소관자료 수
		- 만 명당 대학교 수	- 대학교 수
	창조적 문화전략	- 1인당 문화예산액	- 문화관광예산액 비율 및 천 명당 문화관광예산액
		- 1인당 문화산업매출액	- 지역축제 수
신성희 (2006)	창조적 인재	- 고소득자 비율	- 400만 원 이상 급여소득자 가구 비율
		- IT산업과 문화산업 종사자	- 만 명당 지식기반서비스업 종사자 수

출처: 김태경(2010)의 도시창조성 측정 방식을 요약함.

신성희(2006)의 창조적 인재는 400만 원 이상 급여소득자 가구비율과 만 명당 지식기반서비스업 종사자 수로 수정하여 측정하였다. 지식기반서비스업은 <표 3-7>과 같이 김휘석・변창욱・송하율・정종석(2005)의 업종 분류에 근거하여 측정하였다.

〈표 3-7〉 지식기반서비스 업종 분류

대 분 류	소 분 류
정보통신	- 정보통신
금융보험서비스	- 금융, 보험 및 연금
비즈니스 서비스	- 시스템 통합, 소프트웨어, 정보처리, 정보제공, 연구개발, 법률서비스, 회계서비스
문화산업	- 영화, 방송업, 공연, 영상콘텐츠, 애니메이션, 게임콘텐츠, 음반제작업, 뉴스제공
환경	- 환경

출처: 김휘석 · 변창욱 · 송하율 · 정종석(2005). p. 44.

김태경(2010)의 분석결과는 <표 3-8>에 요약되어 같다. 또한 지수간의 상관관계는 살펴보면 다음과 같다. 먼저, 석사학위 이상 소지자는 Florida(2002a)에서와 같이 지식기반산업 종사자 비율과 높은 상관관계를 갖는 것으로 나타난다. 외국인 비율로 측정되는 관용은 고소득가구와 負(부)의 상관관계(-0.416)를 가지며, 창조적 인재를 유인하기는커녕 오히려 구축하는 효과를 갖는다. 그는 우리나라에서 외국인은 저학력에 단순기능 근로자인 경우가 많아 관용지수로는 적합하지 않는 것으로 해석하고 있다. 문화기반지수 중 도서관 소장자료수만이 석사학위 이상 소지자비율(0.64)과 지식서비스산업종사자(0.74)와 유의한 正(정)의 상관관계를 갖는 것으로 나타난다.

〈표 3-8〉 기존 연구의 도시 창의성 지수의 적용결과(경기도 31개 시·군 대상)

구분	지수	기존 변수	적용 변수	적용 결과
Florida (2002)	창조적 인재	하이테크 산업 종사자	석사졸 이상	- 과천시>용인시>성남시 등 경부선을 축으로 하는 도시들이 두드러짐 - 광역 노동시장의 위치에 따라 창조적 인재들의 분포가 결정될 수 있음
	관용	외국인	외국인	- 포천시>김포시>화성시 등 외국인 노동자들이 많은 지역 순 - 우리나라 시장에서 창조적 인재 및 관용성을 설명하기에는 맞지 않음
김영인 (2009)	창조적 산업 기반	벤처기업	벤처기업	- 시흥시>김포시>화성시 순 - 전통적으로 제조업이 강한 지역들로 新산업 집적지와는 다소 차이가 있음
	창조적 문화 기반	문화기반 시설	문화기반 시설	- 여주군>과천시>양평군 순 - 자연경관 수려한 지역이 많으며, 문화적 유산 다수 보유
		대학	대학	- 용인시>화성시>부천시 등 남부지역
		도서관 및 소장 자료 수	도서관 및 소장 자료 수	- 도서관은 수원시>부천시>고양시 순 - 소장자료 수는 과천시가 두드러지고, 다음으로 가평군, 동두천 순
	창조적 문화 전략	지역축제	지역축제	- 양평군>파주시>수원시 순
		문화예산액 및 문화산업 매출액	문화예산액 및 문화산업 매출액	- 전체예산액 중 문화·관광예산액비중: 부천시>가평군>안양시 순 - 인구 천인당 문화·관광예산액비중: 연천군>가평군>양평군 순
신성희 (2006)	창조적 인재	국민연금 가입자 수 및 연금납부액	고소득 가구	- 과천시>용인시>의왕시 등의 순 - 학력과 소득간의 높은 상관관계 설명
		IT산업 관련 종사자	지식기반 서비스업 종사자	- 과천시>성남시>안양시 순 - 수도권 남부지역에 집적

출처: 김태경(2010), p. 78.

Ⅲ. 도시의 창조성과 경제성장

앞서 논의한 바와 같이, 창조도시는 창조적 인재와 창조산업, 또는 창조경제를 기반으로 발전한다. Landry, Jacobs, Florida는 모두 창조도시의 핵심을 창조적 재능을 가진 창조적 인재로 보았고, 도시의 역할은 이와 같이 창조적 인재를 유인하는 창조적 환경을 조성하는데 있음을 강조한다.

이들 학자들은 창조계급의 유인을 위한 조건으로 다양성과 개방성이 중요하다고 본다. Landry의 다양한 문화자원, Jacobs의 다양성, 그리고 게이 지수로 표현되는 Florida의 관용(tolerance)은 모두 도시의 다양성과 개방성이 창조적 인재를 유인하는 환경 또는 기반임을 보여주는 것이다. Florida는 더 나아가 동성연애자, 자유분방한 예술적 기질을 나타내는 보헤미안과 외국인 등 다양한 특성을 가진 사람들을 포용하고 수용하는 도시는 규율과 규범에 제약받기 싫어하는 창조적 인재들이 선호하여 집단적으로 이주해 온다고 주장한다. 창조적 인재들이 집단적으로 모여들면 활발한 상호작용을 통해 혁신이 가속화되고, 결과적으로 해당 도시의 경쟁력은 높아지게 된다. Florida는 도시경제를 선도하는 하이테크산업의 육성을 위해서는 다양성과 개방성을 향상시켜 창의적 인재를 유인하는 것이 중요하다고 지적한다.

다양성과 개방성 외에도 적절한 기후, 다양한 문화와 라이프스타일, 여가활용 기회 등의 인프라 조성 역시 창조적 인재를 유인하는 요인으로 지적된다. 창의적 인재들은 우수한 인적자본의 보유로 인해 직장 또는 지역 선택의 폭이 높기 때문에 안전하고 높은 삶의 질이 보장되는 도시로의 이주를 선호하기 때문이다.

종합적으로, 창조적 인재들은 풍부한 일자리, 다양하고도 개방적인 문화, 높은 삶의 질이 보장되는 장소에 매력을 느껴 모여들게 된다. 창조적 인재들이 모여드는 장소에는 기업들도 모이게 되고, 활발한 상호작용을 통해 새로운 혁신을 거듭하는 선순환의 경제발전을 지속하게 된다.

그렇다면 창조도시에는 부정적 효과는 없는 것일까? Florida(2002a)는 창조도시에 부정적 외부효과(negative externality)가 있음을 부인하지는 않는다. 창조도시로 알려진 지역에서도 주택가격의 상승으로 인해 오히려 예술가와 창조적 인재들이 이탈할 가능성이 있고, 가진 자와 못 가진 자들 간의 경제적·사회적 격차, 범죄와 교통혼잡, 공해와 소음 등의 문제뿐 아니라 급속한 도시발전이 자연환경 파괴를 야기할 수 있다고 본다. 자연 환경이 악화되고 소득격차가 심화되면 이 지역에 거주하는 개인들의 스트레스와 불안감이 더 높게 나타나고 정치적·문화적 견해 차이로 인해 집단적 갈등의 소지도 생기며, 종국적으로 인재의 이탈을 유발할 수 있다.

창조도시의 부정적 외부효과가 가속화되면, 이전에 창조적 인재들을 유인했던 다양성과 기반환경이 오히려 창조적 인재의 유탈을 가져오기 때문에 결과적으로 도시경제가 쇠퇴하게 된다는 것이다. Hall(1998)은 창조도시가 안정적이고 쾌적한 모든 것이 갖추어진 도시가 아니라 기존 질서가 창조적 집단에 의해 끊임없이 위협받고 있는 도시라고 언급하고 있다.

실제로, 1980년대부터 글로벌 경제가 본격화되면서 국제화된 도시에서는 다국적 기업과 거대 금융기관이 들어서면서 고위 경영자 집단과 금융 전문가 외에도 국제무대에서 활동하는 법률법인, 회계법인, 경영 컨설팅 회사에 근무하는 고액의 소득자들이 몰려들게 되고, IT 전문가, 디자이너, 연예인, 예술가 등 창조산업에 종사하는 고소득 인재들이 풍부해진다. 반면, 호텔, 유통업, 식당, 건설현장 등에서는 저소득 서비스 근로자 역시 증가하여 가진 자와 가지지 못한 자 간의 양극화가 심화되며, 도시는 이러한 문제를 완화하기 위한 재정 지출이 늘어나게 된다. 전 세계적으로 보면 일부 글로벌화된 거대 도시가 압도적 경쟁력으로 축적한 잉여 이익을 가지고 예술문화를 육성하여 세계의 도시문명을 선도한다고 하지만, 국내외적으로는 문화제국주의라는 비판에 직면하게 된다.

일찍이 Mumford(1961)는 도시의 인구 증가, 밀도 압축을 통한 기계적 편익

추구, 도시지역의 멈추지 않는 확장이라는 해결하기 어려운 비합리적 거대성을 버리고, 봉사를 우선시하는 생명경제로의 전환을 주장하였다.

이 같은 논리에 입각해서 거대도시보다는 상대적으로 소규모의 도시가 진정한 의미의 창조도시가 될 수 있다는 관점도 있다(사사키 마사유키 2001). 사사키 마사유키는 이탈리아의 볼로냐와 일본의 가나자와시를 예로 들어, 이들 도시가 주민들의 자발적인 참여를 통해 예술문화를 기업환경과 결합하는 데 성공하였다고 보았다. 대기업을 중심으로 하는 도시가 아니라, 대대로 내려온 문화적 전통과 가내 수공업의 독자적 기술을 가진 장인정신을 바탕으로 중소 규모의 창조도시를 이루어냈다는 점에서 플로리다가 주장하는 창조도시와 근본적으로 다르고, 미래의 바람직한 창조도시로서의 가능성을 엿볼 수 있다는 것이다.

Ⅳ. 인적자본과 창조도시

1. 인적자본(human capital) 이론

전통적인 인적자본 이론은 인간을 기계, 생산설비와 같이 투자를 통해 생산능력이 증대되는 대상으로 보고 있다. 따라서 실물자본 축적 모형이나 인적자본 축적 모형이 차이가 없다. 인적자본 이론에서는 개인은 교육·훈련을 받거나 경험이 쌓이면서 생산성이 올라간다고 본다. 생산성은 일정한 기간(in a period of time)에 측정되는 유량(flow)인데 이 유량이 흘러나오는 근원이 되는 저량(stock)을 생각할 수 있다. 저량은 일정 시점(at a point of time)에서 측정된다. 생산성의 근원이 되는 저량을 인적자본(human capital)이라고 본다. 생산현장에서는 교육·훈련, 경험 등을 통해 생산성이 상승한다는 것이 잘 알려져 있었으나 학계에서는 1960년대에 들어서서 Becker(1962)와 Schultz(1961) 등이 인적자본이라는 개념으로 이론화하였다. 이전에 자본은 실물자본(physical capital)을 의미했고 실물자본은 기계·설비 등과 같이 투자에 의해 그 생산 능력이 증대되는 특성을 갖는다. 그런데 인간도 교육·훈련, 경험 등 인적자본 투자에 의해 그 생산성이 올라간다는 점에서 실물자본과 유사한 특성을 갖는다. 인적자본이라는 개념은 이와 같이 실물자본 이론을 그대로 가지고 와서 인간에 적용한 것이다. 대표적인 이론모형으로 Ben-Porath(1967)을 들 수 있는데 그는 실물자본에 사용되는 동태적 최적화(dynamic optimization)를 인적자본 축적에 적용하였다.

인적자본 축적과 관련된 이론적 모형은 크게 시간할당 모형(time allocation model)과 실행에 의한 학습 또는 경험 모형(learning by doing model or experience model)으로 구분된다. 전자는 시간 또는 재화가 생산 대신에 교육·훈련 등과 같은 인적자본 투자에 사용되는 모형으로 대표적인 것으로는 Becker(1962)가 있다. 후자는 생산활동을 하면서 동시에 인적자본이 축적되는 모형으로 대표적인 것으로는 Arrow(1962)가 있다.

한 나라의 경제는 실물자본과 인적자본에 의해서 결정된다. 실물자본과 인적자본이 축적됨에 따라 경제가 성장한다. 기계·설비 등 생산 능력이 실물자본 투자에 의해 증대되듯이 인간의 생산성도 교육·훈련, 경험 등 인적자본 투자에 의해 증가한다. 그러나 1980년대 중반까지 경제성장에 관한 이론적 논의는 실물자본 투자와 그 효과에 한정되어 있었다(박기성 1994). 저개발국은 인구는 많으나 실물자본, 사회간접자본 등이 상대적으로 부족하여 경제성장이 되지 않는다고 생각되었다. 이 생각에 변화를 가져온 것이 한국, 대만, 홍콩, 싱가포르 등 신흥 산업국의 경제성장이었다. 빈약한 부존자원과 실물자원에도 불구하고 인적자본의 축적에 의해 급속한 경제성장이 가능하다는 것을 확실하게 보여주었다. 기계·설비, 사회간접자본 등 실물자본은 외채로도 조달할 수 있으나 그 실물자본을 조작하고 운용할 수 있는 능력은 근로자에게 체화(embodied)되어 있으므로 외국 근로자를 이용하는 것은 한계가 있고 국내 근로자의 기술·기능 등 인적자본 축적에 의해서만 그 능력이 향상된다. 그러므로 국내 근로자의 인적자본이 지속적으로 축적되어야 지속적인 경제성장(sustained growth)이 가능하다. 즉, 지속적인 경제성장은 인적자본 축적 없이는 불가능하다(박기성 1994).

1980년대 중반 이후 Romer(1986)과 Lucas(1988) 등에 의해서 제기된 자생적 경제성장 이론(endogenous growth theory)은 경제성장에 있어서 인적자본의 이러한 중요성을 강조하고 있다. 이 이론에 의하면 기술진보와 같은 외부적인 성장요인이 없어도 지속적인 경제성장이 가능하다(박기성 1994).

전통적인 인적자본 이론은 인간을 기계, 생산설비와 같이 투자를 통해 생산능력이 증대되는 대상으로 보고 있다. 실물자본 축적 모형이나 인적자본 축적 모형이 차이가 없다. 그러나 인간은 본질적으로 사회적(social)이다. 인간의 지식, 기술, 기능 등 인적자본은 인간과 인간 사이에서 상호작용(interaction)을 통해 창출되고 전수된다. 이것이 실물자본 축적과 인적자본 축적을 결정적으로 구별 짓는다(Lucas 1988). 그러므로 인적자본 축적 이론은 실물자본 축적 이론과 달라야 한다. Lucas는 최초로 이점을 지적했지만 그의 논문(1988)에서는 전통적인 인적자본 모형(시간배분 모형과 실행에 의한 학습 모형)을 그대로 사용하고 있다.

Lucas(1988)의 개념에 착안하여 인적자본 축적에 있어서 상호작용을 구체화한 최초의 이론적 모형은 Park(1997)이다. 생산 현장에서 근로자들은 일하면서 서로 가르쳐 주고 배운다. 특히 선배근로자(seniors)는 후배근로자(juniors)에게 기술, 지식, 기능뿐만 아니라 일하는 방식, 인간관계 형성, 노하우 등 다양한 것들을 가르친다. 생산 현장이라는 학교에서 선배근로자는 선생이며 후배근로자는 학생이라고 할 수 있다.

Park(1997)은 현장훈련(on-the-job training), 현장학습(on-the-job learning), 그리고 실행에의 한 학습(learning by doing)을 상호작용이라는 관점에서 구별한다. 현장훈련에는 생산에 사용될 시간 또는 재화가 투입되지만, 현장학습에는 근로자 간의 상호작용이 필수적이다. 실행에 의한 학습은 혼자서도 가능하지만 현장학습은 반드시 집단 활동(group activity)이 필수적이다.

물이 높은 곳에서 낮은 곳으로 흐르듯이 인적자본도 높은 사람에게서 낮은 사람으로 흘러간다. 즉, 인적자본이 높거나 기술(technology)을 가지고 있는 사람에게서 그렇지 않은 사람에게로 상호작용을 통해 그 인적자본이나 기술이 퍼져나간다. 이것을 溢出效果(spillovers)라고 한다. 최근 Lucas(2009)와 Lucas & Moll(2011)은 두 사람이 만나면 그 중 인적자본이 낮은 사람이 높은 인적자본을 가지게 되는 모형까지 제시하였다.

지속적 경제성장(sustained economic growth)은 근로자 1인당 생산성의 지속적 증가에 의해 가능하다. 1인당 실물자본이 증가하면 생산성이 증가하나 한계생산성 체감의 법칙이 작용하여 어느 수준 이상 증가할 수 없다. 한계생산성 체감의 법칙을 뛰어넘는 것이 인적자본 축적에 있어서의 사회적 활동(social activity), 즉 집단 상호작용(group interaction)이다(Lucas 1988). 사람과 사람 사이 또는 집단 내에서 서로 가르쳐 주고 배우는 상호작용을 통해 인적자본이 축적되며 이로 인해 규모수익 불변 내지 체증(constant or increasing returns to scale)이 가능하다. 그러므로 지속적 경제성장을 위해서는 인적자본 축적을 위한 상호작용을 촉진하는 것이 필요하다.

2. 인적자본(human capital)과 도시의 성장

인적자본 관점에 의하면 도시의 경제성장도 마찬가지 논리로 설명할 수 있다. 도시의 성장은 기업의 성장이나 국가의 경제성장과 마찬가지로 다양한 인적자본을 보유한 사람들 간의 활발한 상호작용에 의하여 촉진된다. 인적자본의 수준과 더불어 사람들 간의 활발한 상호작용은 지식의 교류와 확산을 자극하여 새로운 지식을 창출하고, 혁신을 가능하게 함으로써 도시의 성장을 가져오게 된다. 인적자본 이론은 인적자본 간의 교류와 상호작용이 도시의 창조성에 매우 중요한 역할을 한다는 시사점을 준다.

도시는 비싼 주거비 및 생활비, 교통난, 공해 등 많은 불편한 점들이 있음에도 많은 사람들이 몰려 살아간다. 도시에는 쇼핑센터와 같은 서비스 산업만 있는 것이 아니라 각종 제조업 등 다양한 산업이 활기차게 존재한다. 전통적인 경제학 이론에 의하면 실물자본은 토지의 가격이 싸고 생활비가 저렴한 도시 밖으로 나가야 한다(Lucas 1988). 마찬가지 논리로 실물자본은 선진국보다는 후진국에 투자되어야 한다. 그러나 현실은 도시에 실물자본이 몰리고 후진국이 아닌 개발도상국이나 선진국에 투자가 이루어진다.

이것은 전통적인 경제학 이론이 간과하는 것이 있다는 것을 의미한다. 전통적인 경제학 이론에서는 도시가 토지 등 값싼 노동력을 좇아 쪼개지므로 도시의 집적(agglomeration)을 설명하지 못한다. 이러한 괴리에 대해 Lucas(1988)는 인적자본 축적의 새로운 이론에서 그 해답을 찾고 있다. 기계・설비 등 실물자본과 실물자본 사이에는 상호작용(interaction)이라는 것이 존재하지 않지만 인적자본을 소유한 인간과 인간 사이에는 상호작용이 존재하고 그 상호작용을 통해 기술・지식・기능 등이 전파되거나 새로운 지식과 생각이 창출되기도 한다.

Lucas(1988)는 "인적자본 축적은 인간 집단에서 일어나는 사회적 활동이며 이 점이 인적자본 축적과 실물자본 축적을 구별 짓는 것이다(human capital accumulation is a social activity, involving groups of people in a way that has no counterpart in the accumulation of physical capital)"(p. 19)라고 강조한다. 학교 등과 같은 공식적인 교육기관에서는 선생과 학생의 구별이 명확하지만 현업에서는 상호작용에 관련되는 사람들이 서로 가르쳐 주고 배우게 되므로 선생과 학생의 구별이 명확하지 않다. 때로는 A가 B를 가르쳐 주고 때로는 B가 C를 가르쳐 주며 때로는 C가 A와 B를 가르쳐 주기도 한다. 그러므로 현업에서의 상호작용에 의한 인적자본 축적은 대부분 외부효과(external effects)이다(Lucas 1988).

인적자본(human capital)이 지역의 발전(regional development)에 영향을 주는 통로는 세 가지로 정리할 수 있다(Gennaioli, Porta, Lopez-de-Silanes, and Shleifer 2011). 첫째, 근로자(worker)의 경우 교육수준(schooling) 등 인적자본이 높을수록 개인의 생산성이 높아 지역의 발전에 기여한다. 둘째, 기업가 또는 경영자(entrepreneur or manager)의 인적자본은 회사 내에서 공공재(public goods)의 성격을 가지고(Rosen 1972) 회사 전체의 생산성(firm-level productivity)에 영향을 주어 지역의 발전을 가져온다. 셋째, 지역의 인적자본이 외부성(externalities)으로 작용하여 지역의 모든 구성원의 생산성에 영향을 주어 지역의 발전에 영향을 준다. Gennaioli et al.(2011)는 이 세 통로를 구체화한 이론적 모형과 각 통로에 대한 경험적 증거를 제시하고 있다.

Glaeser(2005)는 도시 성장의 원인을 도시의 창조성이나 다양성, 그리고 문화시설에서 찾는 Florida의 이론을 반박하고, 인적자본 이론에 입각하여 도시의 성장을 도시에 거주하는 고학력 근로자에게서 찾는다. 인적자본 이론은 국가의 경제성장을 예측하는 것과 동일한 논리를 가지고 도시나 대도시(metropolitan) 지역에서의 인구 및 생산성의 성장을 예측한다. 인적자본의 숙련수준이 높은 지역은 보다 많은 인구가 유입되고, 임금 수준이 높으며, 물가가 비싸다. 기후요인을 제외하고 도시 성장의 가장 중요한 예측요인은 그 지역에 거주하는 인력의 숙련 구성(skill composition)이다. 지난 20년간 미국에서 놀라운 성장을 지속한 도시는 숙련수준이 높은 근로자가 많은 도시이고, 쇠퇴를 거듭한 도시는 비숙련 노동자가 많은 도시이다.

Glaeser(2005)에 의하면 도시의 성장을 설명함에 있어서 Florida가 제시한 지수들보다 교육수준으로 대표되는 인적자본이 더 효과적이다. Glaeser는 미국 242개 대도시권(metropolitan areas)의 1990년대 인구증가율을 종속변수로 하여 회귀식을 추정하였다. 독립변수들로는 인적자본을 대표하는 학사학위 소지자 비율(1990년), Florida가 정의한 고도의 창조고용비율(super creative employment share),[32] 일인당 특허인용건수(1990년), 동성애자 지수(gay index),[33] 보헤미안

32) 1990년 해당 지역의 전체 인구에서 다음의 직종에 속한 사람이 차지하는 비율이다: 교육행정가, 기사(engineers), 건축가, 수학자 및 컴퓨터과학자, 자연과학자, 대학교원(postsecondary teachers), 교사(teachers except postsecondary), 사서(librarians), 기록보관인(archivists), 전시책임자(curators), 사회과학자, 도시계획가(urban planners),

지수(Bohemian index)[34]를 사용하였다. 분석결과는 <표 3-9>와 같다.

먼저, 학사학위 소지자 비율과 함께 고도의 창조고용비율, 일인당 특허인용 건수, 동성애자 지수를 각각 집어 넣어 추정하면 학사학위소지자 비율의 계수만이 통계적으로 유의하게 정의 값을 가지며 다른 것의 계수는 유의하지 않고 부의 값으로 추정된다. 유일한 예외는 보헤미안 지수이다. 학사학위 소지자 비율과 같이 보헤미안 지수를 사용하면 두 변수의 계수가 통계적으로 유의하지 않고 정의 값으로 추정된다.

〈표 3-9〉 Glaeser(2005)의 도시성장(인구증가율) 회귀분석 결과

독립변수(1990년)	모형 1	모형 2	모형 3	모형 4	모형 5
학사학위 소지자 비율	.74(.31)**	.49(.18)**	.59(.18)**	.22(.22)	.47(.21)**
고도 창조계급 고용비율	-.77(.80)				
인당 특허인용 횟수		-.02(.016)			
게이 지수			-.02(.016)		
보헤미안 지수				.06(.04)	.01(.04)
결정계수	0.04	0.04	0.04	0.05	0.05
N	242	242	242	242	240

출처: Glaeser(2005), p. 595.

저술가(writers), 예술가(artists), 연예인(entertainers), 운동선수(athletes)(Knudsen, Florida, and Stolarick 2005).

33) 1990년 해당 지역의 전체 인구에서 짝이 있는 동성애자(coupled gay people)가 차지하는 비율이다(Glaeser 2005).

34) 이 지수는 예술가적 유형(artistic types)에 속하는 자의 비율이다. 구체적으로 1990년 해당 지역의 전체 인구에서 다음의 직종에 속한 사람이 차지하는 비율이다: 저자(authors), 디자이너(designers), 음악가(musicians), 작곡가(composers), 배우(actors), 감독(directors), 화가(painters), 조각가(sculptors), 수공예가(craft-artists), 판화가(artist printmakers), 사진작가(photographers), 무용가(dancers), 예술가(artists), 연주자(performers)(Knudsen, Florida, and Stolarick 2005).

그러나 보헤미안 효과(Bohemianism effect)가 가장 강하게 나타난 라스베가스(Las Vegas, Nevada)와 사라소타(Sarasota, Florida)의 2개 도시를 제외한 240개 도시권을 대상으로 회귀식을 추정하면 학사학위 소지자 비율의 계수는 통계적으로 유의하게 정의 값으로 추정되지만 보헤미안 지수의 계수는 전혀 유의하지 않다. Glaeser(2005)는 Florida의 창조성을 나타내는 지수들(creativity indices)로 대표되는 창조계급(creative class)보다 인적자본이 도시의 성장을 더 잘 설명한다고 결론을 맺는다.

Hoyman and Faricy(2009)도 Glaeser(2005)와 유사한 실증적 연구 결과를 보고하였다. 미국 내 276개의 대도시를 대상으로 창조계급과 인적자본 변수를 독립변수로, 도시근로자의 평균 임금, 임금 상승(wage change), 그리고 일자리 성장(job growth)을 종속변수로 설정하여 회귀식을 추정하였다.[35] 추정결과, 창조계급은 어떤 종속변수에 대해서도 설명력이 없었다.[36] 반면 도시 거주민의 교육수준으로 측정한 인적자본은 평균임금, 임금상승, 일자리 성장 등 모든 종속변수에 유의하게 긍정적인 영향을 주는 것으로 나타났다. 이러한 결과에 근거하여 저자들은 창조계급을 유치하고 육성함으로써 도시발전을 꾀하려는 정책을 중단해야 한다고 경고한다. 도시의 발전을 도모하려면 오히려 연구중심 대학이나 연구중심 대학 클러스터의 육성과 같이 장기적 안목으로 인적자본에 투자하는 것이 보다 효과적이라고 주장한다.

그렇다면 인적자본의 수준이 높은 도시, 다시 말해서 숙련수준이 높은 도시가 빠르게 성장하는 이유는 무엇인가? 대도시 지역에서 생산성의 성장을 결정하는 요인은 숙련수준이지, 도시 인프라 또는 어메니티(도시의 편의시설)가 아니다. 숙련수준이 높은 대도시 지역은 실질임금이 증가하지만, 임금 인상을 상

35) 이밖에 사회자본(social capital)(자원봉사단체의 수를 인구로 나눈 값)을 독립변수로 포함하여 추정한 결과 평균임금에 유의한 긍정적 영향이 있음을 발견하였다.

36) 오히려 창조계급은 평균임금과 일자리 성장에 유의하지는 않지만 부정적인 영향을 준 것으로 나타났다.

쇄시킬 정도로 물가가 올라가지는 않는다. 경제학적으로 보면 숙련수준이 높은 대도시 지역은 인구의 유입 또는 증가로 인해 상대적인 생활의 질은 감소한다. 즉 숙련수준이 높은 대도시 지역은 생활의 질은 다소 나빠지는 반면, 실질임금은 상승하고 전체적으로 생산성은 올라감으로써 도시는 성장을 거듭하게 되는 것이다.

도시의 숙련 수준이 생산성의 향상을 가져온다면 그 이유는 무엇인가? 확실히 숙련수준이 높은 도시는 혁신적이다. 그러나 혁신비율을 통제하면 숙련수준에 영향을 주지는 않는다. 도시는 한 전문 분야에서 다른 분야로 옮기면서 끊임없이 스스로를 재창조하며, 재창조 과정에서 숙련은 핵심적인 역할을 한다. 숙련수준이 높은 근로자는 경기순환 주기에 따라 도시에 가해지는 고통스러운 경제적 충격에 빠르게 반응하며, 교육수준이 높은 근로자는 위기를 만나더라도 전환능력이 뛰어나다.

도시의 성장은 지역의 인적자본의 수준을 향상시키는 전략에 의해 촉진된다. 인적자본의 수준이 높은 근로자를 끌어들이기 위해서는 도시의 기본적 서비스와 기반 시설, 그리고 수준이 높은 공립학교가 필요하다. 반대로, 지역차원에서의 재분배 정책은 숙련수준이 높은 근로자를 배척하여 성장을 저해하게 되는 부작용이 있을 수 있으므로 조심스럽게 접근해야 한다. 질 좋은 교육기관(예: 고등학교)을 제공하는 것도 고등교육을 받은 근로자를 유인하거나, 배출하는 데 유리하다. 쇠퇴하는 도시에서 겪는 "교육저하의 덫"을 피하기 위해서는 지방자치단체 또는 중앙정부의 보조금이 긍정적 역할을 할 수 있다.

Glaeser and Saiz(2004)는 인적자본이 높은 도시가 빠른 속도로 성장함을 이론적 모형과 실증적 연구로 보여주고 있다. 인적자본이 높을수록 때때로 도시에 가해지는 경제적 충격에 잘 대처해 나가기 때문에 우수한 인적자본을 가지고 있는 도시가 빠른 속도로 성장한다.

Glaeser and Resseger(2009)는 대도시의 인구가 많을수록 취업자 일인당 생산성이 높다고 보고하면서 이것을 집적 경제(agglomeration economies)의 증거로 해석한다. 많은 사람이 근접한 지역에 밀집되어 있으면 지식의 전파가 용이하여 근로자나 기업가의 인적자본의 수준이 높아진다고 주장한다. 그리고 농촌보다 도시에 사는 사람들의 인적자본이 더 빨리 축적된다는 것에 대한 증거를 제시한다.

이들이 강조하는 인적자본 축적의 기제(mechanism)도 Lucas(1988)가 강조한 인간 집단 내 또는 집단 간의 상호작용(interactions)에 의한 지식의 유출(knowledge spillovers)과 창조(creation)이다.

Olsson(2000, 2005)은 창조 또는 혁신을 기존 지식의 연결로 본다. 무에서 유를 창조하는 식이 아니라 기존 지식들을 연결함으로써 새로운 지식이 창조된다고 본다. 기존 지식의 연결로 새로운 지식이 창조되면 그 지식을 다른 지식과 연결함으로써 또 새로운 지식이 창조된다. 서로 가까운 지식들을 연결하면 그 연결로 만들어지는 기회집합(opportunity set)이 작지만 상대적으로 서로 먼 지식들을 연결하면 그 연결로 만들어지는 기회집합이 커진다.

박기성・김용민(2011)에 의하면 질량 이론과 에너지 이론을 연결한 Albert Einstein의 상대성 원리나 하드웨어, 소프트웨어, 뮤직 컨텐츠를 연결한 애플의 아이폰 등을 서로 먼 지식들을 연결한 사례라고 하면 Robert Barro가 경제학 이론과 계량경제학을 연결하여 합리적 기대가설이나 자생적 경제성장 이론을 검증한 것이나 Dell社(사)가 제조와 유통을 연결한 것은 서로 가까운 지식들을 연결한 사례라고 할 수 있다.

Lucas 등이 강조한 인간 집단에서의 상호작용과 Olsson이 주장한 연결로서의 창조를 연결하면 창조는 이질적인 사람들이 모여 서로 소통 내지 교류하는 가운데 이루어진다. 도시가 바로 이러한 환경을 제공하기 때문에 사람들이 도시생활의 여러 가지 불이익에도 불구하고 도시로 모여드는 것이다.

V. 창조성 지수에 대한 비판적 논의

도시 창조성에 대한 기존의 국내외 연구를 종합하여 평가하면 다음과 같다.

첫째, 도시의 창의성, 또는 창조도시 연구자들은 기존의 이성적이고 물량 위주의 도시계획을 비판하고, 인간의 감성을 중시하는 도시환경의 설계를 주장한다(cf. Landry 2006, Jacobs 1961, Florida 2002a). 사람이 숨 쉬는 도시, 이웃과 함께할 수 있는 도시, 문화와 다양성을 즐길 수 있는 도시의 중요성을 강조하는 것이다. 여가와 레크레이션을 즐길 수 있는 아기자기하고 흥미를 유발하며 수많은 장소들이 자연발생적으로 생겨서 도시의 오랜 전통과 현대적 기능성이 결합했을 때 발전의 여건을 갖춘다고 보는 점에서 기존의 도시계획론자들과는 크게 대비되는 이론적 관점을 가지고 있다. 도시의 창의성 지수를 개발할 때에도 이와 같은 문화적 기반의 중요성을 고려해야 할 것이다.

둘째, 창조도시를 주장하는 연구자들은 모두 인재의 중요성을 지적한다. Landry(1996)는 도시에 사는 사람들의 창의성, 스킬(skills), 재능을 통해 도시의 문화자원이 깊어지고 구체화된다고 갈파한다. Florida(2002a, 2005)의 창조계급도 전문적인 창의성을 발휘하여 도시발전을 이끈다고 보았다. 우수한 인재를 확보한 도시는 높은 인적자본을 활용하여 우수하고도 창의적인 성과를 올릴 수 있다. 여기에는 (1) 교육 수준과 (2) 교육 및 인적자본에 대한 투자라는 2가지 요인이 있다. (1) 거주하는 주민의 교육수준이 높은 도시는 창의성이 높으며, (2) 교육 및 연구개발에의 투자가 활발한 도시는 우수한 인적자본을 축적하여 창의적인 성과를 낼 수 있다고 볼 수 있다.

셋째, 창조도시 연구자들은 또한 창의적 인재들의 활발한 상호작용을 통해서 도시가 발전한다는 점에 주목하고 있다. 창조도시는 창의적 인재를 유입하는 창조적 환경을 가지고 있으며, 창조적 인재가 유입되면 이들 간의 활발한 상호작용을 통해 도시의 발전이 견인된다는 것이다. Jacobs(1961)가 도시 성장에 가장 중요한 요인을 도시에 거주하는 주민들 상호간에 긴밀한 인간적 유대관계를 강화하는 공동의 공간 확보로 보았고, 후에 Lucas는 이를 도시의 외부효과(externalities)라고 간파하였다. 우수한 인재가 비싼 물가와 임대료에도 불구하고 도시에 몰리는 이유는 그 비싼 물가와 임대료를 지불하고도 얻을 수 있는 이익, 즉 우수한 인재가 모여서 형성된 외부효과 때문이라고 본 것이다. 도시의 외부효과는 학습의 기회와 높은 임금으로 귀결될 수 있다. 도시의 외부효과에 대한 인식은 도시 연구에서 중요한 전환점을 만들었다고 볼 수 있다.

다만 외부효과 어떻게 측정할 것인지에 대해서는 논란의 소지가 있을 수 있다. Florida(2002a, 2005)는 도시 창조성의 핵심을 창조계급으로 파악하였지만, 단순히 창조계급이 많다고 해서 도시의 창조적 성과가 높아진다는 그의 주장은 단선적이라는 비판을 면할 수 없다. Landry의 "인재는 도시의 문화자원을 활용하여 새로운 제품과 서비스를 만들어낸다"는 주장은 창조도시의 발전을 설명하는 데 있어서 산업적 메카니즘의 중요성을 언급한 것으로 해석될 수 있다. 그렇다면 창조도시에서 산업과 인재의 결합방식에 대한 이해와 분석이 선행되어야 할 것이다. Florida의 주장대로 창조계급의 숫자가 많더라도 동일한 직업군에 동일한 전문성을 가진 사람들이 몰려 있으면, 전문성을 상호학습함으로써 인적자본이 향상되는 이점은 있다. 그러나 창조를 서로 다른 지식의 연결(Olsson 2000, 2005)이라는 관점에서 보면 동일 직군 내의 상호작용보다는 서로 다른 직업군 간의 상호작용이 창조성이 높은 아이디어나 제품, 서비스를 만들어낼 가능성이 크다고 볼 수 있다. 따라서 창조계급의 수를 늘리는 것보다는, 오히려 산업현장 또는 기업 내부에서 서로 다른 지식이나 경험을 가진 전문가들이 활발하게 상호작용하도록 만드는 것이 중요할 것으로 보인다.

이런 관점에서 서로 다른 직업집단 간의 상호작용을 측정할 수 있는 새로운 지표의 개발이 요구된다고 본다. 본 연구에서는 창조를 "서로 다른 지식의 연결 또는 결합"으로 새로운 지식을 만들어내는 것이라는 관점을 가진다. 이 관점에 의하면, 제조업에서 제조인력만으로 구성된 것보다는 제조인력 외에 연구개발자, 디자이너, 예술가, 인문학자, 경영자 등이 많이 있을수록 서로 다른 지식의 연결이나 결합으로 인한 새로운 지식의 창출 가능성이 높다고 본다. 반면, 창조산업의 경우에도 창조계급만으로 구성된 것보다는 디자이너, 예술가 외에 경영자나 공학자 등이 많이 있을수록 서로 다른 지식과의 결합으로 인해 새로운 지식의 창출 가능성이 높아질 것이다. 그렇다면 산업과 직종을 모두 고려하여 상호작용 정도를 측정할 수 있는 방법은 무엇일까? 산업과 직종을 동시에 고려하여 인적자본의 이질성과 상호작용성을 반영하는 지수를 고안하는 것이 필요하다. 한 가지 방법은 각 산업의 주된 직종(들)을 제외한 직종이 차지하는 비율을 측정하여 모든 산업에 대해 가중평균하는 것이다. 이 지수를 "산업-직종 상호작용 지수"라고 명명한다.

예를 들어 설명해 본다. [그림 3-6]과 같이 2개의 디자인 회사가 있다고 하자. A社는 디자이너로만 구성되어 있고, B社는 디자이너 외에도 경영자와 마케팅 전문가가 있다. A社는 디자이너로만 구성되어 있기 때문에 디자인 측면에서는 보다 전문적이고 참신한 아이디어가 나올 수 있다. 반면 B社는 디자이너 외에 경영자와 마케팅 전문가를 고용하고 있어, 디자인적 측면 외에도 시장성과 소비자의 특성을 좀 더 분석적이고 종합적으로 고려하여 제품이나 서비스를 설계할 수 있다. 창의성은 고유성·참신성(originality)과 유용성(usefulness)의 두 가지 조건을 모두 충족해야 한다는 창의성 개념 정의에 따르면, A社는 창의성의 참신성이라는 한 가지 조건만을 충족할 가능성이 높고, B社는 참신성과 유용성의 두 가지 조건을 모두 충족할 가능성이 더 높다.[37)]

37) A社의 참신성은 B社보다 우월하고, B社의 유용성은 A社보다 우월할 개연성이 있다. 물론 A社의 참신성의 우월성이 B社의 유용성의 우월성을 상쇄하고도 남을 정도로 크다면 다른 결론이 도출될 수도 있다. 그러나 이점을 감안하더라도 창의성을 서로 다른 지식의 연결 또는 결합으로 인한 새로운 지식의 창출(cf. Olsson 2000, 2005)이라고 정의한다면, 다양한 지식집합을 가진 다양한 전문가들로 구성된 B社가 좀 더 먼 거리 지식을 연결함으로써 사회적으로 보다 가치있는 지식을 생산할 확률이 높다.

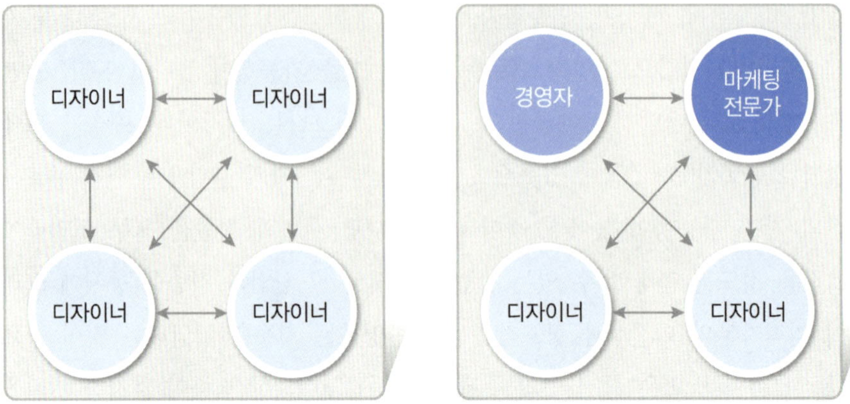

디자인회사 A
(디자이너로만 구성)

디자인회사 B
(디자이너, 경영자, 마케팅전문가로 구성)

[그림 3-6] 인적자본의 다양성과 상호작용

이러한 점을 고려할 때, 산업과 인재의 조합을 동시에 고려한 새로운 인재 측정방식을 고안할 필요가 있다. <표 3-10>과 같이 산업을 제조업, 창조산업, 기타서비스업으로 단순화하고, 직종은 생산근로직, 단순서비스직, 연구개발직, 경영관리직, 그리고 창조직으로 단순화할 수 있다고 가정하자. 각 산업별로 주요 직종과 그렇지 않은 직종을 파악한다면, 제조업의 경우에는 창조직, 창조산업의 경우에는 경영관리직과 연구개발직, 기타서비스업의 경우에는 연구개발직, 경영관리직, 창조직이 주요 직종이 아닌 직종이라고 볼 수 있다. 산업-직종 상호작용지수는 도시 A의 경우 제조업은 0, 창조산업은 5, 기타서비스업은 20으로 측정될 수 있다. 반면 도시 B의 경우에는 제조업 5, 창조산업은 20, 기타서비스업은 25로 측정된다. 두 두시의 인구가 동일하고 각 산업의 비중이 같다고 가정할 때, 도시 A의 "산업-직종 상호작용 지수"는 8.33((0+5+20)/3)이고 도시 B는 16.67 ((5+20+25)/3)로 도시 B의 "산업-직종 상호작용 지수"가 도시 A의 2배이다. 도시 B는 도시 A에 비해 특정 산업의 주요 직종 이외의 직종을 많이 고용하여 주요 직종과의 활발한 상호작용기회를 넓혀 새로운 지식, 제품, 서비스의 생산이 도시 A보다 더 많을 것으로 예상하는 것이다.

〈표 3-10〉 산업-직종별 인적자본 구성비와 상호작용

직종 \ 산업	제조업		창조산업		기타서비스업	
	도시 A	도시 B	도시 A	도시 B	도시 A	도시 B
생산근로직	80	70	-	-	-	-
단순 서비스직	-	-	20	20	80	70
연구개발직(과학자 · 엔지니어)	10	15	-	10	-	5
경영관리직	10	10	5	10	20	15
창조직(예술가 · 디자이너 등)	-	5	75	60	-	5

넷째, 창조도시 연구자들은 도시의 다양성에 주목하고 있다. Jacobs(1961)는 도시의 다양성을 크게 강조하고 있으며, 플로리다는 게이 지수를 사용하여 다양성 측면을 측정 활용하였고, 홍콩의 도시 창의성 지수도 신뢰, 헌신, 협동 등의 측면을 강조하고 있다. 다양성은 도시의 창의성에 매우 중요한 요소이기는 하지만, 객관적인 측정방식이 가능할지는 미지수이다. Florida(2002a)는 다양성을 허용하는 도시의 특성을 3T를 구성하는 한 요인으로 관용(tolerance)으로 명명하였으며, 관용이 높은 도시가 다양한 재능과 문화적 가치관을 개방적으로 포용함으로써 창의성을 높인다는 주장을 하였다.

그러나 Florida가 관용을 측정하기 위하여 사용한 지수 즉, 게이 지수와 외국인 지수에 대해서는 비판이 많다. 먼저 게이 지수는 미국에 적용될 수 있는 지표일 수는 있으나, 전반적으로 게이에 대한 사회적 편견이 많고, 게이에 대한 통계치가 없는 한국과 같은 나라에 적용하기에는 무리가 따른다. 외국인 비율 역시 문제점을 노출하고 있다. 우리나라 시도 지역을 대상으로 외국인 비중을 측정하여 다른 주요변수와의 상관관계를 분석한 김홍주 · 박기풍(2010)은 창조적 계급(talent)이 많은 지역이 기술 창출(technology)과 외국인 비율(tolerance)이 높음을 발견하여 일견 Florida의 조사 결과와 유사한 관계를 얻었다. 반면, 경기도 31개 도시를 대상을 한 연구에서 김태경(2010)은 외국인 비율이 석사 이상의

학력, 소득수준 등을 반영한 고급인력의 비율과 유의한 負의 상관관계(학력과는 -0.39, 소득수준과는 -0.42)를 가지고 있고, 하이테크산업과는 상관관계가 없는 것으로 보고하고 있다. 미국의 경우 외국인이 상대적으로 고학력인데 반해 우리나라의 경우에는 인건비 절감을 목적으로 학력이 상대적으로 낮은 외국인 노동자를 고용하는 경우가 많기 때문에 개방성과 포용성의 결과로 창조적 외국인 인재를 유인하는 요인으로 해석하기에는 무리가 있다. 도시에 거주하는 고학력 외국인 비율이 대안이 될 수 있을 것이다.

다섯째, 기존 연구에서는 창조산업에 대한 범위가 매우 다양하게 정의됨을 알 수 있다. Florida(2002a, 2005)는 하이테크 산업을, 홍콩의 경우 영화, 음악 등 다양한 문화적 산업을, 그리고 UN(UNCTAD나 UNESCO)는 보다 포괄적으로 광의의 문화 및 지식산업을 창조산업으로 포함시켰다. 지식의 창조성이 높은 산업에 대한 좀 더 면밀하고도 포괄적인 접근이 요구된다. 기존 연구에서는 산업은 산업대로, 인재는 인재대로 분리하여 접근하였으나, 산업과 인재는 원천적으로 분리할 수 없는 불가분의 관계에 놓여 있다. 창조적 인재가 산업에서 수행하는 역할에 따라 창출되는 부가가치가 달라진다.

여섯째, 외국의 창조도시 연구는 도시의 경제적, 문화적 독립성을 가정하고 있다. 특히 미국과 같이 광활한 지역에 도시가 형성되어 있는 국가에서는 도시 사이의 지리적 거리가 어느 정도 확보되어 있어, 도시가 독립적 단위로 기능을 할 수 있다. 그러나 우리나라와 같이 국토가 좁고 인구밀도가 높은 국가에서는 도시 사이의 거리가 가까울 뿐 아니라 경제, 사회, 문화적으로 서로 매우 높은 상호 의존성을 가지고 있다. 인접 도시 간 상호영향관계를 파악할 수 있는 산업연관분석과 같은 분석방법의 개발이 필요할 것으로 본다.

일곱째, 도시 창의성 지수는 시계열 비교를 통해 개선 또는 악화의 정도를 가늠할 수 있어야 한다. 기존의 측정방식은 지수산정 과정에서 해당년도 세부지표 원자료 값의 최대값을 기준으로 특정도시의 상대적 비율을 지수로 산정하기 때문에 특정도시의 지수가 전년도에 비해 개선, 또는 악화되었는지를 알 수 없다. 대부분의 지수는 해당년도에 최대값을 기록한 도시를 기준으로 비교대상인 도시가 어느 정도인지를 평가한다(예: Florida 2005). 최대값이 전년도에 비해 조금이라도 변하면 특정 도시의 세부지표 원자료 값이 전년도에 비해 개선되었는지, 악화되었는지 알 수 없는 것이다. 예컨대 한 도시의 특정년도의 천 명당 창업기업의 수가 0.50개이고 창업지수가 0.40(최대값 1.2를 가정)로 산출되었다면, 다음년도에 천 명당 창업기업의 수가 0.60으로 증가하면 창업지수는 0.50에서 0.60으로 증가하도록 허용해야만 전년 대비 개선 정도를 알 수 있을 것이다. 이를 위해서는 도시 창의성 측정을 시작한 연도의 지수의 최대값을 1로 설정할 것이 아니라, 1보다 작은 값(예: 0.50)으로 제한해야만 익년도에 발생할 수 있는 지수 개선을 허용할 수 있다. 도시 창의성의 측정 개시년도는 창의성 지수의 최대값이 50점 이하이며, 연도별로 개선됨에 따라 50점 이상이 될 것이다.

여덟째, 도시의 창의성 지수는 도시의 경제성장률이나 인구성장율, 또는 도시 주민의 행복지수와의 관계를 규명하는 데 사용할 수 있다. 도시의 창의성이 도시의 경제성장률에 어떤 영향을 주는지는 해외연구에서 논쟁의 대상이 되어왔지만, 국내에서는 아직 검증작업이 이루어지지 않는 실정이라, 관계규명 그 자체가 중요한 의미를 가지며, 해외의 연구결과와의 비교를 통해 의미있는 함의를 이끌어낼 수 있을 것이다. 특히 해외 연구자들과의 교류를 통해 국가 창의성 체계와 측정방식에 대한 논의를 이끌어낼 수 있다.

아홉째, 도시의 창의성 지수체계는 도시의 창의성을 높일 수 있는 정책적 개선방안을 도출하는 데 활용할 수 있어야 한다. 다른 나라, 특히 선진국과와 국제비교에 근거하여 창의성을 무기로 선진국에 조속히 진입할 수 있도록 사회 전 분야에서 창의적 문화 풍토를 조성하는 데 기여할 수 있다. 사회집단, 또는 구성원간의 활발한 상호작용을 통해 창의적 인적자본(creative human capital)이 축적되며, 이에 의해 창조와 혁신이 일어나는 것을 메디치 효과(Medici Effect)라고 하는데, 우리 사회에 메디치 효과가 가능하도록 만드는 사회, 문화적 조건을 찾아 이를 활성화할 수 있는 방안을 강구하는 데 도움을 줄 수 있어야 한다.

PART Ⅱ

인적자본과 경제성장

제 4 장 다기능 숙련화(multiskilling)가 노동생산성의 향상을 가져올까?[38)]

I. 서론

생산현장에서 근로자의 인적자본(human capital)이 축적됨에 따라 기업의 생산성이 향상된다. 그러나 근로자의 숙련형성이 어떻게 이루어지는지에 대해서는 아직도 블랙박스로 남아 있다. 본 장은 생산현장에서의 숙련이 어떤 요인들에 영향을 받아 형성되는지와 형성된 숙련이 기업의 생산성 향상에 기여하는지를 알아본다.

이를 위해 생산현장에서의 숙련의 정도를 측정해야 한다. Koike(1988)와 水野順子(1989) 등은 숙련을 기본적으로 다능의 정도로 측정하고 있다. 본 장에서

38) 이 장은 김용민 · 박기성(2003)을 전재하면서 수정 · 보완한 것이다.

도 숙련형성을 다능화(multiskilling)로 측정한다. 다능화가 숙련형성의 모든 면을 다 보여주는 것은 아니겠지만 본 장은 생산현장에서의 숙련형성을 대표할 수 있다는 것을 보인다.

Milgrom and Roberts(1990)는 기업의 기술, 전략, 조직 간에 보완관계(complementarity)가 있기 때문에 정합성(alignment)이 있어야 한다는 것을 이론적으로 보였고 같은 맥락에서 이들은 인적자원 관리관행들 간의 상호연계성을 강조하였다(Milgrom and Roberts 1995). MacDuffie(1995)와 Ichniowski, Shaw, and Prennushi(1997)는 상호연계된 인적자원 관리관행들이 묶음(bundle)으로 시행될 때 생산성 수준이 높다는 것을 경험적으로 보였다.

기존 연구들에서는 다능화를 인적자원 관리관행의 하나로 취급한다(e.g., Robey and Sales 1994). 그러나 우리는 다능화가 인적자원 관리관행들에 영향을 받아 형성되는 인적자본 축적(human capital accumulation)의 결과라고 주장한다. 직무순환, 집단성과급, 근로자의 의사결정참여, 근로자간의 상호학습 등의 인적자원 관리관행이 다능화를 촉진하는 것이다. 한편 기업이 직면하는 제품시장 수요의 변동성과 작업장 내에서의 비정상적인 상황 발생이라는 불확실성이 높을수록 다능화가 요구된다(Park 1996). 다능화로 대표되는 인적자본 축적이 이루어짐에 따라 기업의 생산성이 향상된다. 인적자원 관리관행들이 직접적으로 생산성 향상에 영향을 주는 것이 아니라 다능화를 통해서 영향을 주는 것이다. 본 장에서는 이 가설들을 한국노동연구원의 1992년 숙련형성조사 자료를 사용하여 검정한다. 본 장의 분석은 생산현장에서의 인적자본 축적 과정과 그 영향요인에 대한 이해를 제고하여 기업의 생산성 향상을 위한 구체적인 방안을 강구하는데 도움을 줄 수 있다.

본 장의 구성은 다음과 같다. Ⅱ절에서는 불확실성과 인적자원 관리관행들이 숙련형성에 영향을 주는 논리들을 간단히 정리한다. Ⅲ절에서는 사용된 자료를 소개하고 개인 및 기업 차원에서 사용된 변수들의 측정 방법과 기본 통계치를 제시한다. Ⅳ절에서는 불확실성과 인적자원 관리관행들이 다능화에 영향을 주는 것을 찾아보고 숙련형성을 다능화로 대표할 수 있다는 판단에 대한 근거를 제시한다. V절에서는 불확실성과 인적자원 관리관행들이 다능화를 통해서만 기업의 성장에 영향을 주는 것을 밝힌다. VI절에서는 다능화가 기업 노동생산성의 지속적인 향상을 가져온다는 결론과 더불어 쟁점 및 논의를 정리한다.

Ⅱ. 기본 모형

현대인들은 일률적인 제품보다 소비자의 개성을 반영한 다양한 제품을 원할 뿐만 아니라 그 수요도 급변한다. 이러한 제품 수요의 변화에 대해서 기업은 상황변화에 따라 다양한 업무를 수행할 수 있는 多能人力(다능인력)이 필요하다. 제품 수요의 변동에 따른 제품 생산의 변동은 생산현장의 불확실성을 높인다. 즉, 생산현장에서 제조공정의 변경, 새로운 생산라인, 기계, 설비, 공구의 도입, 기존 생산라인의 조정, 새로운 업무의 창출 등을 가져온다. 이것들은 생산현장에서의 예기치 않은 상황의 발생, 즉, 기계설비의 작동 이상, 공정과 공정 사이의 마찰, 기계설비나 툴링(tooling)의 잦은 변동 등과 같은 비정상적인 상황 발생의 빈도를 높인다. 이러한 상황에 효율적으로 대처하기 위해서는 근로자가 생산공정에 대한 전반적인 이해와 더불어 비정상적인 상황 발생 시에 문제의 원인을 정확히 파악하고 능동적으로 해결할 수 있도록 다능화되어야 한다(Koike 1988, Carmichael and MacLeod 1993). 그러므로 제품 수요의 변동성이라는 외부적 불확실성(uncertainty)과 비정상적인 상황 발생이라는 내부적 불확실성이 높을수록 다능화되어야 한다(김용민・박기성 1998).

생산현장에서의 인적자본 축적, 즉 근로자의 숙련형성은 기업의 인적자원 관리관행에 영향을 받는다(박기성 1992). 인적자본은 인간 집단 간에 또는 내에서 일어나는 상호작용(interaction)에 의해 축적되기 때문에(Lucas 1988) 근로자 사이의 상호작용을 촉진하는 기업의 인적자원 관리관행이 중요한 역할을 한다. 동료 근로자 간에 선배와 후배 근로자 간에 상호학습이 활발한 기업일수록 숙련 형성에 유리하다(김용민 · 박기성 1998).

직무순환도 숙련형성을 촉진하는 인적자원 관리관행이다. 미국의 대기업에서는 근로자들이 밀접하게 연관된 작업장(workshops) 사이에도 거의 이동하지 않는 반면에 일본의 대기업에서는 작업장 내의 직무이동(intraworkshop mobility)뿐 아니라 작업장 간의 직무이동(interworkshop mobility)도 상대적으로 미국 근로자들에 비해 빈번하다(Koike 1988). Aoki(1988)는 직무순환이 한 근로자가 가지고 있는 지식을 자신의 직무반경을 넘어 타 직무 분야로 확장할 수 있는 가장 중요한 기제가 된다고 본다. Ichniowski, Shaw, and Prennushi(1997)도 인적자원 관리가 가장 성숙한 단계에 진입한 System I[39]의 한 특징으로 직무순환을 꼽고 있다(김용민 · 박기성 1998).

직무에 따라 개개인의 임금이 결정되는 직무급 중심의 임금체계는 근로자 간의 상호작용에 의한 생산성 향상을 반영하기 어렵다. 또한 산출물의 생산을 위해서 구성원들 간의 협동이 요구되는 경우에는 직무급 중심의 유인(incentive) 체계는 집단 구성원들 간의 시너지(synergy) 효과를 기대하기 어렵다(Kelly and Thibault 1969). 반면에 팀이나 집단 단위로 성과급을 지급하게 되면 집단 내의 사회적 응집성(social cohesiveness)을 높여 팀이나 집단의 성과를 올리기 위해 구성원들 사이에 협동이 발생한다. Gomez-Mejia and Balkin(1995)는 집단의 성과에 끼치는 개인의 공헌을 측정하기 어렵고 기술과 업무의 흐름이 서로 얽혀 있을 때 집단성과급이 효과를 발휘한다고 보았다. 집단성과급은 집단의 응집성과 협동을 제고하고 상호학습을 촉진하여 근로자들의 숙련형성에 기여한다(김용민 · 박기성 1998).

---

39) 인적자원관리 유형 중 가장 성숙한 수준에 도달한 System I의 특성으로는 집단 인센티브의 적용, 다양한 기준에 의한 엄격한 채용, 팀제의 활용, 직장안정, 활발한 교육훈련, 원활한 노사 간 커뮤니케이션을 들 수 있다.

생산현장에서 근무하는 각 근로자는 작업에 관련된 많은 정보를 얻게 되므로 이 정보가 집약되어 관련근로자에게 전달·공유되고, 자율적으로 의사결정을 할 수 있다면 이 과정에서 근로자의 숙련형성에 도움을 주며 생산성향상에 기여할 수 있다. 조·반과 같은 생산(팀)단위가 조·반장을 리더로 하여 스스로 작업의 속도, 양, 방식 등을 결정하는 일종의 현장근로자의 경영참여를 허용하면 생산단위별 숙련형성이 촉진된다(박기성 1992).

지금까지의 논의는 다음의 식으로 요약된다.

$$\frac{\dot{h}_i}{h_i} = f(\text{불확실성, 인적자원 관리관행들}). \qquad (1)$$

여기서 h_i는 i번째 근로자의 인적자본이다.

기업의 생산함수는 다음과 같다.

$$y = Ah^{\alpha}k^{1-\alpha}.$$

여기서 y, h, k는 각각 기업의 일인당 부가가치 생산, 인적자본, 실물자본(physical capital)이고 α는 0과 1 사이의 모수이다. 기업의 h는 그 기업에 속한 근로자들의 인적자본(h_i)의 평균이다. 이 생산함수로부터 다음의 증가율 관계식을 얻는다.

$$\frac{\dot{y}}{y} = \alpha\frac{\dot{h}}{h} + (1-\alpha)\frac{\dot{k}}{k}. \qquad (2)$$

기업의 부가가치 노동생산성 성장률은 일인당 인적자본과 실물자본 증가율에 의해 결정된다.

Ⅲ. 자료 및 변수[40)]

1. 자료

실증연구를 위한 자료는 다음과 같은 절차에 따라 수집되었다. 먼저 다기능 및 숙련형성과 관련된 인적자원 관리관행에 대한 자료는 1992년 8월 한국노동연구원에서 제조업체와 그 근로자에 대해서 실시한 설문조사인 숙련형성조사의 자료를 사용하였다. 숙련형성조사의 표본은 다음의 절차에 따라 선정되었다. 1991년 한국기업재무총람에 수록된 5,276개 회사 중 서울・경기・인천, 부산・울산・포항, 마산・창원, 대구・구미 등의 주요 공단에 위치한 종업원 50인 이상의 제조업체 2,035개사를 종업원 규모별(50-100인 미만, 100-300인 미만, 300-500인 미만, 500-1,000인 미만, 1,000인 이상)로 나누어 이 중에서 450개 업체를 각 지역 및 규모별 업체 수가 전체 업체 수에서 차지하는 비율대로 추출하는 층화 무작위 추출법(stratified random sampling)으로 뽑았다.

선정된 450개 업체에 대해서는 설문지와 노동부 장관 명의의 협조 공문을 우편으로 송부하였다. 그 후 면담원들이 업체를 직접 방문하여 설문 조사를 완료하거나 업체가 작성하여 보낸 설문지 중 미비한 응답을 전화로 추가적으로 조사하여 보충하였다. 최종적으로 450개 업체 중 306개 업체의 설문을 회수하여 회수율 68%를 기록하였다.

업체에 배부한 설문지에는 두 가지 종류가 있었다. 그 하나는 사업체 설문지로서 사업체의 인사관리 관행을 조사하는 것으로 해당 사업체의 인사관리 담당자가 작성하도록 되어 있었다. 또 하나는 근로자 설문지로서 근로자 개개인의 인적자원 형성에 대해 조사하는 것으로 해당 사업체의 근로자 개개인이 작성하도록 되어 있었다. 설문에 응답할 근로자들은 인사관리 담당자 재량으로 그 사

40) 이 절은 김용민・박기성(1998, pp. 135-143)을 수정한 것이다.

업체를 가장 대표할 수 있는 생산라인을 택하고 이에 속한 근로자들을 7-15명 정도 무작위 추출하여 설문에 응답하도록 하였다. 기업규모에 따라 500명 이상의 대규모 기업은 15명까지, 500명 미만의 기업은 7-10명 정도로 추출하도록 하였다. 최종적으로 사업체용 설문과 근로자용 설문 모두가 회수된 업체 수는 306개 업체였으며 설문에 응답한 근로자 수는 모두 3,124명으로서 업체당 평균 10.2명 꼴로 응답하였다.

이 중 각종 변수에 대한 누락자료를 제외하여 최종적으로 기업 차원의 실증분석에 사용된 기업은 206개,[41] 근로자 수는 2,220명으로서 업체당 근로자 수는 10.8명이다. 이 중에서 개인 차원 분석에 사용된 근로자 수는 2,220명 중에서 각 변수의 결측치를 제외한 다음, 입사시 단순노무직이나 견습공, 또는 단능공이었던 1,218명으로 업체당 5.9명이다.

2. 개인 차원 분석에 사용된 변수의 측정

<표 4-1>은 근로자 개인 차원 분석에 사용된 변수들의 평균, 표준편차, 상관계수를 보여준다.

숙련형성 I과 II는 근로자 설문지에서 근로자들이 자기의 숙련수준을 묻는 항목에 대한 응답을 토대로 작성되었다. 설문지에서 숙련수준은 (1) 단순 노무직(simple manual worker), (2) 견습공(trainee), (3) 단능공(single-skilled worker), (4) 단능 숙련공(high quality single-skilled worker), (5) 다능공(multiskilled worker), (6) 다능 숙련공(high quality multiskilled worker), (7) 기술적 다능공

41) 분석에 사용된 206개 업체의 규모별 분포는 다음과 같다. 연매출액이 50억 미만이 7개 업체(3.4%), 50억 이상-100억 미만이 24개 업체(11.7%), 100억 이상-300억 미만이 66개 업체(32.0%), 300억 이상-1,000억 미만이 62개 업체(30.1%), 그리고 1,000억 이상이 47개 업체(22.8%)이다. 300억 이상의 대기업이 전체의 52.9%, 300억 미만의 중소기업이 전체의 47.1%를 차지하여 대기업과 중소기업이 비슷한 비율을 보여준다.

〈표 4-1〉 개인차원 변수의 평균, 표준편차 및 상관계수(N=1,218)

변 수	평균	S.D.	1	2	3	4	5	6	7	8	9	10	11	12	13	14	15	16	17
1. 숙련유형 I*	1.281	0.733																	
2. 숙련유형 II	0.491	0.500	0.88																
3. 매출액(Log백만원)	10.685	1.476	0.04	0.03															
4. 고정자산(Log백만원)	3.212	0.820	0.08	0.06	0.43														
5. 수공구(D)	0.208	0.405	0.01	0.03	-0.06	-0.05													
6. 동력화된 공구(D)	0.152	0.359	0.04	0.01	0.06	0.06	-0.22												
7. 반자동기계(D)	0.158	0.365	0.10	0.02	-0.04	0.01	-0.13	-0.13											
8. 자동기계(D)	0.140	0.347	0.06	0.04	0.03	0.01	-0.13	-0.16	-0.17										
9. 노조유무(D)	0.684	0.465	-0.03	-0.02	0.29	0.07	-0.04	-0.02	0.02	0.11									
10. 교육년수	11.885	1.234	0.02	0.03	0.00	-0.06	-0.02	-0.02	-0.03	0.07	0.00								
11. 근속년수	5.545	4.321	0.30	0.29	0.24	0.23	0.05	0.04	0.07	-0.04	0.12	-0.20							
12. 제품수요 불확실성	0.080	0.021	0.12	0.08	0.03	0.05	-0.03	0.08	0.00	0.02	-0.10	-0.07	0.00						
13. 비정상적 상황발생	0.155	0.362	0.11	0.13	-0.02	-0.01	-0.01	0.00	-0.01	0.05	-0.01	0.05	0.03	0.05					
14. 동료근로자와의 상호학습	0.942	0.175	0.11	0.06	0.01	0.05	0.00	0.02	0.04	0.03	-0.01	0.05	0.05	-0.03	0.04				
15. 팀/개인수준의 의사결정	0.337	0.259	0.25	0.26	0.01	0.05	0.00	0.00	0.12	0.01	0.00	0.03	0.24	0.05	0.11	0.12			
16. 집단성과급(D)	0.094	0.291	0.09	0.05	-0.09	0.00	-0.05	0.01	0.07	-0.02	-0.06	0.02	0.08	0.03	-0.01	0.05	0.06		
17. 반내이동(D)	0.460	0.499	-0.01	-0.04	-0.04	-0.05	0.00	-0.02	-0.04	0.01	0.03	0.05	-0.10	-0.09	-0.06	-0.04	-0.02	-0.04	
18. 반간이동(D)	0.246	0.431	0.07	0.08	0.16	0.13	-0.03	0.03	0.02	0.00	0.04	-0.04	0.05	0.18	0.04	0.03	0.05	0.07	-0.53

주: * N=903.

상관계수가 0.05 이상이면 $p<0.05$; 0.07 이상이면 $p<0.01$임.

자료: 한국노동연구원. 숙련형성조사. 1992년.

한국신용평가. *한국기업재무총람.* 각년도.

(technical multiskilled worker), 그리고 (8) 기타 등 모두 8가지 범주로 설정되었으며, 근로자들은 조사시(현재)의 숙련수준뿐만 아니라 입사 시(현재의 공장에 처음 들어오셨을 때)의 숙련수준에 대하여 이 범주 중 하나를 택하여 응답하도록 되어 있다.

單能工(단능공)은 한 가지 기능만을 소유한 근로자이고 多能工(다능공)은 여러 기능을 소유한 근로자로 정의하였다. 다능 숙련공은 숙련된 기능을 두 가지 이상 소유한 근로자로 정의하였다. 또한 기술적 다능공은 여러 가지 일에 숙련되어 있을 뿐만 아니라 일과 관련된 이론적 지식과 종합적 판단능력을 갖춘 근로자로 정의하였다(水野順子 1989).

숙련형성 I은 입사 시 단순/견습근로자(1 또는 2)로 응답했던 903명을 대상으로 숙련수준을 측정한 것이다. 이들 중 조사 시 다능근로자(5, 6 또는 7)가 되었으면 2(404명), 단능근로자(3 또는 4)가 되었으면 1(348명), 그대로 단순/견습근로자이면 0(151명)의 값을 가진다.

숙련형성 II는 입사 시 단순/견습근로자(1 또는 2)이거나 단능근로자(3 또는 4)로 응답한 1,218명을 대상으로 숙련수준을 측정한 것이다. 조사 시 다능근로자가 되었으면 1(598명), 그대로 단순/견습근로자이면 0(620명)의 값을 가진다.

한 근로자가 단능근로자인지 다능근로자인지의 판단을 근로자가 자기 응답한 자료에 근거하는 것은 숙련측정의 객관성에 문제가 야기될 수 있겠으나 다음의 이유에서 정당화될 수 있다. 다능(multiskill)을 근로자가 한 가지 기능영역을 넘어서 넓은 범위의 기능을 소유하는 것(Koike 1988)으로 정의한다면 단기능인지 다기능인지를 판가름하는 것은 단일 기능의 범위를 어떻게 보느냐에 달려 있다. 즉 기능의 범위를 작게 잡으면 동일한 근로자가 다능근로자가 될 수도, 또 기능의 범위를 크게 잡으면 단능근로자가 될 수도 있는 것이다. 그러나 근로자의 기능이 단능인지 다능인지를 판단할 수 있는 기준을 모든 산업과 사업장에 동일하게 적용하도록 설정하는 것은 불가능에 가깝다.

현실적으로는 업종별로 나름대로의 기준에 따라 근로자를 단능근로자나 다능근로자로 분류하는 관행이 존재한다. 박기성(1992)은 전자, 기계, 전기 산업에 속한 3개 기업의 숙련형성과정에 대한 사례연구를 통해 공장 단위에서 다능공이라는 용어와 나름대로의 분류방식이 존재함을 보고하고 있다. 그러나 이 기준이 타 산업이나 기업에 동일하게 적용될 수 있는지는 의문이다. 따라서 다능의 분류에 대한 과학적이고 객관적인 기준이 마련되기 전까지는 현실적인 관행을 존중해 주는 것이 가장 안전하고 타당한 방법이라고 판단된다.

기업의 규모가 근로자의 숙련형성에 주는 영향을 통제하기 위해 1992년 말 현재 근로자가 속한 기업의 매출액에 Log값을 취해 사용하였다. 일인당 유형고정자산은 1992년 말 현재 각 기업의 유형고정자산을 종업원 수로 나눈 값을 사용하였다. 자료는 해당년도의 한국기업재무총람에서 얻었다. 일인당 유형고정자산은 기업의 자본장비율이 근로자의 숙련형성에 주는 영향을 통제하기 위해 사용하였다.

작업현장에서 근로자들이 사용하는 공구, 기계, 설비의 특성이 숙련형성에 영향을 줄 수 있다. 본 연구에서는 근로자 설문지로부터 현장에서의 생산기술을 수공구, 동력화된 공구, 반자동기계, 자동기계, 직접 작동하는 기계가 없는 경우의 다섯 가지 범주로 구분하였다. 먼저, 수공구는 동력의 도움 없이 손으로 작동하는 공구를 말한다. 둘째로, 동력화된 공구는 전기톱이나 공압 공구와 같이 동력화된 기계기능이 근육 움직임을 대신하지만 작동과 통제가 전적으로 작동자에게 달려 있는 공구를 말한다. 셋째로, 반자동 기계는 범용선반과 같이 매 싸이클마다 기계작동자가 작동을 준비, 적재, 시작하여 조정하고 생산된 제품을 끄집어내는 기계를 말한다. 넷째로, 자동기계는 프로그램이나 전자제어장치, 그리고 컴퓨터에 의한 제어를 받는 기계를 말한다. 직접 작동하는 기계가 없는 경우가 기준이 되고 수공구, 동력화된 공구, 반자동기계, 자동기계는 각각의 경우에 대한 더미(dummy) 변수이다.

노조유무는 노동조합이 숙련형성에 주는 영향을 통제하기 위해 포함되었다. 노조가 존재하면 인적자원의 배치 및 인적자원 관리관행의 채택에 저항하여 숙련형성에 부정적인 영향을 미칠 수 있다(Black and Lynch 1997). 이 변수는 사업체 설문지의 자료를 토대로 노조가 있는 경우는 1, 노조가 없는 경우는 0인 더미 변수이다. 교육년수와 근속년수는 근로자 개인의 것이다.

제품 시장수요의 변동이라는 불확실성은 다음과 같이 측정되었다. 본 연구의 분석에 사용된 206개 기업이 속한 22개 소분류 산업(5차 개정 3-digit KSIC)에서 한국기업재무총람에 기재된 467개 상장기업 들의 3대 주력제품의 1988년에서 1992년까지 5년간의 매출액자료를 사용하였다. 이들 자료는 각 기업이 자기 나름대로 주력제품을 매출액 기준으로 상위 3개까지 기록하여(self-report) 한국기업재무총람에 실린 것이다.

상장기업만을 대상으로 한 환경의 불확실성에 대한 측정은 대기업 편중(big-firm bias)을 야기하지만 다음과 같은 이유에서 정당화될 수 있다. 먼저, 한국기업재무총람에는 상장기업이 아닌 등록법인과 장외법인의 기본적인 재무자료는 기재되어 있으나 주력제품의 매출액에 대한 자료는 기재되어 있지 않았다. 등록법인과 장외법인에 대한 주력제품 매출액에 대한 자료는 개별기업의 영업보고서에 기재되어 있으나 필자들의 탐문결과 해당기간(1988년-1993년) 동안 이 자료를 보관한 기관이 국내에는 존재하지 않았다. 둘째, 한국기업재무총람에 기재된 상장기업의 3대 주력제품의 매출액 자료는 각 산업 내에서의 수요의 변동, 특히 신제품의 도입과 관련된 제품수요의 변동을 측정할 수 있는 현존하는 2차 자료 중에서는 유일한 자료이므로 이 방법을 채택하였다.

먼저, 22개 소분류 산업(3-digit KSIC)에서 개별 상장 기업들의 각 주력제품이 전년도에 비해 얼마나 변동했는지를 다음과 같이 비율로 측정하였다.

$$(SAL_{i,j} - SAL_{i,j-1})/SAL_{i,j-1};\ SAL_{i,j} = \text{주력제품}i\text{의 } j\text{년도 매출액.}$$

이 비율의 1989년에서 1992년까지 4년간의 표준편차를 계산하였다. 1988년은 매출액의 변동을 재는 기준 연도이므로 1988년의 매출액자료는 표준편차를 측정할 때 제외되었다. 매년 제품수요의 변동으로 인해 3대 주력제품이 바뀌는 경우가 발생하기 때문에 개별 상장기업의 4년 동안의 주력제품의 수는 최대 6개 제품인 것으로 나타났다.

각 주력제품의 전년도 대비 수요변동이 표준편차로 측정되면 이를 각 주력제품이 전체매출액에서 차지하는 비율을 비중으로 한 표준편차의 가중평균(standard deviation weighted by volume)을 계산했으며 이를 개별기업 주력제품의 매출액 변동으로 사용하였다. 기업별로 전년도 대비 주력제품의 매출액 변동에 대한 표준편차가 구해지면, 소분류 산업(3-digit KSIC)에서 이들의 평균을 다시 계산하였다. 이 과정에서 1991년도 한국 표준산업 분류(Korea Standard Industry Code)가 6차 개정을 하였으므로 신분류를 구분류로 재구성하는 작업을 거쳤다. 재분류 작업을 하는 과정에서 삼성경제연구소의 김정호 연구원의 자료를 일부 이용하였다. 표준산업분류를 재구성하는 작업은 먼저 세분류 산업(4-digit KSIC)에서 신분류를 구분류로 전환하고 이를 다시 구분류 기준의 소분류 산업(3-digit KSIC)으로 집계하는 방식으로 이루어졌다. 이를 위하여 본 연구에 참여한 저자들과 조교 1명이 세분류 수준에서 산업들을 신분류로부터 구분류로 전환하는 독자적인 분류작업을 개별적으로 거친 후 이를 서로 확인하고 판단에 차이가 나는 산업들에 대한 분류는 서로 협의하여 최종합의에 이르는 과정을 거듭하였다. 세 평가자의 작업결과 분류의 일치율은 92%에 달하였다.

불확실성을 측정하는 또 다른 변수는 비정상적 상황발생이다. 비정상적인 발생 빈도에 대해서는 (1) 판에 박힌 일이다 (2) 예외적인 상황이 가끔 발생한다 (3) 예외적인 상황이 자주 발생한다 (4) 하나하나가 새롭다 중에서 근로자가 택일하도록 하였고, (3) 또는 (4)이면 1이고 (1) 또는 (2)이면 0으로 하여 더미 변수로 개인차원에서 측정한 후 기업차원에서 1로 분류된 근로자의 비율을 사용하였다. 작업현장에서의 비정상적 상황발생은 그 원인이 산업수준에서 신제품이나 신기술의 도입으로 인한 충격으로부터 올 수도 있고, 기업의 행위, 즉 새로운 제품이나 수요창출을 위한 의도적인 전략추구에서 발생할 수도 있다. 본 논문에서는 환경의 불확실성, 특히 제품수요의 변동에서 오는 불확실성이라는 환경요인뿐만 아니라 기업내부 요인이 결합되어 발생하는 생산현장에서의 비정상적 상황을 불확실성의 한 측면으로 보고 이의 숙련형성에 대한 영향을 규명하기 위해 분석에 포함시켰다.

선배·동료 근로자와의 상호학습은 선배·동료 근로자와의 상호 가르침과 배움으로 다음과 같이 측정하였다. 근로자 설문지에서 (1) 직장의 선배나 동료 근로자로부터 업무 또는 작업에 관해 배운 적이 있는지에 대해 긍정적이면 1이고 부정적이면 0인 변수를 구성하고, (2) 동료 근로자에게 숙련 또는 기술을 가르쳐 주는지에 대해서도 동일하게 변수를 구성하여 두 변수의 평균을 구해 사용하였다.

팀/개인수준의 의사결정은 팀과 개인수준 각각의 의사결정에 관한 변수들을 측정하여 평균을 구하여 사용하였다. 팀수준의 의사결정은 근로자 설문지에서 반이나 생산라인의 최소단위 조직에서 작업량, 작업속도, 그리고 작업방식의 결정권을 얼마나 가지고 있는지를 Likert 5점 척도로 측정하여 평균치를 사용하였다. 이 세 항목의 Crombach-α로 측정한 신뢰도는 0.87이었다. 개인수준의 의사결정은 근로자 설문지에서 근로자 개인이 작업량, 작업속도, 그리고 작업방식의 결정권을 얼마나 가지고 있는지를 Likert 5점 척도로 측정하여 평균치를 사용하였다. 역시 이 세 항목의 Crombach-α로 측정한 신뢰도는 0.91이었다.

집단성과급은 사업체 설문지에서 생산직 근로자의 임금의 일부가 집단성과급 제도에 의해 결정될 경우를 1, 그렇지 않은 경우를 0으로 측정하여 이를 더미 변수로 사용하였다.

반내 이동(intrashop mobility)은 사업체 설문지에서 근로자의 직무순환(job rotation) 방식이 작업반 내에서 이루어지는 경우를 1로, 그렇지 않은 경우를 0으로 측정하여 이를 더미 변수로 사용하였다.

반간 이동(intershop mobility)은 사업체 설문지에서 근로자의 직무순환(job rotation) 방식이 작업반의 범위를 넘어 작업반 간에 이루어지는 경우를 1로, 그렇지 않은 경우를 0으로 측정하여 이를 더미 변수로 사용하였다.

3. 기업 차원의 분석에 사용된 변수의 측정

<표 4-2>는 기업 차원의 분석에 사용된 변수들의 평균, 표준편차, 상관계수를 보여주며 각 변수의 측정은 다음과 같다.

먼저, 노동생산성 성장률은 한국기업재무총람에 기재된 각 기업의 자료를 사용하여 구했다. 노동생산성은 각 연도 불변가격 부가가치를 종업원 수로 나눈 종업원 일인당 부가가치로 측정하였다. 부가가치는 각 기업의 법인세 차감 전 순이익, 인건비(제조원가상의 노무비와 판매 및 일반관리비상의 인건비), 금융비용(지급이자, 할인료와 사채이자), 임차료(지급임차료와 리스료), 조세공과(세금과 공과)와 감가상각액의 합으로 계산하였으며, 1990년도 기준 소비자 물가지수를 사용하여 불변가격을 구했다. 노동생산성 성장률은 1987년 말부터 1993년 말까지 6년간 노동생산성의 연평균 성장률을 구해 사용하였다. 시작시점을 1987년 말로 설정한 것은 각 기업의 노동생산성에 대한 자료가 수록된 한국기업재무총람이 1987년 말부터 기록되어 있기 때문이며, 비교시점을 1993년 말로 설정한 것은 이 기간이 본 연구의 설문조사 시점인 1992년을 포함하고 또 경기순환의 한바퀴(a business cycle)를 포함하는 기간이 될 수 있기 때문이다.

다능화 비율은 입사 시에 단순/견습 또는 단능근로자들 중에서 조사 시에 다능근로자가 된 비율로 측정하였다.

산업집중도는 한국개발연구원의 자료를 토대로 작성하였다. 본 연구의 실증분석에 사용된 206개 기업이 속한 산업을 6차 개정된 한국표준 산업분류에 근거하여 22개의 소분류 산업(3-digit KSIC)으로 분류하고, 각 세분류 산업(4-digit KSIC)에서의 1989년 출하액 기준으로 상위 3개 업체가 전체 출하액에서 차지하는 비율(CR3)을 가지고 소분류 산업(3-digit KSIC)에서의 출하액으로 가중한 평균치를 산업집중도로 사용하였다.

일인당 유형고정자산 성장률은 한국기업재무총람으로부터 각 기업의 1987년 말부터 1993년 말까지 6년간의 일인당 유형 고정자산(불변가격) 연평균 성장률을 구해 사용하였다. 일인당 유형고정자산 성장률은 근로자 일인당 기계나 설비가 추가적으로 투자되어 근로자의 노동생산성이 향상되는 것을 통제하기 위해 포함되었다.

수공구, 동력화된 공구, 반자동기계, 자동기계는 근로자 설문지로부터 각 범주에 속하는 근로자들이 각 기업의 설문응답 근로자들 중에서 차지하는 비율로 측정하였다.

비정상적 상황발생은 근로자용 설문지에서 업무수행 시 작업 현장에서 예외적인 상황이 자주 발생하거나 업무 하나하나가 새롭다고 응답한 근로자가 설문에 응답한 전체 근로자 수에서 차지하는 비율을 구하여 사용하였다.

평균 근속년수는 사업체 설문지의 자료를 토대로 작성되었는데, 기업별로 각 근속년수 범주의 중위값을 각 근속년수 범주에 속한 종업원 수로 가중평균한 수치를 사용하였다. 평균 교육년수도 사업체 설문지의 자료를 토대로 작성되었는데, 기업별로 각 교육범주(중졸, 고졸, 전문대졸, 대졸, 대학원졸)를 교육년수로 환산하고 각 교육범주에 속한 종업원 수로 가중평균한 수치를 사용하였다.

선배·동료 근로자와의 상호학습은 근로자용 설문지에서 (1) 직장의 선배나 동료 근로자로부터 업무 또는 작업에 관해 배운 적이 있는지, (2) 동료 근로자에게 숙련 또는 기술을 가르쳐 주는지에 대해 긍정적인 응답을 한 근로자들이 각 기업의 설문 응답 근로자들 중에서 차지하는 비율을 각각 구한 후 이들의 평균을 구하여 사용하였다.

팀/개인수준의 의사결정은 근로자 개인별 값을 기업별로 평균한 값을 사용하였다.

〈표 4-2〉 기업차원 변수의 평균, 표준편차 및 상관계수(N=206)

변 수	평균	S.D.	1	2	3	4	5	6	7	8	9	10	11	12	13	14	15	16	17	18	19
1. 노동생산성 성장률	0.081	0.098																			
2. 다능화 비율	0.432	0.235	0.20																		
3. 산업집중도	0.548	0.191	-0.06	0.14																	
4. 고정자산(Log백만원)	3.205	0.789	0.04	0.10	0.20																
5. 고정자산증가율	0.114	0.146	0.21	0.00	-0.11	0.26															
6. 매출액(Log백만원)	10.580	1.426	0.18	0.11	0.33	0.42	0.02														
7. 수공구	0.665	0.473	-0.03	-0.03	-0.03	-0.23	-0.03	-0.30													
8. 동력화된 공구	0.306	0.462	0.02	0.06	0.05	0.26	0.02	0.35	-0.94												
9. 반자동기계	0.158	0.148	-0.05	0.06	0.00	0.00	0.08	-0.04	-0.02	0.02											
10. 자동기계	0.136	0.157	0.02	0.11	0.03	0.08	-0.01	0.10	-0.17	0.19	-0.15										
11. 노조유무(D)	0.694	0.462	0.10	-0.01	0.12	0.07	0.04	0.34	-0.07	0.10	0.05	0.18									
12. 제품수요 불확실성	0.082	0.021	0.09	0.13	-0.09	-0.01	0.01	0.02	0.09	-0.13	-0.04	0.02	-0.02								
13. 비정상적 상황발생	0.180	0.166	0.10	0.25	0.00	0.07	0.09	-0.02	-0.06	0.05	0.01	0.27	-0.08	0.11							
14. 평균교육년수	11.913	0.717	-0.06	0.12	0.22	0.01	-0.04	0.06	0.02	0.01	0.00	0.33	0.01	-0.11	0.22						
15. 평균근속년수	5.513	2.834	0.11	0.34	0.12	0.31	0.07	0.34	-0.08	0.10	0.08	-0.05	0.19	0.03	0.00	-0.20					
16. 동료근로자와의 상호학습	0.939	0.084	-0.01	0.15	0.08	0.08	0.06	0.06	-0.08	0.09	0.04	0.06	0.03	-0.05	0.14	0.28	-0.08				
17. 팀/개인수준의 의사결정	0.347	0.134	-0.05	0.28	0.09	0.13	0.01	-0.01	0.05	-0.04	0.16	0.10	-0.01	0.04	0.21	0.09	0.20	0.14			
18. 집단성과급(D)	0.092	0.290	0.04	0.17	0.12	0.07	0.16	-0.04	-0.06	0.08	0.12	0.01	-0.04	-0.02	0.11	0.09	0.09	0.06	0.20		
19. 반내이동(D)	0.442	0.498	-0.08	-0.09	0.07	-0.02	-0.10	0.02	-0.14	0.11	-0.07	-0.01	0.02	-0.11	-0.17	0.06	-0.10	0.00	-0.02	-0.01	
20. 반간이동(D)	0.277	0.448	0.06	0.20	0.01	0.07	0.19	0.11	0.12	-0.08	0.05	0.02	0.03	0.17	0.16	-0.01	0.05	-0.02	0.17	0.03	-0.55

주: 상관계수가 0.14 이상이면 $p<0.05$; 0.17 이상이면 $p<0.01$.

자료: 한국노동연구원. 숙련형성조사. 1992년.
한국신용평가. *한국기업재무총람*. 각년도.

<표 4-2>의 나머지 변수들은 근로자 개인 차원의 분석에 사용된 변수들과 동일하게 측정되었다.

Ⅳ. 다능화와 숙련형성

박기성(1992)은 생산현장의 사례연구를 통해 단능근로자의 숙련수준보다 다능근로자의 숙련수준이 높은 것을 보이고 있다. 즉, 숙련수준이 [단순 / 견습근로자 → 단능근로자 → 다능근로자]의 직렬적 유형임을 보이고 있다. 이것과 대비되는 숙련형성 유형은 단능근로자의 숙련수준과 다능근로자의 숙련수준을 비교할 수 없는 것이다. 즉, [단순/견습근로자 → 단능근로자]와 [단순/견습근로자 → 다능근로자]의 병렬적 유형이다.

<표 4-3>은 후자를 전제로 숙련형성의 영향요인들을 다항로짓(multinomial logit)으로 추정한 것이다. 이것은 입사 시 단순/견습근로자가 조사 시 단능근로자가 되었는가 여부와 다능근로자가 되었는가 여부에 어떠한 요인들이 영향을 주었는가를 보여준다. 한계효과가 통계적으로 유의한 변수들을 중심으로 살펴보면, 근속이 길어짐에 따라 단순/견습근로자로 그대로 남거나 단능근로자가 될 가능성은 낮고 다능근로자가 될 가능성은 높다. 기업이 직면한 제품수요의 불확실성이 높을수록 단순/견습근로자가 그대로 있을 가능성은 낮고 다능근로자가 될 확률은 높다. 비정상적인 상황 발생이 빈번할수록 단능근로자가 될 가능성은 낮고 다능근로자가 될 가능성은 높다. 동료근로자들과의 학습이 활발할수록 단순/견습근로자로 그대로 남을 가능성은 낮다. 근로자의 의사결정 참여가 활발할수록 단순/견습근로자로 그대로 남거나 단능근로자가 될 가능성은 낮고 다능근로자가 될 가능성은 높다. 반 내 및 반 간 이동이 빈번할수록 단순/견습근로자로 그대로 남을 가능성은 낮고, 통계적으로 유의하지는 않지만 다능근로자가 될 가

능성은 높다.

이러한 발견들은 숙련형성의 유형이 병렬적인 것보다 단능근로자보다 다능근로자가 숙련도가 높은(인적자본이 많은) 직렬적 것임을 시사한다. 그리고 위의 다항로짓 추정에 대해 무관한 선택대상으로부터의 독립성(independence of irrelevant alternatives)을 검정하면 Hausman and McFadden(1984)의 검정통계량이 7.013(한계유의수준 0.017)으로 추정되어 무관한 선택대상으로부터의 독립성은 기각된다. 이것은 숙련형성의 유형이 병렬적이지 않다는 것을 의미한다.

<표 4-4>는 숙련형성의 유형이 [단순/ 견습근로자 → 단능근로자 → 다능근로자]의 직렬적 순서임을 전제로 하여 순서로짓(ordered logit)으로 추정한 것이다. 추정계수가 유의한 변수들을 단순/견습근로자가 다능근로자가 될 확률에 대한 한계효과에 따라 살펴보면, 학력이 높거나 근속이 길수록 다능근로자가 될 가능성이 높다. 노동조합의 존재는 다능근로자가 될 가능성을 낮춘다. 반자동기계나 자동기계를 다루는 근로자가 공구나 기계 없이 일하는 근로자에 비해 다능근로자가 될 가능성이 높다. 근로자가 속한 산업의 제품수요의 불확실성이 높을수록 다능근로자가 될 가능성이 높고, 근로자 개인에게 비정상적인 상황이 빈번하게 발생할수록 다능근로자가 될 가능성이 높다. 근로자의 의사결정 참여가 활발할수록 다능근로자가 될 가능성이 높다. 반 내 및 반 간 이동은 다능근로자가 될 가능성을 높인다.

<표 4-5>는 입사 시 단순/견습/단능근로자가 조사 시 다능근로자가 되었는지에 대해 로짓 추정한 것이다. 교육년수가 1년 높아지면 다능근로자가 될 확률이 0.039 올라가고, 근속년수가 1년 길어지면 그 확률이 0.040 올라간다. 자동기계를 다루는 근로자가 공구나 기계 없이 일하는 근로자에 비해 다능근로자가 될 확률이 0.085만큼 높다. 기업이 속한 산업의 제품수요의 불확실성이 0.01 높아지면 다능근로자가 될 확률이 0.016 올라간다. 비정상적인 상황이 빈번하게 발생하는 근로자는 그렇지 않은 근로자보다 다능근로자가 될 확률이 0.107 올라간다.

〈표 4-3〉 숙련형성의 다항로짓(Multinomial Logit) 추정(N=903)

변수	MLE		한계효과		
	단능근로자 (Y=1)	다능근로자 (Y=2)	단순/견습 근로자(Y=0)	단능근로자 (Y=1)	다능근로자 (Y=2)
절편	-3.406** (1.496)	-5.831 (1.535)	0.495** (0.156)	0.391 (0.247)	-0.886*** (0.259)
독립변수					
제품수요불확실성	12.724** (5.241)	17.465*** (5.407)	-1.595*** (0.556)	-0.272 (0.857)	1.867** (0.901)
비정상적 상황발생	0.114 (0.344)	0.646* (0.336)	-0.039 (0.036)	-0.089* (0.052)	0.128** (0.053)
동료근로자와의 상호학습	1.424*** (0.505)	1.119** (0.518)	-0.128*** (0.048)	0.0014 (0.085)	0.126 (0.091)
팀/개인수준의 의사결정	0.041 (0.432)	1.543*** (0.437)	-0.123** (0.049)	-0.274*** (0.077)	0.397*** (0.080)
집단성과급(D)	0.449 (0.473)	0.578 (0.473)	-0.055 (0.051)	0.0073 (0.063)	0.048 (0.065)
반내이동(D)	0.418* (0.231)	0.513** (0.241)	-0.051** (0.025)	-0.0016 (0.041)	0.053 (0.043)
반간이동(D)	0.388 (0.304)	0.574* (0.311)	-0.053 (0.033)	-0.016 (0.050)	0.069 (0.052)
통제변수					
매출액(Log백만원)	-0.078 (0.092)	-0.038 (0.093)	0.0062 (0.0098)	-0.010 (0.015)	0.0038 (0.0151)
고정자산(Log백만원)	0.107 (0.148)	0.035 (0.149)	-0.074 (0.016)	0.018 (0.024)	-0.010 (0.025)
수공구(D)	-0.196 (0.266)	0.178 (0.267)	0.00090 (0.028)	-0.079 (0.048)	0.078 (0.050)
동력화된 공구(D)	0.690** (0.330)	0.590* (0.342)	-0.068* (0.036)	0.058 (0.051)	0.010 (0.054)
반자동기계(D)	1.115*** (0.392)	1.107*** (0.397)	-0.013*** (0.042)	0.063 (0.052)	0.065 (0.054)
자동기계(D)	0.613* (0.324)	0.805** (0.331)	-0.081** (0.035)	-0.0023 (0.0517)	0.084 (0.054)
노조유무(D)	0.135 (0.242)	-0.241 (0.245)	0.0069 (0.026)	0.076* (0.041)	-0.083** (0.042)
교육년수	0.116 (0.092)	0.211** (0.094)	-0.019* (0.0097)	-0.010 (0.015)	0.029* (0.016)
근속년수	0.104*** (0.035)	0.224*** (0.034)	-0.018*** (0.0034)	-0.0177*** (0.0049)	0.035*** (0.005)
Log likelihood function	-827.27				
Chi-sq.	199.11***				

주: *p<0.1, **p<0.05, ***p<0.01.
괄호 안의 숫자는 표준오차임

자료: 한국노동연구원. 숙련형성조사. 1992년.
한국신용평가. *한국기업재무총람.* 각년도.

〈표 4-4〉 숙련형성의 순서로짓 추정 및 한계효과(N=903)

변수	순서로짓	한계효과		
		단순/견습 근로자(Y=0)	단능근로자 (Y=1)	다능근로자 (Y=2)
절편	-2.416*** (0.909)	0.282	0.314	-0.596
독립변수				
제품수요불확실성	8.603*** (3.332)	-1.004	-1.118	2.122
비정상적 상황발생	0.511 (0.200)	-0.060	-0.066	0.126
동료근로자와의 상호학습	0.538 (0.324)	-0.063	-0.070	0.133
팀/개인수준의 의사결정	1.284*** (0.269)	-0.150	-0.167	0.317
집단성과급(D)	0.224 (0.240)	-0.026	-0.029	0.055
반내이동(D)	0.295* (0.151)	-0.034	-0.038	0.073
반간이동(D)	0.369* (0.190)	-0.043	-0.048	0.091
통제변수				
매출액(Log백만원)	0.008 (0.054)	-0.001	-0.001	0.002
고정자산(Log백만원)	-0.020 (0.092)	0.002	0.003	-0.005
수공구(D)	0.206 (0.172)	-0.024	-0.027	0.051
동력화된 공구(D)	0.231 (0.200)	-0.027	-0.030	0.057
반자동기계(D)	0.397* (0.208)	-0.046	-0.052	0.098
자동기계(D)	0.444** (0.209)	-0.052	-0.058	0.109
노조유무(D)	-0.302* (0.156)	0.035	0.039	-0.074
교육년수	0.130** (0.057)	-0.015	-0.017	0.032
근속년수	0.150*** (0.017)	-0.018	-0.020	0.037
μ	2.091*** (0.104)			
Log likelihood function	-841.96			
Chi-sq.	169.72***			

주: *p<0.1, **p<0.05, ***p<0.01.
괄호 안의 숫자는 표준오차임.
자료: 한국노동연구원. 숙련형성조사. 1992년.
한국신용평가. *한국기업재무총람*. 각년도.

〈표 4-5〉 숙련형성(단순/견습/단능공 → 다능공)의 이항로짓 추정(N=1,218)

변수	MLE	한계효과
절편	-3.626*** (0.892)	-0.906*** (0.223)
독립변수		
제품수요불확실성	6.23** (3.094)	1.557** (0.773)
비정상적 상황발생	0.635*** (0.179)	0.159*** (0.045)
동료근로자와의 상호학습	0.234 (0.365)	0.058 (0.091)
팀/개인수준의 의사결정	1.463*** (0.253)	0.366*** (0.063)
집단성과급(D)	-0.0046 (0.22)	-0.0011 (0.055)
반내이동(D)	0.197 (0.15)	0.049 (0.037)
반간이동(D)	0.436** (0.177)	0.109** (0.044)
통제변수		
매출액(Log백만원)	-0.042 (0.05)	-0.011 (0.013)
고정자산(Log백만원)	-0.025 (0.085)	0.0064 (0.021)
수공구(D)	0.154 (0.165)	0.039 (0.041)
동력화된 공구(D)	0.048 (0.186)	0.012 (0.047)
반자동기계(D)	0.0057 (0.183)	0.0014 (0.046)
자동기계(D)	0.34* (0.192)	0.085* (0.048)
노조유무(D)	-0.264* (0.144)	-0.066* (0.036)
교육년수	0.155*** (0.053)	0.039*** (0.013)
근속년수	0.158*** (0.018)	0.04*** (0.0045)
Log likelihood function	-247.60	
Chi-sq.	154.50***	

주: *p<0.1, **p<0.05, ***p<0.01.
괄호 안의 숫자는 표준오차임.
자료: 한국노동연구원. 숙련형성조사. 1992년.
한국신용평가. *한국기업재무총람*. 각년도.

선배·동료근로자와의 상호학습이 있는 근로자가 그렇지 않은 근로자보다 다능근로자가 될 확률이 0.058 증가한다. 기업의 근로자 의사결정 참여가 0.1 올라감에 따라 다능근로자가 될 확률이 0.037 증가한다. 반 내나 반 간 이동이 있는 기업에 근무하는 단순/견습/단능근로자가 반 내나 반 간 이동이 없는 기업에 근무하는 단순/견습/단능근로자보다 다능근로자가 될 확률이 각각 0.049, 0.109 만큼 높다.[42)]

지금까지의 논의로부터 생산현장에서의 인적자본 축적 즉 숙련형성(skill formation)을 다능화(multiskilling)로 대표할 수 있다고 판단된다. 그리고 다능화는 인적자원 관리관행들에 영향을 받아 형성되는 인적자본 축적(human capital accumulation)의 결과임을 시사한다. 식 (1)의 좌변은 일정한 기간 동안의 숙련형성 $\left(\frac{\Delta h_i}{\Delta t}\right)$이지만, 위의 추정식들의 좌변은 입사 시와 조사 시 동안의 숙련형성 (Δh_i) 으로 각 근로자마다 기간이 다르다. 이를 통제하기 위해 근속기간이 한 독립변수로 포함되었다.

V. 숙련형성과 기업성장

앞의 절에서는 근로자 개인 차원에서 숙련형성에 영향을 주는 요인들을 찾아보았다. 본 절에서는 먼저 기업 차원에서 숙련형성에 영향을 주는 요인들을

42) 이상적으로는 입사 시부터 조사 시까지의 인적자원 관리관행을 다능화와 연결시켜 분석하는 것이 바람직하지만, 현실적으로 그러한 자료가 없기 때문에 조사 시의 인적자원 관리관행을 가지고 분석하고 있다. 이것은 본 연구의 한계일 수 있다. 그러나 입사 시부터 조사 시까지 다능화를 촉진하는 쪽으로 인적자원 관리관행의 변화가 있었다면 그 인적자원 관리관행의 다능화에 끼치는 영향에 대한 본 연구의 검정은 이상적인 것보다 더 강한 검정(stronger test)이 된다.

찾아본다. 기업별 숙련형성의 정도는 다능화비율로 측정한다. 다능화비율은 입사시에 단순/견습 또는 단능근로자 중에서 조사 시에 다능근로자가 된 비율이다. 이것은 입사 시와 조사 시 동안의 숙련형성의 기업별 평균(Δh)에 해당한다. 다능화비율도 기준이 되는 기간이 기업마다 다르기 때문에 기업의 평균근속기간과 더불어 사용된다.

<표 4-6>은 기업의 다능화비율에 영향을 주는 요인들을 추정한 것이다. 기업의 평균근속년수가 높을수록 입사 시에 단순/견습 또는 단능근로자 중에서 조사 시에 다능근로자가 된 비율이 높다. 기업이 직면한 제품수요의 불확실성이 클수록 다능화비율이 높고, 기업에 비정상적인 상황이 빈번하게 발생할수록 다능화비율이 높다. 동료근로자와의 상호학습이 활발한 기업일수록 다능화비율이 높고, 근로자의 의사결정 참여가 활발한 기업일수록 다능화비율이 높다. 반간 이동이 실시되고 있는 기업이 그렇지 않은 기업보다 입사 시에 단순/견습 또는 단능근로자 중에서 조사 시에 다능근로자가 된 비율이 높다. 통계적으로 유의하지는 않지만 집단성과급과 반 내 이동도 기업의 다능화비율을 높인다. 종합적으로 <표 4-6>은 근로자 개인 차원의 분석결과들을 기업 차원에서 다시 한 번 확인해 준다.

다능화로 대표되는 숙련형성은 기업의 생산성 향상을 가져올 것이다. 식 (2)에 의하면 기업의 부가가치 노동생산성 증가율은 일인당 인적자본과 실물자본 증가율에 의해 결정된다. 한 나라의 일인당 국내총생산 성장률(per capita GDP growth rate)을 그 나라의 경제성장률(economic growth rate)로 간주하듯이, 기업의 부가가치 노동생산성 성장률을 기업의 성장률로 볼 수 있다. <표 4-7>은 기업성장률(부가가치 노동생산성 성장률)을 회귀분석한 것이다. 먼저 열 (1)의 최소자승(OLS: ordinary least squares) 추정을 보면 기업의 다능화비율이 높을수록 기업의 노동생산성 성장률이 높다. 즉 기업 안에서 숙련형성이 활발할수록 기업의 성장이 촉진된다. 그러나 다능화 비율에 영향을 주는 불확실성과 인적자원 관리관행들은 기업의 성장에 통계적으로 유의한 영향을 주지 않는다. 다능화

비율이 이러한 변수들에 영향을 받는 등 오차항과 상관관계가 있는 내생변수일 수 있기 때문에 OLS 추정계수들이 편의할(biased) 수 있다. 이를 시정하기 위해 도구변수(IV: instrumental variable) 추정을 한 것이 열 (2)이다. 도구변수로는 기술적 다능화율(입사 시에 단순/견습 또는 단능근로자 중에서 조사 시에 기술적 다능근로자가 된 비율)을 사용했다. 열 (1)과 비교하여 추정계수들이 변화가 있지만 그 방향과 유의성에는 변화가 없다. 불확실성과 인적자원 관리관행들은 여전히 기업의 성장에 유의한 영향을 주지 않고 다능화비율은 유의한 영향을 준다. 따라서 불확실성과 인적자원 관리관행들은 다능화를 통해서 기업의 성장에 영향을 준다. 열 (2)에 따르면 다능화비율이 0.1만큼 높아지면 노동생산성 성장률이 0.019만큼 올라간다. 다능화로 대표되는 숙련형성이 인적자원 관리관행 묶음(bundle)의 하나라면 인적자원 관리관행들과 다능화가 기업의 생산성 성장에 유사한 영향을 주어야 한다. 그러나 <표 4-7>에 의하면 인적자원 관리관행들은 기업의 성장에 유의한 영향을 주지 않고 다능화비율이 유의한 正(정)의 영향을 준다. 이것은 다능화가 인적자원 관리관행들에 영향을 받아 형성되는 인적자본 축적의 결과라는 것을 뒷받침한다.

만약 다능화가 인적자원 관리관행 묶음의 하나라면 여러 인적자원 관리관행들과 더불어 다능화가 진행되어야 생산성이 증가할 것이다. 그러나 <표 4-7>은 다능화가 직접적으로 생산성 향상에 영향을 주는 것을 보여준다.

예상한 대로 기업의 일인당 유형고정자산 증가율이 높을수록 기업의 성장률이 높다. 기업의 매출 규모가 클수록 기업의 성장률이 높다. 지브랏의 법칙(Gibrat's law; Sutton 1997)에 의하면 성장률은 규모와 무관해야 하므로 이것은 이 법칙에 위배된다. 이 결과는 앞으로 좀 더 정치한 분석을 필요로 하지만 굳이 설명을 시도하면, 기업의 규모가 클수록 한 근로자가 접하게 되는 지식・기술의 양이 커져 생산성 향상을 가져올 수 있다. 즉 인적자본의 일출효과(spillovers; Lucas 1988, Backus, Kehoe, and Kehoe 1992, Grossman and Helpman 1994)의 범위가 기업으로 한정된다는 것을 의미한다.

〈표 4-6〉 다능화 비율의 영향요인(N=206)

	(1)	(2)	(3)	(4)	(5)
절편	-0.424 (0.296)	-0.643** (0.307)	-0.554* (0.305)	-0.748** (0.319)	-0.581* (0.301)
독립변수					
제품수요불확실성		1.712** (0.740)	1.457* (0.734)	1.486** (0.730)	1.412* (0.725)
비정상적 상황발생			0.260*** (0.097)	0.243** (0.096)	0.222** (0.097)
동료근로자와의 상호학습				0.352* (0.185)	
팀/개인수준의 의사결정					0.292** (0.118)
집단성과급(D)					
반내이동(D)					
반간이동(D)					
통제변수					
매출액(Log백만원)	-0.00035 (0.013)	-0.0029 (0.013)	-0.00061 (0.013)	-0.00069 (0.013)	0.0021 (0.013)
고정자산(Log백만원)	-0.0088 (0.022)	-0.0087 (0.022)	-0.012 (0.022)	-0.015 (0.022)	-0.017 (0.021)
수공구	0.088 (0.092)	0.106 (0.091)	0.117 (0.090)	0.119 (0.089)	0.111 (0.089)
동력화된 공구	0.095 (0.096)	0.126 (0.096)	0.134 (0.095)	0.130 (0.094)	0.135 (0.093)
반자동기계	0.086 (0.105)	0.091 (0.104)	0.077 (0.103)	0.070 (0.102)	0.037 (0.103)
자동기계	0.154 (0.108)	0.133 (0.108)	0.067 (0.109)	0.081 (0.108)	0.046 (0.108)
노조유무(D)	-0.058 (0.036)	-0.054 (0.036)	-0.043 (0.036)	-0.046 (0.035)	-0.041 (0.035)
평균교육년수	0.052** (0.023)	0.059** (0.023)	0.048** (0.023)	0.038 (0.024)	0.045* (0.023)
평균근속년수	0.033*** (0.006)	0.033*** (0.006)	0.032*** (0.006)	0.033*** (0.006)	0.029*** (0.006)
Adj. R-Squre	0.135	0.154	0.180	0.191	0.201
F값	4.55***	4.72***	5.09***	5.03***	5.30***

주: *p<0.1, **p<0.05, ***p<0.01.
　괄호 안의 숫자는 표준오차임.

자료: 한국노동연구원. 숙련형성조사. 1992년.
　한국신용평가. *한국기업재무총람*. 각년도.

〈표 4-6〉 계속

	(6)	(7)	(8)	(9)
절편	-0.520* (0.305)	-0.553* (0.306)	-0.516* (0.302)	-0.694** (0.315)
독립변수				
제품수요불확실성	1.450** (0.732)	1.453* (0.738)	1.240* (0.735)	1.249* (0.724)
비정상적 상황발생	0.250** (0.097)	0.258*** (0.099)	0.226** (0.097)	0.189* (0.098)
동료근로자와의 상호학습				0.327* (0.184)
팀/개인수준의 의사결정				0.203* (0.121)
집단성과급(D)	0.077 (0.053)			0.058 (0.052)
반내이동(D)		-0.0024 (0.031)		0.036 (0.036)
반간이동(D)			0.072** (0.035)	0.087** (0.041)
통제변수				
매출액(Log백만원)	0.0015 (0.013)	-0.00061 (0.013)	-0.0039 (0.013)	-0.0012 (0.013)
고정자산(Log백만원)	-0.013 (0.022)	-0.012 (0.022)	-0.013 (0.021)	-0.021 (0.021)
수공구	0.110 (0.090)	0.116 (0.091)	0.092 (0.090)	0.091 (0.089)
동력화된 공구	0.122 (0.095)	0.133 (0.095)	0.119 (0.094)	0.111 (0.093)
반자동기계	0.061 (0.103)	0.076 (0.103)	0.062 (0.102)	0.023 (0.102)
자동기계	0.071 (0.108)	0.067 (0.109)	0.068 (0.108)	0.073 (0.107)
노조유무(D)	-0.042 (0.036)	-0.043 (0.036)	-0.044 (0.035)	-0.044 (0.035)
평균교육년수	0.045* (0.023)	0.049** (0.023)	0.051 (0.023)	0.034 (0.024)
평균근속년수	0.031*** (0.0060)	0.032*** (0.0060)	0.032*** (0.0059)	0.031*** (0.0060)
Adj. R-Squre	0.185	0.176	0.194	0.220
F값	4.87***	4.64***	5.12***	4.61***

주: *p<0.1, **p<0.05, ***p<0.01.
괄호 안의 숫자는 표준오차임.

자료: 한국노동연구원. 숙련형성조사. 1992년.
한국신용평가. *한국기업재무총람*. 각년도.

〈표 4-7〉 노동생산성 성장률에 대한 회귀분석(N=206)

구 분	OLS	IV
절편	0.078 (0.140)	0.140 (0.151)
독립변수		
제품수요불확실성	0.191 (0.326)	0.077 (0.345)
비정상적 상황발생	0.045 (0.044)	0.024 (0.047)
동료근로자와의 상호학습	-0.048 (0.084)	-0.080 (0.089)
팀/개인수준의 의사결정	-0.066 (0.054)	-0.084 (0.057)
집단성과급(D)	0.0085 (0.024)	0.0020 (0.025)
반내이동(D)	-0.012 (0.016)	-0.016 (0.017)
반간이동(D)	-0.017 (0.019)	-0.027 (0.021)
다능화 비율	0.095*** (0.033)	0.193** (0.083)
통제변수		
유형 고정자산 성장율	0.130*** (0.047)	0.14*** (0.049)
산업집중도(CR3)	-0.052 (0.038)	-0.058 (0.040)
매출액(Log백만원)	0.013** (0.006)	0.014** (0.0057)
노조유무(D)	0.014 (0.015)	0.017 (0.016)
평균교육년수	-0.0093 (0.010)	-0.013 (0.011)
평균근속년수	-0.0017 (0.003)	-0.0047 (0.0037)
Adj. R-Squre	0.083	
F값	2.32***	2.033***

주: *p<0.1, **p<0.05, ***p<0.01.
괄호 안의 숫자는 표준오차임

자료: 한국노동연구원. 숙련형성조사. 1992년.
한국신용평가. *한국기업재무총람*. 각년도.

Ⅵ. 쟁점과 논의

본 장은 생산현장에서의 인적자본 축적 즉 근로자의 숙련형성에 영향을 주는 요인들을 실증적으로 찾아보았고, 형성된 숙련이 생산성 향상에 기여하고 있는 것을 확인했다.

먼저 숙련형성의 유형에 대해서는 [단순/견습근로자 → 단능근로자]와 [단순/견습근로자 → 다능근로자]의 병렬적 유형은 기각되었다. 이것과 대비되는 [단순/견습근로자 → 단능근로자 → 다능근로자]의 직렬적 유형을 전제로 추정하면, 제품수요의 급변성과 비정상적인 상황발생이라는 외부적·내부적 불확실성이 클수록 다능화가 활발하게 이루어지고 있으며, 선배·동료근로자와의 상호학습, 근로자의 의사결정 참여, 직무순환 등의 인적자원 관리관행들도 다능화를 촉진한다는 것을 알 수 있다. 이러한 발견들로부터 생산현장에서의 숙련형성은 다능화로 대표될 수 있다고 판단된다.

근로자 개인 차원에서 숙련형성에 영향을 주는 요인들은 기업 차원에서도 다시 한번 확인되었다. 기업의 노동생산성 성장률을 기업의 성장률이라고 하여 추정하면, 불확실성과 인적자원 관리관행들은 다능화를 통해서 기업의 성장에 영향을 주는 것을 알 수 있다. 구체적으로 기업의 다능화비율이 0.1만큼 올라감에 따라 노동생산성 성장률이 0.019만큼 증가한다. 이것은 또한 다능화가 인적자원 관리관행들에 영향을 받아 형성되는 인적자본 축적의 한 결과라는 주장에 대한 근거가 될 수 있다.

인적자본에 관한 연구에서 최대의 걸림돌 중의 하나는 개인의 인적자본을 구체적으로 측정하기 어렵다는 것이다. 여기에서는 생산현장에서의 숙련을 다능의 정도로 측정하였으며 숙련형성을 다능화로 측정하였다. 그리고 이를 지지하는 실증적 증거를 제시하였으나, 다능화가 숙련형성의 모든 면을 보여주는 것은 아닐 것이다. 따라서 앞으로 보다 세련되고 정교한 방법으로 숙련을 측정하는 연구가 필요하다.

본 장의 발견 중의 하나는 기업의 매출 규모가 클수록 성장률이 높다는 것이다. 이것은 지브랏의 법칙과 어긋나는 것인데, 인적자본의 일출효과와 관련하여 좀 더 정치한 분석이 요구된다.

우리가 생각하는 기업의 인적자본 축적과 관련된 포괄적인 모형은 [그림 4-1]과 같다. Ⅱ절의 기본 모형에서는 수요 및 기술의 충격을 불확실성으로 파악하고 인적자원관리 관행들과 더불어 인적자본 축적에 영향을 준다. [그림 4-1]에 의하면 기업은 수요의 변동성(V1) 및 기술의 변동성(V2)에 따라 전략(S)을 세우며 이 세 가지 요소(V1, V2, S)가 인적자원관리 시스템 및 관행(HRM)에 영향을 주고, 다시 이들 네 요소(V1, V2, S, HRM)가 인적자본(HC)의 축적에 영향을 준다. 기업의 성과(P)는 종국적으로 인적자본 축적을 포함한 다섯 가지 요소(V1, V2, S, HRM, HC)에 의해 결정된다. 이 장의 결과는 그동안 규명되지 않았던 기업 내부의 블랙박스의 작동메카니즘을 이론적으로 제시하고 환경의 변동성이 다능화 숙련형성에 영향을 주고, 다능화 숙련형성이 기업의 생산성 향상에 기여하고 있음을 실증적으로 밝혔다는 큰 의미를 가진다.

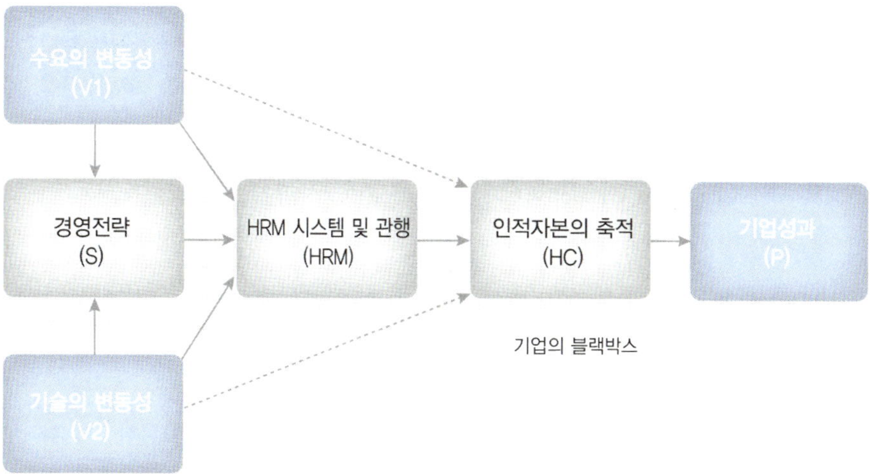

[그림 4-1] 인적자본 축적의 통합모형

제 5 장 노사관계의 유연성이 경제성장을 이끈다[43)]

I. 임금률과 노동의 한계생산성

노동시장이 경쟁적(competitive)이면 임금률은 노동의 한계생산성과 일치한다. 그러나 노동조합이 존재하면 사용자와 근로자는 협상을 통해 생산량을 나누어 가진다. 박기성 · 안주엽(2004)은 김동석 · 이진면 · 김민수(2002)의 자료를 가지고 노동의 한계생산성을 추정하여 임금률과 비교하고 있다. 구체적으로 다음과 같은 CES(constant elasticity of substitution) 생산함수를 고려한다.[44)]

$$Y = A[\alpha L^{-\rho} + (1-\alpha)K^{-\rho}]^{-\frac{1}{\rho}}.$$

43) 본 장은 박기성(2004)과 Park(2007)을 일부는 전재하면서 수정 · 보완한 것이다.

44) Smetters(2003)는 CES생산함수를 가정하고 대체탄력성이 달라지면 저축률의 경로가 달라지는 것을 보였다.

Y, L, K는 각각 부가가치 생산량, 노동투입량, 자본투입량이고 α는 0과 1 사이이며 ρ는 −1보다 크다. A는 0보다 크고 기술수준(technology) 또는 총요소생산성(total factor productivity)을 나타낸다. 이 생산함수로부터 노동의 한계생산성(MP_L)을 구하면 다음과 같다.

$$MP_L = \alpha A^{-\rho}\left(\frac{Y}{L}\right)^{1+\rho}. \tag{1}$$

박기성 · 안주엽(2004)과 Park(2007)은 다음과 같은 식을 이용하여 노동의 한계생산성과 임금률이 일치하는지를 검증한다. 분석 대상 기간은 1963년부터 2000년까지이다.

$$w = MP_L + \beta + \gamma D_i . \tag{2}$$

β는 임금률과 노동의 한계생산성과의 차이이고, D_1은 1987년부터 2000년까지 1, 1963년부터 1986년까지 0인 더미변수이다. 1987년 6 · 29 선언 이전까지 억압되었던 노동조합 활동이 선언 이후 활발해지면서 임금이 급하게 상승되었다고 알려져 있기 때문에 이 더미변수를 사용하여 선언 이전과 이후의 변화를 파악한다. 1997년 경제위기 이후 활성화되었던 노동조합 활동이 1997년 말 경제위기를 겪으면서 위축되었다는 주장이 있다. D_2는 이를 살펴보기 위해 사용하는데 1987년부터 1997년까지 1, 그 외 기간은 0인 더미변수이다. 식 (1)과 (2)로부터 노동소득 분배율(labor share: S_L)은 다음과 같이 된다.

$$S_L \equiv \frac{wL}{Y} = \left[1 + \frac{1-\alpha}{\alpha}\left(\frac{L}{K}\right)^{\rho}\right]^{-1} + (\beta + \gamma D_i)\frac{L}{Y}. \tag{3}$$

Park(2007)은 김동석 · 이진면 · 김민수(2002)의 자료(<표 1>)를 사용하여 식 (3)을 비선형최소자승(nonlinear least squares) 방법으로 추정하여 <표 2>를 얻었다. 이 표의 열 (1)은 D_i 없이 추정된 것이고 열 (2)와 (3)은 각각 D_1과 D_2와 더불어 추정된 것이다. 열 (1)에 의하면 β가 통계적으로 유의하지 않으므로 임금률과 노동의 한계생산성이 일치한다는 가설은 기각되지 않는다. 열 (2)에 의하면 β는 통계적으로 유의하지 않고 γ가 통계적으로 유의하게 양수이므로 1963년부터 1986년까지 임금률과 노동의 한계생산성은 거의 같았으나 1987년부터 2000년까지는 임금률이 노동의 한계생산성을 초과하였다. $\overline{R^2}$가 가장 높은 열은 (3)인데 이 열에 의하면 1987년부터 1997년까지는 임금률이 노동의 한계생산성을 초과하였고 그 외의 기간에서는 둘이 거의 같았다.[45] 이 기간을 제외하고 임금률과 노동의 한계생산성이 일치한다는 가설은 기각되지 않는다. [그림 5-1]은 열 (3)의 추정계수로부터 노동의 한계생산성을 추정하고 <표 5-1>의 노동투입과 노동분배율로부터 임금률을 추정하여 비교한 것이다. 1987년 6 · 29선언 이후 "노동자 대투쟁"부터 1997년 말 경제위기까지의 기간 동안을 제외하고 임금률과 노동의 한계생산성은 거의 일치하였다. 임금 억제 등 노동시장에 대한 정부의 개입과 노동조합 활동에 대한 억압에도 불구하고 한국의 노동시장은 임금률과 노동의 한계생산성의 일치라고 하는 경쟁시장의 원칙을 유지했다고 할 수 있다.

그러나 1988년부터 1997년까지의 기간 동안은 임금률이 노동의 한계생산성을 초과하였다. 이것은 임금률과 노동의 한계생산성의 일치라고 하는 경쟁시장의 원칙으로부터 이탈한 것을 의미한다. 1987년을 전후한 이 변화를 이 시기의 노동조합 활동의 변화와 연관지을 수 있다. 6 · 29 민주화 선언 이전까지 정부가 노동조합 활동을 억제함으로 임금률과 노동의 한계생산성이 거의 일치할 수 있

---

45) 열 (3)으로부터 자본과 노동의 대체탄력성(elasticity of substitution)은 0.5145로 추정된다(Park 2007).

었다. 이와 대조적으로 이 선언 이후 노동조합 활동이 활성화되면서 임금률이 노동의 한계생산성을 초과하였고, 이것이 1997년 말 경제위기까지 지속되었다.

Ⅱ. 노동분배율과 노사관계

[그림 5-2]는 <표 5-1>의 노동분배율을 그래프로 그린 것이다. 노동분배율은 1960년대 초 경제발전이 시작되면서 증가하기 시작하여 1971년 63.6%까지 증가하였다가 1977년 56.4%로 감소하였다. 그 후 다시 증가하여 1986년 61.1%가 되었고 1987년 민주화 선언 이후부터 1997년 경제위기 이전까지 급격하게 증가하여 1996년 80.1%가 되었다가 2000년 73.8%로 감소하였다.

그러면 왜 노동분배율이 1987년부터 1996년까지 기간 동안 급증한 것일까? [그림 5-3]은 1963년부터 2002년까지 노동조합 수 및 노동조합원 수를 보여준다. 우리는 1987년-1989년 동안 노동조합 및 노동조합원 수의 폭발적 증가에 주목해야 한다. 1986년 노동조합은 2,675개 노동조합원은 1,036천 명(피용자의 12.3%)이었으나 1987년 6·29 선언 이후 급증하여 1989년 각각 7,883개, 1,932천 명(18.6%)이 되었다. 그 후 매년 감소하여 1998년에는 각각 5,560개, 1,402천 명(11.4%)이 되었다가 다시 증가하여 2002년에는 각각 6,506개, 1,606천 명(11.3%)이 되었다.

[그림 5-4]는 1975년부터 2002년까지 노사분규 건수 및 노사분규로 인한 근로손실일 수를 보여준다. 1975년-1979년 동안 노사분규는 매년 100건 전후로 발생하다가 1980년 407건으로 증가했으나 제5공화국(1981년-1987년)의 시작과 더불어 감소하여 1986년 276건을 기록하였다. 노사분규는 1987년 6·29 선언 이후 폭발적으로 증가하여 1987년 3,749건, 1988년 1,873건, 1989년 1,616건이 발생하였다. 그 후 매년 급감하여 1997년에는 78건만 발생하였다가 다시 증가하

여 2002년에는 322건이 발생하였다. 노사분규로 인한 근로손실일수도 노사분규와 유사한 패턴을 보여준다. 1987년-1989년 폭발적으로 증가했다가 1997년까지 급감하였으며 그 후 다시 증가하였다.

[그림 5-3]과 [그림 5-4]는 1987년−1989년 기간을 "노동자 대투쟁"이라고 부르는 이유를 보여준다. 새로운 노동조합이 급격하게 조직되면서 노동조합원이 급증했으며 노사분규가 폭증했다. [그림 5-1] 및 [그림 5-2]를 [그림 5-3] 및 [그림 5-4]와 비교해 보면 1987년 이후 임금률 및 노동분배율의 증가를 1987년 이후 노사관계의 변화와 관련지을 수 있다. 1987년 6・29 선언 이전까지는 정부의 억압으로 노동조합 활동이 자유롭지 못했으나 이 선언 이후 노동조합 활동이 활성화되어 임금률이 노동의 한계생산성을 초과하고 노동분배율이 급증하게 되었다고 할 수 있다. Park(2007)은 노사관계의 이러한 변화가 자원배분 및 경제성장에 장기적으로 어떤 영향을 주는지를 이론적으로 분석한다.

Ⅲ. 이론적 모형

Park(2007)은 다음과 같은 모형을 제시한다. 무한히 사는 대표적 소비자 (infinitely lived representative consumer)는 다음의 효용함수를 극대화한다.

$$\int_0^{\infty} e^{-\xi t}\left[\frac{c^{1-\theta}-1}{1-\theta}\right]dt \quad . \tag{4}$$

c는 소비자 일인당 소비, $1/\Theta$은 이시적(異時的) 대체탄력성(elasticity of intertemporal substitution), ξ는 할인율이다. 제약조건은

$$\dot{g}+\dot{a}=(w-\delta)g+ra-c \quad . \tag{5}$$

이다. g는 일인당 인적자산, a는 일인당 금융자산, w는 임금률, δ는 인적자본과 실물자본의 감각상각률,[46] r은 이자율이다. 변수 위의 점은 시간에 대한 도함수이다. 인적자산 투자와 금융자산 투자의 수익률이 일치하지 않으면 상대적으로 높은 수익률을 내는 투자에 모든 자산을 투자하므로 두 수익률이 일치해야 한다(arbitrage condition).

$$w-\delta = r. \tag{6}$$

이 조건과 경상가치 해밀토니안(current value Hamiltonian)을 사용하여 다음의 극대화 조건을 얻는다.

$$\frac{\dot{c}}{c}=\frac{r-\xi}{\theta} \quad . \tag{7}$$

소비자가 무한히 빌려서 금융자본 투자를 하거나 인적자본 투자를 하는 것을 방지하기 위해(Ponzy game을 방지하기 위해) 우리는

$$\lim_{t\to\infty}\left\{g(t)\cdot\exp\left[-\int_0^t(w(v)-\delta)dv\right]\right\}\geq 0, \tag{8}$$

$$\lim_{t\to\infty}\left\{a(t)\cdot\exp\left[-\int_0^t r(v)dv\right]\right\}\geq 0. \tag{9}$$

---

46) 설명의 편의를 위해 인적자본과 실물자본의 감가상각률이 같다고 가정하나 다르더라도 모형의 함의는 변하지 않는다.

을 가정한다.

대표적 기업(representative firm)의 생산함수는

$$y = Ah^{\mu}k^{1-\mu}. \tag{10}$$

이다. y는 종업원 일인당 (부가가치)생산, h와 k는 각각 일인당 인적자본과 실물자본이고 A는 양수이다. μ는 0과 1 사이이다.

1. 경쟁균형(competitive equilibrium)

기업은 이윤극대화를 위해 인적자본의 한계생산성과 임금률을 일치시키고 실물자본의 한계생산성과 그 임대가격($r+\delta$)을 일치시킨다:

$$w = A\mu\left(\frac{h}{k}\right)^{\mu-1}, \tag{11}$$

$$r+\delta = A(1-\mu)\left(\frac{h}{k}\right)^{\mu}. \tag{12}$$

균형에서는 인적자본 및 실물자본 각각의 공급과 수요가 일치해야 한다.

$$g = h, \tag{13}$$

$$a = k. \tag{14}$$

초기의 인적자본과 실물자본, $h(0)$와 $k(0)$는 주어져 있다.

식 (6), (11), (12)로부터

$$\frac{h}{k} = \frac{\mu}{1-\mu} \ , \tag{15}$$

$$r = A(1-\mu)^{1-\mu}\mu^{\mu} - \delta \ . \tag{16}$$

를 얻는다. 식 (13)-(16)을 식 (5)와 (10)에 대입하여 정리하면 우리는 균제상태 경제성장률(steady-state economic growth rate)을 얻는다:

$$\frac{\dot{y}}{y} = \frac{\dot{k}}{k} = \frac{\dot{h}}{h} = \frac{\dot{c}}{c} = \frac{A(1-\mu)^{1-\mu}\mu^{\mu} - \delta - \xi}{\theta} \ . \tag{17}$$

초기에 인적-실물자본 비율이 $\mu/(1-\mu)$가 아니면 인적 또는 실물자본이 즉각적으로 조정되어 인적-실물자본 비율이 $\mu/(1-\mu)$된다. 이것은 인적 또는 실물자본 투자가 $-\infty$인 것을 의미한다. 현실을 반영하여 인적 또는 실물자본 조투자(gross investment)가 음일 수 없다고 하자. 초기에 인적-실물자본 비율이 $\mu/(1-\mu)$보다 크면 같아질 때까지 실물자본 투자만 이루어지고, 초기에 인적-실물자본 비율이 $\mu/(1-\mu)$보다 작으면 같아질 때까지 인적자본 투자만 이루어져 장기적으로 경제는 균제상태가 되고 경제성장률은 균제상태 경제성장률이 된다(Barro and Sala-i-Martin 1995, pp. 175-9).

장기의 경제성장률은 경쟁시장의 노동분배율인 μ에 따라 변한다. μ가 0.5보다 작으면 μ가 증가함에 따라 경제성장률은 감소하고 μ가 0.5보다 크면 μ가 증가함에 따라 경제성장률이 증가하며 μ가 0.5일 때 경제성장률이 가장 낮다.

2. 협상균형(Bargaining Equilibrium)

경쟁균형 대신에 기업과 근로자가 단체교섭에 의해 생산물을 나누어 가지는 경제를 고려하자. 단체교섭에 의해서 일인당 생산물의 η를 근로자가 갖고

$1-\eta$를 기업이 갖으며 η는 μ보다 크다. 따라서 인적자본 1단위당 임금률은 인적자본의 한계생산성을 초과한다.

$$\mu < \eta. . \tag{18}$$

경쟁균형의 식 (11)과 (12)는 각각

$$w = A\eta\left(\frac{h}{k}\right)^{\mu-1}, \tag{19}$$

$$r+\delta = A(1-\eta)\left(\frac{h}{k}\right)^{\mu}. \tag{20}$$

가 된다.

식 (6), (19), (20)으로부터

$$\frac{h}{k} = \frac{\eta}{1-\eta}, \tag{21}$$

$$r = A(1-\eta)^{1-\mu}\eta^{\mu} - \delta. \tag{22}$$

를 얻는다. 식 (6), (13), (14), (21), (22)를 식 (5)와 (10)에 대입하여 정리하면 우리는 균제상태 경제성장률(steady-state economic growth rate)을 얻는다:

$$\frac{\dot{y}}{y} = \frac{\dot{k}}{k} = \frac{\dot{h}}{h} = \frac{\dot{c}}{c} = \frac{A(1-\eta)^{1-\mu}\eta^{\mu} - \delta - \xi}{\theta}. \tag{23}$$

식 (17)과 (23)을 비교하면 (18) 조건하에서 경쟁균형의 장기 경제성장률이 협상균형의 장기 경제성장률보다 높은 것을 알 수 있다. 협상균형들 중에서는 노동분배율 η가 증가함에 따라 성장률이 감소한다. 임금률이 인적자본의 한계생산성을 많이 초과할수록 인적자본 및 실물자본이 더 천천히 축적된다. 식 (16)과 (22)를 비교하면 경쟁균형의 이자율과 임금률이 협상균형의 이자율과 임금률보다 높은 것을 알 수 있다. 협상균형들 중에서는 노동분배율 η가 클수록 이자율과 임금률이 낮다. 식 (15)와 (21)을 비교하면 경쟁균형의 일인당 인적-실물자본 비율이 협상균형의 그것보다 낮은 것을 알 수 있다. 협상균형들 중에서는 노동분배율이 클수록 이 비율이 크다.

협상균형의 장기 경제성장률도 μ에 따라 변한다. η가 0.5보다 크면 μ가 증가함에 따라 성장률이 증가하고 η가 0.5보다 작으면 μ가 증가함에 따라 성장률이 감소한다.

Ⅳ. 모형의 확장

최근 Kim and Park(2012)은 위의 이론적 모형을 불변대체탄력성 생산함수(constant elasticity of substitution (CES) production function)로 확장하여, 근로소득분배율이 높을수록 경제성장률이 낮은 것을 보였다. 이들은 이에 대한 경험적 증거로 다음을 제시하였다. 1980년부터 2010년까지 32개 OECD 국가들의 패널 자료를 가지고 국가 및 연도의 고유성(country- and year-specificities) 등을 통제하면서 경제성장률을 회귀분석하여 근로소득분배율이 높을수록 경제성장률이 낮은 것을 확인하였다. 구체적으로 근로소득분배율이 10% 포인트 증가하면 1인당 GDP 연성장률(annual growth rate of per capita GDP)이 1.62% 포인트 감소한다.

그리고 이론적 모형에 의하면 근로소득분배율은 경제성장률에 영향을 주지만 경제성장률은 근로소득분배율에 영향을 주지 않는다. 이들은 Granger(1969)식의 인과성 검정(causality test)을 하여 근로소득분배율은 경제성장률에 영향을 주지만 경제성장률은 근로소득분배율에 영향을 주지 않는 것을 확인하였다.

한편, 이들은 노동조합 조직률(union density) 및 평균임금 대비 최저임금(the relative level of minimum wage to the average wage)이 높을수록 근로소득분배율이 높은 것을 발견하였다. 구체적으로 노동조합 조직률이 10% 포인트 상승하면 근로소득분배율이 1.06% 포인트 증가하며 평균임금 대비 최저임금이 10% 포인트 상승하면 근로소득분배율이 0.76% 포인트 증가한다.

이 이론적·실증적 분석에 의하면 노동조합 조직률과 평균임금 대비 최저임금의 상승으로 대표되는 협상 즉 힘의 논리에 의한 자원배분은 경제성장을 저해한다. 경제성장을 극대화하기 위해서는 시장에 의한 자원배분이 이루어져야 한다.

V. 경쟁균형 달성을 위한 제언

본 장에서는 1963년부터 2000년대 초까지 우리나라의 임금, 노동생산성, 근로소득분배율을 노사관계 변화와 관련지어 살펴보았다. 임금률과 노동의 한계생산성을 추정·비교하였다. 1987년부터 1997년까지 기간 동안에는 임금률이 노동의 한계생산성을 초과하였으나, 그 외의 기간 동안에는 임금률과 노동의 한계생산성이 일치하였음을 보였다. 이에 따라 1987년부터 1997년까지의 기간 동안에는 근로소득분배율이 경쟁균형(competitive equilibrium)의 근로소득분배율보다 컸다. 임금률과 노동의 한계생산성이 일치하는 경쟁균형과 임금률이 노동의 한계생산성을 초과하는 교섭균형(bargaining equilibrium)의 비교를 통해 노사관계가 경제성장에 미치는 효과를 이론적으로 분석하였다. 교섭균형의 경제성장률이 경쟁균형의 경제성장률보다 낮으며, 교섭균형들 중에서는 근로소득분배율이 클수록 경제성장률이 낮음을 보였다. 실제로 1963년부터 1988년까지 기간 동안 우리나라 비주택부문의 취업자 1인당 실질소득 증가율은 6.7%였으나, 1988년부터 1997년까지 기간 동안은 이 증가율이 5.0%였다.47)

최근 Kim and Park(2012)은 위의 이론적 모형을 불변대체탄력성 생산함수(constant elasticity of substitution(CES) production function)로 확장하였다. 그리고 1980년 이후 OECD 국가들에서 근로소득분배율이 높을수록 경제성장률이 낮은 것과 근로소득분배율은 경제성장률에 영향을 주지만 경제성장률은 근로소득분배율에 영향을 주지 않는 것을 확인하였다. 아울러 노동조합 조직률 및 평균임금 대비 최저임금이 높을수록 근로소득분배율이 높은 것을 발견하였다.

노동조합은 체제유지를 위해 존재할 필요가 있지만 제자리를 찾아가야 한다. 노동조합이 제자리를 찾기 위해서는 노동조합도 경쟁의 대상이 되어야 한다. 이를 위해 먼저, 경쟁을 촉진하는 정책을 시행해야 한다. 우리가 기억하는 장기파업은 현대자동차, 현대중공업, MBC 및 KBS, 대우조선, 지하철, 두산중공업, LG정유노동조합 등의 파업이다. 이들 노동조합의 공통점은 독점적 지대(monopolistic rent)가 있는 대기업이거나 공공부문 노동조합이라는 것이다.

현대자동차의 경우 아반떼 등을 사겠다는 사람이 대기하고 있고 파업기간에 대해서 타결 성과급과 일시금으로 임금지급이 예상되고 파업을 통해 상당한 정도의 임금인상이 이루어진다면 파업을 안 하는 바보는 없을 것이다. 이러한 상황에서 파업은 근로자들에게는 임금인상의 가장 효과적인 수단일 뿐만 아니라 유급휴가일 것이다([그림 5-5] 참조). 장기간의 파업 후에도 미출고 계약분이 충분하게 있어 일감 걱정을 할 필요가 없고 회사는 밀린 계약분을 출고하기 위해 더더욱 바삐 돌아가게 된다. 만약 파업 후에 일감이 없어진다면 이렇게 파업할 수 있을까? 매우 열악한 임금 및 근로조건에서 근무하는 봉제공장의 근로자

---

47) 경제성장률은 김동석 · 이진면 · 김민수(2002)의 <표 6-2>에 근거한다.

가 함부로 파업할 수 있을까? 파업을 했다가는 기업주가 문을 닫고 어디로 가버릴 것 같은데 파업을 할 수 있을까? 이 두 기업의 차이는 무엇인가? 현대자동차는 엄청난 독점적 지대를 누리고 있으나 봉제공장은 치열한 경쟁시장에 있다는 것이다. 현대자동차의 파업은 노사가 독점적 지대를 나눠먹는 게임이다. MBC, KBS, 지하철공사와 같은 공공부문의 파업도 국민세금으로 적자가 메워지는 가운데 노조는 독점적 지대를 더 차지하고 사용자는 이를 방어하는 게임으로 이해할 수 있다(박기성 2006).

한 기업의 반복되는 파업은 그 기업이 직면한 시장의 성격에서 그 주된 원인을 찾아야 한다. 김태기 · 윤봉준(1991)의 연구에 의하면 기업규모가 클수록, 생산물시장의 집중도가 높을수록 파업의 빈도가 높다. 경쟁의 정도가 낮을수록 독점적 지대가 커서 파업의 빈도가 높다. 그러므로 노사관계의 발전을 위해서는 경쟁을 촉진하는 정책을 시행하여 독점적 지대를 줄여야 한다. 노동수요는 생산물(제품)에 대한 수요로부터 파생되는 파생수요(derived demand)이기 때문에 생산물시장의 조건들이 노사관계의 성격을 규정한다. 독과점 등 생산물시장에 문제가 있다면 노사관계는 노사가 독점적 지대를 더 많이 갖기 위한 싸움이 주가 된다. 이런 면에서 노동부문은 생산물부문이 만든 문제를 처리하게 된다. 그동안 정부는 경쟁을 촉진하고자 하는 산업 및 금융정책을 시행해 오지 않은 것이 아니지만 별 실효를 거두지 못했다. 경쟁을 촉진하는 가장 효과적인 방법은 모든 부문에 걸쳐서 철저한 개방을 하는 것이다.

생산물시장의 경쟁을 촉진하는 것은 시장에 의해 노동조합이 제자리를 찾도록 하는 것이다. 민간부문은 제품시장이 존재하므로 이 주장이 설득력이 있지만 시장이 없는 공공부문은 어떻게 해야 되는가? 공공부문도 가급적 민영화를 통해 경쟁을 촉진해야 하지만 경쟁이 원천적으로 불가능한 일부 공공부문은 시장에 의한 노동조합의 제자리 찾기가 불가능하여 과도하게 임금이 인상되고 근로조건이 향상된다. 공공부문 노사관계에서는 민간부문에 비해 노동조합이 상대적으로 우위를 점한다. 그러므로 공공부문에서는 단체행동권의 일부를 제한하는 것이 노사관계를 대등하게 하는 것이고 경쟁에 직면한 민간부문과의 형평성에 맞을 수 있다.

둘째, 노사정위원회와 같은 사회적 합의주의를 지양해야 한다(박기성 1998). 고용안정과 노사관계의 발전, 경제위기의 극복 등을 위해 노・사・정이 한자리에 모여서 협의한다고 하는 것은 이 시대에 매우 필요한 것처럼 보인다. 특히 국민적 컨센서스를 강조하는 일부 정치가들에게 노사정위원회(tripartite commission)는 강력하게 선전하는 메뉴 중에 하나일 것이다. 그러나 노사정위원회는 시장 대신에 노사 간의 협상을 통해 몫을 나누는 장(venue)을 제공한다. 법개정에 관한 논의도 노사 간의 밀고 당기는 협상을 통해 시장경제에 반하는 합의를 도출할 가능성이 매우 높다. 예를 들어 2003년 말 노사관계 로드맵이 발표되자마자 노사가 모두 강력 반발했던 것[48]은 향후 노사정위원회 안이나 그 밖에서 이루어질 협상에서 노사 각자가 자기에게 유리한 쪽으로 협상을 유도하기 위한 것이었다. 이러한 상황에서 시장경제에 整合(정합)하는 합의를 도출하기는 매우 어려울 것이다.[49] 그리고 노사 대타협 등의 사회적 합의가 이루어지더라도 그 합의에서 피해를 보는 측에 보상을 해주어야 하는 문제가 발생하여 국가가 등장하지 않을 수 없다. 이것은 국가의 또 다른 간섭을 의미하며 노동시장의 새로운 경직성을 야기한다(민경국 2004). 박덕제(1998)가 지적하듯이 노사정위원회는 시장경제화라는 세계적 추세와 맞지 않을 뿐만 아니라 노사관계의 정치화를 야기하여 노사관계의 불확실성을 증대시킨다.

노사관계 정치화의 폐해는 시장(markert)과 정치체제(political system)를 비교하는 Becker(1958)의 일반론을[50] 거론하지 않더라도 자명하다. 그리고 노사정

---

48) 조선일보 2003. 12. 8.

49) 2006년 9월 노사정 대표들이 노조전임자 급여지원 금지와 복수노조 허용을 또 앞으로 3년간 유예하기로 합의한 것(노동부. "노사정 대타협 추진현황." 2006. 9.)이 대표적인 예일 것이다.

50) Becker(1958)는 시장에서는 생산성에 비례해서 투표권을 가지고 있어 사람들이 현명하게 행동하고, 각 경우마다 효율적인 선택을 할 수 있기 때문에 시장에 의한 자

위원회가 지향하는 사회적 합의주의(corporatism)는 다원주의(pluralism) 및 자유시장경제(free market economy)와 모순될 가능성, 노사정위원회 구성의 대표성 등 폐지의 여러 가지 이유가 있으나, 박기성(1998)은 노동부나 노사정위원회의 구성원들이 아무리 열심히 최선을 다해 일하더라도 노사관계에 대한 정책적 선택은 비효율적인 자원배분을 야기한다는 것을 보여준다. 각 사태에 직면해서는 (매기마다는) 최선의 정책이지만 全期間的(전기간적)으로는 비효율적이고(globally inefficient) 일반적으로 갈팡질팡하는 노동정책으로 나타난다. 이것은 이들의 정책적 선택이 잘못되었기 때문이 아니라 이들이 정책을 선택할 수 있는 자유재량을 가지고 있기 때문이다. 바로 이것이 이 조직들의 존재 이유이므로 이 자유재량적 정책을 방지하고 원칙에 따르기(rules rather than discretion) 위해서 노동부의 노정부서와 노사정위원회를 폐지하고 노동위원회의 조정과 법원의 법률적 심판에 의존하는 것이 바람직하다.

셋째, 임금을 생산성 수준으로 유지시키기 위해서, 필수공익사업장뿐만 아니라 모든 사업장의 사용자는 쟁의행위 기간 중 그 쟁의행위로 중단된 업무의 수행을 위하여 당해 사업과 관계없는 자를 채용 또는 대체할 수 있어야 하고 그 업무를 도급 또는 하도급을 줄 수 있어야 한다(박기성 2004). 이것은 노사관계에 시장을 도입하는 것이다(전성철 2003). 이를 위해 현행 노동조합 및 노동관계조정법 43조를 개정해야 한다. 그리고 쟁의행위 기간 중 대체근로가 가능하려면 파업 등 쟁의행위는 사업장 밖에서 이루어지도록 해야 한다. 1997년 노동법 개정 이전에는 쟁의 행위를 사업장 내에서만 하게 되어 있었다. 그러나 외국에서는 파업을 워크 아웃(walk out)이라고 하는데 이는 파업을 하면 사업장 밖으로 나가는 것이 원칙이기 때문이다. 파업 중인 근로자는 인원수와 장소의 제한을 받으면서 피켓을 들고 사업장 앞에서 시위한다. 파업에 참여하지 않는 근로자나 대체근로자는 이 피켓선을 가로질러 사업장 안으로 들어간다(cross a

---

원배분이 정치체제에 의한 자원배분보다 효율적이라고 주장한다(Becker 1958).

picket line). 현행 노동조합 및 노동관계조정법 42조에서는 주요 시설에 대한 직장점거 파업을 금지하고 있으나 주요 시설이 매우 제한적이어서(동법 시행령 21조) 실제로 모든 파업은 직장점거 파업이다. 직장 내에서 지속적인 시위, 농성, 소음 등으로 업무를 방해하지만 경찰력 등 공권력은 사용자가 요청을 해도 개입을 꺼리는 것이 현실이다. 이러한 상황에서 사용자가 취할 수 있는 대응 수단은 직장폐쇄뿐이다. 직장폐쇄를 해야만 파업에 참여한 근로자들을 직장 밖으로 내보낼 수 있다. 미국, 독일 등 선진국에서는 직장점거 파업이 불법이므로 실질적으로 직장폐쇄가 파업과 더불어 시작되지만 우리나라에서는 여러 조건들을 충족하여야 사용자가 직장폐쇄를 할 수 있다. 이런 점에서 사용자는 노동조합보다 불리하다([그림 5-6] 참조). 쟁의행위가 직장 밖에서 이루어져야 하는 것은 쟁의행위에 참여하지 않는 근로자나 대체근로자의 일할 권리를 보장해 주기 위해서도 필요하지만 소유권 및 영업권 보호 차원에서도 정부가 강력하게 지도해 나아가야 한다(박기성 2006).

〈표 5-1〉 비주택기업부문의 국민소득, 노동투입, 자본투입, 노동분배율

연도	국민소득	노동투입	자본투입	노동분배율
1963	13.41	39.75	42.59	54.67
1964	15.99	39.28	43.18	54.45
1965	16.82	43.32	43.58	55.95
1966	19.37	45.17	43.87	55.91
1967	19.96	47.63	44.09	57.45
1968	22.37	51.96	44.46	58.19
1969	26.80	54.31	45.86	60.47
1970	29.58	53.25	47.73	63.42
1971	32.64	55.77	49.28	63.64
1972	35.31	57.86	50.48	62.83
1973	41.83	60.82	52.05	63.47
1974	45.90	66.46	54.71	62.97

연도	국민소득	노동투입	자본투입	노동분배율
1975	48.82	68.19	56.99	60.98
1976	54.80	73.20	59.24	58.17
1977	61.10	75.58	62.19	56.43
1978	66.99	81.23	65.64	57.38
1979	71.49	82.80	71.34	59.97
1980	67.14	85.60	76.76	60.53
1981	71.59	89.13	80.83	59.84
1982	75.98	92.51	85.29	60.90
1983	84.68	93.41	89.85	62.87
1984	93.32	94.77	94.84	62.74
1985	100.00	100.00	100.00	62.99
1986	113.44	100.35	105.62	61.09
1987	127.61	107.58	112.81	63.18
1988	142.23	113.80	120.93	65.79
1989	151.45	117.19	129.60	69.35
1990	166.29	121.82	138.66	71.60
1991	185.26	126.29	147.49	73.11
1992	195.14	129.63	157.33	73.43
1993	205.46	134.76	168.16	72.94
1994	223.65	139.01	178.21	73.74
1995	242.01	144.54	189.38	76.94
1996	255.39	147.95	201.98	80.10
1997	267.15	147.44	214.53	77.51
1998	243.93	139.66	226.00	73.69
1999	271.39	139.19	235.55	73.11
2000	303.44	145.66	245.81	73.81

주: 1) 노동분배율은 %. 다른 것들은 1985년 수치를 100으로 지수화한 것임.

2) 자본투입은 Park(2007)이 김동석·이진면·김민수(2002)의 <표6-1>로부터 추정한 것임.

3) 국민소득과 노동투입은 박기성(2004)의 <표 1>과 도일함.

자료: 김동석 · 이진면 · 김민수(2002)의 <표 5-19>와 <표 6-1>.

출처: Park(2007)의 Table 1임.

〈표 5-2〉 노동분배율을 이용한 모수들의 추정

	(1)	(2)	(3)
$\frac{1-\alpha}{\alpha}$	0.4429** (0.1700)	0.5354*** (0.0646)	0.5642*** (0.0737)
ρ	0.0560 (0.4730)	0.8180*** (0.2408)	0.9437*** (0.2357)
β	0.0056 (0.0305)	-0.0100 (0.0209)	0.0013 (0.0238)
γ	--	0.0388** (0.0185)	0.0434*** (0.0154)
ϕ_1	1.4036*** (0.1649)	1.1845*** (0.1502)	1.1677*** (0.1531)
ϕ_2	-0.4607*** (0.1577)	-0.4797*** (0.1438)	-0.4294*** (0.1405)
$\overline{R^2}$	0.9411	0.9448	0.9507
F	140.7***	120.8***	135.9***
Durbin-Watson	1.6200	1.6900	1.7415

주: ϕ_1와 ϕ_2는 오차항의 각각 1계 및 2계 자기상관계수(the first and second autoregressive coefficients).

괄호 안은 표준오차.

*, **, *** 은 각각 한계유의수준 0.1, 0.05, 0.01을 나타냄.

출처: Park(2007)의 Table 2임.

[그림 5-1] 노동의 한계생산과 임금률

출처: Park(2007)의 Figure 2임.

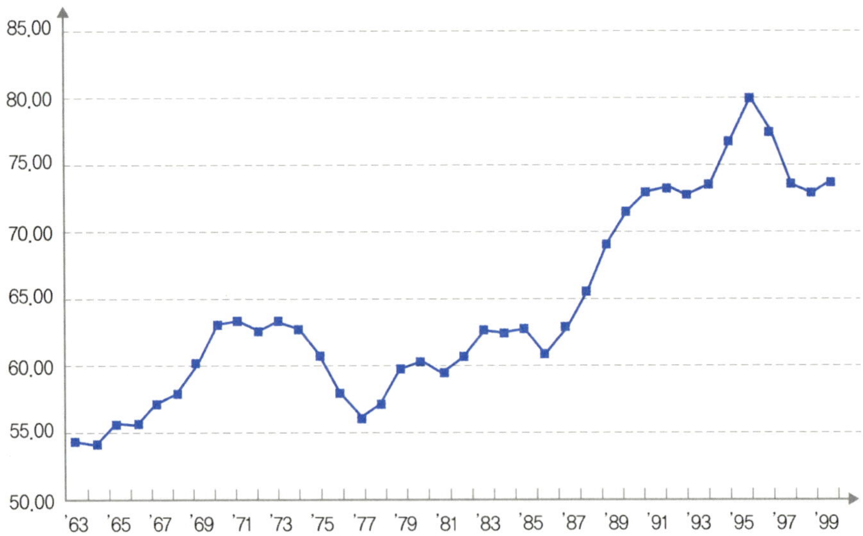

[그림 5-2] 비주택기업부문의 노동분배율

자료: 김동석 · 이진면 · 김민수(2002)의 <표 5-19>.

출처: Park(2007)의 Figure 3임.

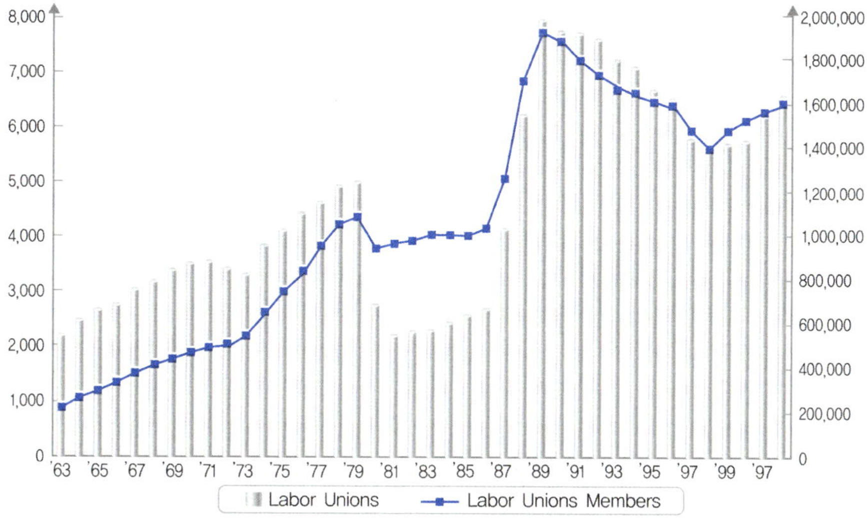

[그림 5-3] 노동조합 수 및 노동조합원 수

주: 2001년까지는 박기성(2004)의 <그림 5>임.
자료: 한국노동연구원(2004, P.139).
출처: Park(2007)의 Figure 4임.

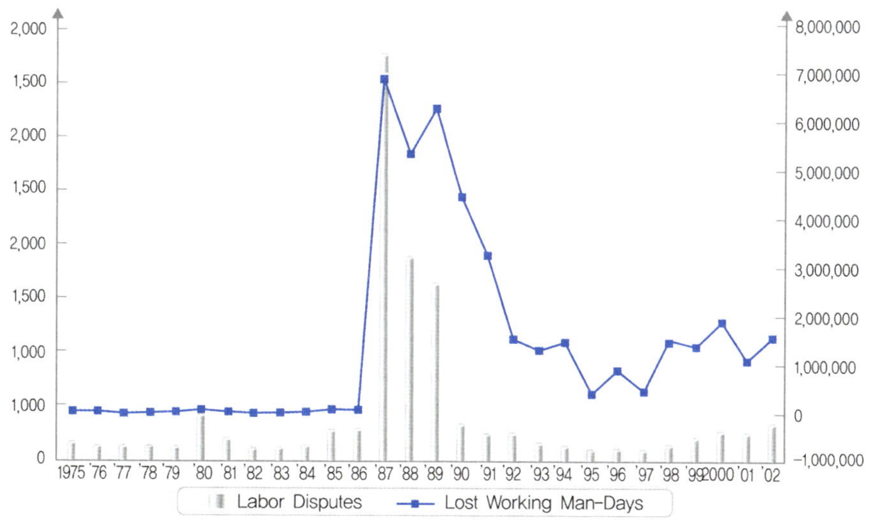

[그림 5-4] 노사분규 건수 및 노동손실일 수

자료: 안주엽 · 이시균(2002), 한국노동연구원(2004, p. 142).
출처: Park(2007)의 Figure 5이고 박기성(2004)의 <그림 6>임.

[그림 5-5] 2004년 현대자동차 파업

출처: http://app.yonhapnews.co.kr/YNA/Basic/articleArticlePhoto/YIBW_showArticlePhotoPopup.aspx?contents_id=PYH20040628011100999&from=search

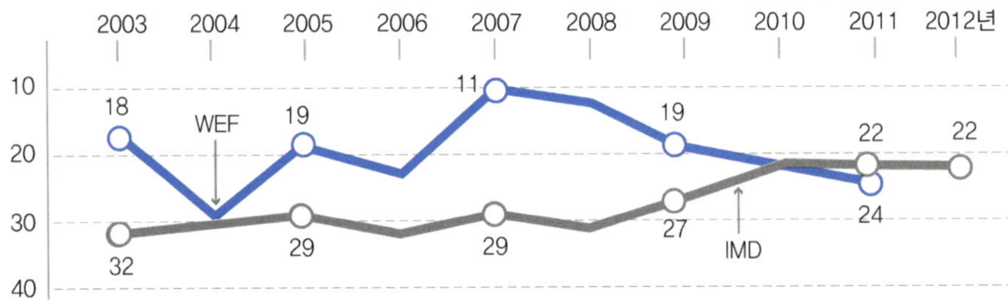

	강점		약점	
IMD (2012년 59개국)	기업의 인재유치 우대 정도 기업 GDP 대비 R&D 지출 고등교육 수학률	1위 2위 2위	노사관계 생산성 외국인 직접투자 유입액 정치 불안의 위험	53위 55위 52위
WEF (2012년 142개국)	고등교육 취학률 발명특허 건수	1위 5위	노사 간 협력 정리해고 비용	140위 118위

※IMD:스위스 국제경영개발원, WEF:세계경제포럼 자료:한국경영자총협회

[그림 5-6] 세계 속 한국의 국가경쟁력

출처: http://news.heraldcorp.com/view.php?ud=20120628000161&md=20120630003222_AN

제 6 장 노융산업의 발달이 인적자본의 수준을 향상시킨다

I. 서 론

대학생들이 취업을 위해 스펙(specification) 쌓기 경쟁을 하고 있는 것은 잘 알려져 있다. 자기 전공 이외에 영어, 컴퓨터, 한자, 제2외국어 등 다양한 스펙을 위해 해외연수를 다녀오는 등 많은 돈을 투자하면서 공부하고 있다. 졸업 후 취업을 위해 노동시장에 나갔을 때 본인에게 요구되는 스펙에 대해 정확한 정보가 없기 때문에 스펙 쌓기에 몰두하게 된다. 노동중개기관(labor market intermediary)이 있어 각자에게 취업에 필요한 적절한 스펙에 대해 알려준다면 스펙 쌓기에 대한 과도한 투자는 없어질 수 있다.

본 장은 노동중개기관의 역할에 대한 이론적 모형을 제시하고 노동중개기관이 그 역할을 수행한다면 국민경제에 큰 기여를 할 수 있음을 보인다. 노동중개기관에 대한 연구는 Autor(2009)에 집대성되어 있다. 이 연구에 의하면 노동중개기관이 노동의 수요자인 기업과 공급자인 근로자 사이에서 짝짓기(matching)를 촉진하는 긍정적인 역할을 하고 있다. 국내에는 김승택 · 노상헌 · 신현구(2006), 강순희 · 허재준 · 문우식(2010) 등의 연구가 있다. 이들은 모두 노동중개기관의 필요성을 역설하고 활성화를 위해 민간 노동중개기관을 포함한 다양한 가능성을 타진하고 있다. 그러나 노동중개기관의 역할에 대한 구체적인 이론적 모형은 거의 제시되고 있지 않다. 하나의 예외가 Laing and Palivos(1995)이다. 이들은 공석(vacancies)과 구직자(searching workers) 간의 짝짓기 기술(matching technology)을 가정하고 있으나 그 근거를 제시하고 있지 않다.

Lazear(2009)는 기업특수적 인적자본을 새로운 시각에서 설명하고 있다. 모든 기능들(skills)은 일반적(general)이고 각 기업은 이 기능들의 결합(combinations)을 사용하는데 그 결합 즉 가중치(weights)가 기업마다 다르기 때문에 기업특수적 인적자본이 있는 것처럼 보이지만 본질은 기업특수적 가중치라고 주장한다. 본 장에서도 각 기업은 기능들을 기업특수적 가중치로 결합하여 사용한다.

Ⅱ. 모 형

현실에는 자기 전공(학교 수업) 이외에 영어, 컴퓨터 등 다양한 스펙이 존재하지만 설명의 편의를 위해 전공(A)과 한 가지 스펙(B)이 있다고 가정하자. i번째 기업은 가중치 w_i로 두 기능을 결합하여 사용한다. i번째 기업에 고용된 근로자의 임금(y_i)은

$$y_i = w_i A + (1 - w_i) B.$$

이다. 노동중개기관이 이상적인 역할을 수행하여 이 근로자에게 노동시장에 진입하기 전에 정확한 w_i를 알려준다면 그는 다음을 극대화한다.

$$\max_{A,\,B} w_i A + (1-w_i)B - C(A,B)\ .$$

구체적으로 비용함수(C)를 다음과 같이 가정한다.

$$C(A,B) = cA^{\alpha} + dB^{\beta}.$$

α, β는 1보다 크다. 비용함수에 있어서 A와 B 간에 관련성이 없고 전공과 스펙의 한계비용이 체증한다. 이 근로자는 1계조건으로부터 A_i와 B_i를 각각 다음과 같이 결정한다.

$$A_i = \left(\frac{w_i}{c\alpha}\right)^{\frac{1}{\alpha-1}},$$

$$B_i = \left(\frac{w_i}{d\beta}\right)^{\frac{1}{\beta-1}}.$$

노동만 있는 이 경제에서 GDP는 다음과 같다.

$$\int_0^1 \left[w_i\left(\frac{w_i}{c\alpha}\right)^{\frac{1}{\alpha-1}} + (1-w_i)\left(\frac{1-w_i}{d\beta}\right)^{\frac{1}{\beta-1}} \right] f(w_i)dw_i.$$

$f(w_i)$는 w_i에 대한 이 경제의 확률밀도함수(probability density function)이다. 설명의 편의를 위해 이 분포가 균일분포(uniform distribution)라고 가정하자.

위 적분값은

$$\frac{\alpha-1}{2\alpha-1}\left(\frac{1}{c\alpha}\right)^{\frac{1}{\alpha-1}}+\frac{\beta-1}{2\beta-1}\left(\frac{1}{d\beta}\right)^{\frac{1}{\beta-1}}. \tag{1}$$

이 된다.

노동중개기관이 없어 각 근로자가 어느 기업에 고용될지 모르는 경우를 고려하자. 이 경우 w_i에 대한 정확한 정보가 없고 그 분포만을 안다면 각 근로자는 다음을 극대화한다.

$$\max_{A,B}\int_0^1[w_iA+(1-w_i)B]f(w_i)dw_i-(cA^{\alpha}+dB^{\beta}).$$

1계조건으로부터 전공($\overline{A}$)과 스펙($\overline{B}$)은 다음과 같다.

$$\overline{A}=\left(\frac{\overline{w}}{c\alpha}\right)^{\frac{1}{\alpha-1}},$$

$$\overline{B}=\left(\frac{1-\overline{w}}{d\beta}\right)^{\frac{1}{\beta-1}}.$$

$\overline{A}$와 $\overline{B}$는 w_i의 평균($\overline{w}$)에 따라 결정된다. 이 경제의 GDP는 다음과 같다.

$$\int_0^1\left[w_i\left(\frac{\overline{w}}{c\alpha}\right)^{\frac{1}{\alpha-1}}+(1-w_i)\left(\frac{1-\overline{w}}{d\beta}\right)^{\frac{1}{\beta-1}}\right]f(w_i)dw_i.$$

그리고 균일분포를 가정하면 $\overline{w}$은 0.5이고 위 적분값은

$$\frac{1}{2}\left(\frac{1}{2c\alpha}\right)^{\frac{1}{\alpha-1}}+\frac{1}{2}\left(\frac{1}{2d\beta}\right)^{\frac{1}{\beta-1}}. \tag{2}$$

이다. 우리는 (1)이 (2)보다 큰 것을 보일 수 있다. 노동중개기관을 운영하는 비용(m)이 (1)과 (2)의 차이보다 작으면 노동중개기관이 존재할 필요가 있다.

기업이 원하는 전공과 스펙의 가중치와 근로자들의 가중치가 현격하게 차이가 나면 기업은 근로자를 고용할 수 없을 수 있다. 가중치가 a에서부터 b인 근로자만 고용된다면 GDP는 다음과 같이 된다.

$$\int_a^b\left[w_i\left(\frac{\overline{w}}{c\alpha}\right)^{\frac{1}{\alpha-1}}+(1-w_i)\left(\frac{1-\overline{w}}{d\beta}\right)^{\frac{1}{\beta-1}}\right]f(w_i)dw_i.$$

여기서 $0<a<b<1$이다. 균일분포 하에서 이 적분값은

$$(b^2-a^2)\left[\frac{1}{2}\left(\frac{1}{2c\alpha}\right)^{\frac{1}{\alpha-1}}+\frac{1}{2}\left(\frac{1}{2d\beta}\right)^{\frac{1}{\beta-1}}\right]. \tag{3}$$

이다. (3)은 (2)보다 작다.

Ⅲ. 모형의 함의[51)]

1. 노융산업의 의의

생산의 2대 요소는 노동과 자본이다. 자본은 공급자와 수요자를 중개하는 은행, 증권회사 등 금융기관이 있고 金融産業이 잘 발달되어 있다. 노동(인적자본)은 자본보다 정보의 비대칭(asymmetric information) 문제가 더 심각하나 수요자(기업)와 공급자(근로자)를 중개하는 노동시장 중개기관(labor market intermediary)이 매우 적고, 인적자본(human capital)에 대해서는 산업 또는 시장이라는 개념조차 정립되어 있지 않다. 인적자본을 실물자본(physical capital)과 유사하게 취급하여 勞融産業(人的資本産業)으로 발전시키는 것이 매우 필요하다. 금융기관을 중심으로 실물자본의 공급자와 수요자를 총칭하여 金融産業이라고 하듯이, 알선, 파견, 용역, 등 노동중개기관을 중심으로 노동의 공급자와 수요자를 총칭하여 勞融産業(人的資本産業)이라고 명명한다. [그림 6-1]은 금융산업과 노융산업을 비교하고 있다. 노융산업이 발전하면 일하고자 하는 모든 국민에게 적절한 일자리를 제공하여 경제성장을 견인할 것이며 지금 다니고 있는 직장에만 집착하는 것을 완화하여 노사관계의 안정에 기여할 것이다. 또한 성장동력산업으로 아시아 및 선진국에 진출하여 선점할 가능성도 있다.

51) 박기성(2011)을 수정·보완한 것이다.

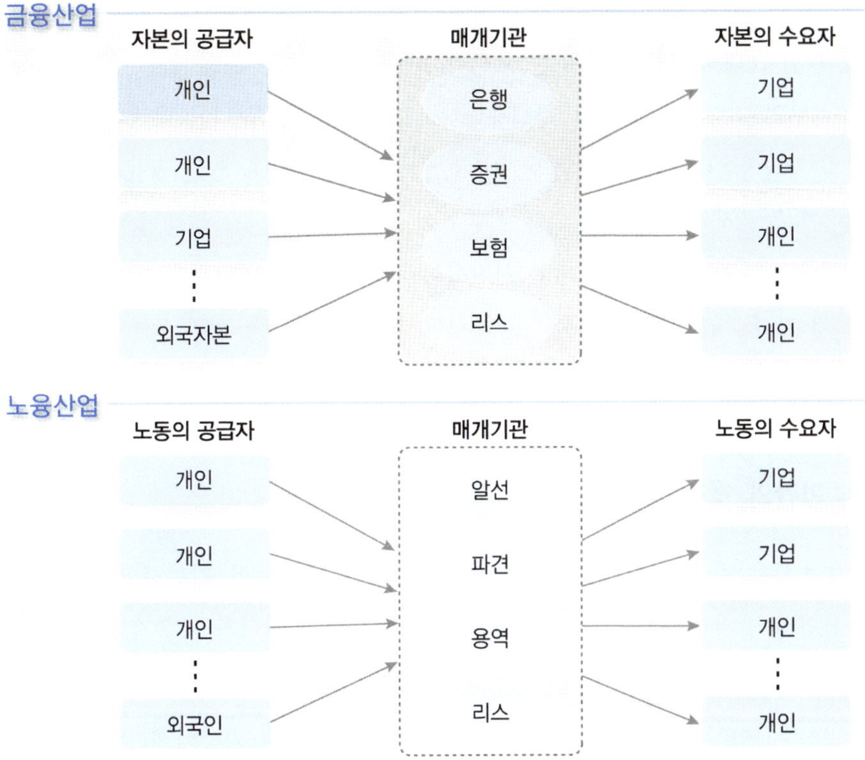

[그림 6-1] 금융산업과 노융산업의 비교

2. 노융산업의 발전 가능성

이 산업에는 취업알선, 정보제공, 상담, 준비, 교육훈련, 헤드헌팅, 인력파견, 용역, 전직지원, 기업의 인사관리 대행 등이 포함될 것이다. 미국에는 인사업무를 대행하는 전문고용업체(PEO: professsional employer organization)가 700여개 존재하며, 인력리스(employee leasing) 회사, 임시적 인력 지원(temporary help service) 회사 등이 다수 존재한다. 금융산업은 한국이 미국의 1/13 규모인데 비해 고용서비스산업은 1/61 규모에 지나지 않아 노융산업이 발전할 가능성은 매우 높다.

최근 우리나라의 고용률은 60% 수준에 고착되어 증가하지 않고 있으며 특히 청년층(15-29세) 고용률은 오히려 하락하고 있다. 고용 없는 성장(jobless growth)의 최대의 피해자는 청년층이다. 그 원인 중의 하나는 우리나라 노동시장의 경직성이다. 노동관련법과 노동조합으로 과보호되고 있는 정규직과 그렇지 않은 비정규직의 양극화로 인해 청년들이 가고자 하는 일자리가 줄어들고 있다. 그러나 노동시장과 노사관계의 선진화는 정치권의 좌측 이동으로 당분간 요원할 것 같다. 이러한 상황에서 노동시장이 제 역할을 하기 위한 돌파구로 노융산업의 육성을 적극적으로 고려해야 한다.

3. 민간의 적극적 참여 유도

정부는 공공 고용안정기관의 확대를 통해 매개기능을 강화하고 있으나 노융산업의 발전과 시장의 확대를 가져오지 못할뿐만 아니라 효율적 인적자원의 배분을 촉진시키는 역할을 하지 못하고 있다. 정부는 최근까지 민간 勞融企業(노융기업)을 장려하는 역할보다는 그 부작용만을 우려하여 규제하는 기능에 치우쳐 관련 산업의 발전이 제약되어 왔다. 금융산업이 20세기 자본주의 발전을 주도해 왔다면 21세기에는 노융산업(인적자본산업)이 발전을 주도하고 경제성장을 견인할 것이다. 즉 21세기는 인적자본주의(human capitalism) 시대가 될 것이다.

다양한 인적자본의 임금에 대한 전망(expectations)은 인력 수급에 대한 전망을 반영한다. 미래의 노동시장에 영향을 줄 수 있는 정보는 각종 생산물시장 정보, 학교교육 정보, 각 업종별·직종별 정보 등 엄청난 양에 달해 한두 기관이나 정부가 취합하여 분석할 수 없다. 또한 정부를 포함한 공공부문은 이러한 정보를 취합하여 정확한 전망을 하고 그에 따라 적절한 서비스를 제공할 유인(incentives)도 적다.

그러므로 민간부문을 적극적으로 참여시킴으로써 노융산업(인적자본산업)을 육성하는 것이 바람직하다. 각 민간 노융기업은 이윤을 극대화하기 위해 나름대로 정확한 전망을 하려고 할 것이고 적절한 서비스를 공급하려고 노력할 것이다. 이렇게 노융서비스의 공급량과 수요량이 일치하여 형성된 균형은 노동시장에 관련된 모든 정보를 반영하게 될 것이다. 그러므로 노융산업의 발전을 위해서는 민간부문의 활발한 참여가 필수적이다. 금융기관과 유사하게 노동의 수요자와 공급자 사이에서 적절한 교육훈련, 정보, 상담, 취업알선, 취업 후 노사의 고충처리뿐만 아니라 직접 파견, 용역 근로자를 제공하는 종합적인 민간 인력회사의 육성이 반드시 필요하다.

민간 인력회사의 유형은 크게 전문고용업체(PEO: professional employer organization)와 고용알선기관(employment agency)로 구분된다. 이 중 PEO는 독자적으로 종업원을 보유하고 있으며, 특정 직무에 대해서 고용주와의 계약을 통해 필요한 인력을 공급(employee leasing)해 준다. 미국은 2002년 현재 대략 3백만 명 정도의 인력이 근로자 파견을 하고 있는 PEO에 고용되어 있는 것으로 추정된다(Omaha World-Herald 2002). 고용알선기관(employment agency)은 PEO와는 다르다. 고용알선기관은 구직자(job seeker)를 위해 고용 탐색 서비스를 제공하고 고용주에게 소개한다. 고용알선기관은 공공기관과 사설기관으로 대별된다. 공공알선기관은 지역별로 운영되고 있으며 알선수수료를 받지 않는 반면, 사설알선기관은 제공하는 서비스, 비용, 정책, 지원자 유형 등에 커다란 차이를 보이고 있으며, 일부 기관은 중역, 관리자, 또는 전문직에 특화하여 영업을 하고 있다. 특히 임원 관리직의 고용알선에 특화하는 업체를 임원알선업체(executive search firm)라고 하며, 이들은 구직자의 고용이 성사되면 중계 수수료를 부과하는 성공 조건부 수수료 부과형(contingency firm)과 구직자와 고객사에게 소개할 때마다 고객에게 수수료를 받는 고정 수수료 부과형(retainer firm)의 두 가지 형태로 구분된다. 우리나라의 경우 전문고용업체와 고용알선기관이 최근 들어 빠른 성장을 하고 있지만, 아직도 미국 등 선진국에 비하면 아직도 발전의 여지가 많다고 볼 수 있다.

이를 위해 민간 노동시장 매개기관(private labor market intermediary)의 설

립과 운영이 가능하도록 법적, 제도적 정비를 하고 육성을 위한 정책적 지원을 해야 한다. 예를 들어 근로기준법 제9조(중간 착취의 배제)의 “누구든지 법률에 따르지 아니하고는 영리로 다른 사람의 취업에 개입하거나 중간인으로서 이익을 취득하지 못한다”라는 규정도 전향적으로 검토해 볼 필요가 있다.

4. 노동조합의 역할과 감독

Freeman and Rehavi(2009)는 노동중개기관으로서의 노동조합의 역할을 강조하면서 앞으로 노동조합이 살아남을 수 있는 대안으로 이 기능을 제시하였다. 물론 금융감독이 필요하듯이 불법 및 탈법을 방지하면서 건전한 발전을 위해 노융감독도 필요하다. 이를 위해 노융감독 장치를 마련하고 공공 고용안정기관과의 역할 분담 등에 대한 구체적인 발전 방안이 마련될 필요가 있다.

PART Ⅲ

고용형태 및 인적속성이 임금에 미치는 영향

제 7 장 출신지역에 따라 임금이 달라질까?[52)]

I. 서론

출신지역에 따라 임금 등 노동시장의 성과에 차이가 있는 것은 한국사회의 독특한 특징 중의 하나일 것이다. 박기성 · 김용민(2000)과 Kim and Park(2004)은 임금, 고용 등 노동시장에 나타난 출신지역 간 차이를 보고하고 있다. 본 장에서는 1998년과 2002년의 한국노동패널 자료를 이용하여 이 4년 동안에 일어난 출신지역 간 임금격차의 변화를 알아본다.

이 기간은 김대중 대통령의 "국민의 정부"가 집권했던 기간으로 호남 중심의 지역편중 인사가 논란이 되었다. 예를 들어 2000년 3월 10대 권력핵심(국무총리, 감사원장, 국가정보원장, 국방장관, 법무장관, 행정자치부장관, 대통령비서

52) 이 장은 김용민 · 박기성(2005)을 전재하면서 수정 · 보완한 것이다.

실장, 검찰청장, 국세청장, 경찰청장) 중 50%인 5명이, 장관급 28명 중에서 35.7%인 10명이 호남출신으로 1998년 현재 호남출신의 전체 인구비중인 20.4%를 크게 상회하였다.[53] 1990년에서 2002년까지 법무장관, 검찰청장, 경찰청장, 국정원장의 출생 지역을 살펴보면 호남출신은 노태우 정권 0.0%, 김영삼 정권 7.1%, 김대중 정권 52.9%로 급증한 반면에 영남출신은 각각 63.6%, 78.6%, 17.6%로 급감하였다(유의영 2003).

본 장에서는 이러한 정부 부문의 지역편중인사가 일반적인 노동시장에도 영향을 주었는지 여부를 임금을 중심으로 살펴본다. 출신지역 간 임금격차가 "국민의 정부" 집권 기간 동안 어느 방향으로 움직였는가를 알아본다. 아울러 이 기간 동안 남성과 여성 간 임금격차의 변화도 살펴본다.

Kim and Park(2004)은 출신지역 간 임금격차 중 어느 정도가 기호적 차별(taste discrimination; Becker 1957)인지를 추정하였다. 본 장은 동일한 방법을 1998년과 2002년 자료에 적용하여 출신지역 간 임금격차를 생산성 차이와 기호적 차별로 분해한다.

본 장의 구성은 다음과 같다. 다음 절에서는 자료의 구성과 기초통계치를 서술한다. III절에서는 Kim and Park(2004)이 제시한 추정 방법을 소개한다. IV절에서는 이 방법에 따라 추정된 1998년과 2002년 임금함수를 가지고 출신지역 간, 성간 임금격차의 변화를 살펴본다. V절에서는 쟁점과 논의를 정리한다.

---

53) 이 수치는 한국노동패널(KLIPS)의 1998년 자료에 근거한 것이다. 출신지역이 표시된 표본 13,738명 중 서울/경기출신이 3,156명(23.0%), 영남출신이 4,461명(32.5%), 호남출신이 2,809명(20.4%), 충청/강원출신이 2,586명(18.8%), 기타 726명(5.3%)으로 나타났다.

Ⅱ. 자료의 구성과 기초통계

사용되는 자료는 1998년과 2002년 한국노동패널(KLIPS) 자료이다. 제주와 북한 및 해외출신을 제외하고 출신지역을 서울/경기, 영남, 호남, 충청/강원의 네 지역으로 나누었다. 일반적으로 임금근로자에 비해 고용주, 자영업자 등 비임금근로자의 소득에 대한 조사의 정확성이 떨어지므로 임금근로자만을 분석대상으로 하였고 2000년 소비자물가지수로 조정된 월총임금이 30만원 미만인 근로자는 제외하였다.[54)]

<표 7-1>은 1998년 주요변수들의 출신지역별 평균과 표준편차를 보여준다.[55)] 월총임금은 호남출신이 가장 낮으며 충청/강원출신이 가장 높다. 그러나 이 비교는 교육, 연령, 근속 등 인적자본 변수들을 통제하지 않은 것이다. 서울/경기출신 임금근로자는 다른 지역출신 임금근로자에 비해 여성이 많고, 연령이 낮고, 본인 및 아버지의 학교교육 받은 기간이 길고, 근속이 짧고, 미혼자가 많고, 병역미필자가 많다.

<표 7-2>는 2002년 주요변수들의 출신지역별 평균과 표준편차를 보여준다. 1998년과 달리 호남출신의 월총임금이 가장 높다. 인적자본을 통제한 후 비교해야 의미 있는 것이지만 "국민의 정부" 기간 동안 호남출신의 약진을 시사한다.

---

54) 본 장의 모든 임금은 2000년 소비자물가지수로 조정된 실질임금이다.

55) <표 7-1>과 <표 7-3> 등 1998년 관련 서술은 Kim and Park(2004)과 동일하다.

〈표 7-1〉 1998년 임금근로자의 주요변수들의 출신지역별 평균과 표준편차

변수	서울/경기	영남	호남	충청/강원	전국
월총임금(원)	1,221,884 (699,960)	1,196,240 (683,444)	1,161,298 (614,644)	1,234,888 (667,755)	1,202,911 (670,535)
여성더미	0.407 (0.492)	0.339 (0.474)	0.378 (0.485)	0.338 (0.473)	0.364 (0.481)
연령(년)	32.968 (9.995)	36.916 (10.902)	37.257 (10.879)	37.476 (10.181)	36.123 (10.687)
교육년수	13.249 (2.852)	12.331 (3.274)	12.089 (3.423)	12.258 (3.345)	12.492 (3.252)
아버지의 교육년수	9.097 (4.496)	6.667 (4.700)	6.512 (4.716)	6.696 (4.669)	7.242 (4.766)
근속년수	4.530 (5.624)	6.117 (6.977)	6.040 (7.468)	6.552 (7.432)	5.795 (6.915)
직무만족	2.977 (0.751)	2.970 (0.717)	3.035 (0.750)	3.003 (0.730)	2.992 (0.736)
결혼더미	0.555 (0.497)	0.723 (0.448)	0.750 (0.434)	0.790 (0.408)	0.700 (0.458)
병역필더미	0.474 (0.500)	0.528 (0.499)	0.461 (0.499)	0.537 (0.499)	0.502 (0.500)
서울/경기이주더미	0.000 (0.000)	0.229 (0.420)	0.481 (0.500)	0.529 (0.500)	0.287 (0.452)
표본 수	836	1,132	723	681	3,372

주: 괄호 안은 표준편차이다.

자료: 한국노동연구원. 한국노동패널. 1998년.

〈표 7-2〉 2002년 임금근로자의 주요변수들의 출신지역별 평균과 표준편차

변수	서울/경기	영남	호남	충청/강원	전국
월총임금(원)	1,308,230 (805,951)	1,255,094 (721,654)	1,365,865 (767,717)	1,273,503 (700,106)	1,295,800 (752,491)
여성더미	0.434 (0.496)	0.404 (0.491)	0.395 (0.489)	0.417 (0.494)	0.413 (0.492)
연령(년)	34.019 (9.643)	35.294 (9.810)	37.337 (10.164)	37.945 (10.411)	35.835 (10.058)
교육년수	13.343 (2.806)	12.990 (2.648)	12.801 (2.876)	12.695 (2.795)	12.997 (2.776)
아버지의 교육년수	10.000 (3.568)	8.804 (3.158)	8.692 (3.229)	8.479 (3.218)	9.057 (3.355)
근속년수	4.206 (5.593)	5.107 (6.384)	5.609 (7.013)	5.631 (6.909)	5.052 (6.431)
직무만족	2.895 (0.515)	2.879 (0.542)	2.920 (0.587)	2.920 (0.584)	2.899 (0.552)
결혼더미	0.537 (0.499)	0.628 (0.484)	0.741 (0.438)	0.722 (0.448)	0.643 (0.479)
병역필더미	0.430 (0.495)	0.434 (0.496)	0.475 (0.500)	0.453 (0.498)	0.445 (0.497)
서울/경기이주더미	0.000 (0.000)	0.195 (0.397)	0.471 (0.500)	0.517 (0.500)	0.255 (0.436)
표본 수	724	861	522	472	2,579

주: 괄호 안은 표준편차이다.
자료: 한국노동연구원. 「한국노동패널」. 2002년.

Ⅲ. 생산성 차이와 기호적 차별

Kim and Park(2004)에 의하면 생산성 차이와 기호적 차별을 고려한 임금함수를 아래의 식 (1)-(3)을 이용하여 추정할 수 있다.[56)]

$$w_i = \alpha P_i^* + \beta R_i + \epsilon_i. \quad (1)$$

여기서 w_ii는 i번째 근로자의 임금, P_i^*는 연구자에게 관찰되지 않는 생산성(unobserved productivity), R_i은 특정 집단더미, ϵ_i는 직교 오차항(orthogonal noise)이고 α는 양수이다.[57)] 만약 기호적 차별이 없다면 β가 0이어야 한다. 정확한 생산성은 관찰되지 않지만 그것의 신호(signal)는 관찰된다. 생산성과 생산성 신호와는 다음과 같은 관계가 있다.

$$P_i = P_i^* + \eta_i. \quad (2)$$

여기서 P_i는 관찰되는 생산성 신호(observed productivity signal)이고 η_i는

---

56) 통계적 차별(statistical discrimination, Phelps 1972, Aigner and Cain 1977, Lundberg and Startz 1983, Neumark 1999)은 고용주가 근로자의 생산성을 정확히 몰라서 근로자의 생산성에 대한 정보를 얻기 위해 그 근로자가 속한 집단의 정보를 이용하는 것이다. 이러한 상황은 근로자의 채용 후 초임을 결정할 때 빈번히 발생할 수 있으므로 Neumark(1999)는 근로자의 채용 후 초임을 분석했다. 반면에, 본 장의 경우는 고용주가 근로자의 생산성을 정확히 알지만 연구자에게 정확한 생산성이 알려지지 않아 발생하는 문제이다. 이 문제는 모든 근로자에게 해당될 수 있으므로 모든 근로자를 대상으로 분석했다. 그러나 두 경우 모두 집단 간의 생산성 차이를 전제로 한다. 본 장의 모형은 Neumark(1999) 모형의 틀(framework)을 이용한 것이지만 그 내용은 이와 같이 전혀 다르다.

57) w_i, P_i^*, P_i가 각각 평균으로부터의 편차(deviation)로 측정된다.

ϵ_i와 상관관계가 없는 직교 오차항이라고 가정한다. 예를 들어 교육이 관찰되는 생산성 신호이고, 이것은 생산성과 위의 식에 의해서 연결된다. 위의 두 식으로부터 다음의 추정식(estimation equation)을 얻는다.

$$w_i = \alpha P_i + \beta R_i + \epsilon_i - \alpha \eta_i. \qquad (3)$$

식 (2)와 (3)으로부터 P_i가 식 (3)의 오차항($\epsilon_i - \alpha\eta_i$)과 음의 상관관계가 있음(negatively correlated)을 알 수 있다.[58] α의 최소자승(OLS: ordinary least squares) 추정치의 확률극한(probability limit)을 구하면 다음과 같다.

$$\begin{aligned} plim\ \alpha_{OLS} &= \alpha + \frac{Cov(P_i, \epsilon_i - \alpha\eta_i)}{Var(P_i)} \\ &= \alpha \frac{Var(P_i^*)}{Var(P_i^*) + Var(\eta_i)} < \alpha. \end{aligned}$$

α의 최소자승 추정치(α_{OLS})는 일치추정치가 아니고(inconsistent estimator) 희석 편의(attenuation bias)를 가진다. 그리고 기업이 그 동안의 경험을 통해 동일한 P_i가 관찰되더라도 어느 특정 집단 근로자의 P_i^*가 낮다는 것을 알면, 특정 집단에 있어서 η_i가 상대적으로 높아 R_i도 식 (3)의 오차항($\epsilon_i - \alpha\eta_i$)과 음의 상관관계를 가진다. 예를 들어, 고용주가 서울/경기 이외 지역출신들을 고용하여 서울/경기출신들과 같은 수준의 교육을 받았어도 이들의 생산성이 상대적으로 낮아 이들의 임금을 생산성에 따라 서울/경기출신들보다 낮게 준다고 하자. 이 경우 식 (3)을 최소자승 추정을 하면 이들의 임금이 서울/경기출신들의 임금보다 낮게 추정되어 이들이 차별을 당하고 있는 것처럼 보이지만, 생산성에 따라

58) $E[P_i(\epsilon_i - \alpha\eta_i)] = E[(P_i^* + \eta_i)(\epsilon_i - \alpha\eta_i)] = -\alpha Var(\eta_i) < 0.$

임금이 지급된 것이다. 식 (2)로부터 이 비서울/경기출신들에 있어서 η_i가 상대적으로 높아 비서울/경기출신을 나타내는 R_i와 식 (3)의 오차항($\epsilon_i - \alpha\eta_i$)이 음의 상관관계를 가진다. 즉 $Cov(R_i, \eta_i)$가 양의 값을 가진다. β의 보통최소자승 추정치의 확률극한을 구하면 다음과 같다.

$$
\begin{aligned}
plim\ \beta_{OLS} &= \beta + \frac{Cov(R_i, \epsilon_i - \alpha\eta_i)}{Var(R_i)} \\
&= \beta - \alpha\frac{Cov(R_i, \eta_i)}{Var(R_i)} < \beta.
\end{aligned}
$$

β의 최소자승 추정치는 하향 편의(downward bias)를 가진다. 이 경우 일치추정치(consistent estimator)를 얻으려면 도구변수(IV: instrumental variables) 추정을 한다. 집단간 임금격차가 완전히 기호적 차별에 기인한다면 β의 IV 추정치(β_{IV})와 OLS 추정치가 일치할 것이다. 반면에 이 임금격차가 완전히 생산성 차이에 기인한다면 β의 IV 추정치는 0에 가까울 것이다. 그리고 이 임금격차가 부분적으로 기호적 차별과 생산성 차이에 기인한다면 β_{IV}는 0이 아니고 β_{OLS}는 β_{IV}보다 작을 것이다. 그러므로 집단간 임금격차에 대해 위의 세 가설 중 어느 것이 타당한가는 하우스만 검정(Hausman's test, 1978)을 하면 알 수 있다.

Ⅳ. 임금함수의 추정과 비교

<표 7-3>은 1998년 임금함수에 대한 추정이다. 종속변수는 월총임금의 로그값이다. 열 (1)은 보통최소자승 추정치이다. 서울/경기출신의 임금에 비해 영남, 호남, 충청/강원출신의 임금은 각각 9.2%, 12.4%, 8.5% 낮다. 그리고 여성의

임금은 남성에 비해 36.0% 낮다. 이러한 임금격차를 모두 기호적 차별에 기인한다고 할 수 있을까?

열 (2)는 아버지의 교육년수를 도구변수로 사용한 도구변수 추정치이다. 도구변수는 생산성 신호와 상관관계가 있지만 식 (2)의 η_i와는 상관관계가 없으며 식 (1)에 나타나지 않는 변수이어야 한다. 근로자의 교육년수라는 생산성 신호를 고려하자. 근로자 아버지의 교육년수는 근로자의 교육년수와 상관관계가 있지만 식 (2)의 η_i와는 상관관계가 없으며 근로자의 정확한 생산성(P_i^*)이 주어지면 그 근로자의 임금에 영향을 주지 않는다. 열 (1)과 (2)를 비교하면, III절에서 추론한 대로, 교육년수 및 영남, 호남, 충청/강원출신 근로자의 계수가 각각 도구변수 추정치에 비해 최소자승 추정치가 아래쪽으로 편의하고 있음을 알 수 있다. 각각에 하우스만 검정을 하면 한계유의수준이 모두 0.05 이하이다. 따라서 식 (3)에서 교육년수의 外生性(exogeneity)과 서울/경기 이외 지역출신에 대한 저임금이 완전히 기호적 차별에 기인한다는 가설은 기각된다. 그리고 각 출신지역 근로자 계수의 도구변수 추정치는 통계적으로 유의하게 0이 아니다. 따라서 출신지역 간 임금격차가 완전히 생산성 차이에 기인한다는 가설도 기각된다. 그러므로 출신지역 간 임금격차는 부분적으로 기호적 차별과 생산성 차이에 기인한다. 즉, 비서울/경기출신의 상대적 저임금의 일부는 생산성 차이에 기인한다. 구체적으로 최소자승 추정에 나타난 서울/경기출신의 임금에 비한 영남, 호남, 충청/강원출신의 상대적 저임금의 15.2%, 15.3%, 22.4%가 각각 생산성 차이에 기인한다.

그러나 여성더미의 계수는 최소자승 추정치과 도구변수 추정치 사이에 별 차이가 없어, 여성의 상대적 저임금은 완전히 기호적 차별에 기인한다고 할 수 있다. 열 (2)에 의하면 영남, 호남, 충청/강원출신은 서울/경기출신에 비해 각각 7.8%, 10.5%, 6.6% 낮은 임금을 받고 있다. 여성은 남성에 비해 36.1% 낮은 임금을 받고 있다.

〈표 7-3〉 임금함수의 보통최소자승 추정과 도구변수 추정: 1998년

변수	(1) OLS	(2) IV
절편	12.279*** (0.119)	12.033*** (0.159)
여성더미	-0.360*** (0.026)	-0.361*** (0.026)
영남더미	-0.092*** (0.022)	-0.078*** (0.023)
호남더미	-0.124*** (0.026)	-0.105*** (0.027)
충청/강원더미	-0.085*** (0.027)	-0.066** (0.028)
연령	0.044*** (0.0060)	0.044*** (0.0061)
연령제곱	-0.00054*** (0.0000704)	-0.00051*** (0.00071)
교육년수	0.060*** (0.0029)	0.077*** (0.0078)
근속년수	0.026*** (0.0014)	0.0024*** (0.0017)
결혼더미	0.056** (0.028)	0.053* (0.028)
병역필더미	-0.020 (0.025)	-0.047* (0.028)
서울/경기이주더미	0.084*** (0.020)	0.072*** (0.021)
표본 수	3372	3372
Adjusted R^2	0.4129	-
하우스만 검정의 p값		
교육년수	-	0.019
여성더미	-	0.721
영남더미	-	0.024
호남더미	-	0.023
충청/강원더미	-	0.023

주: 종속변수는 월총임금의 로그값이다.
괄호 안은 표준오차이다.
* p < 0.1, ** p < 0.05, *** p < 0.01.

자료: 한국노동연구원. 한국노동패널. 1998년.

<표 7-4>는 2002년 임금함수에 대한 추정이다. 최소자승 추정인 열 (1)과 도구변수 추정인 열 (2)를 비교하면, <표 7-3>과 마찬가지로, 교육년수 및 영남, 호남, 충청/강원출신 근로자의 계수가 각각 도구변수 추정치에 비해 최소자승 추정치가 아래쪽으로 편의하고 있다. 각각에 하우스만 검정을 하면 한계유의수준이 모두 0.05 이하이다. 그러나 영남 및 충청/강원출신 근로자 계수의 도구변수 추정치가 통계적으로 유의하게 0이 아니다. 그러므로 영남 및 충청/강원출신과 서울/경기출신 간 임금격차는 부분적으로 기호적 차별과 생산성 차이에 기인한다. 즉, 영남 및 충청/강원출신의 상대적 저임금의 일부는 생산성 차이에 기인한다는 것이 다시 한 번 확인된다. 구체적으로 최소자승 추정에 나타난 서울/경기출신의 임금에 비한 영남과 충청/강원출신의 상대적 저임금의 13.5%와 17.0%가 각각 생산성 차이에 기인한다.

1998년 임금이 가장 낮았던 호남출신이 2002년에는 서울/경기출신 다음으로 임금이 높다. 생산성 차이를 시정한 열 (2)에서는 호남출신의 임금이 서울/경기출신의 임금과 통계적으로 유의하게 다르지 않다. <표 7-3>과 비교하면 호남출신의 상대적 저임금이 가장 많이 개선되었음을 알 수 있다. 구체적으로 도구변수 추정치를 근거로 계산하면 영남과 충청/강원출신의 상대적 임금은 각각 0.5% 포인트와 2.2% 포인트 더 낮아졌으나 호남출신의 상대적 임금은 7.3% 포인트 상승하여 서울/경기출신의 임금과 통계적으로 유의한 차이가 없게 되었다. 즉, 2002년 최소자승 추정에 나타난 호남출신의 상대적 저임금은 생산성 차이에 기인한다.

1998년과 2002년 사이 호남출신의 상대적 임금 상승을 표본선택편의(sample selection bias)의 결과로 볼 수 있을까? 즉, 1998년 호남출신 임금근로자 중에서 상대적으로 많은 근로자가 2002년 비임금근로자(<표 7-5>의 주 참조)가 되고 2002년에도 임금근로자인 호남출신은 상대적으로 우수한 근로자여서 이 기간 동안 호남출신의 상대적 임금 상승이 이루어졌을까? <표 7-5>는 이 기간 동안 임금근로자의 출신지역별 취업상태 변화를 보여준다. 1998년 임금근로자 중 2002년에도 임금근로자인 비율은 서울/경기출신 44.4%, 영남출신 39.8%, 호남출신 40.1%, 충청/강원출신 39.5%로 출신지역 간의 차이가 통계적으로 유의하지 않다.

"국민의 정부" 집권 기간 동안 발생한 호남출신 근로자의 상대적 임금 상승은 몇 가지 논리를 가지고 설명해 볼 수 있다. 먼저, "국민의 정부" 집권 기간 동안 호남출신 근로자가 상대적으로 활발하게 승진했다고 볼 수 있다. 또한 호남출신 근로자가 이직할 때 보다 좋은 조건을 가진 직장 또는 직무를 구할 수 있었다고 추정해 볼 수 있다. 한 예로 김용민 · 이수일(2001)은 1997년 이후 호남출신 최고경영자(chief executive officer)의 약진을 보여준다. 전체 최고경영자 중에서 호남출신이 차지하는 비율은 1997년 8.2%(82명)에서 2000년 10.2%(97명)로 증가했고, 호남 명문고인 광주일고, 광주고, 전주고, 목포고 출신 최고경영자가 차지하는 비율은 1997년 4.8%(44명)에서 2000년 6.6%(61명)으로 증가했다. 마지막으로, 이 기간 동안 호남출신 근로자가 자신이 열심히 일하면 승진을 하거나 좋은 직장으로 갈 수 있다는 믿음을 갖게 되었다는 논리도 가능하다. 이 믿음이 이들로 하여금 열심히 일하고자 하는 동기를 부여하게 되었고 그 결과 임금이 상승했다는 추론이 가능하다. 이러한 논리들의 배경에는 "국민의 정부"가 추구했던 지역차별 해소정책 내지 호남우대정책이 영향을 주었을 것으로 추측되나, 시장적인 요인과 정책적인 요인을 엄밀하게 분리하여 추정하는 것은 추후 과제로 남겨둔다.

1998년 추정과 달리 2002년 추정에서는 여성더미의 계수가 최소자승 추정치보다 도구변수 추정치가 더 낮고 하우스만 검정의 한계유의수준도 0.05 이하이다. 2002년에 한정하여 이것을 해석하면 다음과 같다. 여성에 대한 기호적 차별이 매우 크지만 같은 교육을 받은 남성보다 생산성이 높은 것을 고용주가 알게 되었다. 이것은 여성더미와 식 (3)의 오차항($\epsilon_i - \alpha\eta_i$)이 양의 상관관계를 가지는 것을 의미한다. 따라서 여성더미 계수의 최소자승 추정치가 위쪽으로 편의(upward biased)한다. <표 7-4>는 이에 부합한다. 즉, 생산성 차이를 시정하면 여성의 상대적 임금은 더 낮아져 남성의 임금보다 29.0% 낮다. 1998년과 비교하면 2002년에 여성의 상대적 저임금은 7.1% 포인트 개선되었다. 2001년 1월 여성부 신설로 대표되는 “국민의 정부”의 여성지위 향상에 대한 정책적 노력으로 2002년에는 같은 교육을 받은 남성보다 생산성이 높은 것을 고용주가 알게 되었고 여성의 상대적 저임금도 개선되었다고 생각할 수 있으나, 이에 대한 엄밀한 분석은 추후 과제로 남겨둔다.

1998년에 비해 2002년에는 서울/경기이주더미, 병역필더미, 결혼더미 계수들의 추정치들이 작아지면서 통계적으로 유의하지 않게 되었다.

<표 7-6>은 1998년에 임금근로자였으면서 2002년에도 임금근로자인 자들의 주요변수들에 대한 2002년 평균 및 표준편차를 보여준다. 1,381명이 이에 해당하며, <표 7-2>와 비교하면 학력이 더 높아지고 근속년수가 더 길어지는 등 전반적으로 우수한 근로자가 임금근로자로 남아 있는 것을 알 수 있다. <표 7-7>은 이들에 대해 1998년과 2002년 자료를 연결하여 분석한 것이다. 종속변수는 열 (1)에서는 2002년 월총임금이고 열 (2)에서는 그것의 로그값이다. 1998년의 임금을 통제한 후 충청/강원출신의 임금에 비해 호남출신과 서울/경기출신의 임금은 각각 113천 원과 119천 원 높으며, 비율로는 각각 5.6%와 6.0% 높다. 그러나 영남출신의 임금은 통계적으로 유의하게 높지 않다. 이것은 호남출신의 약진을 다시 한 번 확인해 준다.

〈표 7-4〉 임금함수의 보통최소자승 추정과 도구변수 추정: 2002년

변수	(1) OLS	(2) IV
절편	12.197*** (0.146)	11.629*** (0.230)
여성더미	-0.274*** (0.029)	-0.290*** (0.029)
영남더미	-0.096*** (0.024)	-0.083*** (0.025)
호남더미	-0.050* (0.030)	-0.032 (0.031)
충청/강원더미	-0.106*** (0.031)	-0.088*** (0.032)
연령	0.048*** (0.0073)	0.052*** (0.0075)
연령제곱	-0.000603*** (0.00089)	-0.00059*** (0.000091)
교육년수	0.063*** (0.0038)	0.098*** (0.012)
근속년수	0.029*** (0.0016)	0.026*** (0.0019)
결혼더미	0.045 (0.027)	0.034 (0.028)
병역필더미	0.026 (0.030)	-0.031 (0.035)
서울/경기이주더미	0.047* (0.024)	0.035 (0.025)
표본 수	2579	2579
Adjusted R^2	0.3670	-
하우스만 검정의 p값		
교육년수	-	0.001
여성더미	-	0.024
영남더미	-	0.028
호남더미	-	0.018
충청/강원더미	-	0.018

주: 종속변수는 월총임금의 로그값이다.
괄호 안은 표준오차이다.
* $p < 0.1$, ** $p < 0.05$, *** $p < 0.01$.
자료: 한국노동연구원. 「한국노동패널」. 2002년.

〈표 7-5〉 1998년과 2002년간 임금근로자의 출신지역별 취업상태 변화

고용형태의 변화	서울/경기	영남	호남	충청/강원	계
임금근로자(1998년) → 임금근로자(2002년)	371 (44.4)	451 (39.8)	290 (40.1)	269 (39.5)	1,381 (41.0)
임금근로자(1998년) → 비임금근로자(2002년)*	465 (55.6)	681 (60.2)	433 (59.9)	412 (60.5)	1,991 (59.0)
계	836 (24.8)	1,132 (33.6)	723 (21.4)	681 (20.2)	3,372 (100.0)

주: 비임금근로자는 자영업자, 고용주, 무급가족종사자, 월총임금 30만 원 미만 근로자, 실업자, 비경제활동자, 사망을 포함한다.

** 괄호 안은 백분율이다.

*** χ^2(d.f.=3) = 5.440로 통계적으로 유의하지 않다.

자료: 한국노동연구원. 「한국노동패널」. 1998년, 2002년.

〈표 7-6〉 1998-2002년 연결 임금근로자의 주요변수들의 출신지역별 평균과 표준편차

변수	서울/경기	영남	호남	충청/강원	전국
월총임금(원)	1,530,569 (891,997)	1,534,534 (804,983)	1,591,299 (840,449)	1,497,377 (761,384)	1,538,151 (828,297)
여성더미	0.377 (0.485)	0.315 (0.465)	0.334 (0.473)	0.312 (0.464)	0.335 (0.472)
연령(년)	35.973 (8.402)	38.523 (8.635)	39.348 (9.231)	40.097 (9.055)	38.318 (8.907)
교육년수	13.437 (2.466)	12.907 (2.711)	12.793 (2.783)	12.799 (2.705)	13.004 (2.672)
아버지의 교육연수	9.701 (3.504)	8.519 (3.011)	8.614 (3.290)	8.543 (3.260)	8.861 (3.292)
근속년수	6.197 (6.166)	8.151 (7.121)	8.252 (7.917)	8.383 (7.675)	7.692 (7.219)
직무만족	2.872 (0.518)	2.797 (0.520)	2.853 (0.565)	2.861 (0.552)	2.841 (0.536)
결혼더미	0.644 (0.479)	0.774 (0.419)	0.838 (0.369)	0.807 (0.396)	0.759 (0.428)
병역필더미	0.526 (0.500)	0.557 (0.497)	0.534 (0.500)	0.576 (0.495)	0.547 (0.498)
서울/경기이주더미	0.000 (0.000)	0.173 (0.379)	0.483 (0.501)	0.520 (0.501)	0.259 (0.438)
표본 수	371	451	290	269	1,381

주: 괄호 안은 표준편차이다.

자료: 한국노동연구원. 한국노동패널. 2002년.

〈표 7-7〉 1998년-2002년 연결 임금함수의 OLS 추정

변수	(1)	(2)
절편	-753,957** (299,583)	6.112*** (0.337)
임금(1998년)	0.67716*** (0.03355)	0.5111*** (0.024)
여성더미	-135,434*** (51,778)	-0.142*** (0.030)
서울/경기더미	112,526** (45,812)	0.056** (0.029)
영남더미	71,133 (44,655)	0.034 (0.026)
호남더미	119,179** (46,811)	0.060** (0.027)
연령(2002년)	22,445 (14,840)	0.016* (0.009)
연령제곱(2002년)	-317.5* (176.4)	-0.00026** (0.00010)
교육년수(1998년)	60,214*** (6,783)	0.039*** (0.004)
교육년수 증가분(2002년-1998년)	45,950* (24,986)	0.032** (0.014)
근속년수(2002년)	18,205*** (2,504)	0.014*** (0.0015)
결혼더미	105,663** (45,018)	0.084*** (0.026)
병역필더미	70,648 (48,795)	0.035 (0.028)
서울/경기이주더미	27,102 (39,315)	0.024 (0.023)
표본 수	1,381	1,381
Adjusted R^2	0.5567	0.6226

주: 종속변수는 열 (1)에서는 월총임금이고 열 (2)에서는 월총임금의 로그값이다.
괄호 안은 표준오차이다.
* p < 0.1, ** p < 0.05, *** p < 0.01.

자료: 한국노동연구원. 한국노동패널. 1998년, 2002년.

V. 쟁점과 논의

이상의 분석은 “국민의 정부” 집권 기간 동안 호남출신의 약진과 여성의 상대적 저임금의 완화를 보여준다. 1998년 임금이 가장 낮았던 호남출신이 2002년에는 서울/경기출신 다음으로 임금이 높다. 생산성 차이를 시정한 후 호남출신의 임금은 서울/경기출신의 임금과 통계적으로 유의하게 다르지 않다. 구체적으로 도구변수 추정치를 근거로 계산하면 영남과 충청/강원출신의 상대적 임금은 각각 0.5% 포인트와 2.2% 포인트 더 낮아졌으나 호남출신의 상대적 임금은 7.3% 포인트 상승하여 서울/경기출신의 임금과 통계적으로 유의한 차이가 없게 되었다. 즉, 2002년 최소자승 추정에 나타난 호남출신의 상대적 저임금은 생산성 차이에 기인한다.

여성의 상대적 저임금은 1998년의 경우 거의 모두 기호적 차별에 기인하며 2002년의 경우에는 생산성 차이를 시정한 도구변수 추정치가 최소자승 추정치보다 오히려 더 낮다. 1998년에 비해 2002년 여성의 상대적 저임금은 7.1% 포인트 개선되었다.

“국민의 정부” 집권 기간 동안 호남출신 및 여성 근로자가 승진을 많이 하였고, 고임금 직장으로 많이 이동했거나 열심히 일해 상대적 임금 상승이 이루어졌다고 생각할 수 있다. 이 배경에는 “국민의 정부”가 추구했던 지역차별 해소정책 내지 호남우대정책 및 여성지위 향상정책이 영향을 주었을 것으로 추측되나, 추후에 보다 큰 표본을 확보하여 시장적인 요인과 정책적인 요인을 엄밀하게 분리하여 추정하는 것을 과제로 남겨둔다.

제 8 장 정규-비정규근로자 임금격차, 무엇이 문제인가?: 2003년과 2005년의 비교[59)]

I. 서 론

2007년 7월 1일부터 "기간제 및 단시간근로자 보호 등에 관한 법률"(이하 "비정규직보호법")이 시행되었다. 이 법의 주된 내용은 2년을 초과하여 기간제 근로자로 사용하는 경우에 그 기간제근로자는 기간의 정함이 없는 근로계약을 체결한 근로자로 보는 것(제4조2항)과 비정규근로자에 대한 차별적 처우의 금지(제8조)이다. 이 법이 시행됨에 따라 일부 대기업은 일부 기간제근로자를 무기계약근로자로 전환하고 있지만, 대부분의 기업은 기간제근로자를 정리하거나 용역근로자로 전환하고 있다. 이랜드의 경우도 이러한 과정에서 기간제근로자들이

59) 이 장은 박기성・김용민(2007)과 박기성(2007)을 통합하여 수정・보완한 것이다.

반발하여 불법으로 매장을 점거하여 농성하면서 전원 정규근로자로 전환해 줄 것을 요구하였다. 그러나 현실적으로 기업들이 모든 비정규근로자를 정규근로자로 전환해 줄 수는 없기 때문에 이 법은 도입 취지와 달리 비정규직의 해고를 촉진하는 "비정규직해고법"이 되고 있다.

기업들이 이렇게 대응하는 것은 상대적으로 낮은 임금을 지급하고 있는 비정규근로자에게 하루아침에 정규근로자가 받는 임금을 지급할 수 없고 정규근로자와 같은 정도로 고용 보장을 해줄 수 없기 때문이다. 이 법이 적용되어 비정규근로자가 정규근로자와 같은 임금을 받게 된다면 비정규근로자의 임금이 얼마나 상승할 것인가? 비정규근로자의 임금 상승은 그대로 기업에게 부담이 될 것이다.

정규-비정규근로자 임금격차[60]에 대해서는 그동안 많은 연구가 이루어졌다. 전병유 외(2006, 표 VI-5)는 2005년 사업체근로실태조사 자료를 사용하여 연령, 학력, 혼인상태, 근속, 직종, 산업, 사업체의 규모, 서울소재 여부, 노조유무를 통제한 후 남성의 경우 비정규근로자는 정규근로자보다 5.4%[61] 낮은 임금을 받고 여성의 경우는 8.9% 낮은 임금을 받고 있다고 보고하였다. 안주엽 외(2007, 11장)는 한국노동패널(KLIPS) 7차년도(2004년) 자료를 사용하여 정규근로자의 비정규근로자에 대한 임금프리미엄을 추정하였다. 최소자승(OLS) 추정에 의하면 정규근로자의 임금프리미엄은 10.2%이지만, 정규근로자여부의 결정을 고려한 내생적 전환회귀모형(switching regression model with endogenity)을 추정하면 이 임금프리미엄이 1.0%로 줄어든다. 그러므로 임금프리미엄의 거의 전부는 관찰되지 않는 근로자의 생산성의 차이에 의해 설명될 수 있다. 안주엽 외(2007,

60) 본 장에서 임금격차 또는 임금프리미엄은 관찰되는 근로자 및 사업체의 특성들을 통제한 후의 임금차이를 의미하고, 粗賃金隔差(조임금격차)는 이것들을 통제하기 전의 임금차이를 의미한다.

61) 로그임금의 추정계수 -0.055로부터 Exp(-0.055) - 1 = 0.0535이므로 5.4%를 얻는다. 본 장에서는 이와 같이 환산한 임금격차를 보고한다.

10장)는 경제활동인구 부가조사 자료를 사용하여 직종과 근속년수로 직무의 대리변수(126개)를 만들어 직무를 통제하면 비정규근로자는 정규근로자보다 2004년 3.4%, 2005년 2.2% 낮은 시간당 임금을 받았다고 추정하였다. 그리고 2001–2002년과 2003–2004년 개인패널자료를 구축하여 관찰되지 않는 개인들의 생산성을 통제하기 위해 고정효과 모형(fixed effects model)을 추정하였다. 이 추정결과에 따르면 다른 연구들과 달리 비정규근로자가 정규근로자보다 2001–2002년의 경우 통계적으로 유의하게 2.7% 오히려 높은 시간당 임금을 받았으며, 2003–2004년의 경우는 0.6% 높았으나 통계적으로 유의하지 않았다. 이것은 관찰되지 않는 개인들의 생산성까지 통제하면 비정규근로자의 임금이 정규근로자의 임금보다 더 높음을 보여준다. 안주엽 외(2007, 10장)는 이것을 비정규근로자의 임금프리미엄을 정규근로자에 비해 비정규근로자들의 고용이 더 불안한 것에 대한 보상적 임금격차(compensating wage differentials)로 설명한다.

정규-비정규근로자 임금격차가 이 연구들처럼 작거나 없다면 "비정규직보호법의 시행에 대해 사용자들이 큰 부담을 가지지 않을 것이다. 김용민·박기성(2006)을 제외하고 이와 관련된 기존의 모든 연구는 각 사업체의 고유한 이질성(heterogeneity)을 통제하지 않았다. 대부분의 연구들은 가구조사인 경제활동인구 부가조사나 한국노동패널 자료를 사용하기 때문에 근로자의 사업체를 식별할 수 없고 대신 그 근로자가 속한 사업체의 산업, 규모, 지역 또는 노조 유무 등의 변수로서 사업체의 특성을 통제하는 데 그쳤다. 김용민·박기성(2006)은 이 연구들의 추정치가 모든 사업체에 걸쳐 평균적인 비정규근로자가 평균적인 정규근로자에 대비해서 구해진 것임을 지적하였다. 비정규근로자가 차별적 대우를 받는다고 느낀다면 그것은 전체 정규근로자 대비가 아니라 바로 자기가 근무하는 직장의 정규근로자에 비해서일 것이다. 같은 직장 내에서의 정규-비정규근로자 임금격차의 추정을 위해서는 근로자가 근무하고 있는 사업체를 식별해야 한다. 그들은 2003년 사업체근로실태조사 자료를 사용하여 근로자가 근무하고 있는 사업체를 식별하고 각 사업체의 고유한 이질성을 통제한 후 정규-비정규근로자 임금격차가 20.7%-35.9%나 되는 것으로 추정하였다.

본 장은 2003년과 2005년 자료를 가지고 정규-비정규근로자 임금격차를 추정하고 이에 근거해 비정규근로자가 정규근로자와 같은 임금을 받게 되면 얼마나 비정규근로자의 임금이 상승할 것인가에 대해 추정하고자 한다. 아울러 "참여정부"가 "비정규근로자 보호"를 주요 슬로건으로 내건 이 기간 동안 정규-비정규근로자 임금격차가 실제로 줄어들었는지를 2003년과 2005년의 정규-비정규근로자 임금격차의 비교를 통해 알아본다. 마지막으로 노동조합이 정규-비정규근로자 임금격차의 해소를 위해 어떤 역할을 하는지 알아보기 위해 노동조합 유무가 정규-비정규근로자 임금격차에 미치는 영향을 분석한다.

본 장의 구성은 다음과 같다. 다음 절에서는 사용되는 자료와 변수를 소개하고 임금함수를 추정하는 방법을 설명한다. III절에서는 임금함수를 추정하여 정규-비정규근로자 임금격차를 분석한다. 사업체규모별·노조유무별 임금함수를 추정하여 비교함으로써 사업체규모 및 노조 유무가 정규-비정규근로자 임금격차에 미치는 영향을 살펴보고 2003년과 2005년을 비교한다. IV절에서는 정책제언과 더불어 쟁점과 논의를 정리한다.

Ⅱ. 자료와 변수

사업체근로실태조사는 노동부가 사업체에 종사하고 있는 종사자의 임금, 근로시간, 사회보험, 부가급여 등 각종 근로조건에 관한 사항을 사업체 특성 및 인적 속성별로 파악하기 위해 실시한다. 본 장에서 사용한 2003년 조사는 2003년 4월 급여계산기간을 기준으로 2003년 5월 26일부터 6월 30일 사이에 실시되었고 2005년 조사는 2005년 6월 급여계산기간을 기준으로 2005년 9월 1일부터 10월 21일 사이에 실시되었다. 조사 대상은 한국표준산업분류(2000년 제8차 개정 기준)에 의한 공공행정·국방 및 사회보장행정, 가사서비스업, 국제 및 외국 기관 부문을 제외한 사업체 중에서 자영업주를 제외한 종사자 수가 1인 이상인 사업체를 층화계통 추출한 약 25,000개(2003년)와 37,000개(2005년)의 표본사업체였으며, 공무원이 근무하고 있는 사업체(국공립 교육기관, 학교, 병원, 도서관)는 원천적으로 제외되었다. 표본근로자는 조사 대상 표본사업체의 정규 및 비정규근로자 수의 규모에 따라 일정한 간격으로 추출되었다.[62)]

박기성·김용민(2004) 및 전병유 외(2006)의 임금함수 추정을 통한 분석에 의하면, 보험설계사, 레미콘 운전기사 등 독립도급종사자는 정규근로자보다 임금이 높거나 통계적으로 유의한 차이를 보이지 않고, 근로제공의 방법, 근로시간 등을 본인이 독자적으로 결정하여 자영업주의 성격을 띠고 있으므로 본 장의 분석 대상에서 제외하였다. 2005년에는 "도급(소사장)업체소속 부수인력"을 하나의 고용형태로 조사하지 않아 김용민·박기성(2006)과 달리 정규근로자로 분류하였다.

월실근로일수(정상+휴일)가 8일 미만 또는 월실근로시간 (정상+초과)이 16시간 미만인 자는 제외하였다. 사업체 내의 정규-비정규근로자 임금격차를 추정하기 위해 남녀로 나누어 각 사업체에 표본으로 추출된 정규 및 비정규근로자가 적어도 1명 이상씩 있는 사업체만을 분석대상으로 하였다. 이런 기준들에 따라 원자료를 정비하여 2003년에는 4,585개 사업체에 근무하는 226,118명의 근로자 표본은 얻었고, 2005년에는 5,027개 사업체에 근무하는 306,217명의 근로자 표본을 얻었다.

<표 8-1>은 2003년 주요 변수들의 남녀별 및 정규-비정규별 평균과 표준편차를 보여준다. 이하 모든 분석은 가중치를 사용한다. 전체 근로자 중에서 남성 근로자가 64.8%, 여성 근로자가 35.2%, 정규근로자가 78.0%, 비정규근로자가 22.0%를 차지한다. 남성 근로자 중에서 비정규근로자는 15.8%이며 여성 근로자

---

62) 자세한 내용은 박기성·김용민(2004)과 전병유 외(2006)를 참조.

중에서는 33.5%이다.

시간당 임금은 다음과 같이 구한다.

$$\text{시간당 임금} = \frac{\text{2003년 4월 정기급여} + \text{2002년 연간특별급여환산액}}{\text{2003년 4월 실근로시간}}.$$

정기급여는 정액급여+초과급여이다. 2002년 연간특별급여환산액은 2002년 1월 이전 입사자는 [2002년 연간특별급여/12]로, 2002년 x월(x = 2, 3, …, 12) 입사자는 [2002년 연간특별급여/(13-x)]로, 2003년 입사자는 0으로 한다.

<표 8-1>에 의하면 남성 및 여성 비정규근로자는 남성 및 여성 정규근로자에 비해 평균적으로 각각 45.8% 및 36.6% 낮은 시간당 임금을 받는다. 연령은 남성은 정규와 비정규근로자가 38.5세와 38.3세로 비슷하나 여성은 비정규근로자가 34.9세로 정규근로자의 33.3세보다 약간 높다. 근속기간은 남녀 모두 비정규근로자가 0.9년으로 정규근로자의 7.3년 및 4.1년에 비해 매우 짧다. 경력기간 또한 5년 이상인 자의 비율이 남녀 비정규근로자가 20.2%, 9.9%로 정규근로자의 60.3%, 37.7%보다 낮다. 학력도 전문대졸 이상인 자의 비율이 남녀 비정규근로자가 25.2%, 29.8%로 정규근로자의 53.7%, 45.0%보다 낮다. 결혼한 자의 비율은 남성은 정규근로자가 74.9%로 비정규근로자의 59.8%보다 높으나, 여성은 비정규근로자가 55.0%로 정규근로자의 53.0%보다 높다. 노동조합이 있는 사업체에 근무하는 근로자의 비율은 남녀 정규근로자가 50.2%, 34.7%로 비정규근로자의 30.0%, 29.5%보다 높다. 300인 이상인 대규모 사업체에 근무하는 근로자의 비율도 남녀 정규근로자가 33.0%, 24.2%로 비정규근로자의 11.0%, 14.5%에 비해 높다.

<표 8-2>는 2005년 주요 변수들의 남녀별 및 정규-비정규별 평균과 표준편차를 보여준다. 전체 근로자 중에서 남성 근로자가 62.8%, 여성 근로자가

37.2%, 정규근로자가 63.0%, 비정규근로자가 37.0%를 차지한다. 남성 근로자 중에서 비정규근로자는 29.5%이며 여성 근로자 중에서는 49.6%로 남녀 모두 비정규근로자의 비율이 2003년에 비해 크게 증가했다.

시간당 임금은 다음과 같이 구한다.

$$\text{시간당 임금} = \frac{\text{2005년 6월 정기급여} + \text{2004년 연간특별급여환산액}}{\text{2005년 6월 실근로시간}}.$$

정기급여는 정액급여+초과급여이다. 2004년 연간특별급여환산액은 2004년 1월 이전 입사자는 [2004년 연간특별급여/12]로, 2004년 x월(x = 2, 3, …, 12) 입사자는 [2004년 연간특별급여/(13-x)]로, 2005년 입사자는 0으로 한다.

<표 8-2>에 의하면 남성 및 여성 비정규근로자는 남성 및 여성 정규근로자에 비해 평균적으로 각각 51.1% 및 45.4% 낮은 시간당 임금을 받아 남녀 모두 2003년에 비해 정규-비정규근로자 粗賃金隔差(조임금격차)가 확대되었다. 연령은 남녀 모두 비정규근로자가 40.2세와 35.9세로 정규근로자의 38.3세, 32.9세에 비해 높으나, 근속기간은 남녀 모두 비정규근로자가 1.2년으로 정규근로자의 8.1년 및 4.6년에 비해 매우 짧다. 경력기간 또한 5년 이상인 자의 비율이 남녀 비정규근로자가 25.7%, 15.2%로 정규근로자의 65.2%, 44.0%보다 낮다. 학력도 전문대졸 이상인 자의 비율이 남녀 비정규근로자가 25.6%, 30.0%로 정규근로자의 58.2%, 53.9%보다 낮다. 결혼한 자의 비율은 남성 정규근로자가 75.1%로 비정규근로자의 65.3%보다 높으나 여성은 비정규근로자가 62.0%로 정규근로자의 54.3%보다 높다. 노동조합이 있는 사업체에 근무하는 근로자의 비율은 남녀 정규근로자가 51.4%, 36.5%로 비정규근로자의 26.2%, 28.6%에 비해 높다. 300인 이상인 대규모 사업체에 근무하는 근로자의 비율도 남녀 정규근로자가 31.5%, 24.6%로 비정규근로자의 12.3%, 15.7%에 비해 높다.

〈표 8-1〉 2003년 주요변수들의 평균과 표준편차

변수	남성		여성	
	정규	비정규	정규	비정규
시간당 임금(원)	13,465(10,787)	7,304(5,466)	8,510(6,246)	5,394(4,203)
로그 시간당 임금(원)	9.318(0.611)	8.709(0.607)	8.870(0.576)	8.444(0.503)
연령(년)	38.505(9.380)	38.253(14.302)	33.338(10.262)	34.911(12.702)
근속(년)	7.325(7.290)	0.932(2.018)	4.107(5.077)	0.852(1.718)
경력더미(〈1년)	0.108(0.310)	0.469(0.499)	0.185(0.388)	0.519(0.500)
경력더미(1≤ 〈3년)	0.167(0.373)	0.193(0.395)	0.269(0.443)	0.274(0.446)
경력더미(3≤ 〈4년)	0.077(0.266)	0.093(0.291)	0.108(0.310)	0.074(0.261)
경력더미(4≤ 〈5년)	0.046(0.208)	0.042(0.202)	0.061(0.239)	0.034(0.182)
경력더미(5≤ 〈10년)	0.203(0.402)	0.077(0.267)	0.199(0.400)	0.056(0.230)
경력더미(≥10년)	0.400(0.490)	0.125(0.331)	0.178(0.382)	0.043(0.204)
중졸이하더미	0.082(0.274)	0.182(0.386)	0.118(0.323)	0.182(0.385)
고졸더미	0.381(0.486)	0.566(0.496)	0.432(0.495)	0.520(0.500)
전문대졸더미	0.138(0.345)	0.106(0.308)	0.202(0.401)	0.153(0.360)
대졸더미	0.399(0.490)	0.146(0.353)	0.248(0.432)	0.145(0.352)
기혼더미	0.749(0.433)	0.598(0.490)	0.530(0.499)	0.550(0.497)
노조더미	0.502(0.500)	0.300(0.458)	0.347(0.476)	0.295(0.456)
사업체규모더미 (4인 이하)	0.043(0.203)	0.304(0.460)	0.130(0.336)	0.344(0.475)
사업체규모더미 (5~9인)	0.063(0.242)	0.166(0.372)	0.095(0.293)	0.131(0.337)
사업체규모더미 (10~29인)	0.148(0.355)	0.169(0.375)	0.134(0.341)	0.120(0.325)
사업체규모더미 (30~99인)	0.215(0.411)	0.153(0.360)	0.215(0.411)	0.144(0.351)
사업체규모더미 (100~299인)	0.201(0.401)	0.097(0.296)	0.185(0.389)	0.116(0.320)
사업체규모더미 (300~499인)	0.059(0.236)	0.030(0.169)	0.069(0.253)	0.045(0.207)
사업체규모더미 (500인 이상)	0.271(0.444)	0.080(0.272)	0.173(0.378)	0.100(0.300)
서울소재더미	0.245(0.430)	0.297(0.457)	0.311(0.463)	0.352(0.477)
표본 수	109,095	35,280	43,386	38,357
가중 표본 수	1,956,146	367,159	839,838	422,278

주: 괄호 안은 표준편차임.

자료: 노동부. 사업체근로실태조사. 2003년.

〈표 8-2〉 2005년 주요변수들의 평균과 표준편차

변수	남성		여성	
	정규	비정규	정규	비정규
시간당 임금(원)	17,179(12,203)	8,405(6,575)	10,876(8315)	5,940(4,120)
로그 시간당 임금(원)	9.554(0.638)	8.838(0.623)	9.098(0.606)	8.570(0.444)
연령(년)	38.283(9.306)	40.232(14.521)	32.897(9.828)	35.860(12.453)
근속(년)	8.121(7.925)	1.190(2.567)	4.585(5.531)	1.194(2.060)
경력더미(〈1년)	0.070(0.255)	0.340(0.474)	0.125(0.331)	0.396(0.489)
경력더미(1≤ 〈3년)	0.151(0.358)	0.273(0.445)	0.252(0.434)	0.323(0.467)
경력더미(3≤ 〈4년)	0.069(0.253)	0.071(0.258)	0.099(0.299)	0.075(0.263)
경력더미(4≤ 〈5년)	0.059(0.235)	0.059(0.236)	0.082(0.275)	0.055(0.227)
경력더미(5≤ 〈10년)	0.196(0.397)	0.124(0.330)	0.210(0.407)	0.091(0.287)
경력더미(≥10년)	0.456(0.498)	0.133(0.339)	0.230(0.421)	0.061(0.240)
중졸 이하더미	0.064(0.245)	0.185(0.388)	0.081(0.272)	0.175(0.380)
고졸더미	0.354(0.478)	0.560(0.496)	0.380(0.486)	0.525(0.499)
전문대졸더미	0.132(0.338)	0.100(0.299)	0.241(0.428)	0.150(0.357)
대졸더미	0.450(0.498)	0.156(0.363)	0.298(0.457)	0.150(0.357)
기혼더미	0.751(0.433)	0.653(0.476)	0.543(0.498)	0.620(0.485)
노조더미	0.514(0.500)	0.262(0.440)	0.365(0.481)	0.286(0.452)
사업체규모더미 (4인 이하)	0.046(0.210)	0.162(0.368)	0.133(0.339)	0.219(0.413)
사업체규모더미 (5~9인)	0.059(0.236)	0.206(0.404)	0.096(0.294)	0.101(0.301)
사업체규모더미 (10~29인)	0.151(0.358)	0.203(0.402)	0.161(0.368)	0.170(0.376)
사업체규모더미 (30~99인)	0.237(0.425)	0.204(0.403)	0.198(0.398)	0.194(0.395)
사업체규모더미 (100~299인)	0.191(0.393)	0.103(0.304)	0.167(0.373)	0.159(0.366)
사업체규모더미 (300~499인)	0.081(0.273)	0.034(0.180)	0.063(0.243)	0.042(0.200)
사업체규모더미 (500인 이상)	0.234(0.424)	0.089(0.284)	0.183(0.387)	0.115(0.319)
서울소재더미	0.301(0.459)	0.311(0.463)	0.351(0.477)	0.343(0.475)
표본 수	154,248	38,799	67,094	46,076
가중 표본 수	1,613,271	676,240	682,453	672,117

주: 괄호 안은 표준편차임.

자료: 노동부. 사업체근로실태조사. 2005년.

III. 임금함수

김용민 · 박기성(2006)이 제시한 대로 다음과 같은 임금함수를 추정한다.

$$\ln w_{ij} = \alpha_i + \beta x_{ij} + \epsilon_{ij} \ . \tag{1}$$

w_{ij}는 i번째 사업체의 j번째 근로자의 시간당 임금이고 x_{ij}는 그의 비정규 여부(비정규더미) 및 8개의 직종더미 그리고 인적 속성들이다. α_i를 i번째 사업체의 고유한 상수항(establishment-specific constant term)으로 보면 고정효과 모형(fixed effects model)이 되고, i번째 사업체의 고유한 교란항(establishment-specific disturbance term)으로 보면 임의효과 모형(random effects model)이 된다. 김용민 · 박기성(2006)과 달리 비정규더미와 노조더미와의 교차항(interaction term)은 사용하지 않고 노조가 있는 사업체와 없는 사업체로 나누어 추정한다.

<표 8-3>은 2003년 남성근로자의 임금함수를 고정효과 모형으로 추정한 것이다.[63] 정규근로자에 비해 비정규근로자의 임금은 11.1% 낮다. 사업체규모별로 이 임금격차를 추정하면 299인 이하는 7.4%인데 비해 300인 이상은 28.0%로 매우 크다. 노조유무별로는 노조가 없는 사업체는 1.9%에 지나지 않으나 노조가 있는 사업체는 27.2%로 매우 크다.

<표 8-4>는 2003년 남성근로자를 사업체규모 및 노조유무에 따라 네 집단으로 나누어 추정한 것이다. 299인 이하 사업체 중에서 노조가 없는 사업체에서는 정규-비정규근로자 임금격차가 없는데 비해 노조가 있는 사업체에서는 26.1%로 크게 벌어진다. 300인 이상 사업체 중에서 노조가 없는 사업체의 임금

---

63) 이하 모든 경우에 Hausman(1978) 검정통계치가 매우 높아 고정효과 모형을 지지하므로 이 모형에 대한 추정 결과를 제시한다.

격차는 23.0%로 크지만 노조가 있는 사업체는 29.5%로 격차가 더욱 크다. 300인 이상 사업체 중에서 노조유무 간에 임금격차에 대한 Chow(1960) 검정을 하면 두 집단 간에 통계적으로 유의하게 다르다(F = 54.2). 노조가 정규-비정규근로자 임금격차를 늘리는 것을 알 수 있다. 또한 노조가 있는 사업체 중에서 사업체규모 간에 임금격차에 대한 Chow 검정을 하면 두 집단 간에 통계적으로 유의하게 다르다(F = 28.9). 사업체규모도 이 임금격차를 늘리는 것을 알 수 있다.

<표 8-5>는 2003년 여성근로자의 임금함수를 고정효과 모형으로 추정한 것이다. 정규근로자에 비해 비정규근로자의 임금은 15.7% 낮다. 사업체규모별로 이 임금격차를 추정하면 299인 이하는 12.6%인데 비해 300인 이상은 27.8%로 매우 크다. 노조유무별로는 노조가 없는 사업체는 10.0%인데 비해 노조가 있는 사업체는 28.3%로 매우 크다. 노조 또는 사업체규모가 정규-비정규근로자 임금격차를 늘리는 것을 알 수 있다.

<표 8-6>은 2003년 여성근로자를 사업체규모 및 노조유무에 따라 네 집단으로 나누어 추정한 것이다. 299인 이하 사업체 중에서 노조가 없는 사업체에서는 정규-비정규근로자 임금격차가 8.0%인데 비해 노조가 있는 사업체에서는 28.0%로 매우 크다. 300인 이상 사업체 중에서는 노조가 없는 사업체와 있는 사업체의 임금격차가 각각 26.8%와 27.7%로 매우 크다. 300인 이상 사업체 중에서 노조유무 간 임금격차에 대한 Chow 검정을 하면 두 집단 간에 통계적으로 유의한 차이가 없고(F = 1.0), 노조가 있는 사업체 중에서 사업체규모 간 임금격차에 대해서도 통계적으로 유의한 차이가 없다(F = 0.3). 2003년 여성근로자의 경우에는 299인 이하 사업체 중에서 노조가 정규-비정규근로자 임금격차를 늘리는 것을 알 수 있다.

<표 8-7>은 2005년 남성근로자의 임금함수를 고정효과 모형으로 추정한 것이다. 정규근로자에 비해 비정규근로자의 임금은 12.6% 낮다. 사업체규모별로 이 임금격차를 추정하면 299인 이하는 8.1%인데 비해 300인 이상은 31.8%로 매우 크다. 노조유무별로는 노조가 없는 사업체는 4.9%인데 비해 노조가 있는

사업체는 27.9%로 매우 크다.

<표 8-8>은 2005년 남성근로자를 사업체규모 및 노조유무에 따라 네 집단으로 나누어 추정한 것이다. 299인 이하 사업체 중에서 노조가 없는 사업체에서는 정규-비정규근로자 임금격차가 2.9%인데 비해 노조가 있는 사업체에서는 24.5%로 크다. 300인 이상 사업체 중에서 노조가 없는 사업체의 임금격차는 28.5%로 크고 노조가 있는 사업체는 32.3%로 더욱 크다. 300인 이상 사업체 중에서 노조유무간에 임금격차에 대한 Chow 검정을 하면 두 집단 간에 통계적으로 유의하게 다르다(F = 34.3). 노조가 정규-비정규근로자 임금격차를 늘리는 것을 알 수 있다. 또한 노조가 있는 사업체 중에서 사업체규모 간에 임금격차에 대한 Chow 검정을 하면 두 집단 간에 통계적으로 유의하게 다르다(F = 297.6). 사업체규모도 이 임금격차를 늘리는 것을 알 수 있다.

각 집단에 대해 양년도를 비교하면 299인 이하이면서 노조가 있는 사업체를 제외하고 2003년에 비해 2005년에 정규-비정규근로자 임금격차가 확대되었다. Chow 검정을 하면 모두 양년도 간에 통계적으로 유의한 차이가 있다(표 8-11 참조). 최근 발표된 최영일 · 박양수(2007)에 의하면 경기순환(business cycles)의 제9순환기는 2003년 7월부터 2005년 4월까지이다. 2003년 자료의 조사기준월 4월은 경기 저점 3개월 전이고, 2005년 자료의 조사기준월 6월은 경기 저점 2개월 후이므로 두 조사기준시점이 경기순환에 있어서 저점으로부터 비슷한 높이에 있어서 비교하는데 큰 무리가 없다.

<표 8-9>는 2005년 여성근로자의 임금함수를 고정효과 모형으로 추정한 것이다. 정규근로자에 비해 비정규근로자의 임금은 17.9% 낮다. 사업체규모별로 이 임금격차를 추정하면 299인 이하는 14.9%인데 비해 300인 이상은 31.3%로 매우 크다. 노조유무별로는 노조가 없는 사업체는 11.9%인데 비해 노조가 있는 사업체는 31.5%로 매우 크다. 노조 또는 사업체규모가 정규-비정규근로자 임금격차를 늘리는 것을 알 수 있다.

<표 8-10>은 2005년 여성근로자를 사업체규모 및 노조유무에 따라 네 집단

으로 나누어 추정한 것이다. 299인 이하 사업체 중에서 노조가 없는 사업체에서는 정규-비정규근로자 임금격차가 10.2%인데 비해 노조가 있는 사업체에서는 31.1%로 매우 크다. 300인 이상 사업체 중에서는 노조가 없는 사업체와 있는 사업체의 임금격차가 각각 29.7%와 31.9%로 매우 크다. 300인 이상 사업체 중에서 노조유무 간 임금격차에 대한 Chow 검정을 하면 두 집단 간에 통계적으로 유의한 차이가 있지만(F = 11.6), 노조가 있는 사업체 중에서 사업체규모 간 임금격차에 대해서는 통계적으로 유의한 차이가 없다(F = 3.1).

각 집단에 대해 양년도를 비교하면 모든 집단에서 2003년에 비해 2005년에 정규-비정근로자 임금격차가 확대되었다. Chow 검정을 하면 모두 양년도 간에 통계적으로 유의한 차이가 있다(<표 8-11> 참조).

김용민 · 박기성(2006)은 노동조합이 있는 사업체가 노동조합이 없는 사업체보다 비정규근로자의 임금을 더 낮추어 비용절감을 시도할 것이라는 가설을 제시했다. 이 가설은 본 장의 분석에서도 지지된다.

그리고 김용민 · 박기성(2006)은 사업체규모에 따라 두 집단으로 나누고 다중공선성(multicollinearity)을 방지하기 위해 노조더미를 사용하지 않고 비정규더미와 노조더미의 교차항을 사용하여 추정하여 노동조합이 299인 이하 사업체에서는 정규-비정규근로자의 임금격차를 늘리나, 300인 이상 사업체에서는 이 임금격차를 줄인다고 보고했다. 이것은 본 장의 결과와 다르다. 본 장에서는 각년도 자료를 남녀별로 사업체규모 및 노조유무에 따라 네 집단으로 나누어 추정하여 2003년 여성근로자 300인 이상 사업체의 경우 통계적으로 유의하지 않은 것을 제외하고 299인 이하 사업체뿐만 아니라 300인 이상 사업체에서도 노조가 정규-비정규근로자 임금격차를 늘리는 것을 알 수 있다. 김용민 · 박기성(2006)은 교차항을 통해 노조의 효과를 추정하는데 비해 본 장은 노조유무에 따라 각각 정규-비정규근로자 임금격차를 추정하여 비교함으로써 노조의 효과를 파악한다는 의미에서 보다 직접적인 방식이다. 노조가 있는 사업체는 단체협상을 통해 임금협약이 체결되고 노조가 없는 사업체는 단체협상 없이 임금이 결정된다. 이와 같은 임금결정방식의 차이 때문에 노조를 단순히 더미로 취급하는 것보다 분리해서 추정하는 것이 더 적절하다고 판단된다. 그리고 대규모 사업체에서는 현대자동차와 같이 노조의 영향력이 강하고 중소규모 사업체에서는 노조의 힘이 상대적으로 작으므로 규모별로 나누어서 추정하는 것도 적절하다고 판단된다.[64)]

노동조합이 비정규근로자에 대한 차별을 해소하기 위해 노력한다는 주장(예: 정이환 2003, 은수미 2007)은 본 장의 분석결과에 의하면 큰 설득력이 없는 것으로 보인다. 노동조합은 오히려 정규-비정규근로자의 임금격차를 늘리는 것으로 나타났으며, 더욱이 대규모(300인 이상)이고 노조가 있는 사업체에서 정규근로자와 비정규근로자간의 임금격차가 가장 크게 벌어졌다. 그러므로 노동조합이 있는 사업체가 임금이 낮은 비정규근로자를 사용하여 비용절감을 시도할 때 노동조합도 이것을 용인하고 있는 것으로 보인다.

사업체의 고유한 특성을 통제하기 위해 고정효과 모형으로 임금함수를 추정하면 정규-비정규근로자 임금격차가 기존의 연구들보다 큰 것을 확인할 수 있다. 사업체의 고유한 특성에는 사업체가 속한 산업 및 규모, 한국노총 또는 민주노총 소속 여부 등 노조의 특성, 사용자의 노조 및 근로자에 대한 태도 등 사용자의 특성 등이 포함된다. 노조가 있거나 또는 대규모 사업체에서는 이 임금격차가 20%를 훨씬 상회하며 특히 300인 이상이면서 노조가 있는 사업체의 경우는 이 임금격차가 30% 안팎으로 크게 늘어난다. "비정규직보호법에 의거하여 사업체들에게 정규근로자에 준하는 임금을 비정규근로자에게 주어 이 임금격차를 해소하라고 하면[65)] 사업체들에게는 엄청난 재정 부담이 될 것이다. 이 임금격차가 해소되기 위해서는 2005년 남성 비정규근로자의 시간당 임금이 평균 2,165원(17,179원 × 0.126) 인상되어 10,570원(8,405원 + 2,165원)이 되어야 하

64) 분리 추정에 관한 이 설명에 대해 한 연구자께 감사한다.

65) "비정규직보호법 제8조에 의하면 사용자는 기간제근로자 또는 단시간근로자임을 이유로 동종 또는 유사한 업무에 종사하는 기간의 정함이 없는 근로계약을 체결한 근로자 또는 통상근로자 각각에 비하여 차별적 처우를 하여서는 아니 된다.

고, 여성 비정규근로자의 경우는 평균 1,947원 인상되어 7,887원(5,940원 + 1,947원)이 되어야 한다. 2005년 8월 경제활동인구조사 부가조사에서 남성과 여성 비정규근로자(특수형태근로종사자 제외)는 각각 2,496천 명과 2,353천 명이고(사람입국 · 일자리위원회 2006, p. 6), 2005년 사업체근로실태조사에서 각각의 주당 총근로시간은 44.30시간과 38.91시간이다(전병유 외 2006, p. 20). 사용자들이 이 비정규근로자들에게 임금격차를 해소해 주기 위해서는 남성과 여성 각각 연 12조 4,482억 원(2,165원 × 2,496천 명 × 44.30시간 × 52주)과 9조 2,694억 원(1,947원 × 2,353천 명 × 38.91시간 × 52주), 총 21조 7,176억 원의 재원이 필요하다.[66] 이 같은 재정 부담의 증가는 임금만을 고려한 것이고 고용보험, 건강보험, 국민연금, 산재보험, 주택 및 학자금지원 등 각종 부가급여에서의 격차를 해소하기 위해서는 또 다른 추가적인 재원이 필요하다.

만약 이 임금격차가 경쟁적 노동시장(competitive labor market)의 결과로서 사용자와 근로자 이외에게는 관찰되지 않는 생산성의 차이(unobserved heterogeneity)를 반영한다면, 이 임금격차의 인위적 해소는 생산성을 초과하는 임금을 초래한다. Park(2007)의 분석에 의하면 생산성을 초과하는 임금은 경제의 저성장을 야기한다.

"참여정부"는 출범 초부터 "비정규근로자 보호"를 정권 차원의 슬로건으로 주장해 왔다. <표 8-4>와 <표 8-8>을 비교하고 <표 8-6>과 <표 8-10>을 비교하면, 299인 이하이고 노조가 있는 사업체의 남성 근로자를 제외하고 2003년에 비해 2005년에 임금격차가 확대되었다. 그러므로 이 슬로건이 단순히 구호에 그쳤음을 알 수 있다.

---

66) 이것은 2005년 국민총소득(GNI) 675조 6,587억 원의 3.2%이다.

〈표 8-3〉 2003년 남성근로자의 임금함수 추정

변수	전체	사업체규모		노조	
		299인 이하	300인 이상	노조무	노조유
비정규더미	-0.118* (0.0031)	-0.077* (0.0037)	-0.329* (0.0056)	-0.019* (0.0045)	-0.317* (0.0043)
연령	0.062* (0.00065)	0.063* (0.00079)	0.061* (0.0012)	0.067* (0.00094)	0.055* (0.00093)
연령×연령	-0.00064* (0.0000073)	-0.00066* (0.0000089)	-0.00061* (0.000014)	-0.00070* (0.000011)	-0.00056* (0.000010)
근속	0.021* (0.00058)	0.020* (0.00075)	0.019* (0.00094)	0.029* (0.0010)	0.014* (0.00073)
근속×근속	-0.00015* (0.000019)	-0.00011* (0.000025)	-0.00011* (0.000029)	-0.00033* (0.000039)	0.000040 (0.000022)
경력더미 (1≤ 〈3년)	0.076* (0.0030)	0.059* (0.0036)	0.173* (0.0054)	0.061* (0.0043)	0.118* (0.0043)
경력더미 (3≤ 〈4년)	0.133* (0.0038)	0.119* (0.0048)	0.219* (0.0065)	0.114* (0.0057)	0.161* (0.0054)
경력더미 (4≤ 〈5년)	0.128* (0.0047)	0.113* (0.0058)	0.230* (0.0082)	0.102* (0.0069)	0.180* (0.0066)
경력더미 (5≤ 〈10년)	0.174* (0.0041)	0.158* (0.0051)	0.245* (0.0069)	0.146* (0.0062)	0.203* (0.0056)
경력더미 (≥10년)	0.200* (0.0050)	0.194* (0.0062)	0.254* (0.0086)	0.184* (0.0074)	0.227* (0.0069)
고졸더미	0.078* (0.0032)	0.065* (0.0042)	0.107* (0.0047)	0.071* (0.0058)	0.073* (0.0035)
전문대졸더미	0.117* (0.0041)	0.097* (0.0053)	0.166* (0.0060)	0.100* (0.0069)	0.127* (0.0047)
대졸더미	0.226* (0.0040)	0.179* (0.0052)	0.305* (0.0056)	0.202* (0.0069)	0.221* (0.0045)
기혼더미	0.043* (0.0024)	0.043* (0.0032)	0.041* (0.0033)	0.045* (0.0038)	0.035* (0.0029)
직종더미	+	+	+	+	+
사업체더미	+	+	+	+	+
표본 수	144,375	91,797	52,578	61,916	82,459
$\overline{R^2}$	0.8187	0.8037	0.7842	0.8074	0.8242
F	198.4*	126.8*	607.6*	125.5*	319.8*

주: 괄호 안은 표준오차이고, *는 유의수준 0.01 미만임.

자료: 노동부. 사업체근로실태조사. 2003년.

〈표 8-4〉 2003년 남성근로자의 사업체규모 및 노조유무별 임금함수 추정

변수	299인 이하		300인 이상	
	노조무	노조유	노조무	노조유
비정규더미	0.0016 (0.0049)	-0.302* (0.0058)	-0.262* (0.011)	-0.350* (0.0064)
연령	0.065* (0.0010)	0.059* (0.0013)	0.083* (0.0026)	0.046* (0.0014)
연령×연령	-0.00069* (0.000012)	-0.00061* (0.000014)	-0.00081* (0.000032)	-0.00046* (0.000016)
근속	0.025* (0.0011)	0.012* (0.0010)	0.025* (0.0021)	0.018* (0.0011)
근속×근속	-0.00026* (0.000043)	0.00010* (0.000031)	-0.00014 (0.000087)	-0.000066 (0.000032)
경력더미 (1≤ 〈3년)	0.055* (0.0047)	0.088* (0.0060)	0.193* (0.010)	0.162* (0.0062)
경력더미 (3≤ 〈4년)	0.107* (0.0063)	0.137* (0.0075)	0.263* (0.013)	0.194* (0.0077)
경력더미 (4≤ 〈5년)	0.095* (0.0077)	0.161* (0.0090)	0.268* (0.015)	0.207* (0.0099)
경력더미 (5≤ 〈10년)	0.146* (0.0070)	0.177* (0.0078)	0.254* (0.014)	0.232* (0.0080)
경력더미 (≥10년)	0.186* (0.0083)	0.214* (0.0095)	0.253* (0.016)	0.237* (0.010)
고졸더미	0.053* (0.0062)	0.072* (0.0053)	0.272* (0.017)	0.078* (0.0046)
전문대졸더미	0.075* (0.0076)	0.132* (0.0070)	0.337* (0.018)	0.123* (0.0063)
대졸더미	0.155* (0.0076)	0.190* (0.0069)	0.498* (0.017)	0.254* (0.0058)
기혼더미	0.045* (0.0044)	0.033* (0.0044)	0.033* (0.0066)	0.038* (0.0038)
직종더미	+	+	+	+
사업체더미	+	+	+	+
표본 수	49,496	42,301	12,420	40,158
$\overline{R^2}$	0.7862	0.8281	0.7853	0.7912
F	91.71*	206.83*	494.73*	624.69*

주: 괄호 안은 표준오차이고, *는 유의수준 0.01 미만임.

자료: 노동부. 사업체근로실태조사. 2003년.

〈표 8-5〉 2003년 여성근로자의 임금함수 추정

변수	전체	사업체규모		노조	
		299인 이하	300인 이상	노조무	노조유
비정규더미	-0.171* (0.0030)	-0.135* (0.0035)	-0.326* (0.0062)	-0.105* (0.0041)	-0.333* (0.0044)
연령	0.026* (0.00075)	0.027* (0.00089)	0.027* (0.0015)	0.025* (0.0011)	0.030* (0.0011)
연령×연령	-0.00031* (0.0000092)	-0.00031* (0.000011)	-0.00035* (0.000019)	-0.00029* (0.000013)	-0.00034* (0.000013)
근속	0.031* (0.00094)	0.029* (0.0011)	0.033* (0.0017)	0.029* (0.0013)	0.026* (0.0013)
근속×근속	-0.00018* (0.000036)	-0.00012* (0.000044)	-0.00021* (0.000062)	-0.00019* (0.000051)	-0.000042 (0.000048)
경력더미 (1≤ 〈3년)	0.079* (0.0032)	0.066* (0.0038)	0.152* (0.0060)	0.084* (0.0043)	0.090* (0.0047)
경력더미 (3≤ 〈4년)	0.133* (0.0045)	0.118* (0.0055)	0.190* (0.0079)	0.134* (0.0062)	0.142* (0.0066)
경력더미 (4≤ 〈5년)	0.162* (0.0058)	0.164* (0.0070)	0.177* (0.010)	0.187* (0.0079)	0.127* (0.0084)
경력더미 (5≤ 〈10년)	0.189* (0.0055)	0.187* (0.0066)	0.213* (0.0099)	0.190* (0.0077)	0.185* (0.0077)
경력더미 (≥10년)	0.194* (0.0072)	0.213* (0.0086)	0.190* (0.013)	0.194* (0.010)	0.186* (0.0099)
고졸더미	0.070* (0.0044)	0.054* (0.0053)	0.110* (0.0080)	0.052* (0.0060)	0.111* (0.0064)
전문대졸더미	0.115* (0.0055)	0.108* (0.0066)	0.148* (0.0098)	0.111* (0.0077)	0.142* (0.0076)
대졸더미	0.265* (0.0057)	0.240* (0.0070)	0.327* (0.0099)	0.271* (0.0081)	0.275* (0.0078)
기혼더미	0.025* (0.0031)	0.028* (0.0039)	0.010 (0.0051)	0.038* (0.0046)	0.0026 (0.0039)
직종더미	+	+	+	+	+
사업체더미	+	+	+	+	+
표본 수	81,743	54,441	27,302	42,563	39,180
$\overline{R^2}$	0.7976	0.7976	0.7584	0.7756	0.8184
F	102.1*	76.1*	280.2*	71.4*	160.3*

주: 괄호 안은 표준오차이고, *는 유의수준 0.01 미만임.

자료: 노동부. 사업체근로실태조사. 2003년.

〈표 8-6〉 2003년 여성근로자의 사업체규모 및 노조유무별 임금함수 추정

변수	299인 이하		300인 이상	
	노조무	노조유	노조무	노조유
비정규더미	-0.083* (0.0044)	-0.329* (0.0058)	-0.312* (0.012)	-0.325* (0.0070)
연령	0.026* (0.0011)	0.031* (0.0014)	0.018* (0.0030)	0.028* (0.0017)
연령×연령	-0.00029* (0.000014)	-0.00033* (0.000017)	-0.00026* (0.000039)	-0.00036* (0.000021)
근속	0.027* (0.0015)	0.024* (0.0017)	0.036* (0.0034)	0.034* (0.0019)
근속×근속	0.000090 (0.000055)	-0.000052 (0.000070)	-0.00094* (0.00014)	-0.00015 (0.000068)
경력더미 (1≤〈3년)	0.073* (0.0047)	0.072* (0.0062)	0.176* (0.010)	0.114* (0.0073)
경력더미 (3≤〈4년)	0.116* (0.0069)	0.144* (0.0090)	0.233* (0.014)	0.137* (0.0097)
경력더미 (4≤〈5년)	0.179* (0.0089)	0.145* (0.011)	0.252* (0.017)	0.097* (0.013)
경력더미 (5≤〈10년)	0.177* (0.0085)	0.198* (0.010)	0.285* (0.019)	0.154* (0.011)
경력더미 (≥10년)	0.201* (0.011)	0.220* (0.013)	0.279* (0.025)	0.126* (0.015)
고졸더미	0.046* (0.0065)	0.100* (0.0093)	0.089* (0.016)	0.116* (0.0088)
전문대졸더미	0.113* (0.0084)	0.130* (0.011)	0.146* (0.020)	0.151* (0.011)
대졸더미	0.246* (0.0089)	0.270* (0.011)	0.417* (0.020)	0.280* (0.011)
기혼더미	0.036* (0.0051)	0.00083 (0.0053)	0.039* (0.010)	0.0033 (0.0056)
직종더미	+	+	+	+
사업체더미	+	+	+	+
표본 수	34,217	20,224	8,346	18,956
$\overline{R^2}$	0.7759	0.8408	0.7462	0.7733
F	60.63*	121.86*	253.92*	280.89*

주: 괄호 안은 표준오차이고, *는 유의수준 0.01 미만임.

자료: 노동부. 사업체근로실태조사. 2003년.

〈표 8-7〉 2005년 남성근로자의 임금함수 추정

변수	전체	사업체규모		노조	
		299인 이하	300인 이상	노조무	노조유
비정규더미	-0.135* (0.0025)	-0.085* (0.0032)	-0.382* (0.0039)	-0.050* (0.0041)	-0.327* (0.0031)
연령	0.052* (0.00058)	0.050* (0.00074)	0.064* (0.0010)	0.050* (0.00092)	0.057* (0.00079)
연령×연령	-0.00055* (0.0000065)	-0.00054* (0.0000082)	-0.00062* (0.000012)	-0.00055* (0.000010)	-0.00058* (0.0000092)
근속	0.014* (0.00051)	0.014* (0.00069)	0.0087* (0.00084)	0.0084* (0.00097)	0.019* (0.00062)
근속×근속	0.00013* (0.000017)	0.00024* (0.000023)	0.000068* (0.000024)	0.00041* (0.000038)	-0.000060* (0.000018)
경력더미 (1≤ 〈3년)	0.097* (0.0028)	0.084* (0.0037)	0.176* (0.0046)	0.100* (0.0047)	0.109* (0.0037)
경력더미 (3≤ 〈4년)	0.143* (0.0038)	0.136* (0.0050)	0.197* (0.0058)	0.165* (0.0065)	0.117* (0.0047)
경력더미 (4≤ 〈5년)	0.152* (0.0041)	0.140* (0.0054)	0.220* (0.0063)	0.174* (0.0068)	0.125* (0.0052)
경력더미 (5≤ 〈10년)	0.193* (0.0038)	0.186* (0.0049)	0.240* (0.0062)	0.222* (0.0063)	0.144* (0.0048)
경력더미 (≥10년)	0.252* (0.0045)	0.258* (0.0058)	0.269* (0.0081)	0.301* (0.0073)	0.160* (0.0061)
고졸더미	0.061* (0.0031)	0.053* (0.0043)	0.073* (0.0040)	0.051* (0.0057)	0.068* (0.0033)
전문대졸더미	0.090* (0.0039)	0.071* (0.0054)	0.148* (0.0054)	0.068* (0.0072)	0.114* (0.0043)
대졸더미	0.245* (0.0038)	0.207* (0.0053)	0.309* (0.0051)	0.213* (0.0071)	0.253* (0.0041)
기혼더미	0.071* (0.0023)	0.087* (0.0031)	0.025* (0.0029)	0.086* (0.0040)	0.040* (0.0025)
직종더미	+	+	+	+	+
사업체더미	+	+	+	+	+
표본 수	193,047	109,546	83,501	68,180	124,867
$\overline{R^2}$	0.8157	0.7956	0.7705	0.7694	0.8232
F	236.0*	128.6*	954.3*	94.7*	485.6*

주: 괄호 안은 표준오차이고, *는 유의수준 0.01 미만임.

자료: 노동부. 사업체근로실태조사. 2005년.

〈표 8-8〉 2005년 남성근로자의 사업체규모 및 노조유무별 임금함수 추정

변수	299인 이하		300인 이상	
	노조무	노조유	노조무	노조유
비정규더미	-0.029* (0.0045)	-0.281* (0.0046)	-0.336* (0.0094)	-0.390* (0.0043)
연령	0.049* (0.0010)	0.054* (0.0011)	0.067* (0.0027)	0.062* (0.0011)
연령×연령	-0.00054* (0.000011)	-0.00058* (0.000013)	-0.00061* (0.000032)	-0.00061* (0.000013)
근속	0.0094* (0.0011)	0.019* (0.00087)	-0.0082* (0.0022)	0.016* (0.00094)
근속×근속	0.00038* (0.000043)	0.000036 (0.000026)	0.00056* (0.000081)	-0.000095* (0.000026)
경력더미 (1≤ 〈3년)	0.095* (0.0052)	0.063* (0.0053)	0.165* (0.011)	0.178* (0.0051)
경력더미 (3≤ 〈4년)	0.161* (0.0072)	0.073* (0.0069)	0.214* (0.014)	0.188* (0.0065)
경력더미 (4≤ 〈5년)	0.160* (0.0077)	0.088* (0.0077)	0.297* (0.014)	0.188* (0.0071)
경력더미 (5≤ 〈10년)	0.209* (0.0070)	0.120* (0.0069)	0.348* (0.014)	0.194* (0.0069)
경력더미 (≥10년)	0.289* (0.0081)	0.152* (0.0084)	0.440* (0.019)	0.199* (0.0090)
고졸더미	0.049* (0.0062)	0.072* (0.0056)	0.204* (0.027)	0.064* (0.0040)
전문대졸더미	0.066* (0.0079)	0.094* (0.0068)	0.262* (0.029)	0.140* (0.0055)
대졸더미	0.200* (0.0078)	0.206* (0.0066)	0.418* (0.028)	0.303* (0.0052)
기혼더미	0.092* (0.0046)	0.064* (0.0041)	0.033* (0.0075)	0.020* (0.0031)
직종더미	+	+	+	+
사업체더미	+	+	+	+
표본 수	54,487	55,059	13,693	69,808
$\overline{R^2}$	0.7584	0.8346	0.7339	0.7802
F	73.66*	282.69*	473.08*	1055.50*

주: 괄호 안은 표준오차이고, *는 유의수준 0.01 미만임.

자료: 노동부. 사업체근로실태조사. 2005년.

〈표 8-9〉 2005년 여성근로자의 임금함수 추정

변수	전체	사업체규모		노조	
		299인 이하	300인 이상	노조무	노조유
비정규더미	-0.197* (0.0024)	-0.161* (0.0030)	-0.376* (0.0043)	-0.127* (0.0033)	-0.379* (0.0037)
연령	0.021* (0.00064)	0.019* (0.00080)	0.036* (0.0012)	0.020* (0.00086)	0.029* (0.00098)
연령×연령	-0.00025* (0.0000079)	-0.00021* (0.0000097)	-0.00042* (0.000016)	-0.00022* (0.000010)	-0.00035* (0.000013)
근속	0.030* (0.00082)	0.028* (0.0010)	0.025* (0.0016)	0.024* (0.0012)	0.024* (0.0012)
근속×근속	-0.000093* (0.000033)	0.000017 (0.000044)	-0.000056 (0.000052)	0.0000087 (0.000054)	0.000019 (0.000041)
경력더미 (1≤ <3년)	0.090* (0.0027)	0.071* (0.0034)	0.181* (0.0045)	0.088* (0.0036)	0.122* (0.0039)
경력더미 (3≤ <4년)	0.121* (0.0039)	0.110* (0.0050)	0.176* (0.0066)	0.126* (0.0055)	0.145* (0.0057)
경력더미 (4≤ <5년)	0.117* (0.0045)	0.105* (0.0058)	0.193* (0.0077)	0.124* (0.0062)	0.151* (0.0067)
경력더미 (5≤ <10년)	0.158* (0.0045)	0.149* (0.0057)	0.217* (0.0086)	0.168* (0.0062)	0.181* (0.0069)
경력더미 (≥10년)	0.219* (0.0060)	0.220* (0.0074)	0.263* (0.012)	0.223* (0.0081)	0.241* (0.0093)
고졸더미	0.065* (0.0039)	0.051* (0.0047)	0.116* (0.0076)	0.046* (0.0052)	0.097* (0.0060)
전문대졸더미	0.127* (0.0047)	0.107* (0.0059)	0.194* (0.0085)	0.112* (0.0065)	0.154* (0.0069)
대졸더미	0.259* (0.0048)	0.233* (0.0062)	0.319* (0.0086)	0.253* (0.0068)	0.264* (0.0070)
기혼더미	0.020* (0.0027)	0.021* (0.0036)	0.00089 (0.0038)	0.015* (0.0040)	0.0098* (0.0034)
직종더미	+	+	+	+	+
사업체더미	+	+	+	+	+
표본 수	113,170	65,665	47,505	54,904	58,266
$\overline{R}^2$	0.8025	0.7860	0.7775	0.7650	0.8137
F	132.0*	76.8*	569.6*	75.1*	231.7*

주: 괄호 안은 표준오차이고, *는 유의수준 0.01 미만임.
자료: 노동부. 사업체근로실태조사. 2005년.

〈표 8-10〉 2005년 여성근로자의 사업체규모 및 노조유무별 임금함수 추정

변수	299인 이하		300인 이상	
	노조무	노조유	노조무	노조유
비정규더미	-0.108* (0.0037)	-0.372* (0.0052)	-0.352* (0.0071)	-0.384* (0.0054)
연령	0.019* (0.00098)	0.021* (0.0014)	0.029* (0.0021)	0.038* (0.0014)
연령×연령	-0.00021* (0.000012)	-0.00026* (0.000018)	-0.00033* (0.000029)	-0.00044* (0.000019)
근속	0.024* (0.0014)	0.018* (0.0015)	0.00063* (0.0026)	0.036* (0.0020)
근속×근속	-0.000014 (0.000063)	0.00028* (0.000057)	0.00060 (0.00010)	-0.00036* (0.000063)
경력더미 (1≤ 〈3년)	0.075* (0.0041)	0.094* (0.0057)	0.270 (0.0077)	0.146* (0.0054)
경력더미 (3≤ 〈4년)	0.116* (0.0063)	0.141* (0.0081)	0.276 (0.010)	0.134* (0.0084)
경력더미 (4≤ 〈5년)	0.116* (0.0072)	0.138* (0.0093)	0.303 (0.012)	0.153* (0.0099)
경력더미 (5≤ 〈10년)	0.153* (0.0071)	0.190* (0.0092)	0.384 (0.014)	0.146* (0.011)
경력더미 (≥10년)	0.203* (0.0091)	0.283* (0.012)	0.535 (0.020)	0.154* (0.015)
고졸더미	0.045* (0.0057)	0.078* (0.0085)	0.107 (0.017)	0.109* (0.0086)
전문대졸더미	0.111* (0.0074)	0.114* (0.0098)	0.173 (0.018)	0.192* (0.0098)
대졸더미	0.249* (0.0077)	0.205* (0.010)	0.295 (0.019)	0.314* (0.0099)
기혼더미	0.017* (0.0046)	0.016* (0.0049)	-0.0041 (0.0065)	0.0033 (0.0046)
직종더미	+	+	+	+
사업체더미	+	+	+	+
표본 수	41,489	24,176	13,415	34,090
$\overline{R^2}$	0.7478	0.8366	0.7657	0.7834
F	53.79*	141.31*	510.74*	546.67*

주: 괄호 안은 표준오차이고, *는 유의수준 0.01 미만임.

자료: 노동부. 사업체근로실태조사. 2005년.

〈표 8-11〉 네 집단별 정규-비정규근로자 임금격차에 대한 양년도간 Chow 검정의 F값

구분		남성		여성	
		사업체규모		사업체규모	
		299인 이하	300인 이상	299인 이하	300인 이상
노동조합	무	309.4***	7.8**	119.9***	23.6***
	유	318.0***	329.5***	640.2***	391.6***

주: * Pr[F(1, ∞) ≥ 3.84] = 0.05. ** Pr[F(1, ∞) ≥ 6.63] = 0.01. *** Pr[F(1, ∞) ≥ 10.83] = 0.001.

자료: 노동부. 사업체근로실태조사. 2003년, 2005년.

Ⅳ. 쟁점과 논의

2007년 7월 1일부터 시행된 "비정규직보호법"은 비정규근로자에 대한 차별적 처우를 금지하고 있다. 무엇이 차별적 처우인지는 논란의 대상이지만 근로자 및 사업체 특성을 통제한 후의 정규근로자와 비정규근로자 간 임금격차가 얼마나 되는가는 이 법의 시행과 더불어 사용자와 근로자 모두에게 더욱 더 중요한 주제가 되고 있다. 지금까지의 연구에 의하면 정규-비정규근로자 임금격차가 매우 작거나 없으며 오히려 비정규근로자의 임금이 정규근로자의 임금보다 높다는 추정도 있다. 김용민・박기성(2006)을 제외하고 기존의 모든 연구는 각 사업체의 고유한 이질성(heterogeneity)을 통제하지 않아서 그 추정치가 모든 사업체에 걸쳐 평균적인 비정규근로자가 평균적인 정규근로자에 대비해서 구해진 것이다. 비정규근로자가 차별적 대우를 받는다고 느낀다면 그것은 전체 정규근로자 대비가 아니라 바로 자기가 근무하는 직장의 정규근로자에 비해서일 것이다. 같은 직장 내에서의 정규-비정규근로자 임금격차의 추정을 위해서는 근로자가

근무하고 있는 사업체를 식별하여 각 사업체의 고유한 이질성을 통제해야 한다. 본 장은 2003년과 2005년 자료를 가지고 고정효과 모형으로 정규-비정규근로자 임금격차를 추정하여 양년도를 비교하였다.

본 장의 추정에 의하면 남성의 경우 정규근로자에 비해 비정규근로자의 임금은 11.1−12.6% 낮으며, 여성의 경우는 15.7−17.9% 낮다. 사업체의 고유한 특성을 통제하기 위해 고정효과 모형으로 임금함수를 추정하면 정규-비정규근로자 임금격차가 기존의 연구들보다 큰 것을 확인할 수 있다. 노조가 있거나 또는 대규모 사업체에서는 이 임금격차가 20%를 훨씬 상회하며 특히 300인 이상이면서 노조가 있는 사업체의 경우는 이 임금격차가 30% 안팎이나 될 정도로 매우 크다. "비정규직보호법에 의거하여 사업체들에게 정규근로자에 준하는 임금을 비정규근로자에게 주어 이 임금격차를 해소하라고 하면 사업체들에게는 엄청난 부담이 될 것이다. 이 임금격차가 해소되기 위해서는 2005년 남성 비정규근로자의 시간당 임금이 평균 2,165원 인상되어 10,570원이 되어야 하고, 여성 비정규근로자의 경우는 평균 1,947원 인상되어 7,887원이 되어야 한다. 2005년 8월 경제활동인구조사 부가조사의 비정규근로자(특수형태근로종사자 제외)의 수와 2005년 사업체근로실태조사의 근로시간을 사용하여 추정하면 사용자들이 이 비정규근로자들에게 임금격차를 완전히 해소해 주기 위해서는 남성과 여성 각각 연 12조 4,482억 원과 9조 2,694억 원, 총 21조 7,176억 원의 재원이 필요하다. 이것은 임금만을 고려한 것이고 고용보험, 건강보험, 국민연금, 산재보험, 주택 및 학자금지원 등 각종 부가급여에서의 격차를 해소하기 위해서는 또 다른 추가적인 재원이 필요하다.

만약 이 임금격차가 경쟁적 노동시장(competitive labor market)의 결과로서 사용자와 근로자 이외에게는 관찰되지 않는 생산성의 차이(unobserved heterogeneity)를 반영한다면, 이 임금격차의 인위적 해소는 생산성을 초과하는 임금을 초래한다. Park(2007)의 분석에 의하면 생산성을 초과하는 임금은 경제의 저성장을 야기한다. 노동위원회에서 차별적 처우를 판별할 때 본 장에서 추정된 정규-비정규근로자 임금격차가 경쟁적 노동시장의 결과로서 사용자와 근로자 이외에게는 관찰되지 않는 생산성의 차이를 반영할 수 있다는 점을 고려해야 한다.

김용민 · 박기성(2006)은 노동조합이 있는 사업체가 노동조합이 없는 사업체보다 비정규근로자의 임금을 더 낮추어 비용절감을 시도할 것이라는 가설을 제시했다. 이 가설은 본 장의 분석에서도 지지된다. 사용자는 "비정규직보호법"의 제정과 시행과 같은 법적 환경에서도 이윤극대화를 위해 최대한 비용절감을 시도할 것이다. 본 장의 분석은 노동시장에 대한 정부의 직접적인 개입으로는 비정규근로자가 보호되고 지위가 향상되지 않음을 시사한다. 정규-비정규근로자의 조임금격차가 인적자본을 통제하면 상당 부분 해소되는 것에서 알 수 있듯이 비정규근로자의 생산성을 향상시키기 위한 인적자본투자가 가장 효과적인 "비정규직 보호책"이 될 것이다.

"참여정부"는 출범 초부터 "비정규근로자 보호"를 정권 차원의 슬로건으로 내걸고 비정규근로자를 위한 법 · 제도 개선에 노력해 왔다. 299인 이하이고 노조가 있는 사업체의 남성근로자를 제외하고 2003년에 비해 2005년에 정규-비정규근로자 임금격차가 확대되었다. 이 슬로건은 단순히 구호에 그쳤음을 알 수 있다.

정규근로자에 비해 비정규근로자는 고용지속성이 떨어지고 임금 및 부가급여가 낮다. 비정규근로자는 쉽게 해고하고 채용할 수 있으며 낮은 임금과 부가급여를 지불할 수 있다. 즉, 비정규근로자는 정규근로자에 비해 해고 및 채용비용을 포함한 총노동비용이 낮다. 각 기업에 있어서 갑자기 수요가 증대되었다가 사라지는 일자리(jobs)나 단순 반복 작업을 하는 일자리 등은 노동비용이 낮은 비정규근로자를 사용하는 것이 유리하다. 기업이 핵심이 되는 일자리를 비정규근로자로 채우지는 않는다. 일자리에 따라 비정규근로자가 적합한 것이 있고 정규근로자가 적합한 것이 있다. 이 적합성은 고정된 것이 아니라 제품수요의 불규칙적의 변화, 정보화, 전산화 등에 의한 작업조직의 변화, 여성 등 부가근로자(additional workers)의 노동공급 변화 등 다양한 요인들에 의해 변한다.

과거에는 정규근로자가 적합한 일자리가 지금은 비정규근로자에게 적합할 수 있다. 이 일자리를 정규근로자가 차지하고 있다면 그를 해고하고 비정규근로자로 채우는 것은 현행 노동법상 거의 불가능하다. 그러나 1997년 경제위기 이후 수많은 기업이 도산되거나 구조조정되면서 상당수의 정규근로자의 일자리가 비정규근로자로 대체되었다. 반면에 기업에게 핵심이 되는 일자리라면 노동법에 상관없이 대우를 잘해줄 것이다.

정규근로자에 대한 지나친 보호가 비정규근로자의 양산을 가져온다는 것은 유럽제국과 미국을 비교해 보면 명확해진다. 유럽의 기업들은 노동비용의 50%를 사회보장료, 의료보험료, 실업보험료 등의 세금으로 지출하나 미국의 이 비율은 25%미만이다. 또 유럽제국에서는 정리해고를 제한하는 규제, 많은 법정휴가일수, 법정유급휴직 등이 노동비용을 미국에 비해 높게 한다(Becker 1996). 노동비용을 줄이기 위해 유럽의 기업은 해고가 쉽고 부가급여와 세금을 지불하지 않아도 되는 일시적근로자(temporary workers)를 많이 고용한다. 정규근로자의 해고가 거의 불가능한 스페인에서는 피용자의 33.7%가 일시적근로자이고 프랑스, 독일, 스웨덴, 이탈리아에서도 각각 11.0%, 10.3%, 13.5%, 7.3%가 일시적근로자이나, 미국에서는 취업자의 2.2%만이 일시적근로자이다(OECD 1994). 유럽에 지하경제(underground economy)가 활성화되어 있는 이유 중의 하나는 정부가 부과하는 노동비용을 피하기 위해서이다. 이탈리아와 스페인 근로자의 25% 정도가 적어도 부분적으로 지하경제에서 일하고 있으며 벨기에, 프랑스, 독일, 스웨덴에서도 이 비율이 10% 정도이다(Becker 1997). 노동비용이 높고 해고하기 힘들기 때문에 유럽의 기업들은 경기가 회복되어도 고용을 늘리지 않는다. 그리고 장기 실업자, 청년 실업자, 일시적근로자, 지하경제 근로자 등은 직업교육·훈련을 받을 기회가 거의 없어 이들이 영구적 일자리(permanent jobs)를 얻기는 더욱 힘들어진다.

그러므로 정규근로자에 대한 노동법상의 보호를 완화하여 정규-비정규근로자 간의 임금 및 근로조건 격차를 축소할 필요가 있다. 예를 들면, 기본적으로 5

인 이상 사업장에 적용되는 근로기준법의 해고관련 조항들(30－33조)을 완화하고 퇴직금 관련 조항(34조)을 완화 내지 폐지하는 것 등이다. 나아가서 1인 이상 모든 사업장에 적용되는 최소한의 근로기준법을 마련하고 다른 사항들에 대해서는 자유계약의 원칙에 입각하여 근로계약을 체결할 수 있게 하는 근로계약법을 마련하는 것도 고려해 볼 만하다.

비정규근로자에 대한 사회안전망(social safety net)을 확대하고 내실화할 필요가 있다. 박기성・김용민(2004)에 의하면 비정규근로자는 정규근로자에 비해 고용보험, 건강보험, 국민연금, 산재보험 가입률이 현저하게 낮다. 가입범위를 확대하는 것과 더불어 가입자격이 있으나 실제로 가입하지 않고 있는 근로자들이 가입하도록 내실화할 필요가 있다. 비정규근로자에 대한 사회안전망의 확대 및 내실화는 기업의 부담을 가중시켜 효율(efficiency)의 감소를 가져오는 측면이 있으나 형평(equity) 또는 정치적인 이유에서 필요하다.

최근의 비정규근로자 증가는 노동법을 비롯한 제도와 노동시장이 어우러져 나온 결과이다. 비정규근로자 증가를 문제시하고 이의 시정을 위해 정부가 직접적으로 비정규근로자를 정규화하는 정책은 시장의 힘을 무시한 정책이며 실효를 거둘 수 없다. “비정규직보호법”이 대표적인 예로 정부의 노동시장에 대한 과도한 개입으로 바람직하지 않다. 사용자는 “비정규직보호법”의 제정과 시행과 같은 법적 환경에서도 이윤극대화를 위해 최대한 비용절감을 시도할 것이다. 본 장의 분석은 노동시장에 대한 정부의 직접적인 개입으로는 비정규근로자가 보호되고 지위가 향상되지 않음을 시사한다. “비정규직보호법”이 시행된 후 처음으로 조사된 2007년 8월 “경제활동인구 부가조사”에 의하면 비정규근로자가 증가했을 뿐만 아니라 파견, 용역 등 非典刑勤勞者(비전형근로자)(atypical workers, workers in alternative employment arrangements)는 크게 늘고 기간제근로자는 크게 줄었다. 이에 대한 대응으로 최근 정부가 외주(outsourcing)나 사내하청을 제한 또는 불법화하는 법을 마련 중이라고 알려지고 있으나, 이것 또한 정부의 과도한 개입이며 “법만능주의”의 극치로 고용의 질을 악화시킬 것이다.

"비정규직보호법"에서 기간제근로를 2년으로 제한하는 것은 기업으로 하여금 기간제 고용조차 회피하게 하여 일자리 창출을 저해하는 결과를 낳고 있다(남재량 · 박기성 2010). 반면에 기간제근로에 대한 규제완화는 일자리를 창출하고 경제주체의 자율성을 높일 것이다. 따라서 기간제근로에 대한 기간 제한을 철폐하고 당사자 간 합의에 따라 갱신 가능하도록 하는 것이 바람직하다.

근로자가 고용형태에 상관없이 동일한 노동에 동일한 보상을 해주는 것이 바람직하다. 특정한 일들이 직장 내에서 동일한 노동인지 또는 동일한 보상을 해주어야 하는지를 판단하는 것은 매우 정교한 기준을 요구한다. 현재 동일한 노동을 하더라도 고용의 지속성 정도 등에 따라 보상은 달라질 수 있다. 즉 현재의 보상은 현재의 노동뿐만 아니라 과거의 노동에 대한 대가를 포함할 수 있으며, 나아가서 미래의 노동을 확보하기 위한 誘引(유인)(incentive)을 포함하기도 한다. 그러므로 차별 여부를 판정할 때는 현재의 일의 성격뿐만 아니라 그 일을 하는 근로자의 과거 기여 및 잠재적 미래가치까지 고려하는 기준을 사용해야 한다.

"파견근로자보호 등에 관한 법률"(이하 "파견법")은 법이 정하는 특정한 직무에 대해서만 파견을 허용하는 포지티브 리스팅 체계(positive listing system)로 되어 있다. 즉 "파견법"에서 허용하는 일부 직무 외에는 불법으로 간주한다. 이는 세계에서 오직 한국만이 택하고 있는 규제로서 노동시장의 유연성을 극도로 제한하고 있다.

1990년대 이래로 세계의 모든 국가에서 파견근로에 대한 규제를 완화하여 기업은 유연하게 인력을 사용할 수 있고 근로자에게는 다양한 취업기회를 제공하고 있으므로 파견근로는 일자리 창출 및 실업 감소에 기여하는 것으로 평가받고 있다. 반면에 우리나라에서는 업무 제한에 더하여 기간 제한까지 두는 과도한 규제로 인해 1998년 파견근로를 합법화한 이후 10년 동안 별로 성장하지 못하고 있다. 우리나라도 노동시장 유연화의 세계적 추세에 맞게 파견근로에 대한 규제를 완화하여야 한다.

현재의 포지티브 리스팅 체계를 폐기하고, 파견이 바람직하지 않은 소수의 업무만을 금지하고 나머지는 자유화하는 네거티브 리스팅 체계(negative listing system)로 전환해야 한다. 그리고 파견기간도 3년을 기한으로 하되 당사자의 합의에 따라 갱신이 가능하도록 하여 불필요하게 일자리를 제약하는 일이 없도록 해야 할 것이다.

민간 기업이 비정규근로자를 정규근로자로 전환하지 않는 것은 그에 따른 비용 부담 때문이다. 정부와 정치권은 공공부문 비정규근로자의 정규화를 공약하고 있다. 실제로 박원순 서울시장은 2012년 5월 1일 1,024명의 서울시 공공부문 비정규근로자를 정규근로자(무기계약근로자)로 전환하였고 박근혜 대통령도 대선 공약으로 2015년까지 공공부문 비정규근로자 46,000명을 정규근로자로 전환하겠다고 했다. 2012년 10월 교육과학기술부와 전국시도교육감협의회는 2014년까지 전국 유치원과 초·중·고교에서 2년 넘게 주당 15시간 이상 일한 비정규근로자 112,903명을 무기계약근로자로 전환한다고 발표했다. 정부와 정치권이 이와 같은 선심 정책을 펴면 상당수의 국민들로부터 지지를 받는 등 유리하지만 그 비용은 공공부문의 다른 서비스가 줄어들거나 세금 증가로 국민들이 부담하게 된다. 공공부문의 총인건비를 제한하는 등의 조치와 함께 이런 정책이 추진되어야 한다.

비정규근로자들 중에는 정규근로자에 비해 교육수준이 낮은 등 직업능력이 낮아 정규근로자가 되지 못하는 근로자들이 많다. 또한 비정규근로자는 정규근로자에 비해 직장에서의 교육훈련 기회도 적다. 생산에 있어서 정규근로자의 기여에 비해 비정규근로자가 기여하는 만큼 비정규근로자에게도 정부 및 공공부문의 교육훈련 예산이 사용되어야 한다. 교육훈련을 통해 직업능력이 향상되면 비정규근로자가 정규화할 가능성이 높아진다. 정규-비정규근로자의 조임금격차가 인적자본을 통제하면 상당 부분 해소되는 것에서 알 수 있듯이 비정규근로자의 생산성을 향상시키기 위한 인적자본투자가 가장 효과적인 "비정규직 보호책"이 될 것이다.

제 9 장 잘생기고 키 큰 사람이 정말 돈을 많이 버나?[67)]

I. 서 론

외모가 출중한 여학생이 A학점을 받으면 별 생각없는 남학생들은 "예쁜 게 공부도 잘하네!"라고 칭찬한다고 한다. 외모가 미흡한 여학생이 A를 받으면 이번에는 남학생들이 "헐, 독한 것!"이라고 하면서 몸서리를 친다고 한다. 참, 농담치고는 씁쓸한 농담이다. 더군다나 이 예쁜 여학생이 밤새도록 공부해서가 아니라, 뛰어난 용모로 A 학점을 받았다는 사실을 알게 되면, 예쁘지 않은 여학생 입장에서는 씁쓸한 느낌 정도가 아니라 교수님과 불공평한 세상에 대한 불타는 적개심을 가지게 된다.

67) 이 장은 저작권을 소유하고 있는 한국응용경제학회의 허가를 받아 김용민 · 김용학 · 박기성(2012)을 전재하면서 수정 · 보완한 것이다.

외모는 남성에게도 중요하다. 전 세계적인 이목과 관심 속에 미국 44대 대통령으로 취임한 버락 오마바 대통령의 영부인인 미셸 오바마는 세상의 모든 여성들에게 이렇게 충고하였다(Couric 2009). "남성을 외모만 보고 선택하지 마라(do not choose men based on their looks). 남성이 얼마나 많은 돈과 권세를 가졌는가에 흔들리지 마라(don't be swayed by how much money and prestige a man has)"고 말하였다. 미셸은 정직함, 진지함, 다른 사람들에 대한 연민 등 남성의 인간적인 면모가 가장 중요한 잣대가 되어야 한다고 주장하였다. 그럼에도 불구하고 지구상의 수많은 여성들이 남성을 고를 때 외모와 지위와 돈을 보고 선택한다.

안타깝게도 외모의 중요성은 태어날 때부터 시작된다. 매력적인 아기는 산부인과 의사와 간호사가 귀여워하고, 자라면서는 부모와 학교 선생님들의 귀여움을 독차지한다. 매력적인 외모를 가진 사람에 대한 우대는 졸업한 다음에도 이어져서, 보다 좋은 직장을 얻게 되고, 좋은 배우자를 얻게 되며, 만에 하나 죄를 저질러 엄정한 법의 심판을 받게 되더라도 법원의 관대한 판결을 이끌어낸다.

USA Today는 미국 고용시장에서 직장인은 남녀를 불문하고 외모로 인한 차별이 심각할 뿐 아니라 외모가 높은 연봉을 보장하는 등 "무형자산"의 역할을 톡톡히 하고 있다고 보도하였다(Armour 2005). 이 조사에 따르면 외모가 준수한 직장인은 평균적인 외모의 직장인보다 5% 더 높은 임금을 받고 있고, 평균 이하의 외모를 가진 직장인은 평균적인 외모의 직장인보다 9%가량 임금을 적게 받는다. 평균 이상의 외모와 평균 이하의 외모를 가진 직장인의 임금격차는 14%에 달한다.

[그림 9-1] 외모, 학벌, 출세, 돈

출처: http://blog.naver.com/PostView.nhn?blogId=mctrud&logNo=140122347557

요즘에는 단순히 얼굴뿐만 아니라 키나 몸무게와 같은 외적인 조건도 연봉에 미치는 영향력이 상당한 것으로 알려져 있다.

Fortune 지가 선정한 500대 기업의 남성 최고경영자(CEO)들은 평균 183cm의 장신으로 보통 성인 남성보다 6.4cm가량 큰 것으로 조사되었다(Englemann and Owyang 2005). 또한 이 조사에 의하면 일반인의 3.9%만이 188cm 이상의 키를 가지고 있는데 반해, CEO는 무려 30%가 188cm 이상이었다. North Carolina대 Daniel Cable 교수와 Florida 대 Timothy Judge 교수의 연구에서는 미국 성인남성의 평균 키(173㎝)보다 2.5㎝ 더 클 경우 연봉을 약 900달러 더 받는 것으로 나타났다(Judge and Cable 2004).

몸무게도 소득에 영향을 준다. New York 대학의 사회학자 Dalton Conley 교수의 조사에 따르면 여성의 몸무게가 1% 늘어날수록 소득이 0.6% 줄어든다는 결과가 나왔다.

외모중시 풍조는 우리나라가 더 심각하다는 지적도 있다. 미혼 남녀의 대부분은 소개팅을 나가기 전에 상대의 외모를 미리 확인하며(노기섭 2012). 취업을 위해서 대졸자들의 성형 열풍이 일고 있는 등(김영선 2013) 이미 도를 넘어서고 있다는 것이다. 해외의 언론도 우리나라의 성형에 의해 만들어진 K-Pop 스타들을 비판한 바 있다(박만규 2011). 뚱뚱했던 몸매가 하루아침에 조각녀로 변하면서 겪는 이야기를 다룬 코믹영화 “미녀는 괴로워”가 대중들의 인기를 크게 얻어 외모중시 풍조가 하나의 사회적 현상으로 자리잡고 있음을 보여준다.

[그림 9-2] 영화 “미녀는 괴로워” 포스터

외모지상주의(lookism)에 물든 사회는 비극적 사건을 유발하기도 한다. 1999년 4월 미국 Colorado 주 Littleton 소재 Columbine 고등학교에서는 학생의 총기

난사 사건으로 학생과 선생 12명이 사망하고 27명이 부상당하는 비극이 발생했다. 이후 미국에서 유사한 총기난사 사건이 적지 않게 발생했는데 이들 사건의 공통점은 총을 난사한 학생들이 매력적이지 않은 외모로 인해 다른 학생들로부터 괴롭힘을 당해왔다는 점이다. 우리나라에서도 외모를 비관하여 자살하는 기사가 나기도 한다.

그러나 이를 어쩌랴? 훌륭한 외모가 여러 부분에서 유리하게 작용한다는 사실은 이미 과학적으로 밝혀진 사실이다. 잘생긴 근로자가 못생긴 근로자보다 보수를 더 많이 받는 이른바 "외모 프리미엄(beauty premium)"이 존재한다는 사실이 대표적인 예다.

반면 학업성적에 있어서는 외모보다 더 중요한 요소들이 있다는 연구 결과도 있다. 미 시사주간지 뉴스위크지는 Miami대학 Michael French 교수팀의 연구 결과를 인용, "성격(personality)과 단정함(grooming)이 외모보다 학교 성적에 더 큰 영향을 미친다"고 밝혔다(French, Robins, Homer, and Tapsell 2009).

이들의 논문 "외모 · 성격 · 단정함이 고등학교 성적에 미치는 영향"에 따르면, 여학생의 경우 성격 · 외모 · 단정함 중 성격이 학점평균(GPA)에 가장 큰 영향을 미쳤다. 남학생에겐 단정함이 외모나 성격보다 중요하게 작용했다. 외모 역시 성적에 영향을 줬지만 다른 두 요소보다는 영향이 작았다.

그렇다면 우리나라의 경우 외모가 소득에 얼마나 영향을 주는 것인지 궁금하지 않을 수 없다. 인적자본이 높을수록 임금 등 소득이 높다는 것은 잘 알려진 사실이다. 일반적으로 교육, 경력 등이 인적자본을 대표하는 것으로 알려져 있다. 이러한 인적자본에 추가하여, 외모와 신장이 소득에 영향을 준다면 소득과 관련하여 새로운 해석을 시도할 수 있다.

최근에 박기성 · 이인재(2010)는 우리나라에서 신장 프리미엄이 존재하는 것을 보이고 통상적인 임금함수에서 남성의 키가 1cm 증가함에 따라 0.5%씩 임금이 상승함을 보였다. 외모와 신장이 임금에 영향을 주는 이유와 관련하여 다음의 세 가지 가설들을 제시할 수 있다. 첫 번째는 비인지 능력에 대한 것이고, 두 번째는 인지능력에 대한 것이며, 마지막으로 세 번째는 차별에 관한 가설이다.

첫 번째 가설은 외모가 뛰어나거나 신장이 큰 사람이 비인지적 능력(noncognitive abilities)이 높아 더 높은 임금을 받게 된다는 것이다. 일반적으로 외모가 좋은 사람이 사회적 능력과 자신감(confidence or esteem)과 같은 비인지적 능력이 높을 것으로 인식된다. 예컨대 교사는 외모가 좋은 학생이 더 뛰어난 학업성과를 올릴 것으로 기대하여 더 많은 관심을 쏟게 되며, 교사의 이러한 관심 때문에 외모가 좋은 학생은 더 좋은 대인관계 능력(social skills), 커뮤니케이션 능력(communication skills)과 자긍심(esteem)을 갖게 된다(Hatfield and Sprecher 1986). 주위에서 내가 공부를 잘한다고 인식하면, 나도 자신감을 갖고 그렇게 믿게 되어 결과적으로 공부를 잘하게 된다는 것이다. 이러한 심리적 기제를 "자기실현적 예언(self fulfilling prophecy)," 또는 "자기실현적 고정관념(self fulfilling stereotype)"이라고 한다. 사회적 능력과 자신감의 강화는 보다 좋은 노동시장에서의 성과를 올릴 수 있다(Mobius and Rosenblat 2006, Pfann, Biddle, Hamermesh, and Bosman 2000).

키와 비인지능력 간의 상관관계에 관심을 갖는 연구자들은 특히 청소년기의 키에 주목한다. 청소년기에 키가 크면 스포츠, 동아리, 등 다양한 과외활동(extracurricular activities)에 참여할 가능성이 높아 리더십, 대인관계, 사회 적응력(social adaptability) 등 인적자본을 축적할 기회를 상대적으로 많이 가지게 된다(Persico, Postlewaite, and Silverman 2004). 이렇게 청소년기에 비인지적 능력을 배양할 기회를 많이 가진 사람이 성인이 된 다음에 노동시장에서의 좋은 성과를 올릴 수 있는 것이다.

두 번째 가설은 외모가 뛰어나거나 신장이 큰 사람이 인지적 능력이 높아 더 높은 임금을 받게 된다는 것이다. 먼저, 외모와 인지능력 간의 상관관계에 관심을 갖는 연구자들은 외모가 좋은 사람이 지능이 높을 수 있다는 생물학적 근거를 제시한다. Kanazawa(2011)는 영국의 National Child Development Study

(NCDS)와 미국의 National Longitudinal Study of Adolescent Health: Add Health) 자료[68]를 분석하여 외모(physical attractiveness)와 지능지수(IQ)가 正의 관계에 있다고 주장하고 다음과 같은 근거를 제시한다. 생물학적 관점에서 보면 지능과 외모는 모두 유전적 적합성(genetic fitness)[69]을 가지고 있기 때문에 지능지수와 외모 간에 正의 상관관계를 가질 수 있다(Prokosch, Yeo, and Miller 2005). 또한 여성들은 높은 소득과 지위를 위해 지적 능력이 뛰어난 남성들을 선호하고 남성들은 외모가 뛰어난 여성들을 선호하기 때문에 이들이 결혼을 하여 자녀를 낳으면 외모와 지능지수가 正의 상관관계를 가질 수 있다(Buss 1985). 외모와 인지능력 간에 상관관계가 있다면 외모가 뛰어난 사람이 고소득자가 될 수 있다.

키와 인지능력 간에 상관관계에 대한 논리는 기존의 많은 연구에서 제기되었으며, 주로 유전적 요인과 환경적 요인에 주목한다(Case and Paxson 2008, Tanner 1979). 유전적 요인으로는 먼저 유전적 결함(genetic disorders)을 꼽을 수 있다. 유전적 결함이 단신(short stature)과 인지적 손상(cognitive impairment)을 같이 야기할 수 있다는 것이다. 반면, 키가 정상적으로 발육한다는 것은 인지적 손상으로부터 벗어나서 인지능력이 정상적으로 발달한다는 의미이다. 그리고 인슈린과 같은 성장 인자들(insulin-like growth factors; Berger 2001)이나 갑상선

---

68) National Child Development Study(NCDS)는 영국(잉글랜드, 웨일스, 스코틀랜드)에서 1958년 3월 3-9일에 태어난 아기들에 대해 7세, 11세, 16세, 23세, 33세, 41-42세, 46세, 50-51세에 조사한 종단 자료이다. National Longitudinal Study of Adolescent Health(Add Health)는 미국에서 1994-95학년도에 7-12학년인 학생들에 대해 조사를 시작하여 2008년까지 4번 조사가 이루어진 종단 자료이다.

69) 유전적 적합성(genetic fitness)은 진화생물학적 개념으로 이전 세대의 유전형(genotype)이 다음 세대의 유전형의 분포에 미치는 상대적인 공헌도를 의미한다(Wilson 1975). 어떤 유전자의 특성이 우월한 적합성을 가지고 있다면, 그 특성은 다음 세대에 더 많이 발현되고, 세대가 반복되면서 적합성을 가진 유전적 특성은 종의 특성이 되며 이러한 과정을 자연선택(natural selection)이라고 한다. 지능, 건강, 장수, 외모 등이 유전적 적합성이 높은 생물학적 특성의 예이다(Prokosch, Yeo, and Miller 2005).

호르몬(thyroid hormone; Richards, Hardy, Kuh, and Wadsworth 2002)이 신체 성장에 긍정적인 영향을 주면서 동시에 인지를 담당하는 뇌의 영역에도 긍정적인 영향을 줄 수 있다. Sundet, Tambs, Harris, Magnus, and Torjussen(2005)은 일란성(monozygotic) 및 이란성(dizygotic) 쌍둥이(twin pairs)를 분석하여 키와 인지능력 간 상관관계의 65%는 환경적 요인이 기인하고 35%는 유전적 요인에 기인한다고 주장한다. Black, Devereux and Salvanes(2007), Behrman and Rosenzweig(2004) 등은 자궁 내 영양섭취(uterine nutrition)가 이 상관관계에 중요한 역할을 한다고 보았고, Lynn(1989)과 Kretchmer, Beard and Carlson(1996) 등은 유아기나 아동기 때의 영양섭취가 중요하다고 주장하였다. 이러한 주장을 종합해 보면, 키가 큰 사람은 평균적으로 유아기에 뇌의 인지능력이 발달하고, 키가 작은 사람은 키가 큰 사람에 비해서 상대적으로 인지능력이 떨어질 수 있다. Case and Paxson(2008)은 Persico, Postlewaite and Silverman(2004)이 사용한 동일한 자료를 사용하여 청소년기의 신장이 아니라 인지능력(cognitive ability)이 임금에 영향을 준다고 주장한다.[70] 키와 인지능력을 모두 포함하는 임금함수에서 키는 임금에 유의한 영향을 주지 않았고, 인지능력만 유의한 영향을 주는 것으로 나타났다.

세 번째 가설은 외모가 뛰어나거나 신장이 큰 사람을 노동시장에서 선호한다는 차별 가설이다. 외모가 임금에 미치는 영향에 관한 선구적 연구인 Hamermesh and Biddle(1994)과 Biddle and Hamermesh(1998)에 의하면 외모 프리미엄이 각각 사용자 차별과 소비자 차별에 기인한다. 외모가 뛰어나거나 신장이 큰 근로자가 비인지적 및 인지적 능력 등 인적자본이 높아서가 아니라, 사용

70) Persico, Postlewaite, and Silverman(2004)과 Case and Paxson(2008)이 사용한 자료는 영국의 National Child Development Study(NCDS)와 미국의 National Longitudinal Survey of Youth(NLSY)이다. NLSY는 미국에서 1979년 14-22세의 청소년들에 대해 조사를 시작하여 1994년까지는 매년, 그 후는 매 2년마다 조사되는 종단 자료이다.

자나 소비자가 외모가 뛰어나거나 신장이 큰 근로자를 선호하기 때문에 이들의 임금이 높다는 것이다. Hamermesh and Biddle(1994)의 실증 연구에서는 생산성 차이에 의한 임금격차보다는 사용자 선호에 기인한 차별이 우세함을 보여준다. Biddle and Hamermesh(1998)는 1970년대에 한 법과대학원을 졸업한 변호사들에 대한 자료를 분석하여 법률회사에 속한 변호사들보다 자영업자인(self-employed) 변호사들에게서 외모에 의한 소득격차가 더 크게 나타나는 등 소비자 차별의 여러 증거들을 제시한다.

이상의 논의를 종합하면 외모가 뛰어나거나 신장이 클수록 소득이 높은 이유는 인적자본이 높아서이거나 사용자나 소비자의 선호 또는 기호적 차별(taste discrimination; Becker 1957) 때문이다. 전자를 인적자본 가설, 후자를 차별 가설이라고 할 수 있다. 사회 현실에 있어서는 이 두 가설에 부합되는 현상이 동시에 나타날 가능성이 매우 높다.

성형을 통해 외모를 바꾸거나 연령에 따라 신장이 변할 수 있으나 본 장에서는 연령을 통제하면서 외모와 신장을 외생변수로 간주한다. 임금은 생산성에 비례해서 결정되지만 일반적으로 생산성 자체는 관찰되지 않고(unobserved productivity) 교육년수와 같은 생산성을 나타내는 변수 즉 생산성 신호만이 관찰된다(observed productivity signal). 이 경우 임금을 교육년수에 회귀하면 교육년수의 최소자승(least squares) 추정계수는 일치추정치가 아니고(inconsistent estimator) 희석 편의(attenuation bias)를 가진다. 생산성과 생산성 신호를 연결하는 오차항과 외모나 신장이 상관관계를 가지면 외모나 신장의 최소자승 추정계수도 일치추정치가 아니다. 이를 시정하기 위해 교육년수에 대한 적당한 도구변수를 선정하여 추정하면 교육년수 계수의 일치추정치를 얻는다. Neumark(1999)에 근거해서 외모와 신장의 최소자승 추정치와 도구변수 추정치의 차이를 외모와 신장 각각의 인적자본(생산성) 효과로, 도구변수 추정치를 각각의 기호적 차별의 정도로 볼 수 있다.[71)]

본 장은 먼저 외모와 신장이 각각 임금에 어떤 영향을 주는지를 알아본다.

그리고 인적자본 가설과 차별 가설을 구별할 수 있는 모형을 제시하고 그에 따라 추정한 결과 차별 가설이 인적자본 가설보다 더 우세할 수 있음을 보인다.

외모와 신장 그리고 소득이 동시에 있는 자료를 찾기는 매우 어렵다. 본 장은 국내의 한 결혼정보회사의 자료를 구하여 사용한다. 결혼정보회사의 자료이므로 연령, 소득, 직업 등의 대표성에 한계가 있지만 현실적으로 위의 정보들을 동시에 가지고 있는 자료가 없기 때문에 이 자료를 사용한다.

본 장의 구성은 다음과 같다. Ⅱ절에서는 사용되는 자료의 구성을 설명하고 변수들의 기초통계량을 서술한다. Ⅲ절에서 외모와 신장이 임금에 어떤 영향을 주는지를 추정하고 그 결과를 해석한다. Ⅳ절에서는 외모와 신장 프리미엄이 인적자본에 기인하는지 차별에 기인하는지를 추정할 수 있는 모형을 제시하고 그에 따라 도구변수 추정을 하여 최소자승 추정과 비교한다. Ⅴ절에서는 요약과 더불어 쟁점과 논의를 정리한다.

Ⅱ. 자료와 변수

본 장에 사용된 자료는 국내 결혼정보회사에 2001년 1월에서 2004년 4월까지 일정 금액의 회비를 지불하고 가입한 회원들의 가입신청서를 위주로 구축된 데이터베이스를 사용하였다. 이 데이터베이스는 이름, 출생년월일, 성별 등의 기본정보, 주소 및 연락정보, 직업 및 소득정보, 초, 중, 고, 대학, 대학원 등의 학력정보, 신장와 외모 등의 신상정보, 부모, 형제, 자매 등 가족관계를 나타내는 가족정보, 주거 및 재산정보, 배우자 희망정보 등으로 구성되어 있다.

이 자료는 신장과 외모, 소득 등과 같은 변수들에 대한 비교적 정확한 정보를 가지고 있지만 결혼정보회사를 통해서 결혼시장에 진입한 집단에 대한 것이

71) 이 모형은 Ⅳ절에서 상술된다.

므로 미혼 성인이나 동일한 연령층의 인구를 대표할 수 없는 한계를 갖는다.

우리는 총 11,448명의 미혼 상태의 가입자 중 사업소득자와 프리랜서를 제외한 급여소득자만을 대상으로 주요 변수의 결측값을 가진 관찰치를 제거한 결과, 최종적으로 6,547명을 분석에 사용하였다. 이 중 남성이 3,340명, 여성이 3,207명으로 남성이 여성보다 약간 더 많다.

<표 9-1>은 주요 변수들의 기초통계량을 보여준다. 먼저 소비자물가지수를 감안한 2004년 기준의 연봉은 남성이 3,434만 원으로 여성의 2,355만 원보다 높다. 교육년수는 고졸=12년, 전문대졸=14년, 대졸=16년, 석사=18년, 박사=21년으로 계산한 것이고 남성은 고졸자가 거의 없어 표본에서 제외하였다. 아버지의 교육년수도 동일한 방식으로 계산되었고 다만 원자료에서 석사와 박사의 구별이 없이 대학원졸로 보고되어 18년으로 계산하였다. 영어권유학을 한 사람은 남성의 2.6%이고 여성의 1.4%이다.

남성 표본의 연령 평균은 31.7세이고 여성 표본의 연령 평균은 28.7세로 결혼을 앞두고 있는 자들임을 알 수 있다. 남성의 신장 평균은 174.0cm이고 여성의 신장 평균은 162.6cm이다. 외모는 두 커플 매니저가 해당 회원을 직접 인터뷰한 다음 논의를 거쳐 '비호감', '약간 비호감', '보통', '약간 호감', '호감'의 5점 척도로 합의하여 평가한 것이다. Kanazawa(2011)가 사용한 NCDS의 외모(physical attractiveness) 척도는 '매력적(attractive)', '비매력적 또는 매력적이지 않음(unattractive or not attractive)', '영양상태 부족(looks underfed or undernourished)', '비정상적 용모(abnormal feature)', '추레하거나 지저분한(scruffy or slovenly and dirty)'의 5점 척도이고 7세와 11세 때 선생님이 평가한 것이다. 그러나 NCDS 자료의 외모평가는 척도의 표현 방식과 평가자의 특성에서 알 수 있듯이 순수한 외모 이외에 학습 태도 내지 성적 등 다른 요소들로 오염되어 있을 가능성이 높다. 또한 미국 ADD Health의 외모 평가는 외모에 대한 비전문가인 면접원이 '아주 비매력적(very unattractive)', '비매력적(unattractive)', '보통 수준(about average)', '매력적(attractive)', '아주 매력적(very attractive)'의 5점

척도로 평가한 것으로 평가 결과의 정확성에 문제의 소지가 있을 수 있다.

이에 비해 본 장에서 사용한 결혼정보회사 자료의 외모 측정은 소개를 받을 회원에게 상대방에 대한 정확한 정보를 제공할 의무가 있기 때문에 외모에 대한 측정이 다른 요소들에 의해 오염되어 있을 가능성이 낮고 비교적 정확하다고 판단된다.

〈표 9-1〉 기초통계량

변수	남성	여성
연봉(만원)	3,434 (1,133)	2,355 (912)
교육년수(년)	16.2 (1.43)	15.6 (1.67)
연령(년)	31.7 (2.63)	28.7 (2.66)
근속(년)	3.77 (2.94)	3.44 (3.04)
영어권유학(D)	0.026 (0.160)	0.014 (0.118)
외모	3.39 (0.60)	3.44 (0.59)
신장(cm)	174.0 (4.08)	162.6 (3.58)
서울거주(D)	0.306 (0.461)	0.345 (0.475)
아버지 교육년수(년)	12.0 (3.63)	12.7 (3.23)
형제자매수(명)	3.30 (1.27)	3.36 (1.26)
형제자매 중 순위(번째)	2.41 (1.45)	2.22 (1.31)
표본 수	3,340	3,207

주: 괄호 안은 표준편차.

<표 9-1>의 외모는 ‘비호감=’, ‘약간 비호감=2’, ‘보통=3’, ‘약간 호감=4’, ‘호감=5’로 치환하여 평균과 표준편차를 구한 것이다. 외모의 평균은 남녀 모두 보통보다 조금 높으며 여성이 남성보다 약간 높다. 형제자매수와 형제자매 중에서 본인이 몇 째에 해당하는지의 순위도 결혼정보회사 입장에서는 매우 중요한 정보이다. 해당 회원이 부모를 모셔야 하는지, 유산상속을 얼마나 받을 수 있는지를 결혼 상대방이 판단하는 근거가 되는 정보이기 때문이다. 형제자매수의 평균은 남녀 각각 3.30명과 3.36명이며, 형제자매 중 순위의 평균은 각각 2.41과 2.22이다.

Ⅲ. 신장 및 외모 프리미엄

<표 9-2>는 만원 단위로 표시한 연봉의 자연로그(natural logarithm)를 종속변수로 하여 임금함수를 최소자승(ordinary least squares: OLS)으로 추정한 결과를 보여준다.[72] 먼저 통제 변수들의 추정계수들 중 주목할 만한 것을 살펴보면 영어권 국가로 유학을 간 남성이 그렇지 않은 남성보다 14.0% 임금이 높고 여성의 경우는 22.1%나 높다. 교육년수가 1년 증가함에 따라 남성은 3.9%씩 임금이 증가하고 여성은 5.6%씩 증가한다. 남성보다 여성의 교육수익률이 높은 것은 석사, 박사 등 고학력자의 상대적 비중이 남성보다 여성의 경우 낮기 때문일 것이다. 연령이 1년 증가함에 따라 남성은 3.3%씩 임금이 증가하고 여성은 1.9%씩 증가한다. 근속년수가 1년 증가함에 따라 남성은 1.7%씩 임금이 증가하고 여성은 2.9%씩 증가한다.

외모는 ‘비호감’과 ‘약간 비호감’을 기준(reference)으로 ‘보통,’ ‘약간 호감,’

72) 여성의 경우 소득이 있는 자만을 분석대상으로 함으로써 표본선택 편의(sample selection bias)가 발생할 수 있지만 이 점이 고려되지 않는다.

‘호감’을 3개의 더미 변수로 만들어 추정하였다.73) 남성의 경우 각각 7.0%, 12.2%, 15.2% 임금이 높고 여성의 경우는 각각 10.4%, 15.5%, 18.2% 임금이 높아 외모가 임금에 큰 영향을 주고 있는 것을 알 수 있다. Hamermesh and Biddle(1994)에 의하면 ‘보통 이상’과 ‘보통 이하’의 외모 차이에 의한 임금격차는 약 9.2%–16.8%로 추정된다. 또한 Mobius and Rosenblat(2006)는 12.3%–16.7%의 외모 프리미엄(beauty premium)을 얻었다. 이것과 우리의 추정결과를 직접 비교할 수는 없으나 비슷한 결과로 볼 수 있다.

신장의 경우 키가 1cm 커짐에 따라 남성은 0.25%씩 임금이 증가하고 여성은 0.38%씩 증가한다. 20cm 신장 차이가 있다면 남성은 5.0% 임금이 높고 여성의 경우는 7.6% 임금이 높다. Persico, Postlewaite, and Silverman(2004)의 추정결과 영국 NCDS 표본에서는 인치당 2.2%, 미국 NLSY 표본에서는 인치당 1.8%의 신장 프리미엄을 얻었고, 박기성 · 이인재(2010)도 Persico, Postlewaite, and Silverman(2004)과 매우 유사한 변수를 가지고 30대 남성에 대한 임금함수를 추정한 결과 인치당 2.3%의 신장 프리미엄을 얻었다.74) 본 장의 분석결과를 인치로 환산한 신장 프리미엄은 0.635%(0.25 x 2.54cm)로 이들보다 훨씬 작게 나타났다.

선행 연구에 비해 신장 프리미엄이 작게 추정된 이유는 두 가지 추론이 가능하다. 먼저, 본 장이 선행 연구와 달리 근속, 영어권유학 여부, 서울거주 여부, 외모 등 보다 많은 변수를 추가해서 분석했기 때문에 신장의 계수가 낮게 추정될 수 있다. 여기에 보고하지는 않았지만, Persico, Postlewaite, and Silverman

---

73) ‘비호감’과 ‘약간 비호감’을 합하여 기준으로 설정한 이유는 표본에서 ‘비호감’으로 분류된 회원이 남성 3명, 여성 3명 등 총 6명밖에 없었기 때문이다.

74) Loh(1993)는 시간당 임금을 종속변수로 설정한 분석에서 평균 신장 이상이 평균 신장 미만에 비해 남성의 경우 5.7%, 여성의 경우 4.0%의 임금 프리미엄을 갖는 것으로 추정하였다. Frieze, Olson, and Good(1990), Sargent and Blanchflower(1994), Behman and Rosenzweig(2001)도 신장(또는 청소년기의 신장)이 클수록 소득이 높음을 보여준다.

(2004) 방식대로 연령과 신장만을 모형에 포함시켜 추가적인 분석을 한 결과 남성의 신장 프리미엄은 인치당 1.22%로 추정되어 선행 연구와의 격차가 줄어든다. 그럼에도 불구하고 신장 프리미엄이 낮게 추정된 이유는 우리나라 근로소득자의 소득분산이 미국에 비해 낮고, 결혼정보회사에 가입한 회원들의 소득 범위가 비교적 좁은 중산층 위주이기 때문이라고 추론해 볼 수 있다.

〈표 9-2〉 임금함수의 추정: 최소자승(OLS)

변수	남성	여성
교육년수(년)	0.039*** (0.003)	0.056*** (0.003)
연령(년)	0.033*** (0.002)	0.019*** (0.002)
근속(년)	0.017*** (0.002)	0.029*** (0.002)
영어권유학(D)	0.140*** (0.030)	0.221*** (0.049)
외모-보통(D)	0.070** (0.032)	0.104** (0.047)
외모-약간호감(D)	0.122*** (0.033)	0.155*** (0.048)
외모-호감(D)	0.152*** (0.041)	0.182*** (0.056)
신장(cm)	0.0025** (0.0012)	0.0038** (0.0016)
서울거주(D)	0.032*** (0.010)	0.050*** (0.012)
절편	5.824*** (0.226)	5.402*** (0.285)
$\overline{R^2}$	0.205	0.183
표본 수	3,340	3,207

주: *** p<0.01, ** p<0.05, * p<0.1.

Ⅳ. 인적자본 또는 차별

외모와 신장이 소득에 영향을 주는 이유가 생산성 즉 인적자본이 높아서인지(human capital increase) 기호적 차별 또는 선호(taste discrimination)인지 아니면 둘 다인지를 구별하기 위해 다음과 같은 모형을 세우고 검토한 후 그에 따라 추정하여 분석한다.

1. 모형

Neumark(1999)은 Foster and Rosenzweig(1993)에 근거해서 통계적 차별(statistical discrimination)과 기호적 차별(taste discrimination)을 구별해서 추정할 수 있는 모형을 제공하였다. 김용민·박기성(2005)은 Neumark(1999)의 모형을 기초로 우리나라에서 사용 가능한 자료 범위 안에서 인적자본과 기호적 차별을 구별해서 추정할 수 있는 모형을 제시하였다. 김용민·박기성(2005)과 유사한 다음과 같은 모형을 고려하자.

$$w_i = \alpha P_i^* + \beta A_i + \gamma H_i + \epsilon_i. \tag{1}$$

여기서 w_i는 i번째 근로자의 임금, P_i^*는 연구자에게 관찰되지 않는 생산성(unobserved productivity), A_i와 H_i는 외모와 신장, 그리고 ϵ_i는 오차항이다. 만약 기호적 차별(taste discrimination; Becker 1957) 또는 선호가 없다면 β와 γ가 0이어야 한다. 정확한 생산성은 관찰되지 않지만 그것의 신호(signal)는 관찰된다. 생산성과 생산성 신호와는 다음과 같은 관계가 있다.

$$P_i = P_i^* + \eta_i. \tag{2}$$

여기서 P_i는 관찰되는 생산성 신호(observed productivity signal)이고 η_i는 직교 오차항(orthogonal noise)이라고 가정한다. 예를 들어 교육년수가 관찰되는 생산성 신호이고 이것은 생산성과 위의 식에 의해서 연결된다.[75] 위의 두 식으로부터 다음의 추정식(estimation equation)을 얻는다.

$$w_i = \alpha P_i + \beta A_i + \gamma H_i + \epsilon_i - \alpha \eta_i. \tag{3}$$

식 (2)와 (3)으로부터 P_i와 식 (3)의 오차항($\epsilon_i - \alpha \eta_i$) 사이에 負(부)의 상관관계가 있음(negatively correlated)을 알 수 있다. α의 최소자승 추정치의 확률극한(probability limit)을 구하면 다음과 같다.

$$\begin{aligned} plim\ \alpha_{OLS} &= \alpha + \frac{Cov(P_i, \epsilon_i - \alpha\eta_i)}{Var(P_i)} \\ &= \alpha \frac{Var(P_i^*)}{Var(P_i^*) + Var(\eta_i)}. \end{aligned}$$

그러므로 α의 최소자승 추정치는 일치추정치가 아니고(inconsistent estimator) 희석 편의(attenuation bias)를 가진다. 그리고 같은 P_i가 관찰되더라도 외모가 출중하거나 신장이 큰 사람의 생산성이 높다면 더 높은 소득을 얻을 것이다. 즉 동일한 P_i가 관찰되는 사람 중에 잘생겼거나 신장이 큰 사람은 높은 P_i^*와 낮은 η_i를 갖게 되어 $Cov(A_i, \eta_i)$나 $Cov(H_i, \eta_i)$가 음의 값을 가진다. β의 최소자승 추정치의 확률극한을 구하면 다음과 같다.

75) Neumark(1999)은 생산성 변수로 인사고과점수(performance rating)를 사용하였으나 우리가 사용하는 자료에는 그런 변수가 없기 때문에 생산성을 대변할 수 있는 가장 적합한 변수로 교육년수를 사용한다. 한 연구자의 지적대로 생산성을 대변하는 최적의 변수가 없어 차선책으로 교육년수를 사용한 것은 본 장의 한계이며 이에 따라 분석결과의 해석이 한계를 가질 수밖에 없다.

$$plim\ \beta_{OLS} = \beta + \frac{Cov(A_i, \epsilon_i - \alpha\eta_i)}{Var(A_i)}$$
$$= \beta - \alpha\frac{Cov(A_i, \eta_i)}{Var(A_i)} > \beta.$$

α가 양수라는 것은 자명하다. 그러므로 β의 최소자승 추정치는 상향 편의(upward bias)를 가진다. γ의 최소자승 추정치의 확률극한을 구하면 다음과 같다.

$$plim\ \gamma_{OLS} = \gamma + \frac{Cov(H_i, \epsilon_i - \alpha\eta_i)}{Var(H_i)}$$
$$= \gamma - \alpha\frac{Cov(H_i, \eta_i)}{Var(H_i)} > \gamma.$$

만약 신장이 생산성 효과가 있다면 γ의 최소자승 추정치도 상향 편의(upward bias)를 가진다. 이 경우 일치추정치를 얻으려면 도구변수 추정을 할 수 있다. 다음 절에서는 그 결과를 보고한다.

2. 도구변수 추정

<표 9-3>은 남성에 대한 최소자승 및 도구변수(IV: instrumental variable) 추정치를 보여준다. 열 (1)은 최소자승 추정치이다. 외모를 연속변수로 사용하여도 <표 9-2>의 남성에 대한 추정치와 매우 유사함을 알 수 있다. 도구변수 추정에서는 가족 배경(family background)을 본인의 교육년수의 도구변수로 사용한 Taber(2001) 등의 연구에 따라 아버지의 교육년수, 형제자매 수, 형제자매 중 본인의 순위 등을 사용하였다. 열 (2)에서는 아버지의 교육년수를, 열 (3)에서는 아버지의 교육년수와 형제자매 수를, 열 (4)에서는 형제자매 중 본인의 순위를 추가해서 사용하였다. 먼저 1단계 추정에서 도구변수들이 통계적으로 유의하므로

도구변수들이 본인의 교육년수와 관련성(relevancy)이 있음을 알 수 있다. 그리고 Sargan 통계치로부터 도구변수들의 외생성이 기각되지 않는 것을 알 수 있다. 열 (2), (3), (4)의 도구변수 추정치들이 유사하므로 열 (3)을 중심으로 열 (1)의 최소자승 추정치와 비교한다.

교육년수의 최소자승 추정치는 0.039인데 비해 도구변수 추정치는 0.121로 크게 증가한다. 하우스만 검정(Hausman 1978)의 p값은 0.001로 교육년수의 외생성(exogeneity)이 기각되며 최소자승 추정치의 희석 편의가 확인된다. 외모의 도구변수 추정치는 0.032로 최소자승 추정치 0.050보다 통계적으로 유의하게 작다. 즉 최소자승 추정치가 상향으로 편의됨을 알 수 있다. 그리고 이 둘의 차이 0.018(최소자승 추정치의 36.0%)은 외모가 생산성을 증가시켜 소득을 증가시키는 것으로 해석할 수 있다.[76] 5점 척도로 측정된 외모에서 한 단계가 올라가면 생산성이 1.8% 증가함에 따라 임금이 그만큼 상승한다. 나머지 0.032은 차별적 요인에 기인한다고 할 수 있다.

신장의 도구변수 추정치와 최소자승 추정치는 차이가 없다. 신장이 1cm 커짐에 따라 임금이 0.26%씩 상승하는 것은 생산성 효과보다 차별적 요인에 기인한다고 할 수 있다.

<표 9-4>는 여성에 대한 최소자승 및 도구변수 추정치를 보여준다. 열 (1)은 최소자승 추정치이다. 외모를 연속변수로 사용하여도 <표 9-2>의 여성에 대한 추정치와 매우 유사함을 알 수 있다. 여성의 경우도 남성의 경우와 같이 도구변수 추정에서는 본인의 교육년수에 대한 도구변수로 열 (2)에서는 아버지의 교육년수를, 열 (3)에서는 아버지의 교육년수와 형제자매 수를, 열 (4)에서는 형제자매 중 본인의 순위를 추가해서 사용하였다. 먼저 1단계 추정에서 도구변수들이 통계적으로 유의하므로 도구변수들이 본인의 교육년수와 관련성(relevancy)이 있음을 알 수 있다. 그리고 Sargan 통계치로부터 도구변수들의 외생성이 기

76) 이 해석은 Neumark(1999)의 Table 6에 근거한다.

각되지 않는 것을 알 수 있다. 열 (2), (3), (4)의 도구변수 추정치들이 유사하므로 열 (3)을 중심으로 열 (1)의 최소자승 추정치와 비교한다.

교육년수의 최소자승 추정치는 0.056인데 비해 도구변수 추정치는 0.114으로 크게 증가한다. 하우스만 검정의 p값은 0.000으로 교육년수의 외생성(exogeneity)이 기각되며 최소자승추정치의 희석 편의가 확인된다. 외모의 도구변수 추정치는 0.043로 최소자승 추정치 0.052보다 통계적으로 유의하게 작다. 즉 최소자승 추정치가 상향으로 편의됨을 알 수 있다. 그리고 이 둘의 차이 0.009(최소자승 추정치의 17.3%)는 외모가 생산성을 증가시켜 임금을 증가시키는 것으로 해석할 수 있다. 5점 척도로 측정된 외모에서 한 단계가 올라가면 생산성이 0.9% 증가함에 따라 임금이 그만큼 상승한다. 나머지 0.043은 차별적 요인에 기인한다고 할 수 있다. <표 9-3>과 비교하면 외모에 의한 차별의 정도는 남성보다 여성이 더 크며 외모가 생산성에 기여하는 정도는 여성보다 남성이 더 크다고 할 수 있다.

신장의 도구변수 추정치와 최소자승 추정치는 차이가 없다. 신장이 1cm 커짐에 따라 임금이 0.38%씩 상승하는 것은 생산성 효과보다 차별적 요인에 기인한다고 할 수 있다.

교육년수에 대한 도구변수를 사용하여 추정함으로써 외모와 신장의 생산성 효과가 완전히 제거되었다고 할 수 없다. 외모와 신장에 대한 완벽한 도구변수가 사용되어야 생산성 효과가 완전히 제거될 수 있을 것이다. 그러나 사용된 자료의 한계로 외모와 신장에 대한 도구변수를 구할 수 없었다.

〈표 9-3〉 임금함수 추정(남성): 최소자승(OLS) 및 도구변수(IV)

구분	최소자승(OLS)	도구변수(IV)		
	(1)	(2)	(3)	(4)
교육년수(년)	0.039*** (0.003)	0.124*** (0.027)	0.121*** (0.027)	0.123*** (0.027)
연령(년)	0.033*** (0.002)	0.026*** (0.003)	0.027*** (0.003)	0.026*** (0.003)
근속(년)	0.017*** (0.002)	0.025*** (0.003)	0.025*** (0.003)	0.025*** (0.003)
영어권유학(D)	0.140*** (0.030)	0.010 (0.052)	0.014 (0.052)	0.011 (0.052)
외모	0.050*** (0.008)	0.032*** (0.010)	0.032*** (0.010)	0.032*** (0.010)
신장(cm)	0.0026** (0.0012)	0.0026** (0.0013)	0.0026** (0.0013)	0.0026** (0.0013)
서울거주(D)	0.032*** (0.010)	0.011 (0.013)	0.012 (0.013)	0.011 (0.013)
절편	5.742*** (0.222)	4.604*** (0.430)	4.637*** (0.427)	4.606*** (0.429)
$\overline{R^2}$	0.205	-	-	-
도구변수들	-	아버지 교육년수	아버지 교육년수, 형제자매 수	아버지 교육년수, 형제자매 수, 형제자매 중 순위
1단계 추정 시 도구변수들에 대한 F 검정의 p값	-	0.000***	0.000***	0.000***
Sargan 검정(p값)	-		1.500 (0.221)	4.412 (0.110)
최소자승 추정치의 편의: Hausman 검정의 p값				
교육년수(년)	-	0.001***	0.001***	0.001***
외모	-	0.004***	0.004***	0.003***
신장(cm)	-	0.476	0.476	0.476
표본 수	3,340	3,340	3,340	3,340

주: *** $p<0.01$, ** $p<0.05$, * $p<0.1$.

〈표 9-4〉 임금함수 추정(여성): 최소자승(OLS) 및 도구변수(IV)

구분	최소자승(OLS)	도구변수(IV)		
	(1)	(2)	(3)	(4)
교육년수(년)	0.056*** (0.003)	0.116*** (0.013)	0.114*** (0.013)	0.114*** (0.013)
연령(년)	0.019*** (0.002)	0.015*** (0.003)	0.015*** (0.003)	0.015*** (0.003)
근속(년)	0.029*** (0.002)	0.036*** (0.003)	0.036*** (0.003)	0.036*** (0.003)
영어권유학(D)	0.220*** (0.049)	0.148*** (0.053)	0.150*** (0.053)	0.150*** (0.053)
외모	0.052*** (0.010)	0.043*** (0.010)	0.043*** (0.010)	0.043*** (0.010)
신장(cm)	0.0038** (0.0016)	0.0038** (0.0017)	0.0038** (0.0017)	0.0038** (0.0017)
서울거주(D)	0.050*** (0.012)	0.042*** (0.013)	0.042*** (0.013)	0.042*** (0.013)
절편	5.353*** (0.282)	4.558*** (0.339)	4.581*** (0.337)	4.580*** (0.337)
$\overline{R^2}$	0.183	-	-	-
도구변수들	-	아버지 교육년수	아버지 교육년수, 형제자매 수	아버지 교육년수, 형제자매 수, 형제자매 중 순위
1단계 추정 시 도구변수들에 대한 F 검정의 p값	-	0.000***	0.000***	0.000***
Sargan 검정(p값)	-	-	0.976 (0.323)	0.983 (0.612)
최소자승 추정치의 편의: Hausman 검정의 p값				
교육년수(년)	-	0.000***	0.000***	0.000***
외모	-	0.008***	0.009***	0.009***
신장(년)	-	0.497	0.497	0.497
표본 수	3,207	3,207	3,207	3,207

주: *** p<0.01, ** p<0.05, * p<0.1.

V. 쟁점과 논의

본 장은 외모와 신장 그리고 소득이 동시에 있는 한 결혼정보회사의 자료를 사용하여 임금함수를 추정하였다. 분석결과 외모의 임금 프리미엄이 존재하는 것을 확인할 수 있었다. 또한 신장도 임금에 유의한 영향을 미치는 것으로 추정되었다. 그리고 Neumark(1999)의 모형을 기초로 하여 외모와 신장 프리미엄이 인적자본 효과인지 차별인지를 추정할 수 있는 모형을 제시하였다. 이 모형에 의하면 외모와 신장이 인적자본을 통해 생산성을 증대시킨다면 외모와 신장의 최소자승 추정치는 상향 편의(upward biased)된다.

Neumark(1999)은 생산성 변수로 인사고과점수(performance rating)를 사용하였으나 우리가 사용하는 자료에는 그런 변수가 없기 때문에 주어진 자료에서 생산성을 대변할 수 있는 가장 적합한 변수로 교육년수를 사용하였다. 생산성을 대변하는 최적의 변수가 없어 차선책으로 교육년수를 사용한 것은 본 장의 한계이며 이에 따라 분석결과의 해석이 한계를 가질 수밖에 없다.

우리는 교육년수에 대한 도구변수로 아버지의 교육년수, 형제자매 수, 형제자매 중 본인의 순위 등을 사용하여 도구변수 추정을 시도하였다. 추정 결과에 의하면 외모의 최소자승 추정치의 상당 부분은 인적자본 효과에 기인하지만 키의 경우는 거의 모두 차별에 기인한다고 볼 수 있었다.

먼저, 남성은 외모의 최소자승 추정치 0.050 중 0.018(36.0%)이 인적자본 효과에 기인하고 여성의 경우는 0.052 중 0.009(17.3%)가 인적자본 효과에 기인한다고 할 수 있다. 인적자본 효과를 제외한 나머지 부분이 차별 효과라고 본다면, 남성의 외모 프리미엄 중 64.0%가, 여성은 82.7%가 차별에 기인하는 것으로 해석할 수 있다. 외모의 인적자본 효과는 여성보다 남성이 더 크고, 외모의 차별 효과는 남성보다 여성이 더 크다고 할 수 있었다.

반면, 신장의 경우에는 남녀 모두 최소자승 추정치와 도구변수 추정치가 거의 달라지지 않아 인적자본 효과보다는 차별 효과에 기인하는 것으로 해석할 수 있다. 남성의 신장의 최소자승 추정치 0.0026은 도구변수 추정에서도 그대로 유지되었으며 여성의 경우도 0.0038에서 0.0038로 그대로 유지되었다.

위의 추정 결과를 받아들이면 외모 프리미엄의 64.0–82.7%가 차별에 기인하고 신장 프리미엄의 대부분이 차별에 기인한다고 볼 수 있다. 그러므로 본 장에서는 Pfann, Biddle, Hamermesh, and Bosman(2000), Persico, Postlewaite, and Silverman(2004), Mobius and Rosenblat(2006), Case and Paxson(2008), Kanazawa (2011) 등이 주장하는 인적자본 효과보다는 Hamermesh and Biddle(1994)와 Biddle and Hamermesh(1998) 등이 주장하는 차별 효과가 더 우세하다고 할 수 있다.

앞서 언급하였듯이 본 장은 자료의 한계로 외모와 신장에 대한 도구변수를 사용하여 추정하지 못하고 교육년수에 대한 도구변수를 사용하여 추정하였기 때문에 외모와 신장의 인적자본 효과가 완전히 제거되었다고 할 수 없다. 그러므로 위의 함의들은 제한적일 수밖에 없다. 외모와 신장에 대한 도구변수가 있는 자료를 사용하거나 생산성 또는 인적자본이 정확하게 측정되는 자료를 사용하는 것이 근본적인 해결책일 것이다.

또한 본 장의 자료는 결혼정보회사를 통해서 결혼시장에 진입한 남녀를 표본으로 한 것으로 미혼 성인이나 동일한 연령층의 인구를 대표한다고 할 수 없기 때문에 본 장의 함의를 일반화시키는데 한계가 있다. 향후 대표성이 보장되는 자료를 가지고 분석해야 이 문제도 해결될 수 있다.

PART IV

기업 엘리트의 사회적 연결망

제 10 장 한국 대기업 최고경영자의 연고주의, 어느 정도로 강한가?: 지연 · 학연과 기업 성과와의 연관성을 중심으로[77]

I. 서 론

한국 사회를 살아가는 사람 중에 지연과 학연으로부터 자유로운 사람은 많지 않을 것이다. 1989년에 실시한 한국사회학회의 전국 규모의 조사에 의하면 응답자의 46%가 그들의 일상생활에서 지연에, 29%가 학연에 의존한다고 대답하였다(김용학 1996). 기업, 정부, 군대 등 핵심적인 경제 · 사회적 기능을 수행하는 기관에서도 지연과 학연은 인사를 논하는 데 있어서 항상 등장하는 중요한 주제 중의 하나이다.

우리나라에서는 정권이 교체될 때마다 지역에 따른 편중인사가 문제되곤

77) 이 장은 김용민 · 박기성(2004)에 근거하여 수정 · 보완한 것이다.

한다. 영남 정권인 이명박 정부가 출범한 다음 장·차관, 청와대 비서관, 주요 공공기관장과 감사 등 322명의 고위직 인사를 분석한 결과를 보면, 2009년 6월 현재 226명의 기관장과 감사의 출신지를 분석한 결과 48.2%인 109명이 영남 출신으로 나타났다. 이어 서울·경기 등 수도권이 40명(17.7%), 호남권 35명(15.5%), 충청권 31명(13.7%) 등으로 조사됐다(장익창 2011). 특히, 국가정보원장과 법무장관, 검찰총장, 경찰청장, 청와대 민정수석 등 사정기관의 장은 영남 일변도이다. 청와대 인사라인도 영남출신이 80% 이상을 차지하고 있는 반면, 호남출신은 전혀 없다. 청와대 수석비서관급 이상과 주요 장·차관급, 4대 권력기관 핵심 보직자, 주요 부처 예산·인사 등 핵심 업무를 맡고 있는 고위 공직자만을 대상으로 한 100대 요직의 경우도 다르지 않다. 영남출신이 43.8%를 차지하고 있는 반면, 호남권의 경우 10.4%에 그치는 등 영남 편중인사 논란이 그치지 않는다.

호남정권도 별반 다르지 않다. 호남정권이었던 김대중 정권 시절인 2000년 3월 현재 10대 권력핵심(국무총리, 감사원장, 국가정보원장, 국방장관, 법무장관, 행정자치부장관, 대통령비서실장, 검찰총장, 국세청장, 경찰청장) 중 50%인 5명이, 장관급 28명 중에서 35.7%인 10명이 호남출신으로 호남의 전체인구비중인 11.8%를 크게 상회하고 있어 호남중심의 지역편중인사가 논란이 되었다(김차수, 2000). 반면 영남은 인구비율이 38.2%인데 비해 10대 권력핵심 중 20%, 장관급 21.4%를 차지하는데 그쳐 김대중 정권 들어서 그 세력이 크게 약화되었음을 보여준다.

학연이 정부나 기업체 인사에 작용하는 사례는 많이 있지만 체계적인 조사가 별로 없기 때문에 최근의 상장사의 사외이사 선임에 대한 연구를 예로 들어본다. 한국기업의 지배구조 개선을 위해 도입한 사외이사 제도는 사외이사 선임과정에서 학연이 작용하는 것으로 나타난다(Moon and Kim 2000). 이들에 의하면 상장사에서 연세대와 고려대 출신의 기업주가 대학동문을 사외이사로 선임하는 비율(각각 17.3%, 16.2%)이 전체 사외이사 중에서 고려대와 연세대가 차지하고 있는 비율(각각 10.4%, 10.5%)보다 높게 나타나 사외이사 선임과정에 학연이 작용하고 있음으로 보여주고 있다.

지연과 학연으로 얽혀져 각종의 거래가 이루어지는 한국자본주의를 외국 학계나 언론에서는 연고자본주의(crony capitalism)라고까지 혹평하고 있으며 1997년 금융위기의 한 원인으로 연고자본주의를 지적하고 있다(예: Wei and Wu 2001, Moon 2000). 물론 이 현상은 한국이나 동아시아에만 국한된 것이 아니다. Hillman, Zardkoohi, and Bierman(1999)에 의하면 미국의 기업도 임직원을 정부의 요직에 진출시켜 기업이 여러 혜택(firm-specific benefits)을 얻게 된다고 한다. 그러나 부패를 포함한 연고주의(cronyism)의 폐해는 한국을 포함한 동아시아가 훨씬 심하다(Wei 2000).

자본주의 핵심주체인 기업에서의 지연과 학연의 실태를 알아보는 것은 한국 자본주의를 이해하는데 큰 도움을 줄 것이다. 본 장은 한국 대기업 최고경영자 시장에서 지연과 학연의 정도를 살펴보고 이 지연과 학연에 영향을 주는 요인들을 찾아본다.

구체적으로 기업주와 전문경영자 짝(pair)이 같은 지역 출신인지 여부, 같은 고등학교 출신인지 여부, 같은 대학 출신이지 여부 등을 통해 지연 및 학연의 실태를 파악한다. 이러한 지연과 학연이 발생하는 것은 동향이나 동문을 좋아하는 선호 또는 기호 때문이거나 태만 방지의 수단으로 지연과 학연이 이용될 수 있기 때문이라는 것을 지적한다.

정부의 영향력이 크거나 규제가 심한 산업에 속한 기업들에서는 정권담당자와의 친분관계를 이용하여 로비(lobbying)를 할 수 있는 최고경영자의 진출이 두드러질 것이다. "국민의 정부" 출범을 전후하여 호남출신 최고경영자의 진출을 살펴보는 것도 한국 사회에서의 지연의 실태를 파악하는데 중요하다.

본 장의 구성은 다음과 같다. 다음 절에서 기업의 소유주가 전문경영자를 선택할 때 동향이나 동문이라는 것이 고려되는 이유를 이론적 논의를 통해 알아본다. Ⅲ절에서는 최고경영자에 대한 통계자료를 어떻게 구축했는지를 서술하고 소유경영자, 전문경영자, 기업주 등의 정의를 제시한다. Ⅳ절에서는 최고경영자의 통계자료를 사용하여 경험적 분석을 하고 이론적 논의로부터 유도되는 가설들을 검증한다. Ⅴ절은 요약과 더불어 쟁점과 논의를 정리한다.

Ⅱ. 이론적 논의

기업의 소유주가 전문경영자를 선택할 때 본인과 동향이거나 동문이라는 것이 고려되는 이유는 무엇인가?

먼저, 기업주가 동향이나 동문 전문경영자를 좋아하는 선호체계(preference system or utility function)를 가지고 있어서 생산성이 같거나 조금 떨어지더라도 동향이나 동문을 전문경영자로 선임할 수 있다(Becker 1957). 여기서 우리는 동향 또는 동문선호감이라는 기호(taste)와 이 기호가 초래하는 결과를 구별할 필요가 있다(박기성 1990). 기업주가 상대적으로 동향 또는 동문출신에 대해 우호적 감정을 가지고 있다는 것은 동향 또는 동문선호감이라는 기호가 있다는 것이고, 이 기호는 동향 또는 동문출신 전문경영자의 선임이라는 결과를 가져온 것이다. 이것은 기본적으로 기호에 기인하므로 嗜好的(기호적) 緣故主義(연고주의)(taste cronyism)라고 할 수 있다. 그러나 이러한 기호가 있다고 항상 동향 또는 동문출신 전문경영자를 선임하는 것은 아니다. 많은 경우에 기업주가 동향 또는 동문선호감이 있지만 비동향 또는 비동문출신을 선임한다.

주관적 동향 또는 동문선호감의 정도가 같다 하더라도 시장구조에 따라 나타나는 객관적 연고주의의 정도는 다를 수 있다. 먼저 경쟁 시장구조를 생각하자. 기업주들이 각각의 동향 또는 동문선호감에 따라 생산성이 더 높은 비동향 또는 비동문출신 전문경영자를 고용하지 않고 동향 또는 동문출신 전문경영자를 고용하거나 편파적으로 대우하면 기업주의 동향 또는 동문선호감이 작을수록 생산비용이 낮아지게 되어 가장 작은 지역차별감을 가진 기업이 시장 전체의 생산을 독점하게 된다. 따라서 이 시장의 모든 기업들은 정상이윤을 확보하고 경쟁에서 살아남기 위해 이 기업의 연고주의만큼만 연고주의에 따라 고용하게 되어 이 시장의 연고주의 정도는 이 기업의 연고주의 정도와 일치한다. 매우 강한 동향 또는 동문선호감을 가진 기업주라도 시장이 경쟁적이면 그의 기호를 실현하기 위해 손실 또는 기업 퇴출이라는 비용을 지불해야 하기 때문에 그 시장에서 가장 작은 동향 또는 동문선호감을 가진 기업주의 연고주의 이상으로 동향 또는 동문출신 전문경영자를 고용할 수 없다. 반면에, 독점기업에서는 한 기업만 있기 때문에 그 기업주의 선호감에 따라 동향 또는 동문출신 전문경영자를 고용하거나 편파적으로 대우해 주더라도 독점적 지대(monopoly rent)가 완전히 소진되지 않는 한 독점기업은 유지된다. 즉 독점기업주가 가진 동향 또는 동문선호감이 아무 제약 없이 그대로 연고주의로 실현된다.

그러므로 경쟁시장에 비해 독점시장의 연고주의 정도가 심할 것이다. 이것을 일반화하면, 경쟁의 정도가 낮을수록 또는 독점적 지대가 클수록 기업주와 동향 또는 동문출신 전문경영자를 고용할 가능성이 높다는 가설을 얻는다. 그리고 특히 지방의 경우 고교동문이면 대부분 동향이기 때문에 동향보다 고교동문에 대한 선호감이 더 강할 것이다. 따라서 기호에 기인한 인한 연고주의는 동향보다 고교동문출신의 기업주-전문경영자의 경우가 상대적으로 더 뚜렷할 것이라는 가설도 추론된다.

가설1.

① 산업 내의 경쟁의 정도가 낮을수록 또는 독점적 지대가 클수록 기업주와 동향 또는 동문출신 전문경영자를 고용할 가능성이 높다.

② 이 연고주의는 동향보다 고교동문출신의 기업주-전문경영자의 경우가 상대적으로 더 뚜렷하게 나타난다.

김용학(1996)은 한국 사회에서 연결망(social network)의 중요성을 강조하고 그 존재의 근거를 거래비용의 절약에서 찾고 있다. Prendergast and Topel(1996)은 情實主義(정실주의)(favoritism)가 일반적으로 조직(organization)에 해를 끼치므로 방지되어야 하지만, 구성원들이 권력에 대한 수요(demand for power)를 가지고 있으면 조직에 도움을 줄 수 있는 것을 이론적으로 보였다. 이러한 관점에서 보면 연고주의가 생산성을 높일 수 있는 경우가 있다. 전문경영자의 자리가 태만(shirking) 가능성이 높거나 태만으로 인한 기업의 손해가 큰 경우를 고려하자. 기업주와 동향 또는 동문출신의 전문경영자가 업무를 제대로 하지 않거나 지위를 이용하여 본인의 이익을 챙기고 기업에 손해를 끼치는 것이 발각되면 기업주는 그에 대한 평가를 동향 또는 동문 사회에 알릴 수 있다. 지연과 학연이 중시되는 한국 사회에서 동향이나 동문출신들로부터 좋지 않은 평가를 받는다거나 따돌림을 당하는 것은 큰 비용이 될 것이다. 동향 또는 동문출신 전문경영자의 고용은 기업주에게 감시 비용(monitoring cost)을 줄일 것이다. 그러므로 태만의 가능성이 높거나 태만으로 인한 손해가 큰 기업일수록 기업주와 동향 또는 동문출신 전문경영자를 고용할 가능성이 높다는 가설을 얻는다. 그리고 동향이라는 연결망(network)보다 고교동문이라는 연결망의 연결도(linkage)가 상대적으로 강하기 때문에 이 감시 비용의 감소로 인한 연고주의는 동향보다 고교동문출신의 기업주-전문경영자의 경우가 상대적으로 더 뚜렷할 것이라는 가설도 추론된다.

가설2.

① 태만의 가능성이 높거나 태만으로 인한 손해가 큰 기업일수록 기업주와 동향 또는 동문출신 전문경영자를 고용할 가능성이 높다.

② 이 연고주의는 동향보다 고교동문출신의 기업주-전문경영자의 경우가 상대적으로 더 뚜렷하게 나타난다.

Cornell and Welch(1996)은 選拔(선발) 差別(차별)(screening discrimination)이라는 개념을 제시했다. 이것을 기업주의 전문경영인 선임에 적용할 수 있다. 기업주가 전문경영인을 선임할 때 자기가 속한 집단인 동향 또는 동문출신 응모자들(applicants)의 생산성을 비동향 또는 비동문출신 응모자들의 생산성보다 더 잘 판단하거나 같은 연결망의 사람들로부터 더 잘 검증받을 수 있다면 동향 또는 동문출신의 응모자들 중에서 생산성이 높은 자를 전문경영인으로 선임할 것이다. 이것은 마치 기업주가 자기의 기호에 따라 전문경영인을 선임하는 嗜好的(기호적) 緣故主義(연고주의)처럼 보이지만 정보의 부족과 그에 대한 해결 방안인 選拔(선발) 緣故主義(연고주의)(screening cronyism)라고 할 수 있다. 이것도 연고주의가 생산성을 올리는 경우이다. 그리고 동향이라는 연결망보다 고교동문이라는 연결망에서 더 정확한 정보를 얻을 수 있다면 선발 연고주의는 동향보다 고교동문출신의 기업주-전문경영자의 경우가 상대적으로 더 뚜렷할 것이라는 가설 2의 ②도 다시 한 번 추론된다.

기업과 정부 간의 관계(the business-government interface)에 있어서의 불확실성은 기업에게 큰 거래비용(transaction costs)을 야기한다(Williamson 1991). 이것을 줄이기 위해 기업은 로비(lobbying)나 정치헌금을 하거나 임직원을 정부의 요직에 진출시킨다. 이를 통해 기업은 유리한 입법이나 정책집행이 되도록 하거나 직접적인 재정·금융지원을 받기도 한다(Hillman, Zardkoohi, and Bierman 1999). 이러한 관점에서 보면 정부의 영향력이 크거나 규제가 심한 산업에 속한 기업들에서는 정권담당자와의 친분관계를 이용하여 로비(lobbying)를 할 수 있는 최고경영자의 진출이 두드러질 것이다. 정권담당자와 최고경영자 간의 뒷거래는 서로간의 신뢰를 바탕으로 이루어질 것이다. 동향 또는 동문이라는 연결망에 의한 제재가 뒷거래의 폭로 가능성을 낮출 것이다. 또한 이 연결망에 속한 사람들 간에는 A→B→C→D→A와 같은 식의 순환 거래(circulative trading)가 가능할 것이다. 그러므로 “국민의 정부” 출범 이후 호남출신 최고경영자의 진출이 늘었을 것이라는 가설을 얻는다. 그리고 정부의 영향력이 크거나 규제가 심한 산업 내지 경우에 호남출신 최고경영자의 진출이 두드러질 것이라는 가설도 추론된다.

가설3. ① "국민의 정부" 출범을 전후하여 호남출신 최고경영자의 진출이 증가한다.

② 특히 정부의 영향력이 크거나 규제가 심한 산업 내지 경우에 호남출신 최고경영자의 진출이 두드러진다.

Ⅲ. 자료원과 분석대상

분석의 대상이 된 최고경영자 자료는 한국상장협의회에서 발행한 1997년에서 2000년까지 4년 간의 경영인명록(한국상장협의회 1997, 1998, 1999, 2000)과 온라인 인명 DB를 통해 구축하였다. 경영인명록 자료에는 한국증권거래소에 상장되어 있는 기업 임원진에 대한 정보, 즉 성명, 직위, 생년월일, 출신지역, 출신고교, 출신대학(원)과 전공, 경력, 종교, 취미 등의 기본적인 인구통계적 특성(demographics)이 기록되어 있다. 그러나 경영인명록에는 연령, 출신지역, 출신고교, 출신대학 등 중요한 인적 특성 자료의 일부가 누락되어 있기 때문에 중앙일보(people.joins.com), 동아일보(inmul.donga.com), 조선일보(db.chosun.com), 연합통신(www.yonhap.news.co.kr) 등의 일간지 및 통신 인물정보 데이터 베이스에 접속하여 누락된 개인정보를 추가적으로 수집하였다.

분석에서 1997년 이후를 대상기간으로 설정한 이유는 1997년 이전에 발간된 경영인명록에는 출신고교 및 출신지역 등 임원의 인적특성에 대한 변수가 누락되어 있기 때문이다. 4년 간의 경영인명록 중 1997년 경영인명록은 1997년 4월 현재의 기업임원 현황 자료로서 유일하게 IMF 이전의 자료이며, 나머지 자료는 IMF 이후의 자료로서 1998년 4월, 1999년 4월, 2000년 4월 현재의 경영층에 대한 자료이다.

분석에 이용되어진 4년 간의 총 상장업체 업체-년(firm-year)은 2,718개이다. 실제 4년 간 상장된 전체 업체-년 수는 2,899개 업체이며, 이 중 181개 업체-년이 분석에서 제외되었다. 특히 1997년의 경우 상장업체 수가 769개인데 반해 본 연구의 표본은 695개로서 74개 업체가 제외되었다. 그 이유는 대상기업이 경영인명록을 제출하지 않았거나 2000년 이전에 상장폐지된 업체로 기업자료를 추적할 수 없기 때문에 분석의 대상에서 어쩔 수 없이 제외되었다.

우리 연구의 분석대상인 최고경영자는 우리나라 기업의 경우 식별이 용이하지 않다. 미국 등 선진 기업의 경우, 최고경영자는 CEO(Chief Executive Officer)[78]로 불리며 대부분 1명으로 규정되어 있다. 물론 기업합병 후 조직의 안정을 위해서 또는 CEO의 유고 시 한시적으로 공동 경영인을 정하는 경우가 있기는 하나 극히 이례적으로 발생한다. 반면 국내기업의 경우 최고경영자를 식별하는 것은 상대적으로 어려울 뿐더러 주관적 판단을 동원해야만 가능한 경우도 있다. 최고경영자를 조직성과에 최종적인 책임을 지는 경영자라고 정의한다면 우리나라 기업에서는 법적인 권한과 책임을 지는 “대표이사”에 해당된다. 상법에 따르면 이사회는 그 구성원 중 1인 또는 수인의 대표이사를 선임하여 회사의 업무집행과 회사를 대표하게 하고 있다(상법 제389조). 즉 대표이사는 대외적으로 회사를 대표하고 대내적으로 업무집행을 담당하는 주식회사의 필요적 상설기관이며 독립기관이다(김수복 1998). 복수의 대표이사를 허용하는 이유로는 단일 대표이사의 대표권 남용을 방지한다는 법률적인 목적 외에도 신규사업 분야로의 투자로 인한 사업분야별 책임경영과 이에 따른 신속한 의사결정의 필

78) 미국기업의 CEO는 영업보고서(Annual Report), 주주총회 소집통지서(Proxy Statement) 등 회사가 발행하는 공식적인 자료에 CEO로 직위가 명기되어 있다.

요성 등을 들 수 있다(조문형 1998). 그러나 우리의 기업현실에서는 많은 재벌 총수들이 대표이사에 취임하지 않고 계열사의 의사결정에 실질적으로 간여해 온 것도 사실이다. 이런 이유로 1998년 정부에서는 이사가 아니면서 실질적으로 계열사에 영향력을 행사한 재벌 총수나 기조실, 비서실의 임원들을 소위 "사실상의 이사(shadow director)"로 규정하고, 이들이 이사가 아니면서 실제로 업무 집행에 관여한 행위에 대한 책임을 지도록 상법을 개정하였다(상법 제401조, 김건식 · 정승욱 2000). 이와 동시에 정부는 IMF 이후 기업지배구조 개선의 일환으로 재벌총수나 비서실 또는 기조실 임원을 계열사 대표이사로 취임할 것을 종용하여 재벌총수들이 대표이사로 취임하는 사례도 많이 있었다.

대표이사로 취임하지 않으면서 해당기업의 의사결정과정에 개입하여 실질적인 영향력을 행사하는 재벌총수나 그의 혈족이 있음에도 불구하고 본 장에서는 기본적으로 대표이사를 최고경영자(CEO)를 규정하였다. 이는 대표이사의 기업경영에 대한 법적 책임을 규정한 기존의 상법과 사실상의 이사에 대한 법적 책임을 새로 부과한 상법개정의 취지를 반영하는 것이다. 또한 대표이사 이외에 경영상의 의사결정과정에서 실질적인 영향력을 행사하는 자가 누구인지를 식별하기가 불가능한 현실을 반영하는 것이기도 하다.

일반적으로 대표이사의 자격에는 제한이 없고 이사이면 누구나 대표이사가 될 수 있다. 대표이사 회장, 대표이사 부회장, 대표이사 부사장 등 기업 내부의 지위를 나타내는 호칭에 관계없이 상법상 이사이면 누구나 대표이사가 될 자격을 갖는다(조문형 1997). 일반적으로 경영내부의 관리책임과 권한의 주체를 명시하기 위하여 사장이 대표이사로 선임되지만 사장 이상의 직위나 사장 이하의 지위에서도 대표이사가 되는 경우도 상당수 발견된다. 사장 이상의 직위에는 대표이사 회장, 대표이사 부회장이 있을 수 있으며 삼성전자나 현대자동차와 같이 규모가 큰 기업의 경우 대표이사 회장이나 대표이사 부회장이 대표이사로 선임된다. 또한 이들 기업은 복수의 사장을 대표이사를 선임하기도 하여 삼성전자의 경우 2000년 현재 6명의 대표이사 사장이 있다. 물론 이들은 웬만한 대기업보다 훨씬 큰 수조 이상 규모의 매출을 올리는 사업부를 관장하고 있다. 한편 그룹에 따라서는 기업규모가 작거나 전략적 중요성이 떨어지는 사업부의 경우 부사장 이하의 직위의 임원을 대표이사로 선임하기도 한다.

이런 점들을 고려하여 본 장에서는 다음의 5가지 기준을 적용하여 최고경영자를 식별하였다. 첫째, 대표이사 중 사장 이상의 직위를 가진 자(예: 대표이사 사장, 회장, 부회장), 둘째, 법정관리기업은 관리인 혹은 법정관리인, 셋째, 은행은 대표이사 은행장 혹은 은행장, 넷째, 해당기업에 사장 이상의 대표이사가 없을 경우 부사장 이하 직위의 대표이사(예: 대표이사 부사장, 전무, 상무 등), 다섯째, 대표이사가 없을 경우에는 최고위 직급을 가진 임원(회장-부회장-사장-부사장 順)을 최고경영자로 규정하였다. 이 같은 5가지 기준에 의해서 선정된 상장기업의 CEO 현황은 아래의 <표 10-1>과 같다.

〈표 10-1〉 연도별, 업종별 CEO 분포

<table>
<tr><th colspan="2" rowspan="2">연도 / 업종</th><th colspan="4">연 도 별</th><th rowspan="2">합계(명, %)</th></tr>
<tr><th>1997</th><th>1998</th><th>1999</th><th>2000</th></tr>
<tr><td rowspan="5">CEO의 수</td><td>제조업</td><td>742</td><td>737</td><td>723</td><td>722</td><td>2,924(74.8)</td></tr>
<tr><td>금융업*</td><td>81</td><td>80</td><td>71</td><td>78</td><td>310(7.9)</td></tr>
<tr><td>건설업</td><td>85</td><td>90</td><td>85</td><td>78</td><td>338(8.6)</td></tr>
<tr><td>운수·도소매업**</td><td>86</td><td>87</td><td>87</td><td>78</td><td>338(8.6)</td></tr>
<tr><td>소계(a)</td><td>994</td><td>994</td><td>966</td><td>956</td><td>3,910(100.0)</td></tr>
<tr><td colspan="2">연구대상 기업 수(b)</td><td>685</td><td>688</td><td>674</td><td>671</td><td>2,718개 업체</td></tr>
<tr><td colspan="2">실제 상장기업 수</td><td>769</td><td>736</td><td>701</td><td>693</td><td>2,899개 업체</td></tr>
<tr><td colspan="2">기업별 평균 CEO 수[(a)/(b)]</td><td>1.45</td><td>1.44</td><td>1.43</td><td>1.42</td><td>1.44</td></tr>
</table>

* 금융업은 은행, 증권, 비생명보험사, 리스, 종합금융, 창업투자사, 상호신용금고 등을 포함함.

** 운수·도소매업은 도매·상품중개업, 소매·소비용품 수선업, 육상 및 수상 운송업 등을 포함함.

전체 표본 2,718개 기업에서 식별된 최고경영자는 총 3,910명으로 업체 당 평균 1.44명에 해당한다. 연도별로는 1997년에 1.45명. 1998년에 1.44명, 1999년에 1.43명, 2000년에 1.42명으로 전체적으로는 약간 감소하지만 변동의 폭은 크지 않다. 업종별로는 제조업이 압도적으로 많아 전체 CEO의 74.8%를 차지하였고, 금융업이 7.9%, 건설업과 운수·도소매업이 8.6%를 점하였다. 본 장의 분석대상이 된 업체 중 최고경영자(CEO)의 수는 최소 1명에서 최대 9명까지의 분포를 보였다. 1명의 경우가 1744개 업체-년(firm-year)으로 전체의 64.2%를, 2명인 경우가 822업체-년으로 30.2%, 3명인 경우가 119개 업체-년으로 4.4%를 차지하였다. 4명 이상인 경우는 33개 업체-년으로 전체 표본의 1.2%를 차지하여 상당히 미미한 비율을 보여주었다.

Ⅳ. 경험적 분석

기업주와 전문경영자의 출신동향 여부를 알기 위해 해당 기업의 최고경영자로 식별된 경영자 중 전문경영자를 추출하여 기업주와 출신지역을 비교하였다. <표 10-2>에는 1997년에서 2000년 사이의 4개 년도에 해당하는 기업주와 전문경영자의 출신지역 현황이 나타나 있다. 전체적으로 출신지역이 파악된 기업주와 전문경영자는 1,721쌍(pair)이며, 이 중 기업주와 전문경영자의 출신지역이 동일한 쌍의 수는 <표 10-2>의 대각선 셀에 있는 수치의 합으로서 총 744쌍이며, 전체 1,721쌍의 분석대상에 대비해 볼 때 43.2%를 차지한다.

〈표 10-2〉 기업주와 전문경영자의 출신지역(1997년~2000년)

		전문경영자의 출신지역						
		서울·경기	영남	호남	충청	강원	기 타	합계(%)
기업주의 출신지역	서울 · 경기 (473명)*	296 (51.2)a	139 (24.1)	43 (7.4)	68 (11.8)	8 (1.4)	24 (4.2)	578 (33.6)
	영남 (564명)	193 (29.2)	322 (48.8)	39 (5.9)	82 (12.4)	9 (1.4)	15 (2.3)	660 (38.4)
	호남 (149명)	45 (26.8)	19 (11.3)	89 (53.0)	9 (5.4)	6 (3.6)	0 (0.0)	168 (9.8)
	충청 (77명)	34 (36.6)	29 (31.2)	7 (7.5)	18 (19.4)	4 (4.3)	1 (1.1)	93 (5.4)
	강원 (110명)	70 (56.5)	17 (13.7)	5 (4.0)	23 (18.6)	4 (3.2)	5 (4.0)	124 (7.2)
	기 타 (93명)	48 (49.0)	21 (21.4)	1 (1.0)	13 (13.3)	0 (0.0)	15 (15.3)	98 (5.7)
	합계 (1,466명)	686 (39.9)b	547 (31.8)	184 (10.7)	213 (12.4)	31 (1.8)	60 (3.5)	1,721 (100.0)
동향선호지수 (ai)/(bi)		1.28	1.53	4.95	1.56	1.78	-	
x^2값		30.9	87.8	314.2	3.78	1.43	-	
유의확률		0.001	0.0001	0.0001	n.s.	n.s.	-	

* 괄호 안의 숫자는 업체-연별로 출신지역이 파악된 기업주의 수임. 기업주의 수가 전문경영자의 수보다 적은 이유는 기업주가 전문경영자와의 비교에서 2회 이상 사용될 수 있기 때문임(즉 동일한 기업주 밑에 전문경영자가 2명 이상 존재할 수 있기 때문이며 평균적으로 기업주당 전문경영자의 수는 1.17명(1,721/1,466)임).

만약 기업주와 전문경영자가 동일한 출신지역으로 묶이는 것(<표 10-2>의 대각선 셀)이 무작위로 발생한다면, 다시 말해 기업주가 동향출신에 대한 선호나 기피의식 없이 공정하게 전문경영자를 선임한다면, 기업주와 선임되는 전문경영자가 동향일 확률은 전체 전문경영자 시장에서 그 지역출신의 전문경영자가 차지하는 비율이 될 것이다. 무작위로 발생하는 동향 쌍을 계산하면 472 쌍으로 전체 1,721쌍의 27.4%를 차지해야 한다. 본 분석에서 실제로 관찰된 기업주-전문경영자의 동향 쌍(744쌍, 43.2%)은 무작위로 발생하는 동향 쌍(472쌍, 27.4%)의 158%(744/472)에 해당한다. 즉 우리나라 기업에서 기업주와 같은 동향 출신의 최고경영자의 선임은 무작위로 이루어지는 비율에 비해 58% 높게 나타나는 것으로 볼 수 있다. 이를 보다 구체적으로 살펴보면 다음과 같다. 서울・경기지역 출신의 전문경영자 686명이 기업주와 우연히 동향일 확률은 39.9%(686/1721×100)이다. 그러나 실제 서울・경기출신의 기업주 중에서 서울・경기출신 전문경영자를 선임한 비율은 51.2%(296/578×100)임을 알 수 있다. 본 장에서는 각 지역별로 기업주와 전문경영자가 동향인 비율을 우연히 동향일 확률로 나눈 것을 동향선호지수(예: 서울・경기지역의 경우 51.2%/39.9% = 1.28)라고 명명한다.

기업주와 전문경영자가 동향인 비율이 가장 높은 출신지역은 호남으로서 호남출신 기업주가 고용한 전문경영자의 53.0%가 호남출신이다. 우연히 동향일 확률 10.7%에 비교하면 동향선호지수가 5배에 가까운 높은 비율이다. 호남출신의 동향선호에 대해 카이스퀘어 검정(x^2 test)을 하면 통계적으로 유의하다. 그 다음으로 동향선호지수가 높은 출신지역은 강원으로, 우연히 동향일 확률 1.8%에 비해서 3.2%의 비율을 보여줌으로서 1.78의 동향선호지수 값을 나타내고 있다. 그러나 강원출신의 동향선호는 통계적으로 유의하지 않다. 충청출신의 동향선호지수는 1.56이지만 충청출신의 동향선호는 통계적으로 유의하지 않다. 영남출신 기업주가 고용한 전문경영자의 48.8%가 영남출신이다. 우연히 동향일 확률 31.8%에 비교하면 동향선호지수가 1.53이고 영남출신의 동향선호는 통계적으로 유의하다. 서울·경기출신 기업주의 동향선호지수는 1.28이고 통계적으로 유의하다.

<표 10-3>은 기업주와 전문경영자의 동향여부에 관한 로짓추정 결과이다. 먼저, 분석에 사용된 변수를 설명하면 다음과 같다. 기업의 매출액은 백만원으

로 측정하여 자연로그를 취한 값이다. 부채비율은 부채액을 분자로 총자산을 분모로 계산한 비율로 측정하였다. 일반적으로 부채비율은 부채/자본으로 계산하여 이 값이 낮을수록 자금구조가 건전한 것으로 해석할 수 있는데 우리나라 기업에서는 자본잠식(자본의 음수값)이 발생하는 경우가 많아 부채가 많음에도 불구하고 부채비율은 낮게 나타나는 문제가 생긴다. 이 문제를 피하기 위하여 분모에 자본 대신 총자산을 사용하였다. 자본잠식이 없는 기업의 경우에는 부채가 없으면 부채비율은 0이 되고 부채가 많으면 1에 가까운 값을 갖게 된다. 그러나 자본잠식이 있는 기업은 부채비율이 1을 약간 상회하게 된다.

산업은 크게 제조업, 금융업, 건설업, 운수도소매업 등 4가지로 분류하였다. 분석에서는 운수도소매업을 base로, 나머지 3개 업종을 더미변수로 처리하여 포함시켰다. 기업주의 출신지역도 서울・경기, 영남, 호남, 충청, 강원 및 기타의 5개 지역으로 분류하여 강원 및 기타를 base로 하고 나머지 지역을 더미변수로 처리하여 분석에 포함시켰다. 전문경영자의 출신지역 또한 기업주의 출신지역과 같은 분류로 4개 지역을 더미로 분석에 포함시켰다.

기업갱생이란 그 발생형태가 복잡 다양하기 때문에 한 마디로 정의하기는 어려우나, 경영의 부실화, 지급불능 상태, 또는 법률적 도산, 포괄적으로 정상화를 시도하는 기업의 공식적 프로그램을 의미한다. 본 연구에서는 기업갱생을 부도발생・은행거래정지, 법정관리・화의, 워크아웃 등 3개 형태로 구분하여 이에 해당하는 기업갱생의 공시시점을 기준으로 기업갱생여부를 결정하였다. 기업갱생은 두 가지로 측정하였다. 기업갱생 I의 측정을 위해 증권거래소의 홈페이지(www.kse.or.kr/gongsi)에서 제공하는 전자공시 시스템의 수시공시 내용을 조회하였으며, 부도발생·은행거래정지, 법정관리·화의, 워크아웃 등의 공시를 연도별로 추적하여 공시를 한 해당 연도를 기업갱생 여부의 1, 타 연도는 0인 더미변수로 측정하였다. 기업갱생 II는 기업갱생이 공시된 기업은 1997년에서 2000년 사이의 전 기간이 모두 1, 그렇지 않은 기업은 0으로 측정하였다.

분석결과를 요약하면 다음과 같다. 먼저 매출액(Log백만원)이 클수록 기업주와 동향출신인 전문경영자가 선임될 가능성이 높다. 기업의 매출액이 클수록 전문경영자의 태만 가능성이 높고 태만으로 인한 기업의 손해도 커서 기업주는 신뢰할 수 있는 전문경영자로 동향출신자를 선임할 성향이 높다. 이것은 가설 2의 ①인 “태만의 가능성이 높거나 태만으로 인한 손해가 큰 기업일수록 기업주와 동향 또는 동문출신 전문경영자를 고용할 가능성이 높다”를 지지한다. 일반적으로 기업의 매출액이 클수록 경쟁의 정도가 낮다고 하면 이 결과는 가설 1의 ①인 “산업 내의 경쟁의 정도가 낮을수록 또는 독점적 지대가 클수록 기업주와 동향 또는 동문출신 전문경영자를 고용할 가능성이 높다”도 지지한다.

기업(본사)이 위치한 지역에 따라 기업주와 전문경영자가 동향출신일 가능성이 다를 수 있으므로 그 소재지를 서울, 영남, 호남, 기타지역으로 구분하여 통제변수로 사용하였다.[79] <표 10-3>의 (3), (5), (6), (7), (8), (13)에서 (3)과 (8)에서 영남과 호남에 본사를 둔 기업의 동향출신 전문경영자를 선임할 성향이 기타지역보다 유의하게 높게 나타났다. 특히 본사가 호남소재일 경우에 동향출신의 전문경영자를 선임할 경향이 가장 높게 나타난다($p<0.01$). <표 10-3>의 (5), (6), (7), (13)에서 본사의 소재지가 유의하게 나타나지 않는 이유는 소재지와 기업주의 출신지역 사이에 높은 상관관계가 존재하기 때문이다.

부채비율은 높을수록 기업의 재무상태가 나빠짐을 의미하며, 이럴수록 기업주는 최고경영자로 태만을 부리지 않는 동향출신의 믿을 만한 사람을 선호하게 된다. 따라서 부채비율과 기업주-전문경영자의 동향여부는 가설 2의 ①에 따라 正(정)의 관계가 예상된다. <표 10-3>의 (6)과 (10)에 의하면 부채비율 계수의 부호는 正(정)이나 유의하게 나오지는 않는다(p=n.s.). 기업갱생여부의 계수는 <표 10-3>의 (6), (7), (11), (12)에서 추정하였는데, 이 중 기업갱생 I보다는 기업갱생

79) 본사의 소재지를 기업주와 전문경영자의 출신지역과 비교할 때 충청지역이 제외되어 있다. 표본기업의 본사 소재지가 충청지역인 경우가 많지 않아 타 변수와의 다중공선성(multi-collinearity)의 문제를 야기할 수 있기 때문에 충정지역은 본사소재지 분류에서 제외하였다.

II의 계수가 통계적으로 유의하게 양의 값으로 추정된다. 기업갱생에 들어갔거나 들어갈 기업은 전문경영인의 태만으로 인한 기업의 손해가 클 수 있어 동향 출신과 같이 믿을 만한 사람을 전문경영인으로 선임할 것이다. 이것 역시 가설 2의 ①을 지지한다.

산업별로는 건설업의 추정계수가 가장 높고 통계적으로 유의하다. 건설업이 운송·도소매, 금융, 건설, 제조업에 비해 담합의 우려가 제기되는 등 타 산업에 비해 경쟁의 정도가 낮다고 할 수 있어 가설 1의 ①을 지지한다고 할 수 있다.

기업주의 출신지역별 동향출신 전문경영자의 선호성향을 살펴보면 다음과 같다. <표 10-3>의 (4), (5), (6), (7), (8), (13)의 분석결과와 같이 서울·경기, 영남, 호남출신 기업주가 충청이나 강원·기타지역 출신 기업주보다 동향출신 전문경영자를 선임하는 성향이 통계적으로 유의하게 높다($p<0.001$). 이 중에서도 호남지역 출신 기업주가 동향출신의 전문경영자를 선임하는 성향이 가장 높게 나타난다(호남지역 출신 기업주의 계수가 4.19−4.27사이로 추정되며 이는 다른 지역출신 기업주의 추정계수보다 높게 나타남).

전문경영자의 출신지역별 기업주-전문경영자의 동향여부는 <표 10-3>의 (9), (10), (11), (12), (13)에서의 분석결과와 같이 영남출신 전문경영자의 기업주와의 동향성향이 가장 높게 나타난다($p<0.001$). 그 다음으로는 서울·경기($p<0.001$), 호남($p<0.001$), 충청(p=n.s.)의 순으로 나타난다.

〈표 10-3〉 기업주와 전문경영자의 동향여부 로짓추정

	영남		(3)	(4)	(5)	(6)	(7)
절편	-1.5020* (0.5837)	-1.6519* (0.6692)	-2.0912** (0.7131)	-6.4757*** (0.8849)	-6.8795*** (0.9255)	-6.9066*** (0.9478)	-6.9583*** (0.9281)
매출액(Log)	0.0617* (0.0299)	0.0654* (0.0313)	0.0645* (0.0317)	0.1240*** (0.0336)	0.1204*** (0.0340)	0.1209*** (0.0342)	0.1211*** (0.0341)
금융업(D)		-0.1369 (0.2195)	-0.1495 (0.2199)	-0.1097 (0.2405)	-0.1146 (0.2407)	-0.1138 (0.2408)	-0.0771 (0.2421)
건설업(D)		0.2326 (0.2330)	0.2391 (0.2332)	0.2995 (0.2563)	0.3009 (0.2568)	0.3002 (0.2568)	0.3112 (0.2572)
제조업(D)		0.1058 (0.1727)	0.0937 (0.1733)	-0.00013 (0.1899)	0.0143 (0.1904)	0.0167 (0.1913)	0.0385 (0.1914)
서울·경기출신 기업주(D)				4.1077*** (0.4979)	4.1156*** (0.4979)	4.1154*** (0.4980)	4.1088*** (0.4980)
영남출신 기업주(D)				4.0102*** (0.4972)	4.0090*** (0.4975)	4.0090*** (0.4975)	4.0089*** (0.4975)
호남출신 기업주(D)				4.2729*** (0.5164)	4.2470*** (0.5228)	4.2454*** (0.5229)	4.2230*** (0.5230)
충청출신 기업주(D)				2.5774*** (0.5586)	2.5993*** (0.5589)	2.5995*** (0.5589)	2.5964*** (0.5592)
부채비율						0.0166 (0.1250)	
기업갱생 (D)							0.3950 (0.2474)
N	1708	1708	1708	1708	1708	1708	1708
x^2	2325.009	2321.653	2314.869	2048.389	2045.580	2045.562	2043.002
Pseudo R^2	0.00308	0.00445	0.00840	0.15164	0.15304	0.15304	0.15431

〈표 10-3〉 계속

	(8)	(9)	(10)	(11)	(12)	(13)
절편	-7.2269*** (0.9403)	-4.3383*** (0.9054)	-4.3726*** (0.9232)	-4.4063*** (0.9071)	-4.7113*** (0.9195)	-9.0242*** (1.1024)
매출액(Log)	0.1281*** (0.0343)	0.0371 (0.0340)	0.0376 (0.0341)	0.0382 (0.0341)	0.0464 (0.0343)	0.0894* (0.0367)
금융업(D)	-0.0186 (0.2449)	-0.1435 (0.2314)	-0.1431 (0.2314)	-0.1034 (0.2327)	-0.0266 (0.2362)	0.0155 (0.2557)
건설업(D)	0.2837 (0.2575)	0.6545* (0.2572)	0.6534* (0.2573)	0.6653** (0.2577)	0.6496* (0.2585)	0.7468** (0.2876)
제조업(D)	0.0784 (0.1931)	0.1522 (0.1816)	0.1552 (0.1823)	0.1765 (0.1824)	0.2303 (0.1847)	0.1095 (0.2001)
본사의 서울소재(D)	0.5827+ (0.3011)	0.2875 (0.3072)	0.2920 (0.3081)	0.3180 (0.3088)	0.3901 (0.3120)	0.2456 (0.3191)
본사의 영남소재(D)	0.5598+ (0.3194)	0.2364 (0.3277)	0.2373 (0.3278)	0.2557 (0.3289)	0.2979 (0.3307)	0.1727 (0.3418)
본사의 호남소재(D)	0.7296 (0.4509)	1.0678* (0.4479)	1.0707* (0.4482)	1.1087* (0.4494)	1.2059** (0.4528)	0.6662 (0.4808)
서울·경기출신 오너(D)	4.1001*** (0.4980)					4.1460*** (0.4958)
영남출신오너(D)	3.9973*** (0.4974)					3.8554*** (0.4961)
호남출신오너(D)	4.1854*** (0.5233)					4.2058*** (0.5314)
충청출신오너(D)	2.5675*** (0.5596)					2.5133*** (0.5620)
서울·경기출신 전문경영자(D)		2.9227*** (0.5050)	2.9211*** (0.5051)	2.8929*** (0.5053)	2.8678*** (0.5057)	3.0237*** (0.5305)
영남출신 전문경영자(D)		3.5813*** (0.5079)	3.5798*** (0.5080)	3.5615*** (0.5080)	3.5573*** (0.5083)	3.6127*** (0.5350)
호남출신 전문경영자(D)		3.0488*** (0.5224)	3.0477*** (0.5225)	3.0185*** (0.5227)	2.9953*** (0.5231)	2.8493*** (0.5513)
충청출신 전문경영자(D)		0.7879 (0.5569)	0.7866 (0.5570)	0.7611 (0.5571)	0.7548 (0.5574)	0.8531 (0.5823)
부채비율			0.0253 (0.1330)			
기업갱생I (D)				0.4498+ (0.2463)		
기업갱생II (D)	0.3290* (0.1413)				0.3830** (0.1416)	
N	1708	1708	1708	1708	1708	1708
-2Log(L)	2040.133	2055.900	2055.864	2052.531	2048.554	1816.729
Pseudo R^2	0.15573	0.14790	0.14792	0.14958	0.15156	0.25925

주: +, *, **, ***는 각각 한계유의수준이 0.1, 0.05, 0.01, 0.001 이하이다.

기업주와 전문경영자의 고교동문 여부를 알기 위해 해당 기업의 기업주와 전문경영자의 출신고교를 비교하였다. <표 10-4>는 1997년에서 2000년 사이 4개 년도에 해당하는 기업주와 전문경영자의 출신고교 현황을 보여준다. 전체적으로 출신고교가 파악된 기업주와 전문경영자는 1,544쌍(pair)이다. 각 출신고교별로 기업주와 전문경영자가 고교동문인 경우가 차지하는 비율을 보게 되면, 이 비율이 가장 높은 고교가 전주고 39.3%(11명)이며, 그 다음으로 경기고 33.9%(104명)이며, 광주고 28.0%(7명), 경남고 27.5%(14명), 목포고 27.3%(6명), 서울고 15.9%(30명), 중앙고 12.5%(4명), 경복고 11.5%(15명), 경북고 9.1%(2명), 부산고 8.7%(2명), 부산동래고 4.8%(1명), 서울사대부고 3.7%(3명), 용산고 3.2%(1명)이며, 기타 고교 1.5%(3명)의 순이다. 기업주와 전문경영자가 동문으로 묶이는 현상이 무작위로 발생한다면, 다시 말해 기업주가 동문출신에 대한 선호나 기피의식 없이 공정하게 전문경영자를 선임한다면, 선임되는 전문경영자가 기업주와 동문일 확률은 전체 전문경영자 시장에서 그 고교출신의 전문경영자가 차지하는 비율(b열)이 될 것이다. 이 기대 비율과 실제 관측된 비율(a열)을 비교하기 위해 후자를 전자로 나눈 것을 고교동문 선호지수라고 할 수 있다. 이 계산 방식에 의하면 목포고 출신 기업주의 동문선호지수가 34.1로 가장 높다. 그 다음으로는 광주고(23.3), 전주고(21.8), 경남고(7.9), 중앙고(4.6), 부산동래고(4.0), 부산고(3.5), 경북고(3.5), 경기고(2.8), 서울고(2.7), 서울사대부고(2.6), 경복고(1.9), 용산고(1.5)의 순으로 나타난다. 이 밖의 고교는 동문선호지수가 0으로 나타난다.

특정고교의 동문선호가 통계적으로 유의한지를 알아보기 위하여 카이스퀘어 검정(x^2 test)을 실시하면, 서울의 명문고 중에서는 경기고($p<0.001$), 서울고($p<0.001$), 경복고($p<0.01$)와 중앙고($p<0.005$)의 동문선호가 유의하게 나타나고, 지방소재 고교 중에서는 호남권 고교인 광주고($p<0.001$), 전주고($p<0.001$), 목포고($p<0.001$)와 영남권 고교에서는 경남고($p<0.001$)가 유의하게 나타난다.

〈표 10-4〉 기업주와 전문경영자의 고교동문관계(1997년~2000년)

구분		전문경영자와의 동문관계			전문경영자 비율(b)	동문선호 지수 (a)/(b)	χ^2값	유의확률
		동문관계 (a)	비동문 관계	합계(%)				
기업주의 출신고	경기고(231명)*	104(33.9)	203(66.1)	307(19.9)	12.3%	2.8	132.2	0.0001
	서울고(158명)	30(15.9)	159(84.1)	189(12.2)	6.0%	2.7	32.7	0.0001
	경복고(120명)	15(11.5)	116(88.6)	131(8.5)	5.9%	1.9	7.3	0.01
	경남고(37명)	14(27.5)	37(72.6)	51(3.3)	3.5%	7.9	86.61	0.0001
	보성고(20명)	0(0.0)	20(100.0)	20(1.3)	2.8%	0.0	0.6	n.s.
	중앙고(31명)	4(12.5)	28(87.5)	32(2.1)	2.7%	4.6	11.5	0.005
	경북고(21명)	2(9.1)	20(90.9)	22(1.4)	2.6%	3.5	3.7	n.s.
	부산고(20명)	2(8.7)	21(91.3)	23(1.5)	2.5%	3.5	3.2	n.s.
	용산고(30명)	1(3.2)	29(96.7)	30(1.9)	2.2%	1.5	0.2	n.s.
	대전고(5명)	0(0.0)	5(100.0)	5(0.3)	2.2%	0.0	0.1	n.s.
	광주제일고(6명)	0(0.0)	6(100.0)	6(0.4)	2.0%	0.0	0.1	n.s.
	경동고(5명)	0(0.0)	5(100.0)	5(0.3)	1.9%	0.0	0.1	n.s.
	전주고(23명)	11(39.3)	17(60.7)	28(1.8)	1.8%	21.8	222.6	0.0001
	경북사대부고(22명)	0(0.0)	23(100.0)	23(1.5)	1.5%	0.0	0.4	n.s.
	서울사대부고(55명)	3(3.7)	78(96.3)	81(5.3)	1.4%	2.6	3.1	n.s.
	양정고(8명)	0(0.0)	8(100.0)	8(0.5)	1.5%	0.0	0.1	n.s.
	대구상고(4명)	0(0.0)	4(100.0)	4(0.3)	1.4%	0.0	0.1	n.s.
	중동고(11명)	0(0.0)	12(100.0)	12(0.8)	1.4%	0.0	0.2	n.s.
	부산상고(11명)	0(0.0)	13(100.0)	13(0.8)	1.3%	0.0	0.2	n.s.
	동성고(21명)	0(0.0)	30(100.0)	30(1.9)	1.2%	0.0	0.4	n.s.
	광주고(17명)	7(28.0)	18(72.0)	25(1.6)	1.2%	23.3	151.4	0.0001
	부산동래고(21명)	1(4.8)	20(95.2)	21(1.4)	1.2%	4	2.3	n.s.
	배재고(1명)	0(0.0)	1(100.0)	1(0.0)	1.2%	0.0	0.0	n.s.
	마산고(7명)	0(0.0)	7(100.0)	7(0.5)	1.0%	0.0	0.1	n.s.
	목포고(19명)	6(27.3)	16(72.3)	22(1.4)	0.8%	34.1	194.3	0.0001
	진주고(5명)	0(0.0)	5(100.0)	5(0.3)	0.8%	0.0	0.1	n.s.
	성동고(6명)	0(0.0)	7(100.0)	7(0.5)	0.8%	0.0	0.1	n.s.
	마산상고(2명)	0(0.0)	2(100.0)	2(0.1)	0.8%	0.0	0.0	n.s.
	외국고(23명)	0(0.0)	24(100.0)	24(1.6)	-	-	-	-
	기타(375명)	3(1.5)	428(32.0)	431(27.9)	-	-	-	-
합계(1,315명)		203(13.1)	1,341(86.9)	1,544(100.0)				

주: * 괄호 안의 수치는 업체-년(firm-year)별 기업주의 수임.

** 기업주의 수가 전문경영자의 수보다 적은 이유는 기업주가 전문경영자와의 비교에서 2회 이상 사용될 수 있기 때문임(즉 동일한 기업주 밑에 전문경영자가 2명 이상 존재할 수 있기 때문이며 평균적으로 기업주당 전문경영자의 수는 1.17명(1,544/1,315)임).

*** 경영자를 많이 배출한 상위 30개 고교를 기준으로 작성하였음(휘문고와 대광고는 해당 기업주가 없어서 표에서 제외되었음).

<표 10-5>는 기업주와 전문경영자의 고교동문여부에 대한 로짓추정 결과이다. 먼저, 기업의 매출액(Log백만원)이 클수록 기업주와 고교동문출신인 전문경영자가 선임될 가능성이 높다. 기업의 매출액이 클수록 전문경영자의 태만 가능성이 높고 태만으로 인한 기업의 손해도 커서 기업주는 신뢰할 수 있는 전문경영자로 고교동문출신자를 선임할 성향이 높다. 이것은 가설 2의 ①인 "태만의 가능성이 높거나 태만으로 인한 손해가 큰 기업일수록 기업주와 동향 또는 동문출신 전문경영자를 고용할 가능성이 높다"를 지지한다. 일반적으로 기업의 매출액이 클수록 경쟁의 정도가 낮다고 하면 이 결과는 가설 1의 ①인 "산업 내의 경쟁의 정도가 낮을수록 또는 독점적 지대가 클수록 기업주와 동향 또는 동문출신 전문경영자를 고용할 가능성이 높다"를 지지한다. <표 10-5>의 매출액의 계수는 <표 10-3>의 그것보다 크게 추정된다. 이것은 가설 1의 ②인 "이 연고주의는 동향보다 고교동문출신의 기업주-전문경영자의 경우가 상대적으로 더 뚜렷하게 나타난다"와 가설 2의 ②인 "이 연고주의는 동향보다 고교동문출신의 기업주-전문경영자의 경우가 상대적으로 더 뚜렷하게 나타난다"를 지지한다.

<표 10-5>의 (7), (8), (11), (12)에서 기업갱생 I과 기업갱생 II의 계수가 모두 통계적으로 유의하게 양의 값으로 추정된다. 특히 기업갱생 II는 기업갱생 I보다 통계적 유의성이 높게 나타난다. 기업갱생에 들어갔거나 들어갈 기업은 전문경영인의 태만으로 인한 기업의 손해가 클 수 있어 고교동문출신과 같이 믿을 만한 사람을 전문경영인으로 선임할 것이다. 이것 역시 가설 2의 ①을 지지한다. 그리고 <표 10-5>의 기업갱생 I과 기업갱생 II의 계수는 <표 10-3>의 그것들보다 각각 크게 추정된다. 이것도 가설 2의 ②를 지지한다. 산업별로는 건설업의 추정계수가 가장 높고 통계적으로 유의하다($p<0.05$). 건설업이 금융·건설·제조업 이외의 산업에 비해 경쟁의 정도가 낮다고 할 수 있어 가설 1의 ①을 지지한다고 할 수 있다. <표 10-5>의 건설업의 계수는 <표 10-3>의 그것보다 크게 추정된다. 이것도 가설 1의 ②를 지지한다.

〈표 10-5〉 기업주와 전문경영자의 고교동문 여부 로짓추정

	(1)	(2)	(3)	(4)	(5)	(6)
절편	-5.4641*** (0.8690)	-5.8145*** (1.0513)	-5.8041*** (1.1449)	-6.7605*** (1.1329)	-6.5800*** (1.2240)	-6.4521*** (1.2570)
매출액(Log)	0.1805*** (0.0435)	0.1871*** (0.0478)	0.1648*** (0.0482)	0.2103*** (0.0490)	0.1804*** (0.0493)	0.1792*** (0.0495)
금융업(D)		0.3868 (0.3322)	0.3335 (0.3332)	0.2905 (0.3410)	0.2648 (0.3408)	0.2619 (0.3411)
건설업(D)		0.7322* (0.3237)	0.7175* (0.3237)	0.7495* (0.3328)	0.7305* (0.3324)	0.7321* (0.3325)
제조업(D)		0.1454 (0.2653)	0.1485 (0.2663)	0.0538 (0.2752)	0.0816 (0.2749)	0.0689 (0.2765)
본사의 서울소재(D)			0.5017 (0.5303)		0.4853 (0.5344)	0.4670 (0.5360)
본사의 영남소재(D)			-0.2232 (0.5832)		-0.2213 (0.5904)	-0.2255 (0.5906)
본사의 호남소재(D)			1.3082* (0.6262)		1.0602 (0.6848)	1.0444 (0.6858)
서울·경기출신 기업주(D)				0.8150** (0.2899)	0.7990** (0.2903)	0.8014** (0.2903)
영남출신 기업주(D)				0.4270 (0.2963)	0.4844 (0.2976)	0.4853 (0.2975)
호남출신 기업주(D)				1.1056** (0.3578)	0.8154* (0.4030)	0.8210* (0.4032)
충청출신 기업주(D)				-0.9709 (0.6477)	-1.0101 (0.6478)	-1.0064 (0.6478)
서울·경기출신 전문경영자(D)						
영남출신 전문경영자(D)						
호남출신 전문경영자(D)						
충청출신 전문경영자(D)						
부채비율						-0.1031 (0.2369)
기업갱생I (D)						
기업갱생II (D)						
N	1,528	1,528	1,528	1,528	1,528	1,528
−2Log(L)	1,158.167	1,151.052	1,137.216	1,125.104	1,115.790	1,115.592
Pseudo R^2	0.019879	0.028448	0.044997	0.059361	0.070330	0.070563

〈표 10-5〉 계속

	(7)	(8)	(9)	(10)	(11)	(12)	(13)
절편	-6.7268*** (1.2330)	-7.2308*** (1.2578)	-7.1867*** (1.2627)	-7.0872*** (1.2884)	-7.2807*** (1.2684)	-7.6959*** (1.2915)	-7.9262*** (1.3328)
매출액(Log)	0.1811*** (0.0494)	0.1941*** (0.0497)	0.1850*** (0.0496)	0.1843*** (0.0498)	0.1864*** (0.0497)	0.1979*** (0.0501)	0.1985*** (0.0505)
금융업(D)	0.3510 (0.3460)	0.4796 (0.3537)	0.4204 (0.3399)	0.4191 (0.3400)	0.5018 (0.3450)	0.6189+ (0.3530)	0.3248 (0.3468)
건설업(D)	0.7706* (0.3354)	0.7661* (0.3369)	0.8002* (0.3332)	0.8029* (0.3333)	0.8296* (0.3355)	0.8240* (0.3367)	0.7983* (0.3410)
제조업(D)	0.1410 (0.2794)	0.2336 (0.2852)	0.2352 (0.2720)	0.2256 (0.2731)	0.2901 (0.2761)	0.3732 (0.2820)	0.1175 (0.2802)
본사의 서울소재(D)	0.5413 (0.5367)	0.6651 (0.5404)	0.5338 (0.5360)	0.5188 (0.5375)	0.5626 (0.5366)	0.6304 (0.5376)	0.4923 (0.5381)
본사의 영남소재(D)	-0.1956 (0.5920)	-0.1411 (0.5933)	-0.0494 (0.5911)	-0.0517 (0.5912)	-0.0450 (0.5912)	-0.0463 (0.5909)	-0.1223 (0.5962)
본사의 호남소재(D)	1.1536+ (0.6870)	1.3619* (0.6930)	1.2311+ (0.6423)	1.2216+ (0.6426)	1.2809* (0.6431)	1.3829* (0.6455)	0.9579 (0.6875)
서울·경기출신 기업주(D)	0.7778** (0.2908)	0.7453* (0.2912)					0.8261** (0.2938)
영남출신 기업주(D)	0.4874 (0.2977)	0.4676 (0.2978)					0.7630* (0.3061)
호남출신 기업주(D)	0.7747+ (0.4037)	0.6968+ (0.4053)					0.9718* (0.4239)
충청출신 기업주(D)	-1.0353 (0.6494)	-1.1164+ (0.6523)					-0.8097 (0.6518)
서울·경기출신 전문경영자(D)			1.2831** (0.4845)	1.2879** (0.4845)	1.2347* (0.4851)	1.2073* (0.4869)	1.2240* (0.4872)
영남출신 전문경영자(D)			0.2290 (0.5082)	0.2348 (0.5084)	0.1942 (0.5084)	0.1883 (0.5098)	0.1426 (0.5139)
호남출신 전문경영자(D)			0.8853+ (0.5353)	0.8902+ (0.5353)	0.8292 (0.5364)	0.8179 (0.5377)	0.7373 (0.5432)
충청출신 전문경영자(D)			0.7802 (0.5250)	0.7829 (0.5249)	0.7347 (0.5256)	0.7478 (0.5269)	0.8369 (0.5308)
부채비율				-0.0907 (0.2393)			
기업갱생I (D)	0.6826* (0.3180)				0.6208+ (0.3178)		
기업갱생II (D)		0.6119** (0.1987)				0.5316** (0.1992)	
N	1,528	1,528	1,528	1,528	1,528	1,528	1,528
-2Log(L)	1,111.619	1,106.775	1,103.757	1,103.607	1,100.270	1,096.938	1,084.255
Pseudo R^2	0.075221	0.080884	0.084403	0.084578	0.088460	0.092329	0.10698

주: +, *, **, ***는 각각 한계유의수준이 0.1, 0.05, 0.01, 0.001 이하이다.

출신지역별로는 호남과 서울·경기출신 기업주가 충청이나 강원·기타출신 기업주보다 고교동문출신 전문경영자를 선임하는 성향이 통계적으로 유의하게 높다. 특히 호남출신 기업주의 고교동문 선호경향은 가장 높게 나타난다.

기업(본사)이 위치한 지역출신에 따라 기업주와 전문경영자가 고교동문출신일 가능성이 다를 수 있으므로 그 소재지를 통제변수로 사용하였다. 분석결과 대부분의 경우 본사소재지가 호남인 기업이 본사가 타 지역에 소재한 기업보다 기업주-전문경영자의 고교 동문 쌍이 나타날 성향이 높다.

기업주와 전문경영자 간의 대학동문 관계에 대한 분석이 <표 10-6>에 나타나 있다. 먼저 기업주와 전문경영자 간의 동문비율이 가장 높은 대학이 서울대로 41.6%에 달한다. 그 다음으로는 연세대(17.7%), 고려대(16.4%), 중앙대(13.0%), 동아대(8.3%), 한양대(6.2%), 성균관대(5.6%), 건국대(4.5%), 외국대(1.6%)의 순으로 나타났다.

만약 기업주가 대학동문에 대한 선호나 기피의식 없이 공정하게 전문경영자를 선임한다면, 선임되는 전문경영자가 기업주와 동문일 확률은 전체 전문경영자 시장에서 그 대학출신의 전문경영자가 차지하는 비율(b줄)이 될 것이다. 이 기대 비율과 실제 관측된 비율(a 대각선)을 비교하기 위해 후자를 전자로 나눈 것을 대학동문 선호지수라고 할 수 있다. 이 계산 방식에 의하면 동문선호지수가 가장 높은 대학은 동아대(7.5)이고, 그 다음으로는 중앙대(4.5), 건국대(4.1), 연세대(1.7), 고려대(1.6)의 순이다. 이 밖에 서울대, 성균관대, 한양대의 경우는 모두 1.0으로서 적어도 수치상으로는 동문선호가 존재하지 않음을 알 수 있다. 부산대와 한국외대는 동문선호지수가 0으로서 동문선호가 전혀 없음을 보여주고 있다. 동문선호지수가 통계적으로 유의한지를 x^2 값을 계산해서 검정하면, 서울 소재 대학에서는 연세대($p<0.005$), 고려대($p<0.025$), 중앙대($p<0.001$)가 유의하게 나오고 지방대학에서는 동아대($p<0.005$)가 유일하게 유의하게 나온다.

〈표 10-6〉 기업주와 전문경영자의 출신대학(1997년~2000년)

	구분 / 대학	전문경영자의 출신대학												합계 (%)
		서울대	고려대	연세대	한양대	성균관대	중앙대	건국대	동아대	부산대	한국외대	외국대학	기 타	
오너의 출신대학	서울대 (260명)*	128 (41.6)a	22 (7.1)	42 (13.6)	25 (8.1)	13 (4.2)	12 (3.9)	1 (0.3)	0 (0.0)	4 (1.3)	4 (1.3)	11 (3.6)	32 (14.9)	294 (19.8)
	고려대 (153명)	75 (42.4)	29 (16.4)	1 (0.6)	14 (7.9)	8 (4.5)	5 (2.8)	3 (1.7)	0 (0.0)	8 (4.5)	4 (2.3)	4 (2.3)	26 (12.1)	177 (11.9)
	연세대 (132명)	84 (47.0)	13 (7.2)	32 (17.7)	7 (3.9)	5 (2.8)	3 (1.7)	5 (2.8)	1 (0.6)	6 (3.3)	4 (2.2)	0 (0.0)	17 (7.9)	177 (11.9)
	한양대 (126명)	40 (27.6)	19 (13.1)	24 (16.6)	9 (6.2)	10 (6.9)	12 (8.3)	2 (1.4)	0 (0.0)	3 (2.1)	7 (4.8)	4 (2.8)	12 (5.6)	142 (9.6)
	성균관대 (18명)	1 (5.6)	3 (16.7)	2 (11.1)	3 (16.7)	1 (5.6)	0 (0.0)	0 (0.0)	2 (14.3)	2 (11.1)	0 (0.0)	0 (0.0)	4 (1.9)	18 (1.2)
	중앙대 (37명)	21 (45.7)	1 (2.2)	3 (6.5)	1 (2.2)	0 (0.0)	6 (13.0)	0 (0.0)	0 (0.0)	4 (8.7)	0 (0.0)	1 (2.2)	6 (2.8)	43 (2.9)
	건국대 (21명)	8 (36.4)	1 (4.5)	0 (0.0)	4 (18.2)	0 (0.0)	3 (13.6)	1 (4.5)	0 (0.0)	1 (4.5)	0 (0.0)	0 (0.0)	4 (1.9)	22 (1.5)
	동아대 (21명)	10 (41.7)	2 (8.3)	1 (4.2)	1 (4.2)	2 (8.3)	2 (8.3)	0 (0.0)	2 (8.3)	2 (8.3)	0 (0.0)	1 (4.2)	0 (0.0)	23 (1.6)
	부산대 (32명)	7 (17.9)	12 (30.8)	0 (0.0)	3 (7.7)	0 (0.0)	0 (0.0)	2 (5.1)	3 (7.7)	0 (0.0)	0 (0.0)	0 (0.0)	8 (3.7)	35 (2.4)
	한국외대 (15명)	3 (17.6)	0 (0.0)	0 (0.0)	3 (17.6)	3 (17.6)	0 (0.0)	0 (0.0)	0 (0.0)	0 (0.0)	0 (0.0)	0 (0.0)	7 (3.3)	16 (1.1)
	외국대 (292명)	149 (48.2)	26 (8.4)	37 (12.0)	19 (6.2)	18 (5.8)	2 (0.7)	0 (0.0)	0 (0.0)	0 (0.0)	0 (0.0)	5 (1.6)	73 (34.0)	329 (22.2)
	기 타 (162명)	89 (42.6)	18 (8.6)	19 (9.1)	10 (4.8)	15 (7.2)	6 (2.9)	0 (0.0)	3 (1.4)	18 (8.6)	5 (2.4)	0 (0.0)	26 (12.1)	209 (14.1)
	합 계 (1,269명)	615 (41.4)	146 (13.8)	161 (10.8)	99 (6.7)	75 (5.1)	51 (3.4)	14 (0.9)	11 (0.7)	48 (3.2)	24 (1.6)	26 (1.8)	215 (14.5)	1,485 (100.0)
전문경영자의 해당대학 비율(b)		40.9%	10.0 %	10.4 %	6.0%	5.5%	2.9%	1.1%	1.1%	3.1%	1.4%	-	-	-
동문선호 지수(a)/(b)		1.0	1.6	1.7	1.0	1.0	4.5	4.1	7.5	0.0	0.0	-	-	-
x^2(d.f.=2)		0.9	8.0	11.3	0.03	0.0	19.8	2.5	12.3	1.1	0.2	-	-	-
유의확률		n.s.	0.025	0.005	n.s.	n.s.	0.001	n.s.	0.005	n.s.	n.s.	n.s.	-	-

주: * 괄호 안의 수치는 업체-년(firm-year)별 기업주의 수임.

** 기업주의 수가 전문경영자의 수보다 적은 이유는 기업주가 전문경영자와의 비교에서 2회 이상 사용될 수 있기 때문임(즉 동일한 기업주 밑에 전문경영자가 2명 이상 존재할 수 있기 때문이며 평균적으로 기업주당 전문경영자의 수는 1.17명 (1485/ 1269)임).

〈표 10-7〉 기업주와 전문경영자의 대학동문 여부 로짓추정

	(1)	(2)	(3)	(4)	(5)	(6)
절편	0.7618 (0.9096)	-0.1305 (1.0395)	0.5377 (1.0854)	-0.4192 (1.1092)	0.2785 (1.1618)	-0.1326 (1.1939)
매출액(Log)	-0.1346** (0.0471)	-0.1084* (0.0488)	-0.1213* (0.0488)	-0.1018* (0.0495)	-0.1167* (0.0495)	-0.1085* (0.0495)
금융업(D)		0.6000+ (0.3621)	0.5629 (0.3633)	0.5859 (0.3665)	0.5420 (0.3677)	0.5594 (0.3679)
건설업(D)		-0.3331 (0.4505)	-0.3697 (0.4510)	-0.4427 (0.4530)	-0.4562 (0.4529)	-0.4605 (0.4529)
제조업(D)		0.4575 (0.3099)	0.4576 (0.3114)	0.4039 (0.3150)	0.3925 (0.3163)	0.4320 (0.3177)
본사의 서울소재(D)			-0.3317 (0.3680)		-0.3078 (0.3703)	-0.2523 (0.3734)
본사의 영남소재(D)			-1.0530* (0.4297)		-0.9765* (0.4362)	-0.9691* (0.4370)
본사의 호남소재(D)			-0.4350 (0.5692)		-0.2494 (0.6188)	-0.1810 (0.6214)
서울·경기출신 기업주(D)				0.5067+ (0.2676)	0.4470+ (0.2687)	0.4308 (0.2691)
영남출신 기업주(D)				0.0484 (0.2715)	0.0952 (0.2727)	0.0847 (0.2729)
호남출신 기업주(D)				0.1157 (0.3531)	0.0374 (0.3839)	-0.00813 (0.3861)
충청출신 기업주(D)				-0.3568 (0.4893)	-0.4590 (0.4907)	-0.4585 (0.4903)
서울·경기출신 전문경영자(D)						
영남출신 전문경영자(D)						
호남출신 전문경영자(D)						
충청출신 전문경영자(D)						
부채비율						0.2383 (0.1598)
기업갱생I (D)						
기업갱생II (D)						
N	1,518	1,518	1,518	1,518	1,518	1,518
−2Log(L)	1,200.778	1,192.125	1,181.567	1,181.365	1,172.820	1,170.743
Pseudo R^2	0.010147	0.020440	0.032920	0.033158	0.043194	0.045625

	(7)	(8)	(9)	(10)	(11)	(12)	(13)
절편	0.1828 (1.1691)	-0.0617 (1.1852)	-0.4422 (1.1671)	-0.8520 (1.2002)	-0.5418 (1.1763)	-0.7601 (1.1922)	-0.7379 (1.2320)
매출액(Log)	-0.1162* (0.0496)	-0.1089* (0.0497)	-0.1052* (0.0493)	-0.0964+ (0.0494)	-0.1036* (0.0494)	-0.0965+ (0.0496)	-0.0996* (0.0500)
금융업(D)	0.6103+ (0.3710)	0.6438+ (0.3744)	0.6439+ (0.3657)	0.6557+ (0.3660)	0.7096+ (0.3701)	0.7362* (0.3725)	0.6025 (0.3701)
건설업(D)	-0.4350 (0.4534)	-0.4705 (0.4567)	-0.3058 (0.4535)	-0.3119 (0.4536)	-0.2916 (0.4581)	-0.3234 (0.4577)	-0.3983 (0.4560)
제조업(D)	0.4392 (0.3189)	0.4612 (0.3214)	0.5054 (0.3131)	0.5386+ (0.3143)	0.5469+ (0.3168)	0.5619+ (0.3178)	0.4114 (0.3189)
본사의 서울소재(D)	-0.2725 (0.3720)	-0.2021 (0.3763)	-0.3262 (0.3744)	-0.2646 (0.3788)	-0.2936 (0.3764)	-0.2303 (0.3811)	-0.2949 (0.3779)
본사의 영남소재(D)	-0.9693* (0.4375)	-0.9274* (0.4390)	-0.9259* (0.4363)	-0.9134* (0.4383)	-0.9204* (0.4384)	-0.8869* (0.4393)	-0.8683+ (0.4437)
본사의 호남소재(D)	-0.1805 (0..6210)	-0.0756 (0.6267)	-0.3682 (0.5846)	-0.3212 (0.5874)	-0.3238 (0.5866)	-0.2450 (0.5917)	-0.3072 (0.6215)
서울·경기출신 기업주(D)	0.4178 (0.2694)	0.3998 (0.2704)					0.4693+ (0.2722)
영남출신 기업주(D)	0.0804 (0.2731)	0.0619 (0.2740)					0.2398 (0.2796)
호남출신 기업주(D)	-0.0219 (0.3865)	-0.0632 (0.3892)					0.2695 (0.4071)
충청출신 기업주(D)	-0.4678 (0.4909)	-0.4945 (0.4950)					-0.3992 (0.4957)
서울·경기출신 전문경영자(D)			0.9044* (0.4394)	0.8795* (0.4398)	0.8655+ (0.4436)	0.8397+ (0.4446)	0.8503+ 0.4420)
영남출신 전문경영자(D)			0.1353 (0.4575)	0.1103 (0.4579)	0.1110 (0.4612)	0.0926 (0.4615)	0.1003 0.4635)
호남출신 전문경영자(D)			0.2659 (0.5084)	0.2449 (0.5087)	0.2264 (0.5126)	0.2073 (0.5133)	0.2154 0.5217)
충청출신 전문경영자(D)			0.8618+ (0.4694)	0.8380+ (0.4700)	0.8360+ (0.4730)	0.8261+ (0.4733)	0.8364+ 0.4740)
부채비율				0.2352 (0.1596)			
기업갱생I (D)	0.6558* (0.3218)				0.6178 (0.3228)		
기업갱생II (D)		0.3932* (0.2004)				0.3423+ (0.2011)	
N	1,518	1,518	1,518	1,518	1,518	1,518	1,518
-2Log(L)	1,169.086	1,169.120	1,159.132	1,157.103	1,155.798	1,156.331	1,152.225
Pseudo R^2	0.047561	0.047522	0.059152	0.061506	0.063018	0.062400	0.067151

주: +, *, **, ***는 각각 한계유의수준이 0.1, 0.05, 0.01, 0.001 이하이다.

고교의 경우 동문선호가 주로 서울 소재 명문고와 호남권 고교에 집중되어 있는데 반해, 대학의 동문선호는 서울대를 제외한 고려대와 연세대 그리고 영남권 대학에서 나타난다. 호남권 대학은 상장사의 최고경영자를 거의 배출하지 못하였기 때문에 선호현상이 있는지를 알 수 없다. 또한 호남권 명문고를 졸업한 경영자들은 호남소재의 대학을 졸업하기보다는 서울의 명문대학을 졸업할 가능성이 높기 때문에 호남소재 대학의 대학동문선호지수가 유의하게 나타나지 않는 또 다른 이유가 될 수 있다.

<표 10-7>은 기업주와 전문경영자의 대학동문여부에 대한 로짓추정 결과이다. 전반적으로 고교동문의 경우보다 계수들의 유의성과 추정의 적합성(fitness)이 떨어진다. 이는 우리나라 기업에서 고교동문보다는 대학동문이 기업인사에 있어서 상대적으로 덜 중요한 기준으로 작용함을 보여주는 것이다. 먼저, 기업의 매출액(로그값)이 클수록 기업주와 대학동문출신인 전문경영자가 선임될 가능성이 높다. 기업의 매출액이 클수록 전문경영자의 태만 가능성이 높고 태만으로 인한 기업의 손해도 커서 기업주는 신뢰할 수 있는 전문경영자로 대학동문출신자를 선임할 성향이 높다. 이것은 가설 2의 ①인 “태만의 가능성이 높거나 태만으로 인한 손해가 큰 기업일수록 기업주와 동향 또는 동문출신 전문경영자를 고용할 가능성이 높다”를 지지한다. 일반적으로 기업의 매출액이 클수록 경쟁의 정도가 낮다고 하면 이 결과는 가설 1의 ①인 “산업 내의 경쟁의 정도가 낮을수록 또는 독점적 지대가 클수록 기업주와 동향 또는 동문출신 전문경영자를 고용할 가능성이 높다”를 지지한다.

대학동문여부에 대한 로짓 분석에서 <표 10-7>의 (11)을 제외하고는 (7), (8), (12)에서 기업갱생 I과 기업갱생 II의 계수가 통계적으로 유의하게 양의 값으로 추정된다. 기업갱생에 들어갔거나 들어갈 기업은 전문경영인의 태만으로 인한 기업의 손해가 클 수 있어 대학동문출신과 같이 믿을 만한 사람을 전문경영인으로 선임할 것이다. 이것 역시 가설 2의 ①을 지지한다.

산업별로는 금융업의 추정계수가 가장 높고 통계적으로 유의하다. <표

10-7>의 (2), (7), (8), (9), (10), (11), (12)의 분석에서 금융업은 운송·도소매업에 비해 통계적으로 유의하게 기업주-전문경영자의 대학동문 쌍이 많이 발생함을 보여주고 있다.

출신지역별로는 기업주와 전문경영자의 대학동문여부에 통계적으로 유의한 차이가 없다. 기업(본사)이 위치한 지역출신에 따라 기업주와 전문경영자가 대학동문출신일 가능성이 다를 수 있으므로 그 소재지를 통제변수로 사용하였다.

김용민·이수일(2001)은 1997년 이후 호남출신 최고경영자의 약진을 보여준다. 전체 최고경영자 중에서 호남출신 최고경영자가 차지하는 비율은 1997년 8.2%(82명)에서 2000년 10.2%(97명)로 증가했다. 이것은 가설 3의 ①인 "국민의 정부" 출범을 전후하여 호남출신 최고경영자의 진출이 증가한다"를 지지한다.

<표 10-8>은 1997년부터 2000년 사이 4개 연도에 대한 호남출신 최고경영자의 로짓추정 결과이다. 금융업, 제조업, 건설업에 속한 기업이 이외의 산업에 속한 기업보다 호남출신 전문경영자를 선임하는 성향이 높고, 그 중에서도 금융업에 속한 기업의 경우가 가장 높다. 다른 산업에 비해 금융업이 정부의 영향력이 크고 규제가 심한 산업이다. 더욱이 1997년 경제위기 이후 정부의 결정에 따라 각 금융기관의 퇴출, 합병, 대규모 구조조정이 진행되어 각 금융기관의 최고경영자에 의한 정권담당자에 대한 로비는 생존차원의 문제였다. 김용민·이수일(2001)에 의하면 금융업에서 호남출신 최고경영자의 비율은 1997년 7.2%(6명)에서 2000년 16.3%(12명)으로 크게 증가했다. 이것은 가설 3의 ②인 "특히 정부의 영향력이 크거나 규제가 심한 산업 내지 경우에 호남출신 최고경영자의 진출이 두드러진다"를 지지한다.

〈표 10-8〉 호남출신 최고경영자의 로짓추정

	(1)	(2)	(3)	(4)	(5)	(6)	(7)
절편	-2.1714** (0.7284)	-4.2820*** (0.8903)	-4.0915*** (0.9350)	-3.9028*** (0.9349)	-4.2119*** (0.9497)	-4.0162*** (0.9411)	-4.5179*** (0.9714)
매출액 (Log)	-0.00737 (0.0379)	0.0334 (0.0403)	0.0240 (0.0426)	0.00253 (0.0431)	0.00792 (0.0429)	0.00600 (0.0432)	0.0251 (0.0439)
금융업(D)		1.7576*** (0.3920)	1.5496*** (0.4013)	1.4494*** (0.4017)	1.4575*** (0.4016)	1.4994*** (0.4028)	1.6387*** (0.4195)
건설업(D)		1.1331** (0.4100)	0.8761* (0.4216)	0.9065* (0.4202)	0.8919* (0.4201)	0.9117* (0.4199)	0.8886* (0.4329)
제조업(D)		1.3921*** (0.3518)	1.1805*** (0.3563)	1.2006*** (0.3559)	1.2301*** (0.3562)	1.2274*** (0.3564)	1.3071*** (0.3733)
본사의 호남소재(D)			3.2119*** (0.2387)	3.2241*** (0.2393)	3.2056*** (0.2394)	3.2317*** (0.2395)	3.2568*** (0.2414)
전문 경영자(D)				0.4054** (0.1287)	0.3724** (0.1303)	0.3967** (0.1289)	0.3609** (0.1299)
부채비율					0.2721+ (0.1517)		
기업갱생I (D)						0.5331+ (0.2737)	
기업갱생II (D)							0.5899*** (0.1602)
N	3,563	3,563	3,563	3,563	3,563	3,563	3,563
-2Log(L)	2,157.373	2,130.417	1,943.831	1,933.879	1,930.984	1,930.484	1,921.274
Pseudo R^2	0.0000107	0.00000137	0.058183	0.060810	0.061572	0.061704	0.064126

주: +, *, **, ***는 각각 한계유의수준이 0.1, 0.05, 0.01, 0.001 이하이다.

<표 10-8>의 (5), (6), (7)에서 부채비율, 기업갱생 I, 기업갱생 II의 계수가 통계적으로 유의하게 양의 값으로 추정된다. 부채비율이 높거나 기업갱생에 들어갔거나 들어갈 기업들 즉 부실기업들에 대해 정부는 금융기관을 통하거나 직접적으로 퇴출, 합병, 대규모 구조조정 등의 결정을 하거나 결정에 큰 영향을 주므로 이 기업들에게는 다른 기업들에 비해 로비스트(lobbyist)로서의 호남출신 전문경영자의 계수가 통계적으로 유의한 양의 값으로 추정된다. 호남출신은 소유경영자보다 전문경영자로서 최고경영자일 성향이 높다. 김용민 · 이수일(2001)에 의하면 1997년 호남출신 최고경영자의 증가는 전문경영자의 경우가 두드러진다. 전체 전문경영자 중에서 호남출신 전문경영자가 차지하는 비율은 1997년 8.8%(44명)에서 13.1%(68명)으로 크게 증가했다. 기업(본사)의 호남소재여부는 통제변수로 사용되었다.

V. 쟁점과 논의

이론적 논의로부터 유도되고 경험적 분석에 의해 확인된 것들은 다음과 같다.

첫째, 경쟁의 정도가 낮을수록 또는 독점적 지대가 클수록 기업주와 동향 또는 동문출신 전문경영자를 고용할 가능성이 높다. 이 연고주의는 동향보다 고교동문출신의 기업주-전문경영자의 경우가 상대적으로 더 뚜렷하다.

둘째, 태만의 가능성이 높거나 태만으로 인한 손해가 큰 기업일수록 기업주와 동향 또는 동문출신 전문경영자를 고용할 가능성이 높다. 이 연고주의는 동향보다 고교동문출신의 기업주-전문경영자의 경우가 상대적으로 더 뚜렷하다.

셋째, "국민의 정부" 출범 이후 호남출신 최고경영자의 진출이 늘었다. 정부의 영향력이 크거나 규제가 심한 산업 내지 경우에 호남출신 최고경영자의 진출이 두드러진다.

첫 번째 연고주의를 줄이기 위해서는 경쟁 촉진적 정책과 독점적 지대를 줄이는 정책을 펴야 한다. 세 번째 연고주의를 줄이기 위해서는 정부의 각종 규제를 완화 내지 철폐하는 정책을 펴야 한다. 즉 첫 번째와 두 번째 연고주의를 줄이기 위해서는 시장주의적 경제정책을 펴고 작은 정부를 실현해야 한다. 두 번째 연고주의는 순기능적인 것이다. 최고경영자 업무의 과정과 성과가 투명해질수록 이 연고주의의 순기능 역할은 줄어들 것이다.

제 11 장 정권이 교체되면 기업체 임원의 지위가 변화하나?[80)]

I. 문제의 제기

우리나라에서는 정권 교체 시마다 지역 편중인사가 언론의 도마 위에 오른다. 영남출신인 이명박 정부는 영남인사 일변도로 정부의 고위직에 등용한 반면, 호남출신인 김대중 정부는 호남인사 일변도로 편중인사를 일삼아 논란이 그치지 않았다.

최근까지 한국 사회에서 정권에 따른 편중인사나 지역차별에 대한 연구는 주로 정부 및 군부에 초점을 맞추어 진행되어 왔다(cf. 고흥화 1989, 김만흠 1991, 김용학 1991). 그러나 정작 정권교체가 기업 엘리트에 대한 인사에 어떤

---

80) 김용민(2000)을 수정 · 보완하였다.

영향을 주는지에 대한 연구는 별로 없는 실정이다. 본 연구는 정권교체에 따라 기업 엘리트 집단에 어떠한 신분상의 변화가 있는지를 임원들의 출신지역별 분포와 승진율 차이를 분석함으로써 알아보고자 한다. 특히 호남정권이었던 김대중 대통령 시절 공공부문(public sector)이 아닌 기업부문(private sector)의 상층부에 정권교체가 어떤 영향을 주었는지를 알아본다. 또한 대기업 오너의 출신지역에 따라 임원들의 출신지역별 분포와 승진에 어떤 영향을 주는지를 분석하고자 한다.

Ⅱ. 기업엘리트의 사회적 연결망과 신분상승의 이론적 논의

기업의 임원은 사회의 계급구조상 상층부의 엘리트 그룹에 속한다(Galbraith 1971, Useem and Karabel 1986, James and Soref 1981). Galbraith(1971)는 이를 "현대 사회의 결정적인 파워는 자본이 아니라 조직에 의해, 자본가가 아니라 산업관료(industrial bureaucrats)에 의해 행사된다"고 갈파하였다. 최근에는 환경변화와 기업성과 간의 관계에 있어서 최고경영자들의 매개효과가 있음이 많은 연구에서 밝혀지고 있다(cf. Filkenstein and Hambrick 1990, Hrebiniak and Joyce 1985, Milgrom and Roberts 1992). 일반적으로 기업의 임원은 기업의 성과에 최종적인 책임을 진다. 우리나라에서도 상법상으로 임원(이사)은 주식회사의 정관상 규정되어 있는 사업의 경영책임자로 정의되어 있다(조문형 1998). 임원(executives)은 전략수립, 대외연결, 조직설계, 리더십 발휘, 주요 전략의 실행 및 점검 등의 다양한 역할을 통해 기업의 성과와 가치를 창출한다(Thompson 1967, Ansoff 1965, Mintzberg 1973).

본 논문은 이들 역할 중에서 특히 대외연결(external networking)에 초점을 맞추고자 한다. 대외연결 역할은 기업의 생존과 성공에 필요한 외부의 자원(인적자원, 자금, 원료, 정보, 인허가권 등)에 접근하거나 이를 획득하는데 도움을 주는 역할을 의미한다(Pfeffer and Salancik 1978, Selznick 1949).

자원의존(resource dependencies) 관점에 의하면 임원집단은 기업이 필요로 하는 외부 자원을 획득하고 관리하는 기제이며 외부 자원과 정보와 연결시켜 주는 중계자로서의 역할을 수행한다(Pfeffer and Salancik 1978). 기업은 임원이 외부에서 영향력 있는 행위자나 집단과 구축해 놓은 사회적 연결망(social networks)을 활용하여 기업이 필요로 하는 핵심자원과 정보에 접근할 수 있게 된다(Mizruchi and Stearns 1993). 우리나라와 같이 기업과 정권과의 유착이 문제시되고 기업활동에 대한 정부의 규제가 상대적으로 많은 나라일수록 임원들의 대외연결능력은 기업의 생존과 성과에 중요한 영향을 줄 수 있다. 우리나라에서 정부는 기업의 핵심 환경요소(critical contingencies)로 간주되는 경향이 있으며, IMF와 같은 경제위기를 당하거나 기업의 성과가 악화될 경우 임원의 대외연결역할은 기업의 생존을 결정할 정도로 큰 힘을 발휘할 수 있다. 기업의 성공은 경영자들의 핵심환경요소(critical environmental contingencies)를 다룰 수 있는 능력에 좌우된다(Hickson, Lee, Schneck and Pennings 1971, Mintzberg 1983, Tushman and Romanelli 1985). 그리고 환경요소를 다룰 수 있는 경영자들의 능력은 경영자가 보유한 사회적 연결망을 동원함으로써 발휘되는 것이라고 볼 수 있다(Milgrom and Roberts 1992). 고객, 공급자, 경쟁자, 그리고 정부 등과 같은 과업환경요소들은 조직의 불확실성을 야기한다(Porter 1980, Thompson 1967). 이러한 불확실성을 효과적으로 다룰 수 있는 사회적 연결망을 보유한 경영자들은 중요한 상급 직위를 맡게 될 가능성이 높다.

앞서 기술했듯이 정부 및 정치권의 요직이 특정지역 인사로 채워진다고 할 때 정부 내의 영향력 있는 인물들과 잘 연결될 수 있는 임원일수록 기업 내에서의 권력기반을 확고하게 다질 수 있다. 기업입장에서는 유력한 정치 및 관료집단과의 사회적 연결망을 형성한 인사를 임원 등의 고위직에 임명하여 활용함으로써 정부와의 관계형성에 유리한 지위를 점할 수 있다.

최근 들어 조직론 분야에서 사회적 연결망의 형성은 사회자본(social capital)이라는 개념으로 연구되어 왔다. 사회자본은 사회적 구조 내에 존재하는 사회적 행위자들 간 관계의 네트워크(the networks of relationship)로 정의된다. 네트워크를 연구하는 사회학자들은 이를 인적자본과 구분되는 사회자본으로 분류했다(Bourdieu 1977, Coleman 1988, Burt 1992, DeGraff and Flapp 1988). 사회자본은 재무적 자본 및 인적자본과는 구별되는 두 가지 특성을 갖고 있다.

첫째, 재무적 자본과 인적자본이 개인이나 기업에 의해 소유되는 반면 사회자본은 다른 사람과 사회적 행위자의 관계 안에 내재해 있다(Coleman 1988).

둘째, 인적자본이 시장생산방정식의 투자변수(investment term)와 관련이 있다고 하면 사회자본은 시장생산방정식(market production equation)의 수익률과 관련된다. 인적자본이 생산능력을 증대하기 위해 투자된다면 동료, 친구, 고객, 정부, 그리고 다른 기업의 리더와의 관계를 통해 형성되는 사회자본은 인적자본을 이윤으로 전환시킨다(Burt 1992). 다시 말해 동일한 인적자본을 가정할 때 사회자본의 존재는 인적자본의 수익률을 높이게 되는 것이다.

사회자본은 노동시장 내에서 개인의 조직적 혹은 직업적 발전과 관련된다(Bourdieu 1977, Granovetter 1974, DeGraff and Flapp 1988, Kanter 1979, Useem and Karabel 1986). Useem and Karabel(1986)은 사회자본이 기초적으로 우수한 교육의 이수 증명서인 엘리트 교육을 통한 상류계급으로서의 배경에 의해 생성되며 기업 내에서 직위 상승에 있어서 중요한 우위를 제공한다고 주장했다. 이들은 사회자본을 가진 사람들이 미국 기업엘리트의 핵심에 접근할 가능성이 높을 것이라고 가정했다. Kanter(1979)는 공식적·비공식적 네트워크를 통해 형성되는 사회자본이 승진과 조직자원에의 접근 가능성을 높일 것이라고 주장했다.

네트워킹 능력은 기업 공동체 내에서 지배적인 행위자들과의 사회적 네트워크를 통해 직·간접적으로 연계되는 임원들의 능력을 의미한다. Kanter에 따르면 기업 외부의 지배적인 집단들과 잘 연계되어 있는 임원은 기업 외부의 행위자들에 대한 중요한 정보를 기업내부로 가져옴으로써 기업 내부인들(insiders)보다 높은 가시성(visibility)을 갖는다. 만약 상류지위에 있는 사람들과 네트워크 연계를 가진다면 사람들은 그 직위에 도달하는데 필요한 사회화 이전정보(presocialization information)를 획득하거나 필요한 교섭스킬을 학습함으로써 높은 직위에 보다 빠르게 도달하게 된다(DeGraff and Flapp 1988). 이러한 과정을 통하여 사람들은 그들이 알고 있는 사람들로부터 '작지만' 때때로 중요한 도움을 얻을 수 있다. DeGraff와 Flapp(1988)는 사회자본이 인적자본과 무관하게 수입 수준에 큰 영향을 미친다는 것을 제시했다. 또 다른 연구에서도 직무관련 결과에 대한 사회자본의 독립적 효과가 제시되었다(Coleman 1988, Useem and Karabel 1986). 요약하면 사회자본을 보다 많이 가진 사람들은 그들의 사회 · 경제적 지향점에 도달하기 위해서 공식적·비공식적 채널을 보다 자주 사용하게 된다(Boxman, DeGraff and Flapp 1991). 따라서 기업외부의 유력한 정치집단과 관료집단과의 사회적 연결망을 형성한 임원들은 이들과의 교분을 활용하여 자신들의 신분을 상승시키려고 할 것이며, 기업은 이들 임원이 가진 사회자본을 활용하여 기업목적을 달성하려 할 것이다.

Ⅲ. 상장사 임원의 출신지역별 분포

사회적 연결망이 임원들의 신분상승을 위한 유력한 수단이라는 학문적 합의에도 불구하고 사회적 연결망과 신분상승 간의 관계에 대한 실증적 연구는 시작단계이다. 특히 정치집단과의 사회적 연결망과 기업내부에서의 신분상승과의 연구는 거의 없다고 해도 과언이 아니다. 앞서 기술했듯이 정권교체에 따라 주도적인 정치집단 및 관료집단이 바뀌는 것이 우리나라의 현실이다(고흥화 1989, 김만흠 1991, 김용학 1991). 최근 들어 정부의 편중인사에 대한 잦은 언론보도를 보면 김대중 정권도 예외가 아님을 알 수 있다(강주안 2000). 본 논문은 임원의 출신지역이 정권교체에 따라 기업엘리트의 신분상승에 어떠한 영향을 주는지를 김대중 정권의 등장 전후를 비교함으로써 살펴보기로 한다.

이를 위하여 한국상장협의회에서 발행한 1997년에서 2000년까지 4년 간의 경영인명록을 사용하였다. 이 자료에는 증권거래소에 상장되어 있는 상장사 임원들에 대한 신상정보, 즉 성명, 생년월일, 출신지역, 출신고교, 출신대학, 출신대학원, 직위, 경력, 종교, 취미 등 기본적인 인구통계적 특성(demographics)이 기록되어 있다. 먼저 1997년版 경영인명록은 실제로 1997년 4월 현재의 기업임원 현황자료로서 758개 상장사 임원들을 기재하였다. 따라서 1997년版 경영인명록은 정권교체 이전의 임원자료로 김대중 정권이 들어선 후의 임원들이 출신지역별로 임원구성비와 승진의 변화를 알아보기 위한 baseline을 제공한다. 물론 1997년 이전의 경영인명록도 존재하지만, 이들은 임원의 출신고등학교가 누락되어 있는 경우가 많아 분석에 사용하지 않았다.

1998년版 경영인명록(736개 상장사)은 실제로 1998년 4월 현재의 임원현황을 보여주는 자료로 김대중 정권 초기의 자료로서 전 정권과 비교해서 임원들의 구성비와 승진이 출신지역별로 얼마나 달라지는지를 보여준다. 1999년版(701개 상장사)와 2000년版(693개 상장사) 경영인명록은 정권이 해를 거듭하면서 대기업의 임원구성비와 승진이 출신지역별로 얼마나 더 편중되어 이루어지는지, 또는 그렇지 않은지를 보여주는 데 사용될 것이다.

해를 거듭하면서 경영인명록에 기재된 상장사의 수가 감소하는 것은 IMF 이후 상장폐지나 같은 계열사끼리의 합병이 상장신설보다 빈번하게 일어났음을 보여준다. 그러나 본 연구의 분석에 사용된 상장사는 금융, 보험, 증권업을 제외하고 1997년도에 604개, 1998년도에 616개, 1999년도에 624개, 2000년도에 622개로 매년 약간씩 증가하고 있다. 그 이유는 기업자료를 분류(sorting)할 때 optcd라는 한국신용평가회사의 2000년도 기준의 기업코드를 사용하여 그 이전에 상장폐지된 회사는 자동적으로 분석에서 제외되었기 때문이다.

경영인명록에 수록된 임원들 중에서 감사와 사외이사를 제외한 임원들의 연도별·직위별 분포는 <표 11-1>과 같다. 특기할 만한 사실은 김대중 정권이 들어선 이후 상장사 임원들의 숫자가 급속하게 줄어들어 2000년도에는 1997년 대비 거의 절반수준(50.6%)으로 감소하였다. 본 연구의 분석대상이 된 표본기업의 수가 1998년 이후 늘어나고 있음에도 불구하고 전체적인 임원 수가 감소한 이유는 다음과 같다. 첫째, 우리나라 기업들이 그동안 경영성과 악화에 따라 임원에 대한 인사조치, 임원계층의 간소화(이사대우 및 전무직급 폐지 등)와 감량경영 등으로 임원들의 숫자가 실제로 줄어들었다. 둘째, 이사회에 등재된 임원만을 경영인명록에 올리는 회사들이 증가하였다. 이렇게 되면 이사회의 이사가 아닌 임원은 경영인명록에서 누락된다. 이 현상은 대기업일수록 두드러지는데 예컨대 현대자동차는 경영인명록에 실린 임원의 수가 IMF 이전의 70여 명에서 IMF 이후 10명 이내로 줄어들었다.

직위별로는 전무급 이하의 직위가 전체 임원에서 차지하는 구성비가 급속하게 줄어들고 있음을 알 수 있다. 특히 상무급이 1997년도의 21.9%에서 2000년도에 15.5%로, 감소폭이 가장 두드러지고, 그 뒤를 이어 이사급은 동기간 동안 32.9%에서 26.6%로, 전무급은 14.9%에서 13.2%로 구성비가 감소되었다. 이 밖에 관리인의 증가세도 두드러져 1997년도의 0.4%에서 2000년도에 2.1%로 급격히 증가하고 있는데, 이는 경제위기에 따라 법정관리로 전환한 기업이 많음을 반영하는 것이다.

〈표 11-1〉 상장기업 임원의 연도별 직위별 구성비

(단위: 명, %)

출신지 \ 연도	1997년도	1998년도	1999년도	2000년도	계
서울	1,733(32.0)	1,167(31.2)	970(30.9)	813(29.9)	4,683(31.2)
경기	469(8.7)	321(8.6)	274(8.7)	237(8.7)	1301(8.7)
강원	138(2.7)	95(2.5)	72(2.3)	61(2.2)	376(2.5)
충청	604(11.2)	402(10.8)	357(11.4)	292(10.7)	1655(9.1)
경상	1,825(33.7)	1,301(34.8)	1,047(33.3)	923(33.8)	5,096(34.0)
전라	420(7.7)	308(8.2)	290(9.2)	249(9.2)	1,267(8.4)
제주	33(0.6)	20(0.5)	15(0.5)	15(0.6)	83(0.6)
기타	182(3.4)	125(3.3)	116(3.7)	108(4.0)	531(3.5)
계	5,414(36.0)	3,739(24.9)	3,141(20.9)	2,698(18.1)	14,992(100.0)

<표 11-2>는 상장기업 임원의 연도별 출신지역 구성비와 숫자를 보여주고 있다. 먼저 경기, 강원, 충청, 제주, 영남지역 출신임원들은 1997년도와 그 이후에 구성비상의 큰 변동이 없다. 호남정권의 등장으로 영남출신이 상대적으로 불이익을 받을 것이라는 일반적인 예상이 이 자료에서는 빗나간 셈이다. 오히려 서울, 강원지역 출신임원의 구성비가 동기간 동안 줄어들었다. 그러나 예상대로 호남지역 출신임원은 그 구성비가 1997년도의 7.7%에서 2000년에 9.2%로 크게 증가하였다. 기타지역(이북, 해외) 출신 임원도 1997년도의 3.4%에서 2000년에 4.0%로 약간 증가하였다. 이는 호남정권의 등장에 따라 호남출신 인사들이 타 지역출신에 비해 상대적으로 기업체 임원진으로 많이 진출하고 있음을 보여주는 것이다. 물론 이러한 추세가 통계적으로 유의한지에 대한 검증절차는 거쳐야 할 것이다. 이 결과가 지역별로 기업들의 법정관리, 화의, 합병 등 경영상 애로발생의 차이로 인해 생기는지는 알 수 없다.

<표 11-3>은 김난흠(1991)의 연구를 재인용한 것으로 현재 상황과 비교하기 위하여 구성하였다. <표 11-3>은 1980년대 말 50대 재벌의 창업주와 임원의

출신지역별 구성비를 보여준다. 역시 창업주와 임원 모두 영남지역 출신이 압도적으로 많은 비중을 차지하고 있고, 호남지역 출신은 창업주와 임원 모두 10% 이하의 비율을 나타내고 있다. 특히 이 자료에서는 임원의 경우 호남출신이 전체 임원의 6.3%를 차지하여 호남지역이 전체 인구에서 차지하는 비중인 11.8%를 훨씬 하회하고 있다. <표 11-2>에 나타난 1997년도의 호남출신이 임원에서 차지하는 비중은 7.7%로 1980년대 말과 비교해 1.1% 포인트의 개선효과를 보이고 있으나 2000년 6월 현재에는 9.2%로 1980년대 말과 비교해서 2.9% 포인트의 개선효과를 보이고 있다. 1988년의 6.3%를 100으로 보았을 때 2000년의 9.2%는 146으로 환산되어 46%의 대폭적인 증가율을 보인 셈이다.

〈표 11-2〉 상장기업 임원의 연도별 출신지역별 구성비

(단위: 명, %)

연도 / 출신지	1997년도	1998년도	1999년도	2000년도	계
서울	1,733(32.0)	1,167(31.2)	970(30.9)	813(29.9)	4,683(31.2)
경기	469(8.7)	321(8.6)	274(8.7)	237(8.7)	1301(8.7)
강원	138(2.7)	95(2.5)	72(2.3)	61(2.2)	376(2.5)
충청	604(11.2)	402(10.8)	357(11.4)	292(10.7)	1655(9.1)
경상	1,825(33.7)	1,301(34.8)	1,047(33.3)	923(33.8)	5,096(34.0)
전라	420(7.7)	308(8.2)	290(9.2)	249(9.2)	1,267(8.4)
제주	33(0.6)	20(0.5)	15(0.5)	15(0.6)	83(0.6)
기타	182(3.4)	125(3.3)	116(3.7)	108(4.0)	531(3.5)
계	5,414(36.0)	3,739(24.9)	3,141(20.9)	2,698(18.1)	14,992(100.0)

〈표 11-3〉 1980년대 기업임원의 지역별 구성비*

(단위: %, 명)

구분 \ 지역	서울	경기	강원	충청	전라	경상	제주	기타	합계
50대 재벌 창업주	18.0 (9)	6.0 (3)	8.0 (4)	6.0 (4)	10.0 (5)	44.0 (22)	0.0 (0)	6.0 (3)	100.0 (50**)
50대 재벌 임원	37.9 (299)	6.7 (53)	3.7 (29)	9.7 (77)	6.3 (50)	32.6 (258)	1.1 (9)	1.8 (15)	100.0 (790***)

주: * 이 자료는 김난흠(1991)에서 재인용한 것임.
** 50대 재벌창업주의 지역별 구성비는 1988년 8월에 조사된 자료임.
*** 50대 재벌임원의 지역별 구성비 역시 1988년 8월에 조사된 자료임.

<표 11-4>는 상장사 임원의 연도별 출신고교별 구성비를 보여준다. 1997년도에 비해서 각 지역의 고교출신들이 전체 임원에서 차지하는 비중은 큰 차이가 없는 것으로 나타났다. 호남권 고등학교 출신들이 1997년도의 전체 임원에서 차지하는 비율이 5.0%에서 2000년에 5.5%로 0.5% 포인트 증가하나 증가폭이 두드러지지 않은 것으로 보인다. 호남권 고등학교 출신임원의 비율(5.5%, 2000년 기준)이 호남출신비율(9.2%, 2000년 기준)보다 현저히 낮은 이유는 호남권 출신 임원들이 고등학교 이전에 타 지역으로 이주했기 때문으로 추정된다. 박기성·김용민(2000)의 연구에 의하면 출생지가 호남인 사람이 현재 타 지역에 거주하고 있는 비율은 무려 54.8%에 달하며 14세 이전에 타 지역으로 이주한 비율도 9.3%에 달한다. 만약 이들이 고향을 떠나지 않았더라면 호남권 고교출신 비율은 5%를 훨씬 상회했을 것이다.

영남권 고등학교 출신들은 1997년의 16.8%에서 2000년에 16.5%로 그 비율이 오히려 약간 감소하였다. 서울의 명문고 출신이 동기간 동안 25.0%에서 26.4%로 1.4% 포인트 증가했으나 역시 증가폭은 크지 않았다. 그 밖에 외국고교와 기타 고교출신은 동기간 동안 큰 변화가 없었다고 볼 수 있다.

〈표 11-4〉 상장사 임원의 연도별 출신고교별 구성비

(단위: %, 명)

출신고교 \ 연도	1997년도	1998년도	1999년도	2000년도	계
서울 명문고*	1,144(25.0)	901(25.5)	736(26.4)	641(26.4)	3,422(25.7)
영남권 고교**	767(16.8)	577(16.3)	438(15.7)	401(16.5)	2,183(16.4)
호남권 고교***	228(5.0)	193(5.5)	159(5.7)	132(5.5)	712(5.4)
외국 고교	109(2.4)	99(2.8)	73(2.6)	60(2.5)	341(2.6)
기타 고교	2,323(50.8)	1,766(49.9)	1,381(49.6)	1,191(49.1)	6,661(50.0)
계	4,571(34.3)	3,536(26.6)	2,787(20.9)	2,424(18.2)	13,319(100)

주: * 서울 명문고는 서울지역의 명문고교로서 경기고, 서울고, 경복고, 용산고, 중앙고, 보성고, 서울사대부고가 이에 속함.
** 영남권 고교는 경북고, 경남고, 부산고, 마산고, 진주고, 경북사대부고, 대구고, 마산상고, 대구상고, 부산상고, 대구대륜고 등이 속함.
*** 호남권 고교는 광주제일고, 전주고, 광주고, 목포고, 군산고, 남성고, 광주사레지오고, 목포상고, 광주상고, 군산상고 등이 속함.

Ⅳ. 상장사 임원의 출신지역별 지위변화 분석

본 장에서는 상장사 임원들 간에 출신지역별로 상승의 차이가 존재하는지를 살펴보기로 한다. 임원의 신분상승은 두 가지 경로를 걸쳐 발생한다. 먼저 내부노동시장에서의 신분상승은 부장에서 임원으로, 저직급 임원에서 고직급 임원으로의 승진을 통해서 일어난다. 또 한 가지 신분상승 경로는 외부로부터의 영입이다. 물론 임원의 외부영입을 모두 신분상승으로 규정할 수는 없다. 그러나 외부영입의 관행이 정착되지 않은 우리 기업의 현실을 감안하면 상장대기업의 임원으로 영입되는 경우는 신분의 향상으로 간주할 수 있다.

분석을 위해 먼저 임원들의 직급을 회장, 사장, 부사장, 전무(이사), 상무(이사), 이사(상무보), 관리인으로 구분하였다. 1997년을 기준년도로 잡았을 때 1998년에서 2000년까지의 3년 간 발생한 각 직급별 직위변동 현황은 <표 5>와 같다. 이 표에서 특기할 만한 사실은 회장의 사장 또는 이사직 취임이다. 이는 IMF위기 이후 정부가 지배구조 개선의 일환으로 재벌총수의 책임을 묻기 위해 총수의 대표이사 사장 또는 이사로의 취임을 종용한 결과라고 볼 수 있다. 전년도 직위가 금년에도 변동 없이 그대로 머무르는 경우(표의 대각 cells에 해당)가 6770건으로 전체 관찰치의 68.6%를 차지하였다. 반면에 신규로 임원에 진입하는 경우도 많아, 전체의 20.8%나 되었다. 신규진입 임원은 외부영입과 내부승진의 두 가지가 있을 수 있는데 경영인명록 자료의 미비로 구분이 불가능하였다. 신규진입 임원 중 이사로의 진입은 대부분 내부승진 케이스로, 상무급 이상으로의 진입은 직급단계를 건너뛰는 승진관행이 정착되지 않은 우리 기업의 현실에서는 외부영입 케이스로 추정할 수 있다.

<표 11-5>의 아래 삼각형(lower-triangle) cell에 해당하는 이동 건수는 외부영입 또는 내부승진을 합한 것이며, 총 687건으로 전체 이동건수의 27.7%를 차지하였다. 또한 임원의 신규임용도 활발하게 일어났는데 임원으로의 신입직급이라고 볼 수 있는 이사로의 임용은 신규임용의 절반(49.6%) 정도밖에 없었으나 상무급 이상으로의 임용이 나머지 절반(50.4%)를 차지하였다. 이사로의 신규임용은 내부승진이 우세할 것이라고 추정될 수 있으나 상무급 이상의 고위직급은 내부승진보다는 외부영입이 우세할 것으로 판단된다. 이러한 경향은 IMF 이후 상장사들이 임원 임용 시 외부노동시장에의 의존도가 높아지는 고용관행의 변화를 보여주는 것으로 해석될 수 있다.

〈표 11-5〉 상장사 임원의 직위변동현황

		금년도 직위 (t기)							Total
		회장	법정 관리인	사장	부사장	전무	상무	이사	
전년도 직위 (t-1기)	회장	863 (96.21%)	0 (0.00%)	6 (0.67%)	0 (0.00%)	0 (0.00%)	0 (0.00%)	28 (3.12%)	897 (9.09%)
	법정 관리인	0 (0.00%)	85 (93.41%)	3 (3.30%)	2 (2.20%)	0 (0.00%)	0 (0.00%)	1 (1.10%)	91 (0.92%)
	사장	47 (3.69%)	5 (0.39%)	1,191 (93.56%)	3 (0.24%)	4 (0.31%)	0 (0.00%)	23 (1.81%)	1,273 (12.91%)
	부사장	1 (0.13%)	1 (0.13%)	104 (13.89%)	627 (83.71%)	1 (0.13%)	1 (0.13%)	14 (1.87%)	749 (7.59%)
	전무	0 (0.00%)	2 (0.18%)	30 (2.64%)	159 (13.98%)	934 (82.15%)	3 (0.26%)	9 (0.79%)	1,137 (11.53%)
	상무	0 (0.00%)	1 (0.07%)	17 (1.12%)	8 (0.53%)	241 (15.93%)	1,229 (81.23%)	17 (1.12%)	1,513 (15.34%)
	이사	19 (0.88%)	1 (0.05%)	22 (1.02%)	14 (0.65%)	20 (0.93%)	234 (10.88%)	1,841 (85.59%)	2,151 (21.81%)
	신규 임용	56 (2.73%)	1 (0.05%)	240 (11.69%)	165 (8.04%)	172 (8.38%)	327 (15.93%)	1,018 (49.59%)	2,053 (20.81%)
Total		986 (10.00%)	75 (3.65%)	1,613 (16.35%)	978 (9.91%)	1,372 (13.91%)	1,794 (18.19%)	2,951 (29.92%)	9,864 (100%)

<표 11-6>에는 호남출신 중역들의 직위변동 현황이 나타나 있다. 전년도 직위가 금년에도 변동 없이 그대로 머무르는 경우(diagonal cells에 해당)가 대부분으로 호남출신 임원 전체의 71.4%를 차지하였다. 반면에 신규로 임원에 진입하는 경우도 많아, 전체의 22.0%나 되었다. 신규진입 임원 중 이사로의 진입은 주로 내부승진 케이스로, 상무급 이상으로의 진입은 외부영입 케이스로 추정할 수 있다. 이렇게 볼 때 외부영입이 전체 181건의 60.8%를 차지하여 상장사 임원전체 신규임원의 외부영입률 50.4%에 비해 높은 것으로 보인다. 특히 호남출

신의 신규진입 임원 중 회장, 법정관리인, 사장 등 대표이사급 임원으로의 진입이 23.2%로 상장사 임원 전체의 평균비율 14.5%보다 높게 나타났다. <표 11-6>의 아래 삼각형(lower-triangle)에 해당되는 이동 건수는 내부승진 케이스로 분류될 수 있는데 249건으로 전체 이동(mobility) 822건의 30.3%를 차지하여 상장사 임원전체 신규임원의 내부승진율 27.7%에 비해 역시 높게 나타났다.

〈표 11-6〉 호남출신 임원의 직위변동현황

		금년도 직위							Total
		회장	법정 관리인	사장	부사장	전무	상무	이사	
전년도 직위	회장	74 (96.10%)	0 (0.00%)	0 (0.00%)	0 (0.00%)	0 (0.00%)	0 (0.00%)	3 (3.90%)	77 (9.37%)
	법정 관리인	0 (0.00%)	15 (100%)	0 (0.00%)	0 (0.00%)	0 (0.00%)	0 (0.00%)	0 (0.00%)	15 (1.82%)
	사장	3 (2.48%)	0 (0.00%)	112 (92.56%)	0 (0.00%)	0 (0.00%)	0 (0.00%)	6 (4.96%)	121 (14.72%)
	부사장	0 (0.00%)	0 (0.00%)	6 (16.67%)	29 (80.56%)	0 (0.00%)	0 (0.00%)	1 (2.78%)	36 (4.38%)
	전무	0 (0.00%)	1 (1.11%)	4 (4.44%)	9 (10.00%)	75 (83.33%)	0 (0.00%)	1 (1.11%)	90 (4.38%)
	상무	0 (0.00%)	0 (0.00%)	0 (0.00%)	1 (0.90%)	16 (14.41%)	91 (81.98%)	3 (2.70%)	111 (13.50%)
	이사	2 (1.05%)	0 (0.00%)	3 (1.57%)	1 (0.52%)	1 (0.52%)	19 (9.95%)	165 (86.39%)	191 (23.24%)
	신규 임용	6 (3.31%)	8 (4.42%)	28 (15.47%)	14 (7.73%)	14 (7.73%)	40 (22.10%)	71 (39.23%)	181 (22.02%)
계		85 (10.34%)	24 (2.92%)	153 (18.61%)	54 (6.57%)	106 (12.90)	150 (18.25%)	250 (30.41%)	822 (100%)

<표 11-7>에는 영남출신 중역들의 직위변동 현황이 나타나 있다. 전년도 직위가 금년에도 변동 없이 그대로 머무르는 경우(diagonal cells)가 대부분으로 영남출신 임원 전체의 73.4%를 차지하였다. 반면에 신규로 임원에 진입하는 경우

도 많아 전체의 22.6%나 되었다. 신규진입 임원 중 회장, 법정관리인, 사장 등 대표이사급 임원으로의 진입이 21.1%로 호남출신 임원보다 2.1% 포인트 낮게 나타났다. <표 11-7>의 아래 삼각형(lower-triangle)에 해당되는 이동 건수는 외부영입 또는 내부승진 케이스로 분류될 수 있는데 807건으로 전체 이동(mobility) 3158건의 25.6%를 차지하여 상장사 임원 전체의 이동률 27.7%에 비해 오히려 낮게 나타났으며 호남출신 임원의 이동률 30.5%에 비해 현저히 낮게 나타났다.

〈표 11-7〉 영남출신 임원의 직위변동 현황

		금년도 직위							Total
		회장	법정관리인	사장	부사장	전무	상무	이사	
전년도 직위	회장	330 (96.77%)	0 (0.00%)	2 (0.59%)	0 (0.00%)	0 (0.00%)	0 (0.00%)	9 (2.64%)	341 (10.80%)
	법정관리인	0 (0.00%)	20 (95.24%)	0 (0.00%)	1 (0.00%)	0 (0.00%)	0 (0.00%)	0 (0.00%)	21 (0.66%)
	사장	19 (4.61%)	1 (0.24%)	382 (92.72%)	2 (0.49%)	2 (0.49%)	0 (0.00%)	6 (1.46%)	412 (13.05%)
	부사장	0 (0.00%)	0 (0.00%)	29 (11.33%)	222 (86.72%)	0 (0.00%)	1 (0.17%)	4 (0.46%)	256 (8.11%)
	전무	0 (0.00%)	1 (0.03%)	7 (1.82%)	49 (12.76%)	323 (84.11%)	1 (0.26%)	3 (0.78%)	384 (12.16%)
	상무	0 (0.00%)	0 (0.00%)	7 (1.34%)	2 (0.38%)	76 (14.53%)	435 (83.17%)	3 (0.57%)	523 (16.56%)
	이사	5 (0.70%)	0 (0.00%)	7 (0.98%)	5 (0.70%)	8 (1.12%)	78 (10.92%)	611 (85.57%)	714 (22.61%)
	신규임용	19 (3.75%)	21 (4.14%)	67 (13.21%)	37 (7.30%)	42 (8.28%)	89 (17.55%)	232 (45.76%)	507 (22.61%)
Total		373 (11.81%)	43 (1.36%)	501 (15.86%)	318 (10.07%)	451 (14.28)	604 (19.13%)	868 (27.49%)	3,158 (100%)

<표 11-8>에는 호남출신과 영남출신 임원들의 직위변동을 비교한 결과가 나타나 있다. 임원직위의 변화유형은 유지, 승진(외부영입), 강등(또는 기타)로 구분하였다. 두 집단 간의 가장 두드러진 차이는 역시 내부승진 및 외부영입률에 있었다. 호남출신의 내부승진 및 외부영입율이 30.3%인 반면 영남출신은 25.6%로 나타났다. 반면 유지율은 영남이 73.4%, 호남이 71.4%로 영남출신이 높았고, 강등 및 기타의 직위변화는 호남이 1.7%, 영남이 1.0%로 호남이 높게 나타났다. 전체적으로 호남출신과 영남출신 임원 간 직위 변동률의 차이는 유의하게 나타났다(Chi 자승값=9.92, p<0.01).

〈표 11-8〉 영·호남출신 임원의 직위 변동비교

변화유형 / 출신지역	강 등	유 지	승 진	계
호 남	14 (1.70%)	587 (71.41%)	249 (30.29%)	822 (20.65%)
영 남	33 (1.04%)	2,318 (73.40%)	807 (25.55%)	3158 (79.34%)
계	47 (1.18%)	2,905 (72.98%)	1,056 (26.53%)	3,980 (100%)

V. 쟁점과 논의

본 장에서는 정권교체에 따라 기업 엘리트 집단에 어떠한 신분상의 변화가 있는지를 임원들의 출신지역별 분포와 승진율 차이를 탐색적으로 분석하였다. 분석결과는 다음과 같이 요약될 수 있다. 첫째, 신 정권이 들어선 후 호남출신 임원이 영남출신 임원보다 전체 임원에서 차지하는 비중이 더 빠르게 증가하였다. 둘째, 호남권 고교출신 임원이 영남권 고교출신 임원보다 비중이 좀 더 높아졌으나 그 차이는 유의하지 않았다. 셋째, 호남출신 임원이 영남출신 임원보다 승진율이 더 높았다. 영남출신 임원의 신분상승 비율이 25.6%이며 이는 호남출신 임원의 신분상승 비율 30.3%에 비하여 4.7% 포인트 더 높은 수치이다.

그러나 호남출신 임원들이 전체 상장사 임원에서 차지하는 비율이 2000년 기준 9.2%로 1997년의 6.3%에 비해 상당히 높아졌다 하더라도 여전히 호남의 전국인구비율인 11.8%에는 못 미친다. 특히 서울 등 호남권 이외의 지역으로 이주한 호남인구를 감안하면 호남출신의 인구비중은 11.8%를 훨씬 웃돌게 되며 이러한 사실을 고려할 때 호남출신의 임원비율 9.2%는 아직도 낮은 비율이라고 볼 수 있다. 그러나 이러한 점을 감안하더라도 호남정권의 등장으로 호남출신 임원들이 경영자 시장에서의 약진이 시장에서 경제적 효율성을 가지고 경쟁해야 하는 기업의 입장에서 장기적으로 기업성과에 긍정적인 효과를 가져올 지는 미지수이다.

노벨경제학상 수상자인 Becker(1957)는 상대적으로 독점이 심한 산업에서 흑인의 고용이 저조하고, 경쟁이 심한 산업에서 흑인의 고용이 활발함을 밝힌 바 있다. Becker는 이 결과를 놓고 제품시장에서의 경쟁이 치열할수록 고용 차별을 줄인다고 해석한 바 있다. 그러나 우리나라의 경우 "시장의 정치화(politicalization of markets)" 현상이 유지되어 왔고, 정치화된 시장에서 경쟁하기 위해서는 사회구조 속에 자리매김한 연결망(embedded social networks)이 효력을 발휘하는 것으로 볼 수 있다. 기업 입장에서는 정치권력과의 유대를 가진 임원의 확보가 당면한 과업환경(critical task environments)의 성공적 관리에 매우 중요하기 때문에, 정권의 교체에 따라 정권과 연결된 기업엘리트들이 신분상의 이익을 누리게 되는 것이다. 물론 정부가 규제를 완화하여 시장경쟁이 가속화되고, 시장과 정치의 분리가 일어난다면 이러한 현상은 줄어들 것으로 예상된다.

본 장의 한계는 다음과 같다. 먼저, 임원의 분포와 직위변동에 영향을 주는 요인들은 정권의 지역성 외에도 많이 있을 수 있다. 예컨대 경기변동, 산업의 특성, 정부규제의 정도, 기업성과, 기업내부에서의 정치적 구조, 임원들 간의 사회·심리적 관계, 임원 개인의 인적자본 등 다양한 요인들이 임원의 분포와 직위변동에 개입될 수 있다. 앞으로의 연구는 이들 요인들을 고려한 연구모형을 설정해서 수행되어야 할 것이다. 둘째, 정권과의 사회적 연결망이 임원들의 신분상승에 어느 정도 중요한 역할을 한다면 연결망이 확보되지 않은 임원은 퇴출당할 위험에 처하게 된다. 기존 임원의 퇴출은 새로운 임원의 진입과 승진을 유도하는 내부노동시장의 중요한 기제이다. 본 장에서는 자료의 미비로 인해서 임원 퇴출을 식별해 내기 어려워 임원 내부노동시장의 구조와 과정을 밝히는데 한계가 있었다. 임원 퇴출에 대한 정확한 식별이 이루어진다면, 우리나라 기업에서 엘리트 내부노동시장의 기제를 밝히는 중요한 전기가 될 것으로 기대한다.

참고문헌

강순희 · 허재준 · 문우식. *노융산업의 발전과 일자리 창출.* 서울: 한국노동연구원, 2010.

강주안. "박금성 서울경찰청장 학력 허위 의혹." *중앙일보* (2000. 12. 8), p. 27.

고홍화. *자료로 엮은 한국인의 지역감정.* 서울: 성원사, 1989.

국토연구원. *그랜드비전 2050*. 용역보고서. 서울, 2009.

김건식 · 정승욱. "지배주주의 통제방안: 행동, 구조, 시장." 정광선 외, *한국기업지배구조의 현재와 미래,* pp. 524-547. 서울: 미래경영개발연구원, 2000.

김대모. "노동생산성과 적정임금." *노동경제논집* 3권 (1979): 1-12.

김동석 · 이진면 · 김민수. *한국경제의 성장요인분석: 1963~2000*. 서울: 한국개발연구원, 2002.

김만흠. "제6공화국과 지역감정의 심화." 김종철·최장집 외(편저), *지역감정연구,* pp. 155-167. 서울: 학민사, 1991.

김수복. *노동법.* 부산: 중앙경제사, 1998.

김승택 · 노상헌 · 신현구. *민간고용서비스 활성화 방안 연구.* 서울: 한국노동연구원, 2006.

김영선. "외모도 스펙, 취업성형 열풍." *한국일보* (2013. 2. 14.)

김영인. *도시 창의성 지수 설정과 서울 및 6대 광역시의 창조성 비교 연구*. 한양대학교 박사논문, 2010.

김영인 · 여홍구. "도시재생전략 수립을 위한 도시의 창조성지수개발에 관한 연구." *국토계획*, 44 (2) (2009): 71-84.

김용민. "한국대기업 임원의 승진결정요인에 관한 실증적 연구." *북악경영연구* 제6호 (2000): 413-440.

김용민. "기업 인적자원지수(Human Resource Index) 개발." 원고. 한국직업능력개발원, 2006.

김용민 · 김용학 · 박기성. "외모와 신장이 임금에 미치는 영향." *응용경제* 14 (1) (2012. 6): 5-26.

김용민 · 박기성. "불확실성, 인적자원관리, 다능화와 기업성장 간의 관계." *인사 · 조직연구* 6 (1) (1998. 12): 117-166.

김용민 · 박기성. "다능화와 노동생산성 성장." *노동경제논집* 26 (3) (2003. 12): 49-75.

김용민 · 박기성. "한국 대기업 최고경영자의 지연과 학연." *산업관계연구* 14 (2) (2004. 12): 77-96.

김용민 · 박기성. "출신지역 간 임금격차의 변화." *경제학연구* 53 (2) (2005. 6): 169-184.

김용민 · 박기성. "정규-비정규근로자 임금격차." *노동경제논집* 29 (3) (2006. 12): 25-48.

김용민 · 박기성. "창의적 인재양성을 위한 사회단위별 창의성 지수 개발 정책연구." 한국과학창의재단, 2012.

김용민 · 이수일. "IMF 이후 상장기업 최고경영자의 특성과 그 변화에 관한 소고." *인사관리연구* 25 (1) (2001. 6): 309-345.

김용학. "엘리트 충원 · 탈락의 지역격차 - 미시적 동기와 거시적 결과." 김종철 · 최장집 외 편저, *지역감정연구*, pp. 258-288. 서울: 학민사, 1991.

김용학. *사회구조와 행위*. 개정증보판. 서울: 사회비평사, 1996.

김용학. *사회 연결망 분석*. 서울: 박영사, 2003.

김차수. "지역편중 인사 잣대 논란." *동아일보* (2000. 3. 6), p. 5.

김태경. *창조도시이론과 미래도시 발전방향에 관한 연구*. 수원: 경기개발연구원, 2010.

김태기. "노사관계와 정부." *경제학연구* 39 (2) (1991): 339-361.

김태기 · 윤봉준. *노사분규연구*. 서울: 한국노동연구원, 1991.

김태기 · 이영희. *노동쟁의조정제도 연구*. 서울: 한국노동연구원, 1989.

김홍주 · 박기풍. "도시의 창조적 계급 · 기술 · 관용의 공간적 집중과 클러스터." *국토계획* 45 (1) (2010): 251-264.

김휘석 · 변창욱 · 송하율 · 정종석. *지역서비스산업 활성화를 통한 지역발전방안*. 서울: 산업연구원, 2005.

남성일. "한국제조업의 대체탄력성과 노동수요탄력성: Translog 비용함수에 의한 추정." *경제학연구* 38 (2) (1990. 6): 359-384.

남재량 · 박기성. "비정규직법의 고용효과 연구." *노동정책연구* 10 (4) (2010. 12): 65-99.

네이버백과사전. http://100.naver.com/100.nhn?docid=48105, 2011.

노기섭. "외모 지상주의 풍조는 여전?" *문화일보* (2012. 12. 12).

노동부. *매월노동통계조사보고서*. 과천: 노동부, 각년도.

민경국. "독일의 노동조합과 노동시장의 과격성." 한국하이에크소사이어티 엮음, *기업과 정부*, pp. 53-81. 서울: 평민사, 2004.

박기성. "지역차별의 경제학." *노동경제논집* 13 (1990): 97-113.

박기성. *한국의 숙련형성*. 서울: 한국노동연구원, 1992.

박기성. *숙련인력의 형성과 활용*. 서울: 한국노동연구원, 1994.

박기성. "한국 근로자의 인적자본의 성격." *경제학연구* 43 (3) (1995. 12): 145-164.

박기성. “노동정책에 있어서의 자유재량과 원칙: 노사정위원회를 중심으로.” *노동경제논집* 21 (2) (1998): 233-238.

박기성. “생산현장에서의 학습과 경제성장.” *계량경제학보* 12 (1) (2001. 3): 41-58.

박기성. “지식형성과 성과.” *산업관계연구* 12 (1) (2002. 5): 1-14.

박기성. “발전 없는 한국 노사관계의 원인과 대책.” *시대정신* 33 (2006 겨울): 184-193.

박기성. “비정규 근로자의 증가와 정책 제언.” 남성일 외, *한국의 노동 어떻게 할 것인가?*, pp. 103-133. 서울: 서강대학교출판부, 2007.

박기성. “융복합화 시대의 창조적 인적자본.” *Journal of Creative Management* 4 (2) (2011. 8): 3-33.

박기성. “2012 정책제안.” 자유기업원, 2011.

박기성. “분석성, 포괄성, 유연성이 임금에 미치는 영향.” *노동경제논집* 35 (3) (2012. 12): 1-28.

박기성 · 김용민. “노동시장에 나타난 출신지역간 차이.” *노동경제논집* 23 (특별호) (2000): 195-217.

박기성 · 김용민. “정규 및 비정규직간 근로조건 실태분석.” 노동부 연구용역보고서. 성신여자대학교 경제연구소, 2004. 6.

박기성 · 김용민. “정규-비정규근로자의 임금격차: 2003년과 2005년 비교.” *노동정책연구* 7 (3) (2007. 9): 35-61.

박기성 · 김용민. *창조경영 시대의 인적자본*. 서울: 삼성경제연구소, 2010.

박기성 · 안주엽. “임금과 생산성.” *노동경제논집* 27 (1) (2004. 4): 165-179.

박기성 · 이인재. “한국 노동시장에서의 신장 프리미엄.” *노동경제논집* 33 (3) (2010. 12): 129-149.

박덕제. “노사정위원회의 문제점과 개선방향.” *노동경제논집* 21 (2) (1998. 12): 202-210.

박덕제 · 박기성. *한국의 노동조합 (I)*. 서울: 한국노동연구원, 1989.

박만규. "한류와 혐한류는 종이 한 장 차이." *동아일보* (2011. 7. 7.)

박수진. "창조적 인력이 모여드는 장소의 특징과 사례." 인천광역시 문화정책토론회 : 106-108.

박영범. "한국의 도시간 임금격차." *경제학연구* 36 (1) (1988. 4): 239-252.

박준경 · 이호창. "우리나라 집계생산함수의 추정." *한국개발연구* 8 (2) (1986. 6): 67-84.

배무기. *노동경제학*. 서울: 경문사, 2002.

사람입국 · 일자리위원회. "비정규직 실태 및 정책과제." 제73회 국정과제회의 본보고서. 2006. 4.

사사키 마사유키(佐々b木雅幸). *창조도시에의 도전*. 정원창 역. 서울: 소화, 2001.

水野順子. "韓國工作機械企業における 技術移轉と技能形成." 尾高惶之助 編, *アジアの熟練: 開發と人材育成*, pp. 149-190. 東京: アジア經濟硏究所, 1989.

신성희. "창조계급 및 창조도시들의 분포특성과 창조적 도시조성방안의 시사점." *공간과 사회* 25 (2006): 80-98.

안주엽 · 남재량 · 이인재 · 성지미 · 최강식. *노동과 차별(II): 인식과 실제*. 서울: 한국노동연구원, 2007.

안주엽 · 이시균. *2001년 노동조합 파업기간분석 - 노동조합연맹의 역할*. 서울: 한국노동연구원, 2002.

유의영. "한국의 지역주의: 사회 각 분야 지도급 인사 구성에 나타난 지역편중도" 김성국 · 석현호 · 임현진 · 유석춘 외, *우리에게 연고는 무엇인가: 한국의 집단주의와 네트워크*, pp. 128-191. 전통과 현대, 2003.

은수미. "비용과 효과의 측면에서 본 산별교섭: 보건의료 및 금속산업을 중심으로." *경제와사회* 75 (2007. 9): 167-194.

이수영. "호남검사 요직비율 22%P나 껑충." *동아일보* (2000. 12. 15), p. A3.

이승욱. *복수노조 병존의 쟁점과 과제*. 서울: 한국노동연구원, 2001.

이연홍. "김대통령 '지역차별금지법 만들것' - 신문 회견." *중앙일보* (1999. 3. 2), p. 1.

이종훈. "새로운 고용관계와 노동분쟁조정 제도의 개선방안." *노사분쟁해결제도의 발전방향*; 중앙노동위원회 국제심포지엄, 1998.

이종훈. "최근의 임금변화, 어떻게 보아야 하는가." *매월노동동향* (2003. 8): 45-60.

임양택. "적정기술의 선택 및 개발방향에 관한 연구: 우리나라 제조업 부문을 중심으로." 한국경제학회 학술대회. 1986. 2.

장익창. "MB정부, 100대 요직·공공기관장·감사 절반이 영남 출신." *경제투데이* (2011. 10. 6), p. 5.

장현준. "고용과 생산기술발전의 상관관계: 한국, 일본, 대만의 비교." *한국개발연구* 8 (2) (1986. 6): 85-103.

전병유 · 이기재 · 김복순 · 김수진 · 김기민. "사업체근로실태조사 분석." 노동부 연구용역 보고서. 한국노동연구원, 2006. 11.

전성철. "'대체 고용권'이 노사평화의 핵심." *매일경제신문* (2003. 8. 11)

정이환. "분단노동시장과 연대: 정규 · 비정규 노동자간 연대의 연구." *경제와사회* 59 (2003 가을): 161-192.

조문형. *임원 인사관리의 실제*. 서울: 한국인사관리협회, 1997.

최영일 · 박양수. "최근 경기순환의 특성 변화를 반영한 경기분석모형의 개선." 한은조사연구 2007-26. 2007. 8.

한국노동연구원. "주요통계." *매월노동동향* 통권41 (2004. 12): 81-147.

한국상장회사협의회. *상장회사 경영인명록*. 1997-2000.

한국은행. *국민계정*. 서울: 한국은행, 각년도.

Acemoglu Daron., and Angrist, Joshua. "How Large are Human Capital Externalities? Evidence from Compulsory Schooling Laws." Ben S. Bernanke, and Kenneth. Rogoff. ed. *NBER Macroeconomics Annuals* 15, pp. 9-53. Cambridge: MIT Press, 2000.

Aigner, Dennis J., and Cain, Glen. G. "Statistical Theories of Discrimination in Labor Markets." *Industrial and Labor Relations Review* 30 (2) (January 1977): 175-187.

Albanesi, Stefania, Chari, V. V., and Christiano, Lawrence J. "How Severe is the Time-Inconsistency Problem in Monetary Policy?." Federal Reserve Bank of Minneapolis. *Quarterly Review*, (February 2001): 17-33.

Ansoff, H. Igor. "Corporate Strategy as a Vital Function of the Board." *Harvard Business Review* 59 (6) (1965): 174-188.

Aoki, Masahiko. *Information, Incentives, and Bargaining in the Japanese Economy*. New York: Cambridge University Press, 1988.

Armour, Stephany. Your Appearance Can Affect the Size of your Paycheck, *USA Today* July 19, 2005.

Arrow, Kenneth J. "The Economic Implications of Learning by Doing." *Review of Economic Studies* 29 (3) (June 1962): 155 - 173.

Autor, David. H. *Studies of Labor Market Intermediation*. Chicago, IL: University of Chicago Press, 2009.

Backus, David K., Kehoe, Patrick J., and Kehoe, Timothy J. "In Search of Scale Effects in Trade and Growth." *Journal of Economic Theory* 58 (2) (December 1992): 377-409.

Barro, Robert J. "Unanticipated Money Growth and Unemployment in the UnitedStates." *The American Economic Review* 67 (2) (March 1977): 101-115.

Barro, Robert J., and Sala-i-Martin Xavier. *Economic Growth*. New York: McGraw-Hill, 1995.

Englemann, Kristie M., and Owyang, Michael T. "So Much for That Merit Raise: The Link between Wages and Appearance." *Regional Economist* (April 1, 2005).

Becker, Gary S. "Competition and Democracy." *Journal of Law and Economics* 1 (October 1958): 105-109.

Becker, Gary S. "Investment in Human Capital: A Theoretical Analysis." *Journal of Political Economy* 70 (5) (October 1962): 9-49.

Becker, Gary S. *The Economics of Discrimination*. 2nd ed. Chicago, IL: University of Chicago Press, 1971.

Becker, Gary S. *Human Capital*. 2nd ed. Chicago, IL: University of Chicago Press, 1975.

Becker, Gary S. "Why Europe is Drowning in Joblessness." *Business Week,* April 8 1996.

Becker, Gary S. "Down and Out All over Europe: A Lesson for America." *The Economics of Life*. by Gary S. Becker and Guity Nashat Becker, pp. 39-40. New york: McGraw-Hill, 1997.

Becker, Gary S., Murphy, Kevin M., and Tamura, Robert. "Human Capital, Fertility, and Economic Growth." *Journal of Political Economy* 98 (5) (October 1990): S12-S37.

Behrman, Jere, and Rosenzweig, Mark M. "The Returns to Increasing Body Weight." Working Paper. University of Pennsylvania, February 2001.

Bell, Daniel. *The Coming of Post-Industrial Society: A Venture in Social Forecasting*. New York: Basic Books, 1973.

Ben-Porath, Yoram. "The Production of Human Capital and the Life Cycle of Earnings."

Journal of Political Economy 75 (4 part 1) (August 1967): 352-365.

Berger, Abi. "Insulin-Like Growth Factor and Cognitive Function." *British Medical Journal* 322 (January 2001): 203.

Biddle, Jeff. E., and Hamermesh, Daniel. S. "Beauty, Productivity, and Discrimination: Lawyers' Looks and Lucre." *Journal of Labor Economics* 16 (1) (January 1998): 172-201.

Black, Sandra E., and Lynch, Lisa M. "How to Compete: The Impact of Workplace Practices and Information Technology on Productivity." NBER Working Paper No. 6120. August 1997.

Black, Sandra E., Devereux, Paul J. and Salvanes, Kjell G. "From the Cradle to the Labor Market?: The Effect of Birth Weight on Adult Outcomes." *Quarterly Journal of Economics* 122 (1) (February 2007): 409-439.

Borjas, George J. "Self-Selection and the Earnings of Immigrants." *American Economic Review* 77 (4) (September 1987): 531-553

Bourdieu, Phillip. "Cultural Reproduction and Social Reproduction." In J. Karabel and A. H. Halsey (Eds). *Power and Ideology in Education*, pp. 487-511. New York: Oxford University Press, 1977.

Boxman, Ed. A. W., De Graaf, Paul M., and Flap, Hendrik D. "The Impact of Social and Human Capital on the Income Attainment of Dutch Managers." *Social Network* 13 (1) (March 1991): 51-73.

Bronson, Po, and Merryman, Ashley. "The Creativity Crisis: Newsweek Talks About the Decline of American Creativity — and How to Fix it." *Newsweek*. July 10, 2010.

Burt, Ronald S. "The Social Structure of Competition." In N. Nohria and R. G. Eccles (Eds). *Networks and Organizations*, pp. 57-91. Boston, MA: Harvard University Press, 1992.

Burt, Ronald S. "The Contingent Value of Social Capital." *Administrative Science Quarterly* 42 (2) (June 1997): 339-365.

Buss, David M. "Human Mate Selection." *American Scientist* 73 (1) (January 1985): 47-51.

Carmichael, H. Lorne, and MacLeod, W. Bentley. "Multiskilling, Technical Change and the Japanese Firm." *Economic Journal* 103 (416) (January 1993): 142-160.

Carroll, Glenn. R., and Teo, Albert C. "On the Social Networks of Managers." *Academy of Management Journal* 39 (2) (April 1996): 421-440.

Case, Anne, and Paxson, Christina. "Stature and Status: Height, Ability, and Labor Market Outcomes." *Journal of Political Economy* 16 (3) (June 2008): 499-532.

Cass, David. "Optimal Growth in an Aggregative Model of Capital Accumulation." *Review of Economic Studies* 32 (3) (July 1965): 233-240.

Chow, Gregory C. "Tests of Equality Between Sets of Coefficients in Two Linear Regressions." *Econometrica* 28 (3) (July 1960): 591-605.

Chuang, Yih-Chyi. "Learning by Doing, the Technology Gap, and Growth." *International Economic Review* 39 (3) (August 1998): 697-721.

Coleman, James S. "Social Capital in the Creation of Human Capital." *American Journal of Sociology* 94 (1988): S95-S120.

Comin, Diego, Easterly, William., and Gong, Erick. "Was the Wealth of Nations Determined in 1000 B.C.?" *American Economic Journal : Macroeconomics* 2 (3) (July 2010): 65-97

Cornell, Bradford, and Welch, Ivo. "Culture, Information, and Screening Discrimination." *Journal of Political Economy* 104 (3) (June 1996): 542-571.

Couric, Kate. "Michelle Obama: Your First Lady (Special Recognition)." *Glamour*

Oct. 28, 2009.

De Graaf, Nan Dirk, and Flap, Hendrik Derk. "With a Little Help from My Friends: Social Resources as an Explanation of Occupational Status and Income in West Germany, the Netherlands, and the United States." *Social Forces* 67 (2) (December 1988): 452-472.

Ehrlich, Isaac. "The Mystery of Human Capital as Engine of Growth, or Why the US Became the Economic Superpower in the 20th Century." NBER Working Paper 12868. January 2007.

Finkelstein, Sydney, and Hambrick, Donald C. *Strategic Leadership: Top Executives and Their Effects on Organizations.* St. Paul, MN: West Publishing Company, 1996.

Florida, Richard. *The Rise of the Creative Class.* New York: Basic Books, 2002.

Florida, Richard. *The Flight of the Creative Class.* New York: Collins, 2007.

Foster, Andrew. D., and Rosenzweig, Mark. R. "Information, Learning, and Wage Rates in Low-Income Rural Areas." *Journal of Human Resources* 28 (4) (Autumn 1993): 759-790.

Freeman, Richard B., and Rehavi, M. Marit. "Helping Workers Online and Offline: Innovations in Union and Worker Organization Using the Internet." David H. (Ed.). In *Studies of Labor Market Intermediation*, pp. 273-306. University of Chicago Press, 2009.

French, Michael T., Robins, Philip K., Homer, Jenny F., and Tapsell, Lauren M. "Effects of Physical Attractiveness, Personality, and Grooming on Academic Performance in High School." *Labour Economics* 16 (2009): 373-382.

Friedman, Milton, and Friedman, Rose D. *Free to Choose: A Personal Statement.* New York: Harcourt Brace Jovanovich, 1980.

Frieze, Irene Hanson, Olson, Josephine E., and Good, Deborah Cain. "Perceived and Actual Discrimination in the Salaries of Male and Female Managers." *Journal of Applied Social Psychology* 20 (1) (January 1990): 46-67.

Galbraith, James K. *The New Industrial State*. (2nd ed.) New York: Mentor, 1971.

Galenson, David W. "Immigration and the Colonial Labor System: An Analysis of the Length of Indenture." *Explorations in Economic History* 14 (4) (November 1977): 360-377.

Galenson, David W. *Painting outside the Lines: Patterns of Creativity in Modern Art*. Cambridge, MA: Harvard University Press, 2001.

Galenson, David W. "A Portrait of the Artist as a Very Young or Very Old Innovator: Creativity at the Extremes of the Life Cycle." NBER Working Paper 10515. May 2004.

Galenson, David W. *Artistic Capital*. New York: Routledge, 2006a.

Galenson, David W. *Old Masters and Young Geniuses*. Princeton, NJ: Princeton University Press, 2006b.

Galenson, David W. "Wisdom and Creativity in Old Age: Lessons from the Impressionists." NBER Working Paper 13190. June 2007.

Galenson, David W. *Conceptual Revolutions in Twentieth-Century Art*. New York: Cambirdge University Press, 2009.

Galenson, David W. "Understanding Creativity." NBER Working Paper 16024. November 2010.

Gasper, Jess, and Glaeser, Edward Ludwig. "Information Technology and the Future of Cities." *Journal of Urban Economics* 43 (1) (January 1998): 136-156.

Gennaioli, Nicola, La Porta, Rafael, Lopez-de-Silanes, Florencio, and Shleifer, Andrei.

"Human Capital and Regional Development." NBER Working Paper 17158. June 2011.

Gladwell, Malcolm. "Age Before Beauty." Transcribed by John Lennox. 2006.

Glaeser, Edward L. "Review of Richard Florida's the Rise of the Creative Class." *Regional Science and Urban Economics,* 35 (5) (September 2005): 593-596.

Glaeser, Edward L., and Resseger, Matthew G. "Complementarity between Cities and Skills." NBER Working Paper 15103. June 2009.

Glaeser, Edward L., and Saiz, Albert. "The Rise of the Skilled City." NBER Working Paper 10191. December 2003.

Gomez-Mejia, Louis R., and Balkin, David B. *Compensation, Organizational Strategy, and Firm Performance*. South-Western Publishing, 1992.

Goncalo, Jack A., and Staw, Barry M. "Individualism - Collectivism and Group Creativity." *Organizational Behavior & Human Decision Processes* 100 (1) (May 2006): 96-109.

Granger, Clive W. J. "Investigating Causal Relations by Econometric Models and Cross-spectral Methods." *Econometrica* 37 (3) (August 1969): 424 - 438.

Granovetter, Mark S. *Getting a Job: A Study of Contacts and Careers*. Harvard University Press, 1974.

Greene, William H. *Econometric Analysis*. 4th ed. London: Prentice Hall, 2000.

Grossman, Gene M., and Helpman, Elhanan. "Endogenous Innovation in the Theory of Growth." *Journal of Economic Perspectives* 8 (1) (Winter 1994): 23-44.

Gumusluoglu, Lale, and Ilsev, Arzu. "Transformational Leadership, Creativity, and Organizational Innovation." *Journal of Business Research* 62 (4) (April 2009): 461-473.

Hadar, Josef, and Russell, William R. "Rules for Ordering Uncertain Prospects." *The*

American Economic Review 59 (1) (March 1969): 25-34.

Hall, Peter. *Cities in Civilization*. London: Weidenfeld, 1998.

Hamermesh, Daniel S., and Biddle, Jeff E. "Beauty and the Labor Market." *American Economic Review* 84 (5) (December 1994): 1174-1194.

Hargadon, Andrew. *How Breakthroughs Happen?* Boston. MA: Harvard University Press, 2003.

Hatfield, Elaine, and Sprecher, Susan. *Mirror, Mirror: The Importance of Looks in Everyday Life*. Albany: SUNY Press, 1986.

Hausman, Jerry A. "Specification Tests in Econometrics." *Econometrica* 46 (6) (November 1978): 1251-1271.

Hausman, Jerry, and McFadden, Daniel. "Specification Tests for the Multinomial Logit Model." *Econometrica* 52 (5) (September 1984): 1219-1240.

Hayek, Friedrich A. von. *The Road to Serfdom*. Chicago: University of Chicago Press, 1944.

Hickson, D. J., Lee, C. A., Schneck, R. E., and Pennings, Johannes M. "A Strategic Contingencies' Theory of Intraorganizational Power." *Administrative Science Quarterly* 16 (2) (June 1971): 216-229.

Hillman, Amy J., Zardkoohi, Asghar, and Bierman, Leonard. "Corporate Political Strategies and Firm Performance: Indications of Firm-Specific Benefits from Personal Service in the U.S. Government." *Strategic Management Journal* 20 (1) (January 1999): 67-81.

Hoyman, Michele, and Faricy, Christopher. "It Takes a Village: A Test of the Creative Class, Social Capital and Human Capital Theories." *Urban Affairs Review* 44 (3) (January 2009): 311-333.

Hrebiniak, Lawrence G., and Joyce, William F. "Organizational Adaptation: Strategic

Choice and Environmental Determinism." *Administrative Science Quarterly* 30 (3) (September 1985): 336-349.

Ichniowski, Casey, Shaw, Kathryn, and Prennushi, Giovanna. "The Effects of Human Resource Management Practices on Productivity." *American Economic Review* 87 (3) (June 1997): 291-313.

Inoki, Takenori. "Skill Transfer and Economic Organization." In *Skill Formation in Japan and Southeast Asia*, edited by Kazuo Koike and Takenori Inoki. pp. 33-50. Tokyo: University of Tokyo Press, 1990.

Jacobs, Jane. *The Death and Life of Great American Cities.* New York: Random House, 1961.

Jacobs, Jane. *The Economy of Cities.* New York: Random House, 1969.

Jacobs, Jane. *Cities and the Wealth of Nations*. New York: Random House, 1984.

Jacob Mincer, and Higuchi, Yoshio. "Wage Structures and Labor Turnover in the United States and Japan." *Journal of the Japanese and International Economies* 2 (2) (June 1988): 97-133.

James, David R., and Soref, Michael. "Profit Constraints on Managerial Autonomy: Managerial Theory and the Unmaking of the Corporation President." *American Sociological Review* 46 (1) (February 1981): 1-18.

Jaussi, Kimberly S., and Dionne, Shelley D. "Leading for Creativity: The Role of Unconventional Leader Behavior." *The Leadership Quarterly* 14 (4-5) (August-October 2003): 475-498.

Johansson, Frans. *The Medici Effect : Breakthrough Insights at the Intersection of Ideas, Concepts, and Cultures.* Boston. MA: Harvard Business Press, 2006.

Jones, Charles I. "Growth and Ideas." In *Handbook of Economic Growth.* Vol. 1B. Chapter 16, edited by Philippe Aghion and Steven N. Durlauf, pp. 1063-1111.

Amsterdam: Elsevier B. V., 2005.

Judge, Timothy A., and Cable, Daniel M. "The Effect of Physical Height on Workplace Success and Income: Preliminary Test of a Theoretical Model." *Journal of Applied Psychology* 89 (3) (2004): 428-441.

Kanazawa, Satoshi. "Intelligence and Physical Attractiveness." *Intelligence* 39 (1) (January-February 2011): 7-14.

Kanter, Rosabeth Moss. "Differential Access to Opportunity and Power." In *Discrimination in Organizations*, edited by R. Alvarez, pp. 52-68. San Francisco: Jossey-Bass, 1979.

Kelley, Harold H., and Thibault, John. "Group Problem Solving." In *Handbook of Social Psychology*, edited by G. Lindsey and E. Aronson, MA: Addison-Wesley, 1969.

Kim, Jinyoung. "Economic Analysis of Foreign Education and Students Abroad." *Journal of Development Economics* 56 (2) (August 1998): 337-365.

Kim, Yong Min, and Park, Ki Seong. "The Effects of Workers' Region of Birth on Labor Market Outcomes in the Republic of Korea." *Developing Economies*, 42 (4) (December 2004): 461-478.

Kim, Yong Min, and Park, Ki Seong. "Labor Share and Economic Growth." Working Paper. 2012.

Knudsen, Brian, Florida, Richard, and Stolarick, Kevin. "Beyond Spillovers: The Effects of Creative-Density on Innovation." Working Paper, Joseph L. Rotman School of Management. Martin Prosperity Institute, September 2005.

Koike, Kazuo. *Understanding Industrial Relations in Modern Japan*. Translated by Mary Saso. London: Macmillan, 1988.

Koopmans, Tjalling C. "On the Concept of Optimal Economic Growth." In *The*

Econometric Approach to Development Planning, Amsterdam: North Holland, 1965.

Kortum, Samuel S. "Research, Patenting, and Technological Change." *Econometrica* 65 (6) (November 1997): 1389-1419.

Kretchmer, N., Beard, John L., and Carlson, Steven. "The Role of Nutrition in the Development of Normal Cognition." *American Journal of Clinical Nutrition* 63 (6) (June 1996): 997S-1001S.

Landry, Charles, *The Art of City Making*. London: Earthscan Publications Ltd. 2006.

Landry, Charles, and Bianchini, Franco. *The Creative City*. London: Demos Papers, 1995.

Lazear, Edward P. "Firm-Specific Human Capital: A Skill-Weights Approach." *Journal of Political Economy* 117 (5) (October 2009): 914-940.

Lee, Young Geol, and Zilberfarb, Ben-Zion. "Unanticipated Money, Output, Employment and Prices in a Developing Economy: The Korean Case." *International Economic Journal* 7 (2) (Summer 1993): 15-25.

Levitt, Steve D., and Donohue John. "The Impact of Legalized Abortion on Crime." *Quarterly Journal of Economics* 116 (2) (May 2001): 379 – 420.

Loh, Eng Seng. "The Economic Effects of Physical Appearance." *Social Science Quarterly* 74 (2) (June 1993): 420-438.

Lucas, Robert E. Jr. "Expectations and the Neutrality of Money." *Journal of Economic Theory* 4 (2) (April 1972): 103-124.

Lucas, Robert E. Jr. "On the Mechanics of Economic Development." *Journal of Monetary Economics* 22 (1) (July 1988): 3-42.

Lucas, Robert E. Jr. Private Email. 2008.

Lucas, Robert E. Jr. "Ideas and Growth." *Economica* 76 (301) (February 2009): 1-19.

Lucas, Robert E. Jr., and Benjamin Moll. "Knowledge Growth and the Allocation of Time." NBER Working Paper 17495. October 2011.

Lundberg, Shelly J., and Startz, Richard. "Private Discrimination and Social Intervention in Competitive Labor Markets." *American Economic Review* 73 (3) (June 1983): 340-347.

Lynn, Richard. "A Nutrition Theory of the Secular Increases in Intelligence, Positive Correlation between Height, Head Size and IQ." *British Journal of Educational Psychology* 59 (3) (November 1989): 372-377.

MacDuffie, John P. "Human Resource Bundles and Manufacturing Performance: Organizational Logic and Flexible Production Systems in the World Auto Industry." *Industrial and Labor Relations Review* 48 (2) (January 1995): 197-221.

Maddison, Angus. *Dynamic Forces in Capitalist Development*. Oxford: Oxford University Press, 1991.

Milgrom, Paul, and Roberts, John. "Technology, Strategy, and Organization." *American Economic Review* 80 (3) (June 1990): 511-528.

Milgrom, Paul, and Roberts, John. *Economics, Organization, and Management*. Englewood Cliffs. New Jersey: Prentice-Hall, 1992.

Milgrom, Paul, and Roberts, John. "Complementarities and Fit: Strategy, Structure, and Organizational Change in Manufacturing." *Journal of Accounting and Economics* 19 (2-3) (March-May 1995): 179-208.

Mintzberg, Henry. *The Nature of Managerial Work*. New York: Harper and Row, 1973.

Mintzberg, Henry. *Power in and Around Organizations*. Englewood Cliffs, NY: Prentice-Hall, 1983.

Mizruchi, Mark S., and Stearns, Linda Brewster. "A Longitudinal Study of Borrowing by Large American Corporations." *Administrative Science Quarterly* 39 (1) (March 1994): 118-140.

Mobius, Markus M., and Rosenblat, Tanya S. "Why Beauty Matters." *American Economic Review* 96 (1) (March 2006): 222-235.

Moon, Hyoung Ku, and Kim, Yong-Min. "Ties Between Corporate Ownership and Outside Directors." *Presented at the International Conference of Networks and Organizations*. Seoul, Korea. 2000.

Moon, Il hwan. "Why Korea's Crony Capitalists are Still in Charge." *Business Week*. December 18 2000.

Moyer, John A. "The Telephone and the Uses of Time." In *The Social Impact of the Telephone*, edited by Ithiel de Sola Pool, Cambridge: MIT Press, 1977.

Mumford, Lewls. *The City in History*. New York: Harcourt, Brace and Company, 1961.

Neumark, David. "Labor Market Information and Wage Differentials by Race and Sex." National Bureau of Economic Research Working Paper 6573. May 1998.

Neumark, David. "Wage Differentials by Race and Sex: The Roles of Taste Discrimination and Labor Market Information." *Industrial Relations* 38 (3) (July 1999): 414-445.

Nickerson, Jack A., and Zenger, Todd R. "A Knowledge-Based Theory of the Firm – The Problem-Solving Perspective." *Organization Science* 15 (6) (November-December 2004): 617-632.

O'Reilly, Charels A. III., and Tushman, Michael L. "The Ambidextrous Organization." *Harvard Business Review* 82 (4) (April 2004): 74-81.

OECD. *The OECD Jobs Study: Facts Analysis Strategies*. OECD, 1994.

Olsson, Ola. "Knowledge as a Set in Idea Space: An Epistemological View on Growth." *Journal of Economic Growth* 5 (3) (September 2000): 253-275.

Olsson, Ola. "Technological Opportunity and Growth." *Journal of Economic Growth* 10 (1) (March 2005): 35-57.

Omaha World-Herald. "Leased Workers Ask: Who is the Boss?" *Omaha World-Herald*. (May. 13. 2002), p. 2D.

Palivos, Theodore, and Wang, Ping. "Learning, Matching and Growth." *Review of Economic Studies* 62 (1) (January 1995): 115-129.

Parente, Stephen L., and Prescott, Edward C. *Barriers to Riches*. Cambridge: MIT Press, 2000.

Park, Ki Seong. "Economic Growth and Multiskilled Workers in Manufacturing." *Journal of Labor Economics* 14 (2) (April 1996): 254-285.

Park, Ki Seong. "A Theory of On-the-Job Learning." *International Economic Review* 38 (1) (February 1997): 61-81.

Park, Ki Seong. "Industrial Relations and Economic Growth in the Republic of Korea." *Pacific Economic Review* 12 (5) (December 2007): 711-723.

Park, Ki Seong. "Creative Human Capital and Economic Growth." Mimeo. 2008.

Persico, Nicola, Postlewaite, Andrew, and Silverman, Dan. "The Effect of Adolescent Experience on Labor Market Outcomes: The Case of Height." *Journal of Political Economy* 112 (5) (October 2004): 1019-1053.

Pfann, Gerard A., Bosman, Ciska M., Biddle, Jeff E., and Hamermesh, Daniel S. "Business Success and Business Beauty Capital." *Economics Letters* 67 (2) (May 2000) : 201-207.

Pfeffer, Jeffrey, and Salancik, Gerald R. *The External Control of Organizations: A*

Resource Dependence Perspective. Harper and Row, New York, 1978.

Phelps, Edmund S. "The Statistical Theory of Racism and Sexism." *American Economic Review* 62 (4) (September 1972): 659-661.

Polanyi, Michael. *Personal Knowledge: Towards a Post-Critical Philosophy*. Chicago: University of Chicago Press, 1958.

Porter, Michael E. *Competitive Strategy*. New Yrok: Free Press, 1980.

Prendergast, Canice, and Topel, Robert H. "Favoritism in Organization." *Journal of Political Economy* 104 (5) (October 1996): 958-978.

Prokosch, Mark D., Yeo, Ronald A., and Miller, Geoffrey F. "Intelligence Tests with Higher G-loadings Show Higher Correlations with Body Symmetry: Evidence for a General Fitness Factor Mediated by Developmental Stability." *Intelligence* 33 (2) (March-April 2005): 203-213.

Pyo, Hak K. "Elasticities of Substitution and Technical Progress in a Developing Economy: The Case of Korea, 1963 ~ 1981." 한국경제학회 학술대회, February 1984.

Richards, Marcus, Hardy, Rebecca, Kuh, Diana, and Wadsworth, Michael EJ. "Birthweight, Postnatal Growth and Cognitive Function in a National U.K. Birth Cohort." *International Journal of Epidemiology* 31 (2) (April 2002): 342-348.

Robey, Daniel, and Sales, Carol A. *Designing Organizations*. 4th ed. Burr Ridge, IL: Irwin, 1994.

Romer, Paul M. "Increasing Returns and Long-Run Growth." *Journal of Political Economy* 94 (5) (October 1986): 1002-1037.

Romer, Paul M. "Endogenous Technological Change." *Journal of Political Economy* 98 (5) (October 1990): S71-S102.

Romer, Paul M. "The Origins of Endogenous Growth." *Journal of Economic*

Perspectives 8 (1) (Winter 1994): 3-22.

Rosen, Sherwin. "Learning by Experience as Joint Production." *Quarterly Journal of Economics* 86 (3) (August 1972): 366-382.

Saint-Paul, Gilles. "On the Distribution of Income and Worker Assignment under Intrafirm Spillovers, with an Application to Ideas and Networks." *Journal of Political Economy* 109 (1) (February 2001): 1-37.

Sargent, James D., and Blanchflower, David G. "Obesity and Stature in Adolescence and Earnings in Young Adulthood: Analysis of a British Birth Cohort." *Archives Pediatric and Adolescent Medicine* 148 (7) (July 1994): 681-687.

Sargent, Thomas J. *Macroeconomic Theory*. New York: Academic Press, 1979.

Schnaars, Steven P. *Managing Imitation Strategies: How Later Entrants Seize Markets from Pioneers*. The Free Press, 1996.

Schultz, Theodore. "Investment in Human Capital." *American Economic Review* 51 (1) (March 1961): 14-15.

Selznick, Philip. *TVA and the Grass Roots*. Berkeley: University of California Press, 1949.

Smetters, Kent. "The (Interesting) Dynamic Properties of the Neoclassical Growth Model with CES Production." NBER Technical Working Paper No. 290. July 2003.

Solow, Robert M. "Technical Change and the Aggregate Production Function." *Review of Economics and Statistics* 39 (3) (August 1957): 312-320.

Spence, Michael. "Job Market Signaling." *Quarterly Journal of Economics* 87 (3) (August 1973): 355-374.

Sundet, Jon Martin, Tambs, Kristian, Harris, Jennifer R., Magnus, Per., and Torjussen, Tore M. "Resolving the Genetic and Environmental Sources of the Correlation

Between Height and Intelligence: A Study of Nearly 2600 Norwegian Male Twin Pairs." *Twin Research and Human Genetics* 8 (4) (August 2005): 307-311.

Sutton, John. "Gibrat's Legacy." *Journal of Economic Literature* 35 (1) (March 1997): 40-59.

Taber, Christopher R. "The Rising College Premium in The Eighties: Return to College or Return to Unobserved Ability?" *Review of Economic Studies* 68 (3) (July 2001): 665-691.

Tanner, J. M. "A Concise History of Growth Studies from Buffon to Boas." In *Human Growth*, Vol. 3, *Neurobiology and Nutrition*, edited by F. Falkner, and J. M. Tanner, New York: Plenum, 1979.

Thompson, James D. *Organizations in Action*. New York: McGraw-Hill, 1967.

Tushman, Michael L., and Romanelli, Elaine. "Organizational Evolution: A Metamorphosis Model of Convergence and Reorientation." In *Research in Organizational Behavior vol.* 7, edited by L. L. Cummings and B. Staw, pp. 177-222. Greenwich, CT: JAI Press, 1985.

Tushman, Michael L. and O'Reilly, Charles. A. "Ambidextrous Organizations: Managing Evolutionary and Revolutionary Change." *California Management Review* 38 (4) (Summer 1996): 8-30.

UNESCO. *Statistics of Students Abroad: 1962-68, 1968-73, 1974-78*. Statistical Reports and Studies Nos. 18, 21, 27. Paris: UNESCO, 1972, 1976, 1982.

Useem, Michael, and Karabel, Jerome. "Pathways to Top Corporate Management." *American Sociological Review* 51 (2) (April 1986): 184-200.

Von Krogh, George, Ichijo, Kazuo, Nonaka, Ikujiro. *Enabling Knowledge Creation: How to Unlock the Mystery of Tacit Knowledge and Release the Power of Innovation*. Oxford: Oxford University Press, 2000.

Wei, Shang-Jin. "Local Corruption and Global Capital Flows." *Brookings Papers on Economic Activity* (February 2000): 303-354.

Wei, Shang-Jin, and Wu, Yi. "Negative Alchemy? Corruption, Composition of Capital Flows, and Currency Crises." NBER Working Paper 8187. March 2001.

Wheaton, William C. "Telecommunications Technology and Real Estate: Some Perspective." MIT/CRE Working Paper 63. 1996.

Williamson, Oliver E. "Comparative Economic Organization: The Analysis of Discrete Structural Alternatives." *Administrative Science Quarterly* 36 (2) (March 1991): 269-296.

Wilson, Edward O. *Sociobiology*. Cambridge, Mass.: Harvard University Press, 1975.

찾아보기

(ㄴ)

(ㄷ)

(ㄹ)

(ㅁ)

(ㅂ)

(ㅅ)

(ㅇ)

(ㅌ)

(ㅍ)

(ㅎ)

프로필

김용민

- 서울대학교 경영학과 졸업(경영학사)
- 서울대학교 대학원 경영학과 졸업(경영학 석사)
- 남가주대학교 대학원 경영학과 졸업(경영학 박사)
- 현재 국민대학교 경영대학 교수, 경영대학장

박기성

- 서울대학교 경제학과 졸업(경제학사)
- 시카고대학교 대학원 경제학과 졸업(경제학석사, 박사)
- 한국노동연구원 연구위원, 원장 역임
- 현재 성신여자대학교 경제학과 교수
- 한국경제학회 청람학술상 수상

경영학자와 경제학자가 함께 쓴
창조경제 이야기

집 필 진 김용민 · 박기성
펴 낸 이 한헌주
펴 낸 곳 도서출판 **경문사**
등 록 1995년 11월 9일 제300-1995-138호
주 소 서울특별시 서대문구 독립문로 21-9
전 화 738-7035(대표)
FAX 722-4678
e-mail kmsp@korea.com
홈페이지 http://www.kmsp.co.kr

초판인쇄 2013년 5월 16일
초판2쇄발행 2014년 5월 20일

값 26,000원
ISBN 978 89-420-0783-7 93320